Wolfgang Altgeld / Rudolf Lill

Kleine italienische Geschichte

Schriftenreihe Band 530

Wolfgang Altgeld / Rudolf Lill

Kleine italienische Geschichte

Mit Beiträgen von
Thomas Frenz
Angelica Gernert / Michael Groblewski

bpb:
Bundeszentrale für politische Bildung

Bonn 2005
Lizenzausgabe für die
Bundeszentrale für politische Bildung

Kartenzeichnung: Theodor Schwarz, Urbach
Umschlaggestaltung: Michael Rechl, Kassel
Satz und Druck: Reclam, Ditzingen
ISBN 978-3-89331-655-7

Inhalt

Vorwort

Eines Tages im Mai 1886 wurde Leopold von Ranke, dem die Begründung und Einprägung der Geschichte als Wissenschaft so viel zu verdanken hat, von einem jungen Historiker aufgesucht. Der trug ihm Ideen zu einer deutschen Geschichte von ihren Anfängen bis in die Gegenwart vor. Ranke widerriet, denn es ließe sich keine durchgreifende erkenntnisleitende Linie bestimmen, an der entlang eine solche Geschichte orientiert und gar geschrieben werden könne. Vielleicht hat der alte Meister hinzugefügt, was er dreißig Jahre früher einmal vor kleinem illustren Publikum in München vorgetragen hatte: Daß jede Epoche unmittelbar zu Gott sei, daß jede ihre Zwecke also gänzlich in sich selbst trage und keine zu den Zwecken späterer Zeiten existiere, nie als bloße Vorgeschichte der folgenden Epoche historisch verstanden werden könne. Die epochenübergreifende Geschichte eines Staates oder anderer wichtiger gesellschaftlicher Institutionen mochte demnach umfassend darstellbar sein, aber gewiß keine Gesamtgeschichte einer deutschen Nation wegen der unausweichlichen Gefahr, Vergangenheiten ahistorisch auf ganz gegenwärtige, neue Ordnungen, Zwecke und Probleme zurechtzustutzen. Der gewarnte Karl Lamprecht hat es bekanntlich dennoch versucht, um mit seiner vielbändigen und doch unfertig gebliebenen deutschen Geschichte in der damaligen Historikerschaft schlimm zu scheitern, wobei auch seine durchaus bedeutsamen Anstrengungen zur theoretischen und methodischen Modernisierung der deutschen Geschichtswissenschaft entwertet worden sind und lange vergessen werden konnten.

An der Darstellbarkeit einer Geschichte Italiens durch mehr als ein Jahrtausend in nur einem Band wäre angesichts der erstaunlichen Überfülle der Geschehnisse, angesichts des ungewöhnlichen Reichtums immer neuer politischer, sozialer, wirtschaftlicher Formungen, angesichts nahezu unermeßlicher kultureller Hervorbringungen, angesichts der unauflöslichen Verwobenheit all dessen mit der Entwicklung der europäischen Politik und Zivilisation erst recht zu verzweifeln. So hat die Konzentration auf die politische Geschichte: auf die Geschichte von Herren und Herrschaften, Staatlichkeiten und Verfassungen, internationalen Verhältnissen und kriegerischen Auseinandersetzungen, reformerischen und revolutionären Bewegungen von unten, wie sie der Konzeption der Gesamtreihe kleiner Nationalgeschichten des Verlags entspricht, die Auffassung, Verteilung und Abhandlung eines so reichen Stoffs so langer Geschichte nicht nur erleichtert, sondern gewissermaßen überhaupt erst ermöglicht. Aber auch dabei ist nicht alles gleichmäßig zu erzählen, müssen Schwerpunkte gesetzt werden. Und auch dabei wird der Blick immer wieder über eine eng verstandene politische Geschichte hinausgehen, im allgemeinen, weil das Politische nur in Grenzen aus und für sich selbst erklärt werden kann, im besonderen, weil die Blütezeiten italienischer Geschichte mit ihren Reifungen und Ernten derartig absonderlich in der allseitigen Dynamisierung sämtlicher lebenswirklicher Potenzen verwurzelt sind.

Schwerpunktsetzung und Ausweitung der Perspektive wurden, abgesehen von einem Umstand, bewußt der Entscheidung der Autoren überlassen, ihrer sachlichen Kompetenz im Hinblick auf den je zur Verfügung stehenden Raum. Jener eine Umstand ergab sich aus der Antwort auf die Frage, an welcher Biegung im Strom geschichtlichen Lebens der Ausgangspunkt zu dieser *Kleinen italienischen Geschichte* gesetzt werden sollte. Der Autor des entsprechenden Beitrags hat ihn im Umbruch von der Antike ins frühe Mittelalter feststellen wollen und dafür manch plausibles Argument geltend gemacht. Herausgeber und Verlag plädierten hingegen für die Wahl jenes Moments, in dem die lange enge Verschränkung der Räume italienischer und deutscher Geschichte festgelegt worden ist und sich, nach all den Verwüstungen und Anfängen der Zwischenzeit, ein erstes »Risorgimento« (Giovanni Procacci) angekündigt hat: für die Wahl des 10. Jahrhunderts unserer Zeitrechnung. Nicht verschwiegen sei, daß hier auch der Gesamtumfang dieser *Kleinen* Geschichte im Auge behalten werden mußte, was übrigens auch den Verzicht auf ausführlichere methodische oder begriffliche Erörterungen erzwungen hat.

Kleine italienische Geschichte als Teil einer Reihe von Nationalgeschichten: Gerade auch mit ihrem vorwiegend politikgeschichtlichen Ansatz hätte sich die ohnehin bestehende Versuchung einstellen können, diese Geschichte nationalgeschichtlich zu perspektivieren, sie anhand des modernen nationalpolitischen Paradigmas zu strukturieren, auf Nationalbewegung und Nationalstaatsgründung des 19. Jahrhunderts zulaufende Linien in den vorausliegenden Epochen und, womöglich ungleich häufiger, eigentlich nationalistische Traditionsbildungen im selektiven Rückgriff auf alle ältere Geschichte dieses Raumes Italien besonders herauszuheben und übermäßig zu gewichten. »Zerrissenheit und Gegensätze« (Corrado Vivanti) erscheinen jedoch als ein wesentliches Strukturprinzip aller Geschichte des »Stiefels« – ein Bild, welches zur geographischen Umschreibung der Halbinsel sich erst in der Neuzeit allmählich eingeprägt hat – zwischen römischer Antike und italienischer Nationalstaatlichkeit seit 1861. Würde diese Wirklichkeit vor allem oder gar lediglich als Hemmnis oder Verhinderung solch großräumiger, endlich die gesamte Halbinsel umfassender, sodann nationalvereinigender Staatsbildung wahrgenommen, wie sie in Westeuropa vom Mittelalter in die Neuzeit möglich geworden ist und wie sie bei bloß oberflächlicher Betrachtung der geographischen Gegebenheiten recht natürlich erscheinen könnte, dann müßte mit ihr geradewegs jene überreiche Fülle der langen Geschichte Italiens in

Wirtschaft und Gesellschaft, Politik und Kultur, begründet in der unablässigen Konkurrenz der Städte, der Landschaften, der kleinen, der mittleren Staaten, der Patrizier, der Dynasten, mißachtet werden. Mehr noch, damit blieben die Voraussetzungen und Schwierigkeiten der modernen italienischen Nationalbewegung, der Nationalstaatsgründung, der Nationswerdung vorher und seither, sogar der nationalstaatlichen Existenz Italiens in unserer Gegenwart historisch unverstanden. Die Autoren dieses Bandes beachten an gehöriger Stelle und in gehörigem Maß Manifestationen eines frühen italienischen Nationalgefühls vor dem Aufkommen des modernen Nationalismus, aber alle sind ziemlich gleich weit davon entfernt, vormoderne Epochen in die Perspektiven einer Nationalgeschichte einzuspannen. Es geht, was das Verhältnis von Zerrissenheit und Einheit anbelangt, um die Geschichte eines geographischen Raums und seiner politischen Gestaltungen in der Abfolge der Epochen, geprägt von sehr verschiedenen Handlungszwecken und Handlungsmöglichkeiten der in diesem Land wirkenden und in dieses Land hineinwirkenden Menschen. Einige durchgreifende Linien und wiederkehrende Motive, selektive Traditionsbildungen, darunter die freilich nie bloß italienische, aber für Italiener des öfteren höchst belebende und verpflichtende Rom-Idee, wird der Leser gewiß erkennen.

Der Band wendet sich an ein hoffentlich größeres Publikum, in welchem mancher Leser einen Ausgangspunkt weiterer, vielleicht gar intensiver Beschäftigung mit der Geschichte eines Landes und seiner Menschen sucht, die derartig bedeutsam für die Entwicklung der europäischen Geschichte und insonderheit auch unserer deutschen Geschichte gewesen ist. Könnte dieser Band solches Interesse wecken und zu einem solchen Ausgangspunkt werden, wäre unser wichtigstes Anliegen schon erreicht.

Übergreifende und einführende Literatur

Annali della storia d'Italia. Turin 1978 ff.

Brütting, Richard (Hrsg.): Italien-Lexikon. Berlin 1997.

Candeloro, Giorgio (Hrsg.): Storia dell'Italia moderna. 11 Bde. Mailand 1956–86 [u. ö.].

De Felice, Renzo (Hrsg.): Storia dell'Italia contemporanea. 7 Bde. Neapel 1976–83.

Furlani, Silvio / Wandruszka, Adam: Österreich und Italien. Ein bilaterales Geschichtsbuch. 2. Aufl. hrsg. von Maddalena Guiotto und Stefan Malfèr. Wien 2002.

Galasso, Giuseppe (Hrsg.): Storia d'Italia. 24 Bde. Turin 1979–96.

– L'Italia come problema storiografico (Bd. 1 der Storia d'Italia). Turin 1979, 1996.

Hellmann, Manfred: Grundzüge der Geschichte Venedigs. Darmstadt 1976.

Kramer, Hans: Geschichte Italiens. 2 Bde. Stuttgart 1968.

Lill, Rudolf: Geschichte Italiens in der Neuzeit. Darmstadt ^{4}1988.

Luzzatto, Gino: Breve storia economica d'Italia. Turin 1958.

Mack-Gérard, Eva (Hrsg.): Die Gleichzeitigkeit des Ungleichzeitigen. Studien zur Geschichte Italiens. Frankfurt a. M. 1980. [Beiträge aus: Einaudi. Storia d'Italia. Bd. 1.]

Olschki, Leonardo: Italien: Genius und Geschichte. Darmstadt 1958.

Pastor, Ludwig (von): Geschichte der Päpste seit dem Ausgang des Mittelalters. 16 Bde. Freiburg i. Br. 1886–1933 [u. ö.].

Procacci, Giuliano: Geschichte Italiens und der Italiener. München 1983.

Ranke, Leopold (von): Die römischen Päpste. Ihre Kirche und ihr Staat im 16. und 17. Jahrhundert. 3 Bde. Berlin 1834–1836 [u. ö.].

Reinhardt, Volker: Geschichte Italiens. Von der Spätantike bis zur Gegenwart. München 2003.

Romano, Ruggiero / Vivanti, Corrado (Hrsg.): [Einaudi] Storia d'Italia. 6 Bde. Turin 1972–77.

Rusconi, Gian Enrico: Germania, Italia, Europa. Dallo stato di potenza alla »potenza civile«, Turin 2003.

Sabbatucci, Giovanni / Vidotto, Vittorio (Hrsg.): Storia d'Italia. 6 Bde. Rom/Bari 1999.

Schumann, Reinhold: Geschichte Italiens. Stuttgart 1983.

Schwarzkopf, Johannes / Witz, Cornelia (Hrsg.): Italien-Ploetz. Freiburg i. Br. 1996.
Spadolini, Giovanni (Hrsg.): Nazione e nazionalità in Italia. Rom 1994.
Stübler, Dietmar: Geschichte Italiens 1789 bis zur Gegenwart. Berlin 1987.
Valeri, Nino (Hrsg.): Storia d'Italia. 5 Bde. Turin 1959–65.

Italien im Mittelalter
(950–1454)

Von Thomas Frenz

Epochenüberblick

Vier Elemente kennzeichnen die Geschichte Italiens im Mittelalter: 1. die Kleinteiligkeit der politischen Ordnung, 2. die singuläre Rolle der Kirche, 3. die intensiven Beziehungen zu den Nachbarstaaten, 4. die frühe und ausgeprägte Entwicklung kommunaler Lebensformen.

1. Italien bildete im Mittelalter niemals einen einheitlichen Staat; in drei, zeitweise vier Zonen spielte sich seine Geschichte parallel und in ständig wechselnden Konstellationen ab. Durch die langobardische Eroberung seit 568 zerfiel es in zwei Gebiete: ein germanisches, das die Poebene und die Toskana sowie die Herzogtümer Spoleto und Benevent umfaßte, und ein römisches in der Mitte der Halbinsel und im Süden, das unter byzantinischer Herrschaft blieb. Aus dem römischen Gebiet in Mittelitalien entwickelte sich der Kirchenstaat; die Insel Sizilien ging im 9. Jahrhundert an die Sarazenen verloren. Vom 11. Jahrhundert an entstand durch die normannische Eroberung das Königreich Sizilien, das das gesamte Land südlich des Kirchenstaates umfaßte. Norditalien wurde zunächst Teil des Karolingerreiches, dann in der ersten Hälfte des 10. Jahrhunderts unter den sogenannten Nationalkönigen ein selbständiges Gebiet, schließlich 950 eines der drei Teilregna des römisch-deutschen Kaiserreichs. Die späten Staufer vereinigten zwar alle Gebiete außerhalb des Kirchenstaates

in Personalunion, aber nach ihrem Ende waren Norditalien, der Kirchenstaat und Süditalien, das jetzt unter die Herrschaft Karls von Anjou kam, wieder getrennt; das Königreich Sizilien zerfiel zudem 1282 in einen festländischen und einen Inselanteil. In Norditalien dauerte die Herrschaft des deutschen Königs formal weiter; de facto waren die zahlreichen Städte aber selbständig, wobei im Laufe des 14. und 15. Jahrhunderts mittelgroße territoriale Einheiten entstanden (Mailand, Florenz, Venedig usw.), ehe am Ende des 15. Jahrhunderts eine Phase ausländischer Einmischung begann.

2. Durch die sogenannte Pippinische Schenkung erwarb das Papsttum in Mittelitalien ein ausgedehntes weltliches Herrschaftsgebiet. Deshalb hatten alle kirchengeschichtlichen Ereignisse Rückwirkungen auf die politische Geschichte Italiens, und umgekehrt. Die Sorge um dieses weltliche Herrschaftsgebiet verleitete die Päpste, besonders in der Auseinandersetzung mit den Staufern und während der Renaissance, zum Mißbrauch ihrer geistlichen Gewalt zu politischen Zwecken. Im wirtschaftlichen Bereich führte die universalkirchliche Stellung der Päpste zu einem enormen Kapitalzufluß aus ganz Europa nach Italien. (Wenn im folgenden die Ordnungszahl eines Papstes in Klammern gesetzt ist, bedeutet dies, daß dieselbe Ordnungszahl später von einem anderen Papst noch einmal verwendet wurde. Ein historisches Urteil über die Rechtmäßigkeit des Papstes wird dadurch nicht ausgedrückt.)

3. Stärker als bei anderen Ländern war die Geschichte Italiens durch die Verflechtung mit den benachbarten Gebieten bestimmt: zunächst war der von den Langobarden nicht eroberte Anteil weiterhin der byzantinischen Herrschaft unterworfen; das Bündnis des Papsttums mit den Franken brachte eine enge Verbindung mit den Ländern jenseits der Alpen, insbesondere seit 950 mit dem deutschen Königtum; Sizilien gehörte zwei Jahrhunderte lang dem islamischen Kulturkreis an; im Spätmittelalter herrsch-

ten aus Frankreich und Spanien stammende Fürsten in Süditalien, bis am Ende des Mittelalters der Süden geradezu zum spanischen Nebenland wurde.

4. Die relative Schwäche der (deutschen) Königsherrschaft ließ es zu, daß, in Kombination mit einer fortschrittlichen Wirtschaftsentwicklung, in Nord- und Teilen Mittelitaliens im 11.–13. Jahrhundert selbstverwaltete und de facto unabhängige, aber auch politisch auf ihren eigenen Gesichtskreis beschränkte Kommunen entstanden. Diese konnten im 12. und 13. Jahrhundert in einem taktischen Bündnis mit dem Papsttum den staufischen Restaurationsbemühungen widerstehen, wodurch die polyzentrische Struktur des Landes erhalten blieb.

Die skizzierten Bedingungen wirkten über das Mittelalter hinaus weiter und prägen die Politik Italiens und das Verhältnis der Italiener zu ihrem Staat bis heute.

Die Zeit der Ottonen und Salier

950–973	Otto I. (der Große).
962	Kaiserkrönung Ottos I.
972	Heirat Ottos II. mit Theophanu.
973–983	Otto II.
982	Niederlage am Kap Colonne.
983–1002	Otto III.
996–999	Papst Gregor V.
999–1003	Papst Silvester II.
1002–1004	(Gegen-)König Arduin von Ivrea.
1004–1024	Heinrich II.
1024–1039	Konrad II.
1039–1056	Heinrich III.
1046	Synode von Sutri.
1056–1106	Heinrich IV.
1073–1085	Papst Gregor VII.
1077	Canossa.

1084	Eroberung und Verwüstung Roms durch die Normannen.
1088–1099	Papst Urban II.
1093–1101	Konrad, Sohn Heinrichs IV., Gegenkönig in Italien.
1052–1115	Markgräfin Mathilde von Tuszien.
1099–1118	Papst Paschalis II.
1100–1125	Heinrich V.
1122	Wormser Konkordat.

Otto I. und Otto II.

Von einer Adelspartei ins Land gerufen und zusätzlich legitimiert durch die Ehe mit Adelheid, der Witwe des letzten Königs, konnte der deutsche König Otto I. 950 den einheimischen Prätendenten für die italienische Königskrone, Berengar II., verdrängen und auf die Rolle eines Unterkönigs beschränken. Die von Otto auch gewünschte Kaiserkrönung verhinderte jedoch der weltliche Herrscher Roms, Alberich II.

Erst ein Jahrzehnt später änderten sich die Verhältnisse. Berengar II. versuchte 960, den Kirchenstaat seinem Machtgebiet einzuverleiben. Die Gelegenheit dazu schien günstig, denn in Rom war auf Alberich II. sein unerfahrener Sohn Oktavian (seit 955 Papst Johannes XII.) gefolgt. Dieser brach nun mit der Politik seines Vaters und lud Otto zur Kaiserkrönung ein; das ermöglichte es Otto zugleich, den zu selbstherrlich gewordenen Berengar zu beseitigen. Die Kaiserkrönung Ottos und Adelheids fand am 2. Februar 962 statt; die Bekämpfung Berengars zog sich noch bis 965 hin. Zwei Jahre nach der Kaiserkrönung ließ Otto auch den moralisch anfechtbaren Johannes XII. absetzen, der auf die Seite Berengars gewechselt war, und durch Leo VIII. ersetzen; jedoch konnte dieser sich in Rom nur halten, solange der Kaiser selbst in Italien anwesend war.

Anläßlich der Kaiserkrönung erneuerte Otto im sogenannten Ottonianum die Urkunde über die Pippinische Schenkung, d. h., er versprach der Kurie die Restitution all jener Gebiete, die ihr zur Zeit der Nationalkönige und während der politischen Selbstbeschränkung Alberichs II. verlorengegangen waren. Der Vorgang zog sich längere Zeit hin und wurde auch dadurch überlagert, daß Ravenna wie unter den Karolingern eine Sonderstellung erhielt, indem es im Einvernehmen mit der Kurie Kaiserin Adelheid übertragen wurde. Ansonsten stützte sich die ottonische Herrschaft, dem Beispiel der Nationalkönige, besonders Berengars I., folgend, in steigendem Maße auf die Bischöfe, die mit Grafschaftsrechten usw. ausgestattet wurden – also die als ottonisch-salisches Reichskirchensystem bekannte Regierungsweise. Als Bischöfe bestimmten Otto I. und Otto II. Personen aus dem italienischen Adel; erst Otto III. und Heinrich II. setzten südlich der Alpen auch Deutsche ein.

Im Mai 961 hatte Otto I. seinen Sohn Otto II. zum Nachfolger in Deutschland bestellt (eine Maßnahme zur Vorbereitung der Kaiserkrönung). An Weihnachten 967 ging er einen Schritt weiter und machte den nunmehr 12jährigen Mitkönig zum Mitkaiser. So erhob er den Anspruch, das westliche und das östliche Kaisertum seien gleichwertig, und zwar in denselben Formen, deren sich seinerzeit Karl der Große bedient hatte. Zu einer Eheverbindung der Kaiserhäuser fand sich jedoch erst der 969 durch einen Staatsstreich an die Macht gekommene Johannes Tzimiskes bereit: aus seiner Verwandtschaft stammte die Braut für Otto II., die berühmte Prinzessin Theophanu. Sie wurde bei der Eheschließung 972 ebenfalls zur (Mit-)Kaiserin (*consors imperii*) gekrönt.

Otto I. starb 973. Gegen Otto II. regte sich in Italien kein offener Widerstand, jedoch benötigte er sieben Jahre, um nördlich der Alpen die Position seines Vaters voll einzunehmen. In Italien finden wir ihn erst wieder ab 980.

Zum Verhängnis wurde ihm seine Niederlage am Cap Colonne bei Cotrone gegen eine sarazenische Invasionsarmee 982, wobei er nur knapp der Gefangennahme entging. Im Jahr darauf traf er Vorsorge für seine Nachfolge: sein Sohn Otto III. wurde in Verona zum König gewählt und Weihnachten in Aachen gekrönt. Wahl und Krönung erfolgten jeweils unter deutscher und italienischer Beteiligung und sollten für Deutschland und Italien gelten, was dem Plan einer Realunion der beiden Reiche entsprach. Dazu kam es aber nicht, da Otto II. am 7. Dezember 983 im Alter von 28 Jahren überraschend starb. Er wurde in Rom begraben. Sein Grab befand sich im Atrium von St. Peter, wurde aber beim Neubau der Peterskirche 1694 abgebrochen und in die Grotten verlegt; ein Plan Wilhelms II. zur Wiedererrichtung blieb (glücklicherweise) unausgeführt.

Otto III.

Die Regentschaft für den minderjährigen Otto III. übernahmen die Kaiserinnen Theophanu und Adelheid, jedoch war die Lage in Deutschland so schwierig, daß sie kaum in die Verhältnisse in Italien eingreifen konnten, wo Ottos Herrschaft indes prinzipiell unangefochten blieb. Als Otto III. 994 volljährig geworden war, begann er sofort eine intensive Italienpolitik; in den Jahren 996/997 (Kaiserkrönung am 21. Mai 996), 997/998 und 999–1002 hielt er sich südlich der Alpen auf. Gegenüber dem Papsttum nahm er eine stärkere Stellung ein als alle seine Vorgänger, da die Römer nicht nur seine Zustimmung zur Papstwahl einholten, sondern ihn geradezu um die Benennung eines Papstes baten. So setzte er im Mai 996 seinen Verwandten Brun (Gregor V.) ein und im April 999 den berühmtesten Gelehrten seiner Zeit, Gerbert von Aurillac (oder von Reims,

Silvester II.). Das Ottonianum erneuerte er nicht, sondern er übertrug dem Papst als freie Schenkung acht Grafschaften in den Marken.

Die Aufenthalte in Italien waren Teil einer Herrschaftskonzeption, die in ideal gedachter Weise das (verchristlichte) Römische Reich und die Herrschaft Roms über den Erdkreis erneuern sollte. Otto schlug daher in Rom seine Residenz auf und stattete seinen Hof mit antikisierend-byzantinischen Titeln aus. Es gelang auch, eine purpurgeborene Prinzessin aus Byzanz für ihn als Braut zu gewinnen. Von seinem Leben, das wie im Zeitraffer verlief, und von seiner Person müssen eine eigentümliche Faszination ausgegangen sein. Dieses Faszinosum versagte aber tragischerweise ausgerechnet in der Stadt, die im Zentrum seiner Konzeption stand: Ende 1000 brach in Rom eine Revolte gegen ihn aus, die ihn im Frühjahr zur Flucht aus der Ewigen Stadt zwang. Thietmar von Merseburg faßte diesen Widerspruch prägnant in die Worte: »Alle Gebiete, ob sie von Romanen oder Germanen bewohnt waren, unterwarfen sich getreulich seiner Herrschaft, mit einziger Ausnahme der Stadt Rom selbst, die er vor allen anderen geliebt und ihnen stets vorgezogen hatte.«

Arduin von Ivrea und Heinrich II.

Otto III. starb am 24. Januar 1002 im Alter von 21 Jahren. Für seine Nachfolge war nicht vorgesorgt, und es schien, als sollten Deutschland und Italien eigene Wege gehen. Schon am 15. Februar 1002 wurde in Italien ein neuer König gewählt, Markgraf Arduin von Ivrea. Arduin war ein Gegner des bisherigen Regimes: er war 996/997 in einen schweren Konflikt mit Bischof Petrus von Vercelli geraten, in dessen Verlauf der Bischof ums Leben kam. Deshalb wurde er 998/999 von den Bischöfen und vom Papst exkommuniziert und im Mai 999 von Otto III. abgesetzt; seine Rechte gingen zum Teil auf den neuen Bischof Leo von Vercelli über. Als König hatte Arduin seine Machtbasis hauptsächlich in der westlichen Lombardei; die Toskana stand ihm distanziert gegenüber, die (häufig deutschen) Bischöfe der östlichen Gebiete lehnten ihn ab. Unter seinen Anhängern werden auch die *secundi milites* (oder: *valvassores*) genannt, also die Inhaber der kleinen Ritterlehen, die im Vergleich zum Adel (dem die Bischöfe entstammten) in einer juristisch schlechteren Stellung lebten; hier werden erste Konturen einer sozialen Differenzierung und eines sozialen Konfliktes sichtbar.

Gegen Arduin riefen Bischof Leo von Vercelli und seine Anhänger König Heinrich II. ins Land, der sich bis zum Juni 1002 in Deutschland hatte durchsetzen können. Dieser schickte Herzog Otto von Kärnten voraus, der aber in den Salurner Klausen in die Falle ging und Arduin unterlag. Daraufhin zog im Frühjahr 1004 Heinrich II. selbst nach Italien. Ihm unterwarf sich Arduin kampflos.

Aus deutscher Sicht erscheint Arduin leicht als (auch charakterlich bedenklicher) Usurpator, der die prekäre Situation nach dem Tode Ottos III. ausnutzte und die Rechte Heinrichs verletzte. Aber hatte Heinrich überhaupt Rechte auf die italienische Königskrone? Otto III. hatte keine Nachfolgeregelung getroffen; die Auffassung, daß der deutsche König automatisch auch König von Italien sei, setzte sich erst allmählich als Gewohnheitsrecht durch, wobei gerade die Tatsache, daß Heinrich Arduin verdrängen konnte, traditionsstiftend wurde. Selbst im Vergleich zu Otto I. war Heinrichs Rechtsposition schwächer, da Otto sich auf die Ehe mit Adelheid und, sofern die Nachricht zutrifft, auf die Lehnshuldigung Berengars II. berufen konnte. Heinrichs Rechtsanspruch war also im Grunde nicht besser als der aller Nationalkönige aus der ersten Hälfte des 10. Jahrhunderts. Was Arduins Charakter angeht, ist zu bedenken, daß der Autor der wichtigsten literarischen Quelle über ihn, Bischof Leo von Vercelli, zugleich sein erbittertster Gegner war.

Heinrich II. wurde bei seinem ersten Italienzug in Pavia förmlich zum König gewählt und am 14. Mai 1004 gekrönt. Das Krönungsfest endete in unschöner Weise mit einem blutigen Kampf zwischen seinen Truppen und der Bevölkerung; bei fast jeder Krönung ereigneten sich von nun ab solche Zwischenfälle. In den italienischen Quellen sind auch erstmals nationalistische Töne zu hören, so etwa bei Arnulf von Mailand. Nach der Paveser Krönung kehrte Heinrich sofort nach Deutschland zurück. Auch der zweite Italienzug zur Kaiserkrönung am 14. Februar 1014 und ein weitgehend erfolgloser dritter Zug gegen die byzantinischen Gebiete in Süditalien 1021/22 endeten mit einer schnellen Rückkehr über die Alpen.

Konrad II. und Erzbischof Aribert von Mailand

Nach dem Tode Heinrichs II. 1024 wiederholte sich die Situation von 1002, wenn auch weniger dramatisch. Es gab Versuche, König Robert II. von Frankreich oder Herzog Wilhelm V. von Aquitanien zum König zu wählen; jedoch führten die Bischöfe (Heinrich II. hatte überwiegend Deutsche ernannt) die Entscheidung herbei, indem sie in Konstanz dem neuen deutschen König Konrad II. huldigten. Dieser erschien 1026 in Italien, empfing in Mailand die lombardische, 1027 in Rom die Kaiserkrone und ließ sich anschließend in Süditalien von den Fürsten von Salerno, Benevent und Capua huldigen. In die bestehenden Verhältnisse griff er nicht ein.

Weniger glatt verlief der zweite Italienzug des Kaisers, denn jetzt wurde er in die internen Konflikte in Stadt und Bistum Mailand hineingezogen. Dort war inzwischen eine vierfache soziale Schichtung zu erkennen: an der Spitze standen die (hoch)adligen, bereits erbberechtigten Lehensträger des Königs (*capitanei*), aus welcher Gruppe auch Erzbischof Aribert stammte; dann kamen die Inhaber kleiner Lehen, die noch Vasallen im ursprünglichen Sinne waren, also ohne Erbberechtigung und leicht absetzbar (*valvassores*); dann die durch Handel und Handwerk zu Wohlstand kommenden »Bürger«; schließlich die besitzlose Unterschicht. Anlaß des Konflikts war ein Kriegszug, wobei die Truppen des Erzbischofs im wesentlichen aus *valvassores* bestanden. Diese fühlten sich für ihre Dienste nicht ausreichend belohnt und revoltierten 1034 gegen Aribert, der bei den Mailänder Bürgern Rückhalt fand. Als nun Konrad II. Anfang 1037 nach Mailand kam, befürchteten diese Bürger seine Parteinahme zugunsten der *valvassores* und entfachten einen Aufstand; der Kaiser sah im Erzbischof den Anstifter der Revolte und setzte ihn gefangen. Zwei Monate später konnte Aribert aber fliehen und nach Mailand, das Konrad inzwischen verlassen hatte, zurückkehren; dieser belagerte daraufhin die Stadt. Ein Versuch des Erzbischofs, Odo von der Champagne als Gegenkönig ins Land zu rufen, scheiterte. Damals ist zum ersten Mal vom *carroccio*, dem berühmten Mailänder Fahnenwagen die Rede, den der Erzbischof erfunden haben soll, um die Kampfmoral seiner Bürger zu stärken. Umgekehrt erließ Konrad, um die *valvassores* auf seine Seite zu ziehen, während der Belagerung am 28. Mai 1037 ein folgenschweres Privileg, das auch für diese Gruppe die Erblichkeit der Lehen einführte.

Konrad II. gilt aus deutscher Sicht als erfolgreicher und tatkräftiger König. In Italien hat er, vor allem in der Mailänder Affäre, ungeschickt agiert. Sein Valvassorenprivileg, entstanden aus dem Versuch, in unteren Bevölkerungsschichten eine Stütze für das Königtum zu finden, stellt eine erste Abkehr vom ottonisch-salischen Reichskirchensystem dar. In die Verhältnisse in Rom griff er, auch aus religiösem Desinteresse, nicht ein.

Heinrich III. und die kirchliche Reformbewegung

Auf Konrad II. folgte in Deutschland und Italien problemlos sein Sohn Heinrich III. nach. In seiner Regierungszeit gewannen die Ideen der Kirchenreform Einfluß auf die dortige Politik. Seit von der Mitte des 10. Jahrhunderts an die unmittelbare Existenzbedrohung der Christen im Abendland durch Wikinger, Sarazenen und Ungarn nachließ, erwachte das Interesse an einer Praktizierung des Christentums, die über den bloßen Vollzug von Riten hinausging und sich auch den geistigen Gehalt der Botschaft zu erschließen versuchte. (Die Jahrtausendwende als möglicher Weltuntergangstermin mochte eine Rolle gespielt haben, darf aber nicht überschätzt werden.) Der Klerus konnte dieses gesteigerte religiöse Bedürfnis jedoch nicht befriedigen. Den Grund dafür sahen die Zeitgenossen in der zu starken Verquickung des weltlichen und geistlichen Bereichs, konkret in der Verfügungsgewalt von Laien über geistliche Ämter, der sogenannten Laieninvestitur, die jetzt als Simonie (Verkauf geistlicher Stellen) gedeutet wurde. Besonders akut war die Frage in Frankreich; dort hatte die Reformbewegung im Kloster Cluny ihr Zentrum. Rom dagegen verschloß sich noch lange den neuen Ideen, obwohl Beziehungen zu Cluny bestanden: die Päpste waren immer noch Exponenten der Adelsparteien, zumal Heinrich II. kaum Einfluß auf die Politik in Italien nahm und Konrad II. religiös desinteressiert war.

Das änderte sich, als Heinrich III. den Thron bestieg; er war bereits mit den Ideen der Kirchenreform aufgewachsen und persönlich sehr religiös. Mit der Rückständigkeit Roms in dieser Frage wurde er konfrontiert, als er 1046 nach Italien kam, um die Kaiserkrone zu empfangen, denn dafür standen ihm gewissermaßen drei Päpste zur Auswahl: Benedikt IX. (seit 1032/33 im Amt), Exponent des Adelsgeschlechtes der Tusculaner; Silvester III. (seit Anfang 1045), ein Gegenpapst der Partei der Crescentier; schließlich Gregor VI., der Benedikt im Mai 1045 das Papsttum abgekauft hatte, trotz dieses simonistischen Akts persönlich integer war und am ehesten der Kirchenreform zuneigte. Heinrich III. ließ jedoch auf einer Synode in Sutri im Dezember 1046 alle drei Päpste für abgesetzt erklären und erhob statt dessen, nach dem Vorbild Ottos III., Bischof Suidger von Bamberg zum Papst (Clemens II.). Von ihm empfing er am 25. Dezember 1046 die Kaiserkrone, zog dann nach Süditalien, wo er im Februar 1047 in Capua die Normannen belehnte, und kehrte nach Deutschland zurück.

Das Eingreifen des Kaisers hatte der Reformpartei in Rom noch keineswegs zum Siege verholfen; vielmehr zog sich die Entwicklung praktisch noch bis zum Ende des Jahrhunderts hin, führte für drei Jahrzehnte zum Schisma und wurde zudem vom Konflikt zwischen Heinrich IV. und Gregor VII. überlagert. Zunächst kehrte, als Clemens II. schon am 9. Oktober 1047 starb (eines natürlichen Todes, wie die toxikologische Untersuchung seiner Leiche gezeigt hat, nicht, wie zeitgenössische Quellen behaupteten, vergiftet), Benedikt IX. zurück, starb aber seinerseits schon Ende 1048. Damit überlebte er allerdings den von Heinrich III. ernannten Nachfolger Clemens' II., Bischof Poppo von Brixen (Damasus II., Papst 17. Juli – 9. August 1048). Es folgten, ebenfalls von Heinrich III. eingesetzt, der energische Leo IX. (zuvor Bischof von Toul) bis 1054 und Viktor II. (zuvor Bischof von Eichstätt) bis 1057.

Die Papstwahlordnung von 1059

Noch vor Viktor II. war 1056 der Kaiser gestorben. Er hinterließ seinen 6jährigen Sohn Heinrich IV. unter der Vormundschaft der Kaiserinwitwe Agnes, die indes mit dieser Aufgabe überfordert war. Die Reformpartei in Rom nutzte den Freiraum, um eigenmächtig eine Papstwahl durchzuführen. Der neue Papst Stephan IX. starb aber schon 1058. Nunmehr kam es zum Schisma, denn die reformfeindlichen Kräfte wählten im April 1058 den Tusculaner Benedikt X., worauf die Reformpartei im Dezember in Florenz mit der Wahl des Bischofs dieser Stadt (Nikolaus II.) antwortete; Benedikt wurde mit Hilfe des Markgrafen der Toskana und der Normannen von Aversa gewaltsam vertrieben.

Im April 1059 erließ eine Synode im Lateran ein Papstwahldekret, das für künftige Papstwahlen dasjenige Verfahren sanktionierte, das bei Nikolaus' eigener Wahl angewandt worden war. Das Dekret gab allerdings keine vollständige Verfahrensanweisung, sondern beschränkte sich auf die Klarstellung einiger wichtiger und gefährlicher Punkte. Die Hauptrolle sollten die Kardinalbischöfe spielen, ihrem Vorschlag sollten sich die übrigen Kardinäle und der Klerus anschließen; auch einige wenige Laien konnten zugezogen werden. Zu wählen war ein römischer Kleriker, die Wahl sollte in Rom stattfinden; von beiden Bedingungen konnte aber notfalls abgewichen werden, vor allem, um etwaiger Simonie (d. h. weltlicher Einmischung) vorzubeugen. Dabei wurde der römische Adel, von dem solche »Simonieversuche« erfahrungsgemäß am ehesten zu befürchten waren, mit den stärksten Negativausdrücken belegt; seinen Einfluß auszuschließen, war das eigentliche Anliegen des Dekrets. Im selben Jahr 1059 fand auch die päpstliche Belehnung der Normannen statt, die sich im Lehnseid ausdrücklich zum Schutz der Papstwahl verpflichteten.

Als Nikolaus II. 1061 starb, mußte das Papstwahldekret seine Bewährungsprobe bestehen; aber seine Regelungen versagten, sowohl bei dieser als auch bei den kommenden Wahlen. Es entstand wieder ein Schisma, denn die Reformfeinde wandten sich an die Regentin Agnes und baten um die Designation eines Papstes; Agnes benannte im Oktober 1061 Cadalus (Honorius [II.]). Dagegen wählten die Reformer Ende September 1061 in Siena Bischof Anselm von Lucca (Alexander II.). Zwischen beiden kam es zum gewaltsamen Kampf um Rom, wobei sowohl der Markgraf von Tuszien als auch die Normannen von Aversa intervenierten. Honorius verlor jedoch seinen Rückhalt am Kaiserhof, als die Regentin 1063 durch den Staatsstreich von Kaiserswerth entmachtet wurde, so daß sich Alexander durchsetzen konnte. Schon die Zeitgenossen bemerkten allerdings, daß weniger der Papst als vielmehr der Archidiakon Hildebrand die päpstliche Politik leitete.

Gregor VII. und Heinrich IV.

Als Alexander II. 1073 starb, hatte der seit 1064 volljährige König Heinrich IV. noch nicht in die italienischen Verhältnisse eingegriffen; zwei Versuche eines Romzuges 1065 und 1067 waren aufgrund politischer Schwierigkeiten in Deutschland gescheitert. So konnte er bei der Papstwahl übergangen werden, und dies um so eher, als sie unter tumultuarischen Umständen stattfand: die Leichenfeier für Alexander II. ging unversehens in eine Wahlversammlung über, bei der die Bevölkerung den Archidiakon Hildebrand als Papst (Gregor VII.) forderte und Klerus und Kardinäle nachträglich zustimmten. Die Irregularität der Vorgänge, die die Wahlordnung von 1059 auf den Kopf stellten, bestätigen Gregors eigene Briefe.

Die größte Bedrohung für den neuen Papst ging von dem Normannen Robert Guiskard aus, der trotz seiner Lehnshuldigung eine aggressive Politik zu Lasten des Kirchenstaates betrieb. Gregor verweigerte ihm deshalb 1073 die Lehnsmutung, exkommunizierte ihn 1074 und 1075 und unternahm 1074 sogar einen Kriegszug gegen ihn, der aber wie alle Militäraktionen der Päpste in Süditalien scheiterte.

In dieser Situation war Gregor auf ein gutes Verhältnis zu Heinrich IV. bedacht. Zwischen dem König und der Kurie bestanden noch von der Zeit Alexanders II. her wegen der Ereignisse in Mailand Spannungen. Dort war es seit 1057 (bis etwa 1075) zu einer gewalttätigen Variante der kirchlichen Reformbewegung gekommen: die Volksbewegung der Pataria (so genannt nach dem Mailänder Trödelmarkt) versuchte, eigenmächtig gegen »simonistische« Kleriker vorzugehen. Erzbischof Wido stand den Vorgängen taten- und wohl auch verständnislos gegenüber und trat schließlich 1070 zurück. Daraufhin setzte Heinrich IV. Gottfried als neuen Erzbischof ein; dieser stieß aber bei der Bevölkerung auf Widerstand, die 1072, mit römischer Hilfe, eine »kanonische« Wahl durchführte, aus der Atto hervorging. Heinrich IV. beharrte auf Gottfried; deshalb bannte Papst Alexander II. fünf Ratgeber des Königs. Gregor VII. nahm diese Maßnahme jedoch zurück, und erst als Heinrich IV. 1075 sowohl Gottfried als auch Atto beiseite schob und Tebald als neuen Erzbischof von Mailand investierte, eskalierte der Konflikt. Auf ein Mahnschreiben des Papstes mit schweren Vorwürfen vom 8. Dezember 1075 hin trat am 24. Januar 1076 in Worms eine Synode der deutschen Bischöfe zusammen; sie veranlaßte den König, den Papst durch ein Schreiben nach Rom für abgesetzt zu erklären. Der Brief war gerichtet an »Hildebrand, nicht mehr [oder: nicht etwa, lateinisch: *iam non*] Papst, sondern falschen Mönch« und endete: »Ich, Heinrich, durch die Gnade Gottes König, sage Dir zusammen mit allen meinen Bischöfen: steige herab, steige herab!« (Ob der überlieferte Wortlaut korrekt ist, ist nicht endgültig geklärt.) Die treibende Kraft waren dabei die Bischöfe, die sich durch den römischen Reformeifer, der streckenweise durchaus fundamentalistische Züge annahm, in ihrer Stellung bedroht sahen und teils auch persönlich beleidigt fühlten; die Bischöfe in Reichsitalien schlossen sich auf einer Synode in Piacenza ihren deutschen Amtsbrüdern an.

Das Schreiben des Königs traf am ersten Tag der Fastensynode, dem 14. Februar 1076, in Rom ein; am folgenden Tag erklärte Gregor VII. Heinrich für exkommuniziert und abgesetzt. Die deutschen Fürsten forderten Heinrich auf, sich binnen Jahresfrist vom Bann zu lösen, und luden den Papst nach Deutschland ein. Während Gregor nach Norden unterwegs war, kam ihm Heinrich IV. entgegen, der trotz des Winters die Alpen überquert hatte; Gregor floh in die Burg Canossa. Dort erschien Heinrich Ende Januar 1077, aber nicht, wie der Papst gefürchtet hatte, mit Heeresmacht, sondern als reuiger Sünder. Gregor blieb nichts anderes übrig, als den König praktisch ohne Gegenleistung oder Garantien am 28. Januar 1077 loszusprechen. Heinrich hatte den Priester in Gregor erfolgreich gegen den Politiker ausgespielt, freilich auch die seit der Antike behauptete Position der Überordnung des römischen Kaisers über den Bischof von Rom aufgegeben (Schlagwort »Canossa als Wende«).

Danach trat für Gregor VII. wieder der Kampf gegen Robert Guiskard in den Vordergrund, den er 1078 zum dritten Mal exkommunizierte. So erklärt es sich auch, daß er den trotz der Lossprechung Heinrichs gewählten Gegenkönig Rudolf von Rheinfelden zunächst nicht unterstützte und erst am 7. März 1080 Heinrich erneut exkommunizierte. Der König antwortete mit einer Synode in Brixen im Juni 1080, die Gregor erneut absetzte und Erzbischof Wibert von Ravenna als Clemens (III.) zum Papst wählte. Vier Tage später söhnte sich Gregor VII. mit Robert Guiskard aus; in der Investiturformel hieß es: »Betreffend das Gebiet aber, das Du zu Unrecht innehast [...], will ich Dich jetzt geduldig ertragen im Vertrauen auf Gott und auf Deine Güte, daß Du Dich hinfort so zur Ehre Gottes und des heiligen Petrus verhältst, wie es Dir zu handeln und mir zu dulden geziemt ohne Gefahr für Dein und mein Seelenheil.« Das war eine völlige Kapitulation des Papstes. Tatkräftige Hilfe leistete Robert allerdings nicht. Da zudem in Deutschland der Gegenkönig am 15. Oktober 1080 starb, was die Zeitgenossen als Gottesurteil empfanden, konnte Heinrich im Frühjahr 1081 mit einem Heer nach Italien ziehen; nach zunächst vergeblicher Belagerung öffneten ihm Anfang 1084 die Römer (darunter mehrere Kardinäle) die Tore. So wurde am 31. März 1084 Heinrichs Kaiserkrönung durch Papst Clemens (III.) möglich. Gregor VII. konnte sich nur noch in der Engelsburg halten. Jetzt endlich besann sich Robert Guiskard seiner Lehenspflicht und zog nach Rom, das er am 27. Mai 1084 erstürmte; Heinrich IV. hatte die Stadt bereits verlassen. Die normannische Eroberung erfolgte mit solcher Gewalttätigkeit (damals erst wurden die antiken Gebäude zu den Ruinen, die unsere Vorstellung vom mittelalterlichen Rom prägen), daß Gregor zu seiner eigenen Sicherheit mit den Normannen Rom verlassen mußte.

Gregor VII. ist es nicht gelungen, im außerreligiösen Bereich eine zielgerichtete Politik zu betreiben. Im Verhältnis zu Robert Guiskard ist er völlig gescheitert, darin Leo IX., Innozenz II. und Hadrian IV. vergleichbar. Den Konflikt mit Heinrich IV. hat er nicht bewußt provoziert; im Gegenteil wünschte er ein Zusammengehen mit dem König gegen die Normannen, deren Bekämpfung für ihn unbedingte Priorität hatte. Die Fernwirkung des Tages von Canossa war keinem der Beteiligten bewußt. Gregor starb am 25. Mai 1085 in der Verbannung. 1606 wurde er heiliggesprochen, eine fragwürdige Maßnahme im Rahmen der Gegenreformation.

Mathilde von Tuszien

Die Markgrafen von Tuszien waren treue Anhänger des Reiches. Atto (oder Azzo), Graf von Modena, Brescia und Reggio, soll der späteren Kaiserin Adelheid auf ihrer Flucht vor Berengar II. geholfen haben und sie auf seiner in der Grafschaft Reggio gelegenen Burg Canossa beherbergt haben. Unter seinem Sohn Thebald kamen die Grafschaften

Brescia und Ferrara, unter Bonifaz die Grafschaft Perugia hinzu. Diesen erhob Konrad II. 1026 zum Markgrafen der Toskana, da er Partei für Heinrich II. und gegen Arduin ergriffen hatte. Außerdem besaß die Familie Güter (ohne Grafenrechte) in den Grafschaften Verona und Parma, in der Romagna, in Lucca, in der Garfagna und in Pisa.

Der Schwerpunkt dieser später so genannten Mathildischen Güter lag also, ebenso wie die Burg Canossa selbst, nördlich des Apennin, weniger in der Toskana. In dem Besitzkomplex waren Allodien, Kirchenlehen, Reichslehen und wohl auch usurpiertes Reichsgut undurchdringlich miteinander verwoben, was die späteren Konflikte mit erklärt. Der Umfang der Güter erforderte eine eigene Kanzlei; die den Markgrafen zur Verfügung stehende Militärmacht war beträchtlich. Deshalb sah Heinrich III. es ungern, daß Bonifaz durch seine Ehe mit Beatrix von Oberlothringen Verbindungen zu einem Land außerhalb Italiens aufbaute, und er wurde noch argwöhnischer, als Beatrix, Witwe geworden, Herzog Gottfried von Niederlothringen heiratete und außerdem ihre Tochter Mathilde mit dem Sohn ihres neuen Ehemannes verband. Auf seinem Italienzug von 1055 schickte er deshalb Beatrix und Mathilde als Geiseln nach Deutschland; auch wenn beide kurz darauf wieder freigelassen wurden, mag diese Erfahrung doch Mathildes spätere Haltung beeinflußt haben.

In der Auseinandersetzung zwischen Heinrich IV. und dem Papst ergriff Mathilde, die Tradition ihrer Vorfahren verlassend, nicht die Partei des deutschen Königs. Dennoch dürfte es eher ein Zufall sein, daß Gregor VII. 1077 auf Canossa Zuflucht suchte, als ihm auf seiner Reise nach Deutschland überraschend Heinrich IV. entgegenkam. Die gleichzeitige Anwesenheit des Abtes von Cluny zeigt allerdings, daß die Markgräfin in religiöser Hinsicht auf der Seite der kirchlichen Reformbewegung stand.

Im Jahre 1102 bestätigte Mathilde ein schon zur Zeit Gregors VII. errichtetes Testament, in dem sie die Kirche

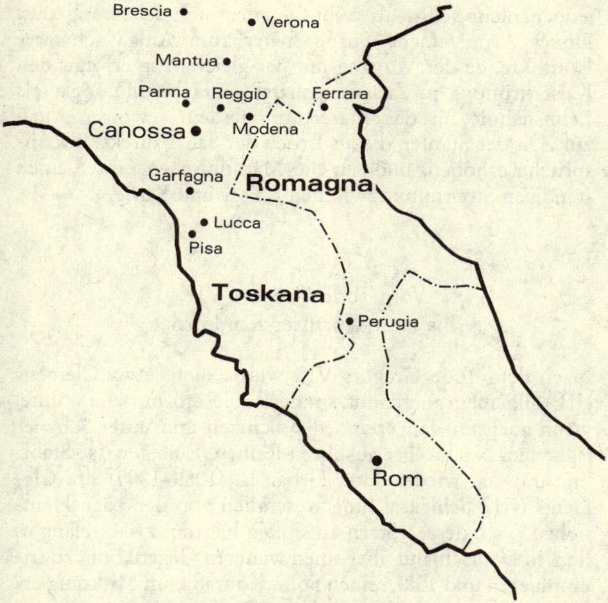

Die Mathildischen Güter

als Erbin einsetzte, allerdings unter dem Vorbehalt, auch noch anders darüber verfügen zu können. Das tat sie auch, indem sie 1111 Heinrich V. das Erbe zuwandte. So entstanden (vor allem nach dem Tode Heinrichs V., d. h. nach dem Aussterben der Salier) zwei konkurrierende Erbansprüche, wobei die Rechtslage durch die inhomogene Zusammensetzung des Besitzes noch kompliziert wurde. Unter Lothar III. kam es dann zu einem Kompromiß: Lothar behielt die Mathildischen Güter als Lehen des Papstes, wobei er jedoch nicht selbst als Lehnsnehmer in Erscheinung trat. Dieses Arrangement wurde später zum Anlaß schwerer Konflikte, da der Vorgang mit der gleichzeitig erfolgenden Kaiserkrönung in Zusammenhang gebracht und sogar als Lehnsnahme für das Kaisertum mißdeutet wurde. Auch zur Zeit der Staufer, die als Erben der Salier direkte Erbansprüche erhoben, bildeten die Mathildischen Güter einen ständigen Streitpunkt zwischen Kaiser und Kurie.

Vom Tode Gregors VII. bis zum Wormser Konkordat

Nach dem Tode Gregors VII. wurde nicht etwa Clemens (III.) allgemein anerkannt, sondern die Reformpartei wählte, wenn auch mit längeren Sedisvakanzen und unter Schwierigkeiten, Nachfolger aus ihren Reihen. Eine gewisse Stabilität trat erst wieder unter Urban II. (1088–1099) ein. Clemens' (III.) Schicksal hing wesentlich von der Lage Heinrichs IV. ab, dessen Stern zu sinken begann: zwar gelang es ihm, in Deutschland über einen weiteren Gegenkönig zu triumphieren und 1087 seinen Sohn Konrad zum Mitkönig erheben zu lassen, aber auf einem neuen Italienzug unterlag er 1092 den Truppen der Markgräfin Mathilde in einer Schlacht bei Canossa. Seine Gemahlin Eupraxia und sein Sohn Konrad gingen 1093 auf die Seite Urbans II. über. In der Lombardei bildete sich ein Städtebund gegen ihn; als Folge davon konnte er bis Anfang 1097 Venetien nicht verlassen. Für die Geschichte Italiens spielte er keine Rolle mehr.

Sein Sohn und Nachfolger Heinrich V. (deutscher König seit 1099) kam im Sommer 1110 nach Italien zur Kaiserkrönung. Mit Papst Paschalis II. schloß er den Geheimvertrag von Santa Maria in Turri, der ideal gesehen auf eine Trennung von geistlicher und weltlicher Sphäre im Sinne der Vorstellungen der Kirchenreform zielte: die Reichsbischöfe sollten allen weltlichen Besitz an das Reich, d. h. den Kaiser, zurückgeben; im Gegenzug sollte dieser auf alle Rechte bei der Bestellung der Bischöfe verzichten. Als dieser Vertrag zu Beginn der Kaiserkrönung am 12. Februar 1111 verlesen wurde, kam es zu einem Tumult bei den nichtsahnenden Bischöfen, die eine solche Säkularisierung ihres Besitzes und den Verlust ihrer Machtstellung nicht hinnehmen wollten. Die Zeremonie mußte abgebrochen werden, der König nahm Papst und Kardinäle gefangen und führte sie aus Rom weg. Ob ein solcher Ablauf von seiner Seite aus vorgeplant war, muß dahingestellt bleiben. Um aus der Gefangenschaft freizukommen, willigte Paschalis II. am 11. April 1111 in den Vertrag von Ponte Mammolo ein, in dem er Heinrich V. das uneingeschränkte Investiturrecht für alle Bistümer übertrug. Zwei Tage später folgte dann die Kaiserkrönung.

Dennoch war damit das letzte Wort im Investiturstreit noch nicht gesprochen: der Vertrag von Ponte Mammolo stieß in kirchlichen Kreisen auf Ablehnung, und Paschalis sah sich deswegen schwersten Vorwürfen ausgesetzt. Eine Synode in Vienne erklärte, dies sei kein »Privileg«, sondern ein »Pravileg« für den Kaiser (kein Frei-, sondern ein Schandbrief). Gelöst wurde der Konflikt schließlich im Wormser Konkordat von 1122: es unterschied zwischen dem geistlichen Amt (*spiritualia*) einerseits und den weltlichen Rechten (*regalia*) des jeweiligen Bistums andererseits und sah für Italien vor, daß eine kanonische Wahl durch Klerus und Volk stattfinden und erst danach Treueid und Regalienempfang folgen sollte; keinerlei Rechte bei der Bischofserhebung sollte der Kaiser im Kirchenstaat haben. Als Folge dieser Regelung verloren die italienischen Bischöfe ihren Rückhalt beim Kaiser, und es war diesem auch nicht mehr möglich, Deutsche auf die Schlüsselpositionen in Italien einzusetzen; Nutznießer dieser Entwicklung waren aber nicht die Päpste, sondern die aufstrebenden Kommunen.

Kommunen und Signorien in Norditalien

1085	Erste Nennung von Konsuln.
um 1120	Einführung des Podestats.
ab etwa 1250	Übergang zur Signorie.

Vom letzten Viertel des 11. Jahrhunderts an entwickelte sich vor allem in Norditalien die typische Form der selbstverwalteten Stadtgemeinde (Kommune, *civitas*). Dies geschah als völlig neue Entwicklung, ohne Kontinuität zur Antike. Vielmehr hatten die Städte spätestens in der Langobardenzeit ihre rechtliche Sonderstellung verloren; sogar der römische Senat verschwand, und in der byzantinischen Themenverfassung war für kommunale Selbständigkeit ohnehin kein Raum. Die Städte blieben aber als architektonische Einheiten und als Siedlungszentren bestehen, sie waren in der Regel Bischofssitz (wenn auch nicht selten mit Unterbrechung der Kontinuität in den Anfängen der Langobardenzeit) und oft Sitz des langobardischen Gastalden oder Herzogs, später des karolingischen Grafen.

Der Bischof als Stadtherr

Die Entwicklung zur kommunalen Selbständigkeit verlief nun so, daß der Bischof, unter Zurückdrängung der weltlichen Grafen, in die Rolle eines Stadtherrn hineinwuchs und dann von den Bürgern aus dieser Stellung verdrängt wurde.

In der Zeit nach Karl dem Großen wurde der Bischof häufig zum ständigen *missus dominicus* (Königsboten) für seine Stadt ernannt und übte als solcher die königliche Gerichtsbarkeit aus. Er war zudem der wichtigste Lehnsherr in Stadt und Diözese. Sein Einfluß stieg nicht nur durch fromme Stiftungen, sondern auch dadurch, daß sich viele Personen freiwillig in seinen Schutz begaben. So wuchs er in den chaotischen Zuständen des 10. Jahrhunderts von selbst in die Rolle des *defensor civitatis* hinein. In dieser Zeit nahm auch die Bevölkerung der Städte zu, weil die Landbewohner in den Städten Zuflucht vor der Ungarn- und Sarazenengefahr suchten (sogenanntes *incastellamento*). Im späten 10. und im 11. Jahrhundert sanktionierten die Könige die Position der Bischöfe, indem sie ihnen die Grafenrechte für die Stadt übertrugen.

Die Bischöfe erlangten dadurch aber keine fürstliche Stellung. Im Gegenteil, die Einwohner der Stadt übernahmen selbst die stadtherrlichen Rechte und beschränkten den Bischof allmählich wieder auf seine geistlichen Funktionen. Für diese Entwicklung, die anders als in Deutschland verlief, waren im wesentlichen drei Gründe maßgebend: 1. die geringe räumliche Ausdehnung der italienischen Diözesen, die es dem Bischof unmöglich machte, eine eigene Machtbasis außerhalb der Bischofsstadt aufzubauen; 2. der enorme Wirtschaftsaufschwung der Städte im 11. Jahrhundert, besonders im Bereich des Handels, der, da sich am Handel auch der niedere Adel beteiligte und deshalb seinen Wohnsitz in der Stadt nahm, zur Verschmelzung von niederem Adel und reichem Bürgertum zum Stadtpatriziat führte; 3. durch den Investiturstreit verlor der Bischof seinen Rückhalt beim König, da ein vom König eingesetzter Bischof sich dem Vorwurf der Simonie ausgesetzt sah. Das Wormser Konkordat übertrug die Bischofswahl vollends in die lokale Verantwortlichkeit, so daß der Bischof jetzt der Gruppe entstammte, mit der er sich auseinanderzusetzen hatte.

Konsuln und Podestà

Die Verwaltung der Stadt lag zunächst in den Händen des Bischofs und seiner Kurie. Fallweise bediente er sich des sachverständigen Rates einflußreicher Bewohner, die dabei als *boni homines* bezeichnet wurden. Es waren wohl diese *boni homines*, die dann plötzlich, ohne daß die Entwicklung im einzelnen nachvollziehbar wäre, als selbständige Vertreter der Stadt mit der Bezeichnung *consules* belegt sind. Solche Konsuln wurden erstmals 1085 in Pisa urkundlich genannt, dann 1093 in Biandrate, 1095 in Asti, 1097 in Mailand, 1098 in Arezzo, 1099 in Genua, 1105 in Pistoia, 1112 in Cremona, 1115 in Lucca, 1117 in Bergamo, 1123 in Bologna, 1125 in Siena usw. Ihre Zahl schwankte zwischen 2 und 40 (zum Teil auch in derselben Stadt); häufig wurden 12 Konsuln gewählt. Die Amtszeit betrug üblicherweise ein Jahr, aber in der frühen Zeit gab es immer wieder auch Jahre, in denen keine Konsuln amtierten. (Der Konsul-Titel wird von einigen Autoren als Beleg für eine Kontinuität zur Antike gewertet, jedoch zu Unrecht, denn eine solche Kontinuität müßte sich an die Verhältnisse am Ende der Spätantike anschließen; damals war das Konsulat aber bereits zum bloßen Ehrentitel ohne wirkliche Funktion herabgesunken.)

Die Konsuln gingen nicht aus dem bischöflichen Gericht hervor (wie häufig die Stadträte nördlich der Alpen), vielmehr wurde im Laufe der Zeit der Bischof, als Inhaber der Grafenrechte Träger des Blutbannes, von ihnen aus dieser Funktion verdrängt, zumal die Konsuln schon zuvor häufig als Schiedsrichter angerufen worden waren. Nach einer (von Ort zu Ort stark variierenden) Übergangsphase der gemeinsamen Rechtsprechung erschienen die Konsuln schließlich als alleinige Träger der Gerichtsbarkeit. Zwischen die Konsuln und die Versammlung aller Bürger, den Arengo, schoben sich Zwischeninstanzen, meist zwei Räte, ein kleiner von häufig 40 Mitgliedern und ein großer, dem mehrere hundert Personen angehörten. Daneben gab es Konsuln mit Spezialaufgaben, z. B. *consules mercatorum.* Komplizierte Verfassungsregeln und ständige Veränderung der Bestimmungen charakterisierten die Kommunen. Die Sitzungen wurden protokolliert (*reformationes, riformanze*), die Beschlüsse in Statuten niedergelegt.

Indem der Adel ins Stadtpatriziat hineinwuchs, brachte er auch die adlige Lebensweise mit in die Stadt, und zwar durchaus im negativen Sinne: die Folge waren ständige interne Fehden verfeindeter Familien (als Begleiterscheinung erfolgte der festungsartige Ausbau der »Geschlechtertürme«) und allgemein eine steigende Gewaltbereitschaft – auch das im Gegensatz zu den Verhältnissen nördlich der Alpen, wo die Stadt gerade einen besonders befriedeten Bezirk bildete. Häufig war es deshalb nicht mehr möglich, eine anerkannte Wahl der Konsuln zustande zu bringen. Den Ausweg aus diesem Dilemma, den seit dem zweiten Viertel des 12. Jahrhunderts fast alle Städte beschritten, bildete die Bestellung eines Podestà. Der Podestà, der zusammen mit einem Team von Richtern, Notaren, Wachmannschaften usw. von außerhalb in die Stadt kam, war während seiner meist einjährigen Amtszeit zuständig für die Stadtregierung, besonders die Rechtsprechung und die militärische Leitung. Es wurde dafür gesorgt, daß er in der Stadt ein Fremder blieb: er durfte dort keinen Grundbesitz erwerben und auch nicht heiraten. Nach Ablauf der Amtszeit wurde seine Tätigkeit überprüft, Fehlverhalten bestraft. Sofortige Wiederwahl war nicht möglich, aber der Podestà konnte in einer anderen Stadt dasselbe Amt übernehmen oder zu einem späteren Zeitpunkt wiedergewählt werden; auf diese Weise entstand eine Gruppe von berufsmäßigen Podestà, die, nach Art heutiger Fußballtrainer, zwischen den Kommunen hin- und herwechselten.

Der Contado

Der Machtbereich der Kommune sollte die gesamte Diözese des Bischofs umfassen. In diesem Contado (*comitatus*, Grafschaft) begüterte Kleinadlige zwang man, ihr Gebiet von der Stadt zu Lehen zu nehmen, auch in der Stadt zu wohnen, wo sie unter Umständen ins Patriziat eintraten. In gleicher Weise unterwarf man Landgemeinden und kleinere Nachbarstädte der Herrschaft der Kommune. Die Forderung nach Selbstverwaltung in der eigenen Stadt vertrug sich also ohne weiteres mit der Herrschaft über die Nachbarn; sie diente dem eigenen Vorteil und war nicht etwa Ausdruck einer übergeordneten Freiheitsidee. In den Kommunen dominierte eine stark auf die eigenen Belange ausgerichtete Geisteshaltung, der *campanilismo* (Kirchturmdenken). Gerade mit den unmittelbaren Nachbarn war man in der Regel bitter verfeindet, Bündnisse schloß man mit dem Nachbarn des Nachbarn, so daß eine schachbrettartige Struktur entstand. Diese Tendenzen überdauerten das Ende der Selbstverwaltung. Ihren Gipfel erreichte die politische Fragmentierung Norditaliens in der ersten Hälfte des 14. Jahrhunderts; von der Mitte dieses Jahrhunderts an wurden dann immer mehr kleinere Kommunen von ihren Nachbarn geschluckt, und es entstanden allmählich größere Strukturen.

Popolo und Signorien

Die Herrschaft der patrizischen Oberschicht über die Städte, die in der Wahl der Konsuln bzw. des Podestà und dem Erwerb eines Contado im 12. und 13. Jahrhundert ihren Ausdruck fand, aber auch durch die ständigen internen Fehden das öffentliche Leben belastete, war von zwei Seiten her bedroht: einmal durch die nichtpatrizische Bevölkerung, den *popolo*, und zum anderen durch die Signorien.

Der *popolo*, d. h. die zu Besitz gekommene Mittelschicht der Handwerker und Händler (häufig in Zünften oder Gilden organisiert), drängte zur Teilhabe an der Macht. Sie organisierte sich selbst als eine Art Staat im Staate mit eigenen Institutionen und Interessenvertretern (*capitano del popolo*, Anzianen, Volksversammlung), die mit steigendem Einfluß neben die Organe der Stadt traten und mit diesen auf die Dauer als gleichberechtigt galten. Teilweise wurde die adlige Oberschicht regelrecht entmachtet und aus dem politischen Leben verdrängt.

Folgenreicher war aber die Entstehung der Signorien, die übrigens durchaus aus einem Popularregime hervorgehen konnten. Der Signore war entweder eine Einzelperson, die in kritischen Situationen Sondervollmachten erhielt und der Stadt nicht selten auch von außen aufgezwungen wurde: Signori konnten benachbarte Fürsten sein, die so ihren Einflußbereich erweiterten, oder auch Kardinäle im Auftrag des Papsttums. In anderen Fällen gewann eine Familie in der Stadt durch ihre überragende wirtschaftliche Stellung übermächtigen politischen Einfluß und konnte den gewählten Gremien ihren Willen aufzwingen. Dies ließ sich etwa durch ein ständiges Podestat (so oft bei auswärtigen Signori) oder in ganz unförmlicher Weise durch Beeinflussung, auch Manipulation der Wahlen und geschickten Einsatz der eigenen Klientel bewerkstelligen (klassisches Beispiel sind die Medici in Florenz); es gab aber auch Fälle, in denen die Kommune durch förmlichen Beschluß die Signorie übertrug. Der Signore versuchte, die Macht in seiner Familie erblich werden zu lassen. Dazu konnte auch eine von außen kommende Legitimation nützlich sein, etwa die Verleihung des Reichsvikariats durch den deutschen König/Kaiser. Im »Idealfall« mündete diese Entwicklung in die Erhebung in den erblichen Fürstenstand seitens des Reiches, aber dies gelang nur wenigen Familien.

Die Bevölkerung leistete gegen die Ausbildung der Signorien nur wenig Widerstand. Die »demokratische« Verfassung blieb äußerlich bestehen und wurde nur innerlich ausgehöhlt; insbesondere blieben die lukrativen Ämter in der Stadt und vor allem in den unterworfenen Nachbarstädten erhalten, von denen die Bürger (insbesondere die Klientel des Signore) weiterhin profitieren konnten – auch dies ein Beweis dafür, daß es sich bei der Selbstverwaltung der Kommunen um praktische, vorteilsbezogene Politik handelte und nicht um abstrakte Freiheitsideen.

Die Normannen in Süditalien

um 1000	Erstes Auftreten von Normannen in Süditalien.
1029	Grafschaft Aversa: erster Normannenstaat in Süditalien.
1047	Kaiser Heinrich III. belehnt Rainulf von Aversa und Wilhelm von Hauteville.
1053	Schlacht bei Civitate: Papst Leo IX. unterliegt den Normannen.
1059	Richard von Aversa und Robert Guiskard (Apulien, Kalabrien, Sizilien) nehmen ihre Gebiete vom Papsttum zu Lehen.
1061–1088	Normannische Eroberung Siziliens.
1071	Bari normannisch: definitives Ende der byzantinischen Herrschaft in Italien.
1077	Salerno normannisch.
1112–1154	Roger II. (zunächst Graf von Sizilien).
1127	Roger II. erbt Apulien.
1130/1139	Königserhebungen Rogers II.
1131	Amalfi normannisch.
1136–1137	Feldzug Lothars III. und des Papstes gegen Roger II.
1139	Neapel normannisch.
1154–1166	König Wilhelm I. (der Böse).
1166–1189	König Wilhelm II. (der Gute).
1186	Heirat Konstanzes mit Heinrich VI.
1190–1194	Tankred von Lecce.

Etwa um die Jahrtausendwende – der genaue Zeitpunkt ist wegen der legendenhaften Darstellungen nicht zu ermitteln – trafen in Süditalien die ersten Normannen, wahrscheinlich Jerusalempilger, ein und nahmen als Söldner an den Auseinandersetzungen der langobardischen Fürsten von Benevent, Salerno und Capua untereinander und mit den byzantinischen Restgebieten teil. Ein selbständiges Herrschaftsgebiet erwarb als erster Rainulf mit der Grafschaft Aversa. In für die Normannen typischer Weise strebte er eine Legalisierung seiner Herrschaft in Form einer Lehnsnahme an, wobei er ohne Skrupel mehrmals den Lehnsherrn wechselte: er wurde zunächst 1029 Lehnsmann des Fürsten von Neapel, dann 1034 des Fürsten von Capua, schließlich 1037 des Fürsten von Salerno.

Wichtiger als die Grafen von Aversa (die später auch die Herrschaft über Capua erlangten) wurden die Söhne des Tankred von Hauteville, die im Laufe der Zeit in Süditalien eintrafen und an die Spitze der in Apulien operierenden Normannengruppen traten. Die normannischen Söldner unterstellten sich zunächst Fürst Waimar V. von Salerno, der zwölf ihrer Anführer mit (zum Teil noch byzantinischen) Gebieten belehnte, darunter Wilhelm Eisenarm und Drogo von Hauteville. Wilhelm, nach ihm Drogo, hatten offenbar zunächst nur die Rolle eines *primus inter pares* inne; Drogo konnte seine Position aber verbessern, als 1047 Kaiser Heinrich III. nach Süditalien kam und ihn sowie Rainulf von Capua-Aversa in die Lehnsabhängigkeit vom Reich übernahm. Die ursprüngliche Gleichberechtigung blieb aber in Erinnerung und führte in den nächsten hundert Jahren immer wieder zu Aufständen der Barone.

Das Papsttum stand den Normannen feindlich gegenüber. Leo IX. versuchte, gemeinsam mit Byzanz, militärisch gegen sie vorzugehen, unterlag aber 1053 in der Schlacht von Civitate und geriet sogar in normannische Gefangenschaft. Den entscheidenden Schritt tat erst Nikolaus II.: 1059 wurden Richard von Capua-Aversa und Robert Guiskard (für Apulien und das noch zu erobernde Sizilien) Lehnsleute des Heiligen Stuhls, unter Ignorierung der Lehnsnahme von Heinrich III. (Da der Kaiser 1056 gestorben war, kann man argumentieren, daß die Lehnsbindung zum Reich erloschen war. Die deutschen Könige erkannten die päpstliche Belehnung jedoch nicht an.)

Kaiser und Papst als Lehnsherren der Normannen

	Kaisertum		Papsttum
1047	Belehnung Rainulfs von Aversa und Wilhelms von Hauteville durch Heinrich III.		
		1059	Belehnung Richards von Aversa mit Capua und Robert Guiskards mit Apulien durch Nikolaus II.
		1080	Versöhnung Gregors VII. mit Robert Guiskard; Erneuerung von dessen Lehen.
		1128	Anerkennung Rogers II. als Erbe von Apulien durch Honorius II.
		1130	Erhebung Rogers II. zum König von Sizilien durch Anaklet II.
1137	Italienzug Lothars III.: Kaiser und Papst erheben Anspruch auf die Belehnung Rainulfs von Alife mit Apulien; Kompromiß: gemeinsame Belehnung.		
		1139	Bestätigung der Königswürde Rogers II. durch Innozenz II.
		1156	Belehnung Wilhelms I. durch Hadrian IV.

1191	Beanspruchung Siziliens für das Reich durch Heinrich VI.		
1194	Heinrich VI. König von Sizilien.		
		1198	Anerkennung der Lehenshoheit des Papstes durch Friedrich II. (Konstanze).
1198/ 1208	Beharren Philipps von Schwaben auf der Position Heinrichs VI.		
		1245	Innozenz IV. erklärt Friedrich II. für abgesetzt.
		1265	Belehnung Karls von Anjou durch Urban IV.
1268	Konradin.		
1313	Heinrich VII. erklärt Robert von Neapel für abgesetzt.		

In den folgenden Jahren brach in Süditalien die byzantinische Herrschaft zusammen. Nach der Eroberung von Reggio Calabria rief das Heer Robert Guiskard zum Herzog aus; 1071 fiel mit Bari die letzte byzantinische Bastion. Auch die langobardischen Fürstentümer wurden von den Normannen erobert. Einzig die Stadt Benevent entging diesem Schicksal, da sie sich 1051 dem Papst unterstellt hatte und von nun an bis 1860 eine Exklave des Kirchenstaates bildete.

Gleichzeitig eroberte Roger (I.), der jüngste Bruder Robert Guiskards, Sizilien, teils gemeinsam mit Robert, teils selbständig, wobei er juristisch gesehen als Graf von Sizilien Untervasall seines Bruders war. Die Eroberung zog sich zwar bis 1088 hin, trotzdem stellt sich die Frage, warum den Normannen in knapp drei Jahrzehnten gelang, was die

Byzantiner drei Jahrhunderte vergeblich versucht hatten. Es kamen wohl vier Gründe zusammen: 1. die Normannen profitierten von einem innersarazenischen Bürgerkrieg auf Sizilien; 2. infolge politischer Veränderungen in Nordafrika und der Fortschritte der Reconquista in Spanien erhielten die sarazenischen Sizilianer weniger Hilfe von ihren dortigen Glaubensgenossen; 3. die Normannen sicherten eroberte Gebiete sofort durch Burgen; 4. sie forderten nicht wie die Byzantiner die Konversion der islamischen Bevölkerung zum Christentum, so daß religiös motivierter Widerstand unterblieb.

Roger II.

Wichtiger als die apulische Linie der Hauteville, die 1127 ruhmlos erlosch, wurden die Nachkommen Rogers von Sizilien. Roger II. (seit 1112) erhob nach dem Aussterben seiner festländischen Verwandten Erbansprüche auf das Herzogtum Apulien, die nach kurzem Widerstand auch das Papsttum anerkennen mußte. 1130 bot sich ihm die Chance, seine Position weiter zu festigen: die Papstwahl dieses Jahres führte zum Schisma zwischen Anaklet II. und Innozenz II. Während Innozenz beim französischen und deutschen König Unterstützung fand, erkannte Roger II. Anaklet an; der Lohn dafür war seine Erhebung zum König von Sizilien.

Im Jahr 1137 unternahm Kaiser Lothar III. zugunsten Papst Innozenz' II. seinen zweiten Italienzug und drang bis nach Apulien vor. Dort sollte Rainulf von Alife als Herzog eingesetzt werden; jedoch kam es zu Mißhelligkeiten zwischen Kaiser und Papst über die Frage, ob Apulien vom Reich (wie 1047) oder vom Heiligen Stuhl (wie 1059) zu Lehen rühre. Die Frage blieb offen, und bei der Belehnungszeremonie mußten beide Seiten in einen Kompromiß einwilligen. Da Lothar, der kurz darauf starb, bald wieder

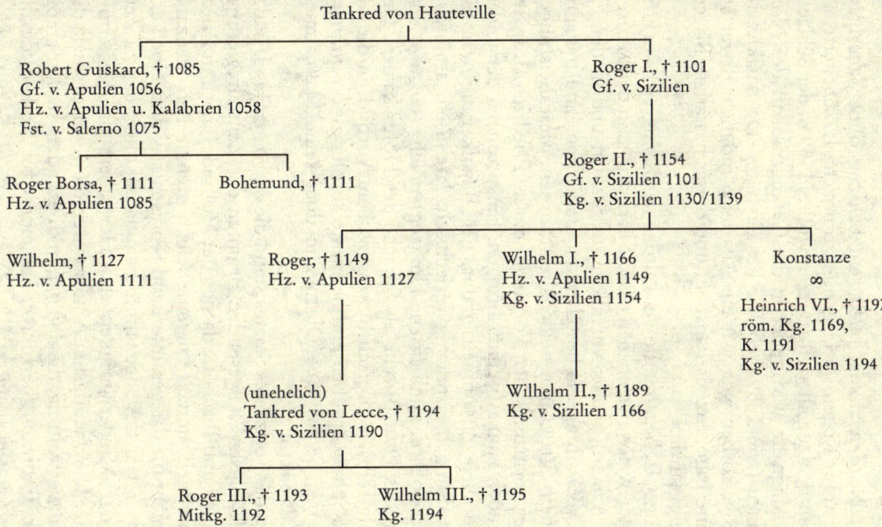

Die Hauteville in Süditalien

nach Norden abzog, blieb sein Feldzug ohne dauerhafte Folgen für Roger. Im Gegenteil, Innozenz II. scheiterte, als er den Feldzug allein fortsetzen wollte, 1139 in der Schlacht von Magnano und geriet in die Gefangenschaft des Normannen (wie 1059 Leo IX. bei Civitate). Da Anaklet II. 1138 gestorben war, war ein Ausgleich möglich: Roger erkannte Innozenz als Papst an, und dieser bestätigte Rogers Königswürde.

Roger II. begann, die Verwaltung des Königreichs in effizienter Weise auszubauen (Kodifikation u. a. in den Assisen von Ariano), wobei vor allem auf Sizilien und in der Finanzverwaltung die bestehenden arabischen (und byzantinischen) Strukturen beibehalten wurden; diese Leistungen seiner normannischen Vorgänger mußte Friedrich II. später nur noch zum Abschluß bringen. Entsprechend der multikulturellen Zusammensetzung der Bevölkerung war die Verwaltung dreisprachig (griechisch, lateinisch, arabisch), wozu noch die italienische Umgangssprache (*volgare*) und wohl das Französische als Sprache des Hofes kamen. Der König selbst war, nach byzantinischem Vorbild, in die sakrale Sphäre erhoben und herrschte absolut als *lex animata in terris*; bereits eine Diskussion über seine Maßnahmen galt als Sakrileg.

An der Spitze des Staates stand die *magna curia*, d. h. die am Königshof anwesenden Beamten der Zentralregierung, Vasallen und Bischöfe; da sich der Hof indes meist in Palermo aufhielt, umfaßte sie eine sehr begrenzte Personenzahl, die nicht für das gesamte Land repräsentativ war. Noch exklusiver war das sogenannte Familiarenkolleg, das zu Zeiten der Minderjährigkeit des Herrschers die Regierung führte. Die wichtigsten Ämter waren die Kanzlei sowie die Finanzverwaltung, die *dohana*, mit besonders starker arabischer Tradition. Sie führte, zumindest für Sizilien, detaillierte Kataster (*defetari*).

Die Lehnspyramide umfaßte unterhalb des Königs vier Stufen von *feoda*; die Städte unterstanden teils direkt dem

König, teils waren sie in die Lehnspyramide miteinbezogen. Die Lehnsleute wurden von der Zentrale scharf überwacht: sie mußten den Ehekonsens des Königs einholen, und bei jeder Neuvergabe eines Lehens wurde eine genaue Beschreibung seines Umfangs beurkundet (in einer sogenannten *platea*), wobei dieser Umfang entweder dem Kataster entnommen oder durch eine Befragung vor Ort (*inquisitio*) ermittelt wurde. Die Kirche unterstand ganz der Herrschaft des Königs, der als ständiger päpstlicher Legat fungierte und entscheidenden Einfluß auf die Besetzung der Bischofsstühle hatte.

Wilhelm I. und Wilhelm II.

Nach dem Tode Rogers II. sah sich sein Sohn Wilhelm I., obwohl seit 1151 Mitkönig, massivem Widerstand gegen seine Nachfolge ausgesetzt: der Papst verweigerte die Erneuerung der Lehnsbeziehung und zog mit griechischer Hilfe gegen ihn zu Felde, während sich gleichzeitig die Barone auf dem Festland gegen den König erhoben. Die Aktion des Papstes endete jedoch in einer katastrophalen Niederlage bei Brindisi am 28. Mai 1156, so daß Hadrian IV. Wilhelm am 18. Juni im Vertrag von Benevent anerkennen mußte. Gleichwohl war der König ein eher schwacher und unselbständiger Herrscher, der die Regierungsgeschäfte dem Kanzler und seit 1154 *ammiratus ammiratorum* Majo überließ, bis dieser 1160 ermordet wurde. Anschließend richteten sich die Intrigen einer Hofpartei gegen Wilhelm selbst. Ein Aufstand im Jahre 1161 führte zur Gefangensetzung des Königs, doch wurde er mit Hilfe des hohen Klerus und der Bevölkerung Palermos befreit; allerdings kam der Kronprinz bei den Ereignissen ums Leben. Die anschließenden Vergeltungsmaßnahmen brachten Wilhelm den Beinamen »der Böse« ein. Er starb 1166.

Es folgte, zunächst unter der Vormundschaft seiner Mutter, Wilhelm II., der »Gute«. Über die Zeit seiner selbständigen Regierung ist nur wenig bekannt. Wichtigstes Ereignis war die Heirat seiner Tante Konstanze mit dem Staufer Heinrich VI., die, da der König auch nach langen Ehejahren kinderlos blieb, seine nächste Verwandte und damit Thronerbin war. Um ihr das Erbe zu sichern, ließ er kurz vor seinem Tode alle Barone des Reiches auf sie vereidigen.

Tankred von Lecce

Gegen die Nachfolge Konstanzes regte sich trotz der geleisteten Eide Widerstand. Eine Hofpartei erhob Anfang 1190 Tankred von Lecce, den unehelichen Sohn Rogers, des älteren Bruders Wilhelms I., zum König. Ob sich darin eine Ablehnung der weiblichen Erbfolge oder eine »nationale« Reaktion gegen Konstanzes ausländischen Ehemann Heinrich VI. kundtat oder ob es sich um ein Unabhängigkeitsstreben angesichts der zu erwartenden *unio regni ad imperium* handelte, läßt sich nicht mehr feststellen. Weitere denkbare Motive waren die Ablehnung Heinrichs aus charakterlichen Gründen oder die Zurückweisung des von ihm erhobenen Anspruchs des Kaiserreichs auf Sizilien; jedoch besteht bei dieser Argumentation die Gefahr einer Rückprojektion späterer Ereignisse.

Heinrich VI. versuchte sofort, seine Ansprüche militärisch durchzusetzen: zunächst durch eine Aktion Heinrichs von Kalden im Sommer 1190, dann durch einen persönlich geleiteten Feldzug im Sommer 1191. Dieses Unternehmen scheiterte aber, denn im Heer brachen bei der Belagerung Neapels Seuchen aus, und Heinrich, selbst erkrankt (die welfische Partei verbreitete in Deutschland sogar schon das Gerücht seines Todes), mußte umkehren.

Zwischen den beiden deutschen Angriffen passierten

Philipp II. von Frankreich und Richard Löwenherz von England im Rahmen des 3. Kreuzzuges Sizilien (Philipp hielt sich vom 16. September 1190 – 30. März 1191, Richard vom 23. September 1190 – 10. April 1191 in Messina auf); Richard versuchte dabei, vermeintliche Erbansprüche seiner Schwester, der Witwe Wilhelms II., gewaltsam durchzusetzen.

Erst als Heinrichs Angriff gescheitert war, bezog Papst Cölestin III. Stellung und erkannte Tankred als König von Sizilien an. Dieser mußte im Konkordat von Gravina im Januar 1192 auf all jene kirchlichen Sonderrechte verzichten, die die normannischen Könige noch von den Zeiten der Eroberung Siziliens aus islamischer Hand her innehatten. Im August 1192 erhob Tankred seinen Sohn Roger (III.) zum Mitkönig, der aber noch vor seinem Vater im Dezember 1193 starb. Tankred selbst starb am 20. Februar 1194 und hinterließ seinen zweiten Sohn Wilhelm III. unter der Regentschaft seiner Mutter Sybilla.

Die Stauferzeit

1128–1130	Konrad III. (Gegen-)König in Italien.
1130	Schisma zwischen Innozenz II. und Anaklet II.
1133	Lothar III. führt Innozenz II. nach Italien und wird zum Kaiser gekrönt.
1139	Zweites Laterankonzil.
1153	Konstanzer Vertrag zwischen Friedrich I. und dem Papsttum.
1155	Friedrich I. Barbarossa König von Italien und Kaiser.
1158	Programmatischer Reichstag von Roncaglia.
1159	Schisma zwischen Alexander III. und Viktor IV.
1162	Zerstörung Mailands.
1176	Schlacht von Legnano: Friedrich I. unterliegt dem lombardischen Städtebund.
1177	Friede von Venedig zwischen Friedrich I. und Alexander III.

1179	Drittes Laterankonzil (Papstwahlordnung).
1183	Friede von Konstanz zwischen Friedrich I. und den lombardischen Städten.
1186	Heirat Heinrichs VI. mit Konstanze von Sizilien.
1190	Tod Friedrichs I.
1191	Heinrich VI. Kaiser; vergeblicher Zug gegen die Normannen.
1194	Heinrich VI. König von Sizilien.
1197	Tod Heinrichs VI.

Lothar III. und Konrad III.

Wie ein harmonisches Vorspiel, das jedoch künftige Konflikte erahnen ließ, mutete die Italienpolitik Lothars III. an. 1125 nach dem kinderlosen Tode Heinrichs V. unter Übergehung des Staufers Konrad (der von 1128 bis 1130 in Italien ein Gegenkönigtum aufzubauen versuchte) und mit maßgeblicher kirchlicher Beteiligung gewählt, bildete das Schisma von 1130 zwischen Innozenz II. und Anaklet II. für ihn Aufgabe und Chance: er führte Papst Innozenz II., der über die Alpen geflohen war, nach Italien zurück und empfing von ihm 1133 in Rom die Kaiserkrone. Freilich kam es schon bei der ersten Begegnung zwischen ihm und dem Papst zu einem Konflikt über die Bedeutung des Stratorendienstes (der Vorfall wiederholte sich 1154 in Sutri zwischen Barbarossa und Hadrian IV.). Auch beim zweiten Italienzug Lothars gab es Meinungsunterschiede zwischen Kaiser und Papst (vgl. S. 46).

Innozenz II. nahm als erster Papst imperiale Ehrenrechte für sich in Anspruch (Bestattung in einem Porphyrsarg); die Kaiserkrönung Lothars ließ er dagegen auf einem Gemälde im Lateran in die Nähe einer Lehnsnahme rücken. Andererseits unterlag er nicht nur im Konflikt mit den Normannen, sondern mußte auch der Stadt Rom die Errichtung einer kommunalen Selbstverwaltung zugestehen, die in nostalgischer Erinnerung an die Antike als römischer Senat bezeichnet wurde.

Friedrich I. Barbarossa

Da Konrad III. in seiner Zeit als rechtmäßiger deutscher König Italien nicht betrat, griff erst sein Nachfolger Friedrich I. Barbarossa (1152–1190) wieder in die italienischen Verhältnisse ein. Er tat dies in sechs Italienzügen und hielt sich damit mehr als ein Drittel seiner Regierungszeit südlich der Alpen auf. Dieses massive Interesse an Italien wurde ihm von der älteren deutschen Geschichtsschreibung oft vorgehalten und führte zu einer gelehrten Kontroverse über die mittelalterliche deutsche Italienpolitik, die von 1859 an im sogenannten Sybel-Ficker-Streit zwischen Heinrich von Sybel und Julius Ficker gipfelte; allerdings flossen in die Auseinandersetzung auch tagespolitische Motive (Verhältnis zwischen Bayern, Preußen und Österreich, Verlust Venetiens 1866) mit ein.

Barbarossas Italienzüge

		Hauptziel bzw. -ereignis	weitere Ereignisse
1. Zug	1154–1155	Kaiserkrönung	Scholarenprivileg
2. Zug	1158–1162	Zerstörung Mailands	Reichstag von Roncaglia, Schisma und Synode von Pavia
3. Zug	1163–1164	Bekämpfung der Lombarden	
4. Zug	1166–1167	Katastrophe vor Rom	Krönung der Kaiserin

5. Zug	1174–1178	Friede von Venedig	Vorfriede von Montebello, Begegnung mit Heinrich dem Löwen in Chiavenna, Schlacht von Legnano, Friede von Konstanz
6. Zug	1184–1186	Heirat Heinrichs VI.	

Barbarossas erster Italienzug diente vorrangig der Kaiserkrönung. Vorbereitend wurden im Konstanzer Vertrag von 1153 die Positionen zwischen König und Papst abgesteckt: der König sagte dem Papst Hilfe gegen die Römer zu; der Papst versprach im Gegenzug die Kaiserkrönung und die Wahrung des *honor imperii*, d. h. der ideellen und materiellen Rechte des Reiches. Gegen Griechen und Normannen wollten sie gemeinsam vorgehen und keine separaten Verträge schließen. Auf dem Weg zur Kaiserkrönung erließ Barbarossa 1155 das berühmte Scholarenprivileg, das als *Authentica »Habita«* dem justinianischen *Corpus Iuris Civilis* angefügt wurde. Dieses Privileg zugunsten derjenigen, die »aus Liebe zur Wissenschaft heimatlos geworden sind«, unterstellte die Studenten einer eigenen Gerichtsbarkeit und schützte sie so vor bestimmten Repressalien.

Bei seiner Ankunft in Rom sah sich Barbarossa der Forderung der Römer ausgesetzt, die Kaiserkrone von ihnen entgegenzunehmen, was er gemäß den Vereinbarungen mit dem Papst strikt ablehnte. Die Krönungszeremonie wurde deshalb statt am Sonntag schon am Samstag (18. Juni 1155) durchgeführt; unmittelbar danach kam es zu einem Aufstand der Römer, der blutig niedergeschlagen wurde, wobei sich u. a. Heinrich der Löwe hervortat. Nach der Krönung brachen die Konflikte mit der Kurie wieder auf, da der Kaiser den vorgesehenen Zug gegen die Normannen nicht sofort antreten konnte: die Reichsfürsten, die zwar zur Romfahrt, nicht aber zu weiteren kriegerischen Unternehmungen lehnsrechtlich verpflichtet waren, zwangen ihn zur Rückkehr nach Deutschland. Daraufhin versuchte der Papst zunächst allein gegen die Normannen vorzugehen, mußte dann aber nach der Niederlage bei Brindisi im Vertrag von Benevent die Fronten wechseln und so gegenüber Barbarossa vertragsbrüchig werden.

Das Schisma von 1159

Der zweite Italienzug des Kaisers sollte eigentlich der Wiederherstellung der Reichsrechte in Oberitalien gewidmet sein. Ihn überschattete aber ein kirchenpolitisches Ereignis von äußerster Tragweite: das Schisma von 1159.

Nach dem Tode Hadrians IV. gelang es den Kardinälen nicht, eine eindeutige Wahlentscheidung herbeizuführen. Vielmehr wurden in einer dramatischen Versammlung kurz nacheinander zwei Päpste gewählt und dem Volk zur Akklamation vorgestellt: Viktor IV. und Alexander III., wobei Viktor einen geringen zeitlichen Vorsprung hatte, während zu Alexanders Wählern mehr Kardinalbischöfe und überhaupt eine größere Zahl von Kardinälen gehörte.

In der Doppelwahl spiegelten sich zwei Parteien im Kardinalskollegium: eine eher konservativ eingestellte, zur Zusammenarbeit mit dem Kaiser bereite Gruppe (die Wähler Viktors) und die Verfechter der Politik Hadrians IV., die seit dem Vertrag von Benevent kaiserfeindlich ausgerichtet waren; Alexander war zuvor Kanzler Hadrians gewesen und hatte den berühmten Zwischenfall auf dem Hoftag von Besançon ausgelöst, als er das Kaisertum als päpstliches Lehen hinstellte.

In dieser Situation sah die gültige Papstwahlordnung von 1059 kein Instrument zur Konfliktlösung vor: als Erstwähler waren zwar die Kardinalbischöfe festgesetzt, aber es war keine erforderliche Mehrheit der Stimmen definiert. Die Rechte des Kaisers waren damals im sogenannten Königsparagraphen gewahrt worden, jedoch hatte schon beim Schisma von 1130 die Stellungnahme aller europäischer Staaten, insbesondere Frankreichs, den Ausschlag gegeben, und nicht mehr allein diejenige des deutschen Königs bzw. des Kaisers. Barbarossas Versuch, auf einer Synode in Pavia im Alleingang eine Entscheidung herbeizuführen, mußte deshalb erfolglos bleiben: Alexander III. und seine Anhänger erschienen gar nicht erst – mit der Begründung, der Papst könne von niemandem gerichtet werden, womit sie freilich ihrerseits die Entscheidung zu präjudizieren versuchten. Das Votum der Synode zugunsten Viktors galt deshalb nur für den Machtbereich des Kaisers (und selbst dort nicht uneingeschränkt), während Alexander vor allem von Frankreich unterstützt wurde.

Das Schisma zog sich bis 1177 hin. Auf Viktor folgten, vom Kaiser aber nur noch halbherzig unterstützt, 1164 Paschalis III. und 1168 Calixt (III.). Die hauptsächliche politische Bedeutung des Schismas lag aber darin, daß Alexander in den lombardischen Städten, die gegen die Machtansprüche des Kaisers kämpften, natürliche Verbündete fand, so daß sich die beiden Konflikte miteinander verbanden und auch nur gemeinsam gelöst werden konnten.

Barbarossa und die Kommunen

Der zweite, dritte, vierte und fünfte Italienzug Barbarossas diente vornehmlich der Wiedergewinnung und Durchsetzung der Reichsrechte in Norditalien, vor allem gegenüber den lombardischen Städten. 1158 wurden auf dem Reichstag von Roncaglia diese Rechte definiert: beraten von vier Gelehrten aus Bologna, stellte der Kaiser eine Liste von Regalien auf, die von den Städten zurückgefordert wurden, sofern sie keine ausdrückliche kaiserliche Übertragung nachweisen konnten. Gegen die Städte, die dieser Aufforderung nicht nachkamen, ging er militärisch vor; den Höhepunkt bildete 1162 die Eroberung, Zerstörung und rechtliche Auflösung Mailands, dessen Bewohner auf vier offene Dörfer in der Umgebung zwangsumgesiedelt wurden.

Auf den weniger wichtigen dritten Zug von 1163/64 folgte ab Herbst 1166 der vierte Italienzug mit bedeutender Heeresmacht, u. a. erstmals auch mit niederrheinischen Söldnern, den »Brabanzonen«. Auf diesem Zug wurde Rom erobert, Paschalis III. dort inthronisiert und 1167 die Kaiserin vom Papst gekrönt. Der Zug endete jedoch mit einer Katastrophe, die von den Zeitgenossen als Gottesurteil angesehen wurde: Mitte August 1168 vernichtete eine Epidemie das kaiserliche Heer, so daß Barbarossa nach Deutschland fliehen mußte. Die Mailänder kehrten in ihre Stadt zurück, und die lombardischen Städte, die sich zu einem Bund gegen den Kaiser zusammengeschlossen hatten (Veroneser Bund 1164, Liga von Pontida 1167), errichteten eine Bundesfestung, die zu Ehren Alexanders III. den Namen Alessandria erhielt.

Erst 1174 konnte der Kaiser den fünften Italienzug antreten. Erstes Ziel war Alessandria, das er im Winter 1174/75 vergeblich belagerte. Erneute Seuchen im Heer veranlaßten ihn, mit den lombardischen Städten zu verhandeln und im April 1175 in Montebello einen Präliminarfrieden zu schließen. Die Umwandlung in ein dauerhaftes Abkommen gelang jedoch nicht, sondern es kam im Herbst zu neuen Kämpfen. In diesen Zeitraum fiel auch die berühmte Begegnung des Kaisers mit Heinrich dem Löwen in Chiavenna, bei der Friedrich den Welfen vergeblich um Hilfe bat, obwohl er sich »mehr als der kaiserlichen Majestät ziemt« demütigte. Schließlich unterlag Barbarossa 1176 in der Schlacht von Legnano einem Heer des lombardischen Bundes.

Jetzt näherte sich der Kaiser Papst Alexander III. an: die Verhandlungen führten zunächst zum Vorfrieden von Anagni im November 1176 und schließlich 1177 zum Frieden von Venedig. Der Kaiser erkannte Alexander III. als Papst an, ließ also Calixt (III.) fallen und wurde im Gegenzug von der Exkommunikation losgesprochen. In den großen Streitfragen kam der Kaiser dem Papst im Vorfrieden weit entgegen: er verpflichtete sich zur Herausgabe der Mathildischen Güter und zum Friedensschluß sowohl mit den lombardischen Städten als auch mit dem Königreich Sizilien; jedoch gelang es seinem Verhandlungsgeschick, die Erfüllung dieser Zusagen im endgültigen Frieden um 6 bzw. 15 Jahre hinauszuschieben.

Die Lossprechung des Kaisers vom Bann erfolgte in den üblichen Formen der Zeit; erst eine spätere Legende, die in der Reformationszeit auf antipäpstlichen Flugblättern dargestellt wurde, will wissen, der Papst habe dem am Boden liegenden Kaiser den Fuß auf den Nacken gesetzt. Kurz vor Ablauf der sechsjährigen Frist folgte 1183 im Frieden von Konstanz die Aussöhnung mit den lombardischen Städten: wesentlicher Punkt der Abmachung war eine Pauschalierung der kaiserlichen Ansprüche aus den Regalien, eine Regelung, in der sich die Einsicht des Kaisers nicht nur in die gewandelte machtpolitische Situation, sondern auch in die neuen ökonomischen Entwicklungen mit ihrer Tendenz zur Geldwirtschaft in Italien zeigte.

Alexander III. konnte nach Rom zurückkehren, wo er 1179 das dritte Laterankonzil abhielt. Sein wichtigster Beschluß war eine neue Papstwahlordnung: Wahlkörper waren jetzt die Kardinäle ohne Rücksicht auf ihren Ordo (die Sonderstellung der Kardinalbischöfe wurde also beseitigt), erforderlich war die Zweidrittelmehrheit der anwesenden Wähler; von einer Beteiligung der Laien oder von Rechten des Kaisers war nicht mehr die Rede. Es wäre jedoch falsch, von einer nachträglichen Legalisierung von Alexanders eigener Wahl zu sprechen; vielmehr war das Schisma von 1159 – abgesehen von der Parteistellung der Wähler – auch aus dem Konflikt einer älteren und einer jüngeren Auffassung über den Charakter der Wahlhandlung entstanden: jetzt hatte sich die jüngere, von der sich entwickelnden kanonistischen Wissenschaft herausgearbeitete Auffassung durchgesetzt.

Heinrich VI.: die *unio regni ad imperium*

Die eingegangene Verpflichtung, mit dem Königreich Sizilien Frieden zu schließen, erfüllte Barbarossa auf eine ganz andere Weise, als die Kurie sich das vorgestellt hatte: während des sechsten Italienzuges von 1184–1186 heiratete sein Sohn und Nachfolger, König Heinrich VI., die Tante des sizilischen Königs Wilhelm II., Konstanze. Ob damals bereits abzusehen war, daß Konstanze ihren Neffen beerben würde, ist ungewiß; jedenfalls trat dieser Fall ein, als Wilhelm II. 1189 kinderlos starb. Heinrich erhob sofort Anspruch auf das Königreich, aber nicht nur als Konstanzes Gatte, sondern unter Berufung auf einen grundsätzlichen Anspruch des Kaiserreichs (*ex antiquo iure imperii*) auf Sizilien; mit dieser Begründung verweigerte er auch die Lehnsnahme vom Papst.

Im Königreich Sizilien selbst wurde Heinrichs und Konstanzes Anspruch übergangen und Tankred von Lecce zum König erhoben. Heinrich mußte sein neues Reich also gewaltsam in Besitz nehmen. Gewissermaßen auf dem Weg dorthin wollte er in Rom die Kaiserkrone empfangen (Friedrich I. war 1190 auf dem Kreuzzug ums Leben gekommen), aber der neugewählte Papst Cölestin III. lehnte dies unter dem Vorwand ab, er sei selbst noch nicht zum Bischof geweiht. Erst als sich Heinrich mit den Römern arrangierte, indem er ihnen die kaisertreue Stadt Tusculum preisgab, gab Cölestin nach, empfing selbst am 13. April 1191 die Weihe und krönte Heinrich und Konstanze am folgenden Tag. Es gelang Heinrich aber erst 1194, das Königreich zu erobern (vgl. S. 50f.). Unmittelbar nach seiner Krönung in Palermo deckte er eine (angebliche?) Verschwörung des einheimischen Adels auf, die grausam unterdrückt wurde. Seine Herrschaft dauerte freilich nur knapp drei Jahre: schon 1197, mitten in den Vorbereitungen für einen Kreuzzug, starb er.

Heinrich VI. hat in Italien ein schlechtes Andenken hinterlassen. Die von ihm angeordneten barbarischen Bestrafungen (die indes in arabischer und byzantinischer Tradition nichts Ungewöhnliches waren) haben ihm in der älteren italienischen Historiographie den Beinamen *il crudele* eingebracht. Folgenreicher war jedoch, daß er deutsche Ministeriale auf wichtige Posten in Italien einsetzte, so etwa Markward von Anweiler, die auch nach seinem Tode weiter in die Politik eingriffen. In ihm ist die Vereinigung des Kaiserreichs mit dem Königreich Sizilien – bekannt unter dem Schlagwort der *unio regni ad imperium* – Wirklichkeit geworden; ihre Bekämpfung war von da an das Hauptanliegen der Päpste bis zum Ende des Staufergeschlechtes, ja sogar noch bis ins 14. Jahrhundert hinein.

Das Zeitalter Friedrichs II.

1196	Wahl Friedrichs II. zum deutschen König.
1198	Krönung Friedrichs II. zum König von Sizilien; Doppelwahl in Deutschland.
1198–1216	Papst Innozenz III.
1208	Heirat Friedrichs II. mit Konstanze von Aragón.
1209	Kaiserkrönung Ottos IV.
1212	Zweite deutsche Königswahl Friedrichs II.
1220	Kaiserkrönung Friedrichs II.

1228–1229	Erste Exkommunikation Friedrichs II.; fünfter Kreuzzug.
1231	Konstitutionen von Melfi.
1237	Schlacht von Cortenuova.
1239	Zweite Exkommunikation Friedrichs II.
1241	Schlacht bei Montecristo: Konzil gewaltsam verhindert.
1243–1254	Papst Innozenz IV.
1248	Niederlage Friedrichs II. vor Parma.
1250	Tod Friedrichs II.
1258–1266	Manfred König von Sizilien.
1268	Konradin scheitert in Tagliacozzo und wird hingerichtet.

Innozenz III.

Sofort nach dem Tode Kaiser Heinrichs VI. begann Papst Cölestin III. mit der »Rekuperation« des vom Kaiser besetzten Kirchenstaates. Der greise Papst starb aber schon 1198. Aus der Neuwahl ging Lothar von Segni als Papst Innozenz III. hervor; er gilt als der bedeutendste mittelalterliche Papst.

Lothar wurde um 1160/61 in Gavignano bei Segni geboren, war also zum Zeitpunkt seiner Wahl erst 37 oder 38 Jahre alt, was zunächst zum Widerstand gegen seine Erhebung geführt hatte. Väterlicherseits entstammte er dem lokalen Grafengeschlecht, mütterlicherseits dem römischen Stadtadel. In Rom aufgewachsen und ausgebildet, studierte er an den Universitäten von Paris und kurzfristig auch Bologna. Papst Clemens III. (1187–1191) förderte ihn und erhob ihn im September 1189 zum Kardinal. Unter Cölestin III. (1191–1198) diente er in juristischen Funktionen an der Kurie und war gleichzeitig schriftstellerisch tätig.

Als Papst sah sich Innozenz zunächst einer Revolte der

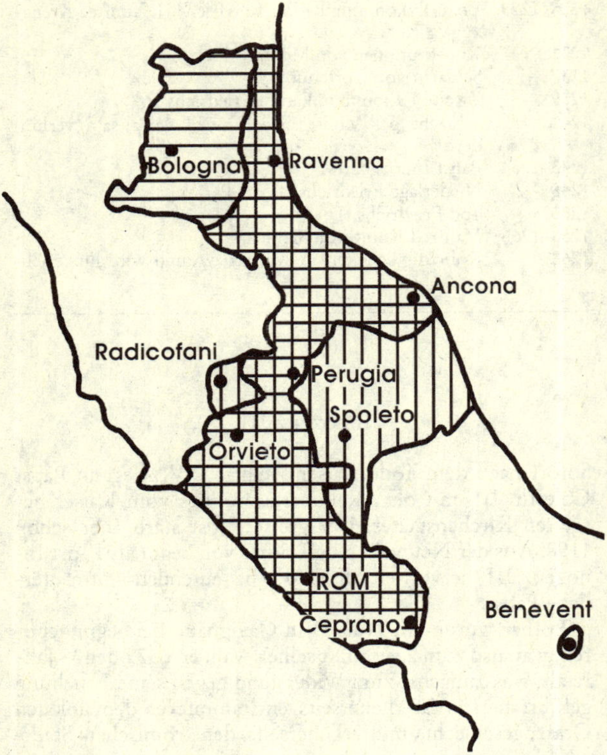

Kirchenstaat gemäß Ottonianum und unter Innozenz III.
(Senkrechte Schraffur: Innozenz III.,
waagerechte Schraffur: Pippinische Schenkung)

Römer ausgesetzt, konnte dann aber die Rekuperation des Kirchenstaates fortsetzen, den er durch die Zusagen der konkurrierenden deutschen Könige auf eine neue juristische Grundlage stellte. Dieser »neue« Kirchenstaat, in dem Innozenz eine straffe Provinzialverwaltung einrichtete, stimmte nicht ganz mit den Gebieten überein, die die Päpste aus der Pippinischen Schenkung beanspruchten.

Neben seiner Einmischung in den deutschen Thronstreit nach der Doppelwahl von 1198 fallen in Innozenz' Pontifikat der vierte Kreuzzug und der Albigenserkreuzzug. Ersterer wurde von Venedig nach Konstantinopel umgelenkt und führte zur Entstehung des venezianischen Kolonialreiches im östlichen Mittelmeer, letzterer erlaubte es dem französischen König, in Südfrankreich Fuß zu fassen, und schuf so langfristig die Voraussetzungen für die französische Herrschaft über Süditalien von 1266 an. Wichtigste religiöse Ereignisse in der Regierungszeit des Papstes waren die Bestätigung des Franziskanerordens sowie das vierte Laterankonzil im November 1215.

Otto IV.

Während Innozenz unmittelbar nach seiner Wahl mit der Ordnung der Verhältnisse in Rom und der Fortführung der Rekuperationen beschäftigt war, fielen in Deutschland Entscheidungen, die Rückwirkungen auf Italien haben mußten: der staufisch-welfische Gegensatz führte nach dem Tode Heinrichs VI. zur zwiespältigen Wahl von 1198. Ursprünglich wollte die staufische Partei (wie auch die Fürsten, die schon auf dem Weg ins Heilige Land waren) an dem 1196 gewählten Friedrich II. festhalten. Als dies unrealistisch wurde, kam es zur Doppelwahl, die zum einen auf Otto (IV.) von Braunschweig, einen Sohn Heinrichs des Löwen, und zum andern auf Philipp von Schwaben, den jüngsten Bruder Kaiser Heinrichs, fiel.

Der Papst verhielt sich zunächst abwartend, neigte aber von Anfang an Otto zu. Erst zur Jahreswende 1200/01 trat er aus der Reserve und verkündete in der *deliberatio super tribus electis* seine Entscheidung: in scheinbar objektiver scholastischer Argumentation erörterte er die Rechte Friedrichs, Philipps und Ottos, wobei er seine Einmischung in die deutsche Königswahl mit seiner Rolle bei der künftigen Kaiserkrönung begründete. In Wirklichkeit war die Entscheidung bereits aus rein politischen Gründen zugunsten Ottos gefallen, der als einziger eine Gewähr dafür zu bieten schien, daß es nicht erneut zur *unio regni ad imperium* kommen würde; die Argumente der *deliberatio* sind dieser politischen Motivation untergeordnet und nach ihr zurechtgebogen. Otto versprach daraufhin 1201 in Neuß, alle Forderungen des Papstes zu erfüllen (insbesondere die Rekuperationen in vollem Umfang anzuerkennen), jedoch erfolgte dieses Versprechen insgeheim und ohne fürstliche Zeugen, also in reichsrechtlich anfechtbarer Form.

Trotz der Unterstützung des Papstes konnte sich Otto in Deutschland nicht gegen Philipp durchsetzen. Deshalb verhandelte Innozenz III. auch mit dem Staufer; eine 1207 erzielte Übereinkunft wurde aber hinfällig, als Philipp 1209 ermordet und Otto allgemein als deutscher König anerkannt wurde. Er erneuerte jetzt zwar das Neußer Versprechen, aber wiederum nicht in rechtlich unanfechtbarer Weise. Im Herbst zog er nach Italien; Innozenz krönte ihn zum Kaiser, obwohl Otto über die Erfüllung seiner Zusagen nicht einmal verhandeln wollte. Auf dem Rückweg nach Deutschland kehrte er in Pisa plötzlich um und zog nach Süden, um das Königreich Sizilien zu erobern und Friedrich II. auch dort zu entthronen. Während Otto im Winter 1211/12 auf die pisanischen Schiffe für die Überfahrt auf die Insel wartete, erhielt er die Nachricht, daß in Deutschland Friedrich II. zum Gegenkönig gegen ihn gewählt worden sei. Daraufhin brach er den Feldzug ab und kehrte überstürzt nach Deutschland zurück.

Die Jugend Friedrichs II. in Palermo

Friedrich II. wurde am 26. Dezember 1194 in Jesi in den Marken geboren, während sein Vater Heinrich VI. in Palermo die sizilische Königskrone empfing. Im Dezember 1196 erfolgte seine Wahl zum deutschen König; die vorgesehene Krönung in Aachen kam aber nicht mehr zustande, da Heinrich VI. 1197 starb. Deshalb wurde Friedrich nicht nach Deutschland, sondern nach Sizilien gebracht und 1198 in Palermo zum sizilischen König gekrönt.

Er stand zunächst unter der Vormundschaft seiner Mutter, der Kaiserin(witwe) Konstanze, die, anders als Heinrich VI., die Lehenshoheit des Papstes anerkannte und die Zugeständnisse König Tankreds erneuerte. Nach dem Tode der Kaiserin Ende 1198 war der Papst formal Friedrichs Vormund und versuchte durch Legaten seine und des Kindes Rechte zu wahren. Die tatsächliche Regierung (in einer immer instabiler werdenden Lage) übte das sogenannte Familiarenkolleg unter der Leitung des Kanzlers Bischof Walter von Palearia aus. Jedoch waren eine ganze Reihe der deutschen Vasallen Heinrichs VI. im Lande geblieben. In einer Art Staatsstreich entmachtete Markward von Anweiler im November 1201 den Kanzler, in ähnlicher Weise gefolgt von Wilhelm Capparone, dann von Diepold von Schweinspeunt, ehe Anfang 1207 wieder die kirchliche Partei unter Walter von Palearia die Oberhand gewann.

Wie es Friedrich II. in dieser Zeit erging, ist weitgehend unbekannt. Daß er mit den Palermitaner Gassenjungen durch die Straßen der Stadt gezogen sei, ist unwahrscheinlich, bildete er doch ein wichtiges Faustpfand für die jeweiligen Machthaber; schon eher zutreffen dürfte die Nachricht, daß die Lebensmittelversorgung des Hofes häufig von der Hilfsbereitschaft der Bürger abhing. Wo und von wem Friedrich seine später so berühmte Bildung empfing, ist völlig ungewiß. Auf päpstliche Bemühungen ging die 1208 geschlossene Ehe mit Konstanze von Aragón zurück, die, als Witwe König Emmerichs von Ungarn, über erhebliche politische Erfahrung verfügte und auch menschlichen Einfluß auf Friedrich erlangte.

Als Friedrich nach seiner Volljährigkeit am 26. Dezember 1208 selbst zu regieren begann, sah er sich sofort Aufständen gegenüber. Die schwerste Bedrohung seiner Herrschaft bildete aber der Versuch Kaiser Ottos IV., ihn zu entthronen. In diese Situation fiel die zweite Wahl Friedrichs zum deutschen König im September 1211, die Otto zum Rückzug nach Deutschland veranlaßte.

Königswahl und Kaiserkrönung

Daß Papst Innozenz III. die erneute Wahl Friedrichs II. zum deutschen König veranlaßt hat, muß bezweifelt werden. So willkommen ihm die Tatsache der Wahl gewesen sein mußte (und es ist denkbar, daß er zu einer Wahl aufgefordert hat), so unwillkommen war ihm zweifellos die Person, denn in Friedrich erneuerte sich die *unio regni ad imperium*. Nach der Wahl mußte er den Kandidaten allerdings unterstützen, als dieser im April 1212 auf genuesischen Schiffen nach Rom aufbrach, nachdem sein einjähriger Sohn Heinrich vorsichtshalber zum Mitkönig von Sizilien gekrönt worden war. Von Rom aus, wo er dem Papst die weitestgehenden Zusagen machte, fuhr er zunächst nach Genua, dann auf dem Landweg durch die Lombardei, wobei er beinahe den Mailändern in die Hände gefallen wäre (das berühmte »Bad im Lambro«: er entkam schwimmend seinen Verfolgern). Schließlich überquerte er im Herbst die Alpen und erreichte Konstanz, wo er angeblich wenige Stunden vor Otto IV. eintraf. Nun setzte eine breite (durch erhebliche Geldzahlungen geförderte) Bewegung zugunsten Friedrichs ein, die am 5. Dezember 1212 eine dritte Königswahl und am 9. Dezember die Königskrönung in

Mainz ermöglichte. Den Ausschlag gab allerdings 1214 die Niederlage von Ottos Verbündetem König Johann Ohneland von England in der Schlacht von Bouvines gegen Frankreich; ein letzter Versuch der Mailänder, auf dem vierten Laterankonzil zugunsten Ottos zu intervenieren, blieb erfolglos.

Nun stand auch der Weg nach Aachen offen, wo am 23. Juli 1215 eine erneute, »bessere« Königskrönung erfolgte. Bei dieser Krönung gelobte Friedrich überraschend den Kreuzzug ins Heilige Land. Zuvor hatte er im Juli 1213 durch die Goldbulle von Eger dem Papst in reichsrechtlich verbindlicher Form alle Zusagen Ottos bezüglich des Kirchenstaates erneuert.

Um die Folgen der erneuten *unio regni ad imperium* abzufangen, verlangte Innozenz III. von Friedrich den Verzicht auf die sizilische Krone zugunsten seines Sohnes Heinrich nach der Kaiserkrönung. Friedrich gestand dies am 1. Juli 1216 zu, entwertete seine Zusage aber dadurch, daß er Heinrich nach Deutschland holte und im April 1220, noch vor seiner Kaiserkrönung, zum deutschen König wählen ließ. Die Kaiserkrönung selbst folgte am 22. November 1220; der Papst, nunmehr Honorius III., konnte nur noch den Verzicht auf eine Realunion zwischen dem Reich und Sizilien erreichen. Anläßlich der Kaiserkrönung erließ Friedrich ein Gesetz, durch das die Ketzerei mit dem Feuertod bestraft wurde; dieses Gesetz wurde, wie seinerzeit Friedrich Barbarossas *Authentica »Habita«*, als Novelle dem *Corpus Iuris Civilis* angefügt.

Neuordnung Siziliens

In der Zeit von 1220 bis 1239 schuf Friedrich II. den vielbewunderten »Modellstaat« Sizilien. Auch wenn sich dieser Staat aus der Sicht der Untertanen weitaus weniger erfreulich ausnahm als aus der Sicht moderner Beobachter, auch wenn das meiste bereits in normannischer Zeit angelegt war und aus der Gesetzgebung Rogers II. übernommen wurde, auch wenn man sich fragen muß, ob der spätere Niedergang des Mezzogiorno nicht bereits hier seine Wurzeln hatte, bleibt die Leistung des Kaisers dennoch staunenswert.

Zunächst mußte Friedrich sein Königreich, das er vor mehr als acht Jahren in nahezu aussichtsloser Situation verlassen hatte, überhaupt erst zurückgewinnen. Er tat dies in einer Art »Salamitaktik«, indem er einzelnen Rebellen Verzeihung gewährte gegen die Verpflichtung, die aufständischen Nachbarn zu bekämpfen. Der Glanz des Kaisertums und seine offenkundige Begünstigung durch die überirdischen Mächte, die sich in seinem geradezu wunderbaren Aufstieg gezeigt hatte, und wohl auch ein persönliches Charisma taten ein übriges. Auf einem programmatischen Hoftag 1220 (Assisen von Capua) wurden die Verhältnisse zu Ende der Regierung Wilhelms II. (des Guten) als Richtschnur festgelegt; dieses Normaljahr 1189 erklärte also sowohl die verhaßte Regierung Heinrichs VI. als auch die Usurpation Tankreds und die erzwungenen Handlungen der eigenen Minderjährigkeitsperiode für illegal. Die Gesetzgebung gipfelte 1231 in den Konstitutionen von Melfi (später *Liber Augustalis* genannt).

An der Spitze der Staatsverwaltung stand weiterhin die *magna curia* des Königs bzw. Kaisers, meist irreführend mit »Großhof« übersetzt. Zu ihr gehörten u. a. ein »Großhofrichter« und ein »Großhofjustitiar« als Oberinstanz der entsprechenden Funktionen in den Provinzen, vor allem aber die sehr leistungsfähige Kanzlei. An der Spitze der Provinzen stand der Justitiar, weiteres Personal waren Richter, Kastellane, Baiuli in den Städten und die Mitglieder der Finanzverwaltung. Diese Personen wurden nicht in derjenigen Provinz eingesetzt, der sie selbst entstammten, und sie durften auch sonst keine engeren persönlichen Beziehungen zu den Untertanen eingehen – eine Vorbeugemaßnahme gegen Bestechlichkeit, die, wie etliche Skandale zeigten, mehr als geboten war. Die Inhaber der großen Lehen wurden systematisch aus der Staatsverwaltung in ihrer Heimat verdrängt; sie konnten aber eine Funktion in einer anderen Provinz übernehmen, wodurch eine Art baronaler Beamtenadel entstand.

Das Königreich bildete ein einheitliches Zollgebiet ohne Binnengrenzen. Die Zölle wurden an der Grenze (d. h. vor allem in den Häfen) erhoben. Für die eingeführten Waren bestand Stapelpflicht; die Fondachi der auswärtigen Kaufleute waren staatlicher Aufsicht unterworfen. Privilegien einzelner Handelspartner wurden rigoros abgeschafft; auch die Genuesen, die eigentlich auf die Dankbarkeit des Kaisers wegen ihrer Hilfe im Jahre 1212 rechneten, genossen keine Sonderstellung mehr. Daneben trat auch der Staat selbst als Großhändler auf, wobei er, durch Zollfreiheit ohnehin begünstigt, auch Spekulationsgewinne nicht verschmähte und rücksichtslos über die Interessen der Privatleute hinwegging. Bestimmte Erzeugnisse (Salz, Stahl, Eisen, Hanf, Pech, Färberei, Seide) unterlagen einem Staatsmonopol. Überhaupt wäre es falsch, von einer bewußten Wirtschaftspolitik zu sprechen: oberstes Ziel war die Sicherung und Erhöhung der staatlichen Einnahmen.

Problematisch war die Stellung der Kirche. Konstanze hatte auf die Sonderrechte, die ihre normannischen Vorfahren einst besaßen, weitgehend verzichten müssen; Friedrichs Versuche, de facto wieder den alten Zustand zu erlangen, führten zu Konflikten mit dem Papsttum. Dauernder Streitpunkt war die Besetzung der überaus zahlreichen Bistümer (21 Kirchenprovinzen mit insgesamt 145 Diözesen). Das Konkordat sah Wahl durch die Domkapitel und päpstliche Bestätigung vor, die allerdings ein kaiserfreundlicher Kandidat in der Regel nicht erlangte. Blieb ein Bischofsstuhl deshalb länger als sechs Monate unbesetzt, nahm die Kurie das vom vierten Laterankonzil kodifizierte Devolutionsrecht in Anspruch und ernannte einen Bischof, der dann allerdings keine Chance hatte, gegen den Willen des Kaisers sein Amt anzutreten und den weltlichen Besitz der Kirche zu gebrauchen. Diese Streitigkeiten bilden einen regelmäßigen Beschwerdepunkt der Kurie gegen den Kaiser.

Der fünfte Kreuzzug

Unmittelbar nach der (2.) Krönung in Aachen im Juli 1215 hatte Friedrich II. das Kreuz genommen; wohl weniger in der Hochstimmung des Krönungsfestes, wie vermutet wurde, als um nach dem Vorbild seines Vaters und Großvaters den kaiserlichen Anspruch auf die führende Rolle in der Christenheit zu behaupten. Das päpstliche Unternehmen von 1204 war zwar blamabel gescheitert, aber das bevorstehende Laterankonzil sollte sich erneut mit dieser Frage befassen und die weltlichen Mächte wiederum in den Hintergrund drängen.

Freilich führte die Selbstbindung Friedrichs zum ersten großen Konflikt mit dem Papsttum. Honorius III. drängte auf die Einlösung des Versprechens, mußte aber auch zugestehen, daß die Ordnung der Verhältnisse in Sizilien zunächst vordringlich war. 1225 verpflichtete sich der Kaiser vertraglich, bis spätestens August 1227 tatsächlich aufzubrechen, andernfalls der Papst das Recht haben sollte, ihn zu exkommunizieren. Hinter dieser energischeren Haltung stand wohl schon der Kardinalbischof Hugolin von Ostia, der Honorius am 19. März 1227 als Gregor IX. auf dem Papstthron folgte. Gregor hatte keine Skrupel, den Vertrag im strengsten Sinne auszulegen: Friedrich stach zwar fristgemäß von Brindisi aus in See, mußte aber nach wenigen Tagen umkehren, weil im Kreuzfahrerheer Seuchen ausbrachen, an denen ein Fürst starb und der Kaiser selbst erkrankte. Formal war damit der Vertrag gebrochen. Der Papst verhängte sofort die Exkommunikation, ohne die (in der Sache berechtigte) Entschuldigung des Kaisers anzunehmen. Auch wenn die zeitgenössischen Auffassungen von Schuld und Vorsatz andere waren als heute, ist doch der Verdacht nicht von der Hand zu weisen, daß Gregor die Gelegenheit nur allzu gern ergriff, um Friedrich politisch zu erpressen: in den anschließenden Verhandlungen stellte er Forderungen, die mit dem Kreuzzug nichts zu tun hatten und die Lossprechung absichtlich immer weiter hinausschoben.

Schließlich brach Friedrich Ende Juni 1228, ohne das Ende der Verhandlungen abzuwarten, als Gebannter erneut ins Heilige Land auf, wo er im September eintraf. Quasi zur Vorbereitung hatte er 1225 Isabella von Brienne, die Erbin des Königreichs Jerusalem, geheiratet, die allerdings 1228 bei der Geburt Konrads IV. starb; aus dieser Ehe leitete der Kaiser (im Grunde unrechtmäßig) für sich den Titel »König von Jerusalem« ab. Der Kreuzzug war ferner diplomatisch durch Verhandlungen mit Sultan al-Kamil vorbereitet. Deshalb gelang es Friedrich, für die Christen auf dem Verhandlungswege die Rückgabe Jerusalems zu erreichen, wo er am 18. März 1229 in der Grabeskirche die Krone trug. (Es handelte sich um ein bloßes Kronetragen; die frühere These von der Selbstkrönung ist von der Forschung widerlegt.)

Inzwischen versuchte der Papst, das Königreich Sizilien militärisch zu besetzen und die Bewohner zur Rebellion aufzustacheln. Der Versuch scheiterte aber kläglich, als Friedrich am 10. Juni 1229 wieder in Brindisi eintraf. Schließlich wurde unter Vermittlung der deutschen Fürsten im Juli 1230 eine formale Aussöhnung zwischen Kaiser und Papst erreicht, ohne daß die tieferen Ursachen des Konflikts beseitigt wurden.

Friedrich II., Gregor IX. und die lombardischen Städte

Nunmehr rückte für Friedrich die Durchsetzung der kaiserlichen Rechte in Oberitalien in den Vordergrund des Interesses. Dabei verbanden sich das Vorbild seines Großvaters Friedrich Barbarossa und seine eigenen Erfahrungen vor allem mit Mailand zu einem emotionalen Komplex, der rationale Entscheidungen oft unmöglich machte. Der Kampf gegen die »guelfischen« Städte erschöpfte sich in einer Fülle von Einzelaktionen in einer sich ständig wandelnden Situation; ein längerfristiges politisches Konzept, etwa im Sinne einer Umgestaltung Reichsitaliens nach sizilischem Vorbild, dürfte Friedrich nicht gehabt haben. Die beiden spektakulärsten Ereignisse fanden in den Jahren 1237 und 1248 statt: 1237 besiegte der Kaiser die Mailänder in der Schlacht von Cortenuova; er konnte diesen Sieg jedoch nicht ausnutzen, da er in irrationalem Rachebedürfnis, aber auch in Überschätzung der Stärke seiner Position auf einer bedingungslosen Unterwerfung der Stadt bestand und deren Verhandlungsangebote zurückwies. Ein Triumphzug in Cremona in antik-heidnischer Manier und die Übersendung des Mailänder *carroccio* an die Kommune von Rom provozierten zugleich den Papst. Am 18. Februar 1248 erlitt Friedrich dagegen eine aufsehenerregende Niederlage vor Parma, das er seit Wochen belagerte, weil es unter päpstlichem Einfluß von ihm abgefallen war. Dazu hatte er sogar ein »Vittoria« benanntes befestigtes Lager errichtet. Während eines Jagdausfluges des Kaisers unternahmen die Belagerten einen Ausfall, zerstörten das Lager und zwangen Friedrich zu einer beschämenden Flucht unter Zurücklassung des mitgeführten Staatsschatzes (wozu auch das Original seines Falkenbuches gehörte).

Als natürlicher Verbündeter der lombardischen Städte erwies sich das Papsttum, das bei einem Erfolg des Kaisers in Oberitalien die vollständige Einschnürung des Kirchenstaates befürchten mußte. Dieses politische Interesse trat jetzt bei Gregor IX. und seinen Nachfolgern völlig in den Vordergrund, obwohl die norditalienischen Städte Zentren der häretischen Bewegungen waren, deren Bekämpfung in Zusammenarbeit mit dem Kaiser das Papsttum als seine Aufgabe hätte ansehen müssen. Um die lombardischen Städte zu unterstützen (obwohl offiziell andere Gründe genannt wurden), verhängte Gregor IX. 1239 erneut die Exkommunikation über den Kaiser. Zugleich begann ein Propagandakrieg, den beide Seiten mit schwersten apokalyptischen Verleumdungen führten. Friedrich belagerte daraufhin Rom, und eine Revolte seiner Anhänger in der Stadt gegen die päpstliche Herrschaft schien unmittelbar bevorzustehn. Jedoch gelang es Gregor, am Fest Petri Stuhlfeier 1240 in einem dramatischen Auftritt einen Stimmungsumschwung gegen den Kaiser herbeizuführen. Der Papst berief nun für 1241 ein Konzil nach Rom ein, um den Kaiser abzusetzen, doch dieser ließ die anreisenden Prälaten gefangennehmen (Seeschlacht bei Montecristo). Diese Maßnahme gilt als schwerer Fehler Friedrichs: er hatte zwar das Konzil verhindert, sich zugleich aber als Feind der Kirche insgesamt und nicht nur, wie er bisher behauptet hatte, der unwürdigen Person Gregors IX. erwiesen. Während einer erneuten Belagerung Roms starb Gregor am 22. August 1241.

Der »Endkampf« zwischen Papst und Kaiser

Der Tod Gregors IX. verhinderte eine Lösung des Konflikts. Friedrich II. mußte daran gelegen sein, die Neuwahl in seinem Sinne zu beeinflussen, um eine Chance auf Lossprechung von der Exkommunikation zu erlangen. Zunächst ging aber der Senator von Rom, Matteo Orsini, mit äußerster Brutalität gegen die Kardinäle in Rom vor: er ließ sie unter menschenunwürdigen Bedingungen einschließen und bewachen, was Ende September 1241 zum Tode eines Wählers führte. Trotzdem dauerte dieses »erste Konklave« der Papstgeschichte noch bis Ende Oktober, und der gewählte Papst, Cölestin IV., war eine Verlegenheitslösung, die nur den Zweck hatte, die Kardinäle aus der Gewalt des Orsini zu befreien und ihnen die Flucht aus der Stadt zu ermöglichen; Cölestin starb auch schon nach zwei Wochen. Danach scheiterten anderthalb Jahre lang alle Wahlversuche. Erst im Juni 1243 fand die Sedisvakanz mit der Wahl Innozenz' IV. zu Anagni ein Ende.

Der neue Papst, dessen Wahl Friedrich II. in offenkundiger Selbsttäuschung begrüßte, begann im Juni 1244 in Civitacastellana Versöhnungsverhandlungen mit dem Kaiser, der zu weitgehenden Zugeständnissen bereit war. Dennoch verließ Innozenz am 28. Juni abends heimlich die Stadt und floh über Genua nach Lyon, wo er Anfang Dezember 1244 eintraf. Es spricht einiges dafür, daß diese Flucht von Anfang an geplant war, die Verhandlungen also nur zum Schein geführt wurden; jedoch kann nicht ganz ausgeschlossen werden, daß der Papst sich tatsächlich bedroht fühlte. Nach Lyon berief er Anfang 1245 ein Konzil ein, das im Juni zusammentrat, wobei an seiner ökumenischen Zusammensetzung allerdings Zweifel angebracht sind. Hauptaufgabe der Versammlung war die Absetzung des Kaisers; es fand formal ein Prozeß statt, zu dem Friedrich, wenngleich in rechtlich nicht einwandfreier Weise, auch vorgeladen wurde, aber das Urteil stand von vornherein fest. Die Absetzung wurde am 17. Juli 1245 verkündet. Der Text des Dekrets nannte in bewußt verzerrender Weise vier Gründe: 1. Meineid, 2. Bruch des Friedens von 1230, 3. Gefangennahme der Prälaten 1240, 4. Häresieverdacht, wobei eine tendenziöse Darstellung des fünften Kreuzzuges gegeben wurde. Der wahre Grund (die Unterstützung für die lombardischen Städte und der Wunsch, die Personalunion zwischen Deutschland und Sizilien zu beenden) wurde verschwiegen.

Die Absetzung des Kaisers hatte keine direkten Folgen für seine tatsächliche Stellung in Italien. Die »apokalyptische Situation« Friedrichs verleitete ihn jedoch zu immer schärferen Maßnahmen gegen seine Gegner und gegen (teils vermeintliche) Verräter; prominentestes Opfer, dessen Schuld freilich bis heute ungeklärt ist, war des Kaisers engster politischer Berater, Petrus de Vinea, der seiner Hinrichtung durch Selbstmord zuvorkam. Dennoch war die Lage völlig offen, als Friedrich überraschend am 13. Dezember 1250 starb.

Die Zeit nach dem Tode Friedrichs II.: Konrad IV. und Manfred

Mit dem Tode Friedrichs II. endete keineswegs die staufische Herrschaft in (Süd-)Italien; ein »Interregnum« wie in Deutschland trat nicht ein. Der Tod des Kaisers ließ es Innozenz IV. allerdings wagen, nach Italien zurückzukehren: er verließ Lyon am 19. April 1251 und kam nach längerem Aufenthalt in Perugia 1253 nach Rom. Inzwischen war auch Konrad IV., offenkundig in Reaktion auf die Abreise des Papstes, nach Italien aufgebrochen: er verließ Augsburg im Oktober 1251 und gelangte über Verona und die istrische Küste auf dem Seeweg 1252 nach Siponto.

Konrad IV. fand die Staatsmaschinerie seines Vaters funktionsfähig vor; etwaigen Usurpationsversuchen seines Halbbruders Manfred, der als Konrads Baiulus amtiert hatte, konnte er vorbeugen. Wie sich das Verhältnis zur Kurie, das seit Oktober 1253 völlig offen war, entwickelt hätte, bleibt Spekulation, da Konrad am 21. Mai 1254 starb. Erneut wurde Manfred Herrscher Siziliens, nunmehr als Baiulus Konradins, des 2jährigen Sohnes Konrads IV.

Manfred regierte zunächst als Stellvertreter für Konradin und übernahm am 10. August 1258 selbst die Königswürde.

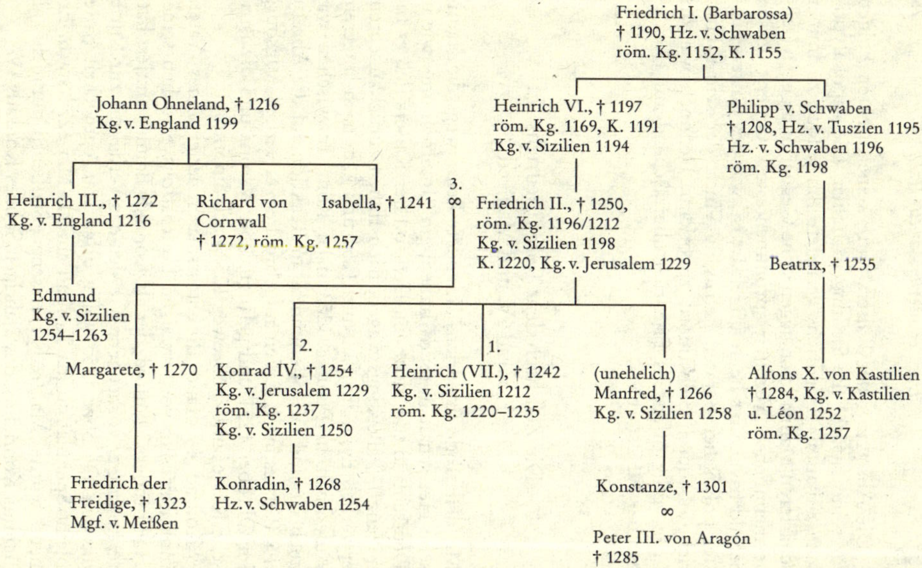

Staufer und Anjou-Plantagenet

Über seine (immerhin 12 Jahre dauernde) selbständige Regierung ist wenig bekannt, da sein Nachfolger Karl von Anjou systematisch die Quellen vernichten ließ. Die Politik hielt sich in den Bahnen seines Vaters, nahm auf die ghibellinischen Städte in Mittel- und Norditalien Einfluß und knüpfte (in normannischer Tradition) Verbindungen in den griechischen Raum; der Hof blieb kulturelles Zentrum auf beträchtlichem Niveau. Wichtig wurde die Ehe seiner Tochter Konstanze mit dem aragonischen Thronfolger. Manfreds Regierung endete mit seiner Niederlage und seinem Tod in der Schlacht bei Benevent gegen Karl von Anjou am 26. Februar 1266.

Die Zeit der Herrschaft der Anjou in Süditalien

1266	Krönung Karls von Anjou zum König von Sizilien; Schlacht von Benevent.
1268	Schlacht von Tagliacozzo.
1282	Sizilianische Vesper.
1284	Gefangennahme des Thronfolgers.
1285	Tod Karls I.
1288	Vertrag von Canfranc: Freilassung Karls II.
1294	Papst Cölestin V.
1294–1303	Papst Bonifaz VIII.
1296	Sizilianische Revolte bringt Friedrich III. auf den Thron.
1300	Heiliges Jahr.
1302	Friede von Caltabellotta.
1303	Attentat von Anagni gegen Bonifaz VIII.
1313	Kaiser Heinrich VII. erklärt König Robert von Neapel für abgesetzt.
1343	Tod Roberts des Weisen; Nachfolgerin Johanna I.
1345	Ermordung des aus Ungarn stammenden Gemahls Johannas I.; ungarischer Rachekrieg bis 1352.
1373	Friede von Aversa: Neapel verzichtet endgültig auf Sizilien.

1381	Absetzung Johannas I. von Urban VI. zugunsten Karls von Durazzo.
1382	Ermordung Johannas I.
1442	Ende der Anjou-Herrschaft in Süditalien.

Italien vor 1250

Die Verhandlungen über die Neuvergabe des Königreichs Sizilien

Am Schluß der Absetzungssentenz von 1245 gegen Friedrich II. kündigte Papst Innozenz IV. geeignete Maßnahmen hinsichtlich des Königreichs Sizilien an, das er als heimgefallenes päpstliches Lehen ansah. Geeignete Lehensleute zu finden, die ja bereit und fähig sein mußten, die Staufer zu vertreiben, erwies sich als schwierig und gelang erst nach 20 Jahren. Die Verhandlungen wurden dadurch zusätzlich kompliziert, daß die Kurie ursprünglich den normannischen Gesamtstaat, wie er sich unter Roger II. ausgebildet hatte, zerschlagen und seine nördlichen Teile (Neapel und Capua) entweder dem Kirchenstaat angliedern oder gesondert vergeben wollte; dies ließ sich aber nicht durchsetzen.

Die Kurie schwankte zwischen einer englischen und einer französischen Option. Die englische Option schien zunächst die günstigere, da das »Mutterland« des Kandidaten weiter entfernt lag und der französische König Ludwig der Heilige wegen seines Engagements im Heiligen Land zur tatkräftigen Unterstützung eines französischen Kandidaten nicht in der Lage gewesen wäre. Richard von Cornwall, Bruder des englischen Königs, lehnte zweimal ab (Februar 1250 und November 1252). Karl von Anjou, jüngster Bruder des französischen Königs, nahm zunächst an, lehnte dann aber doch ab (Oktober 1253). Schließlich ließ sich die englische Option realisieren: der englische König nahm 1254 für seinen jüngeren Sohn Edmund an, was der neue Papst Alexander IV. 1255 bestätigte. Allerdings blieben der Kandidat und sein Vater weitgehend untätig, auch infolge innenpolitischer Schwierigkeiten. Zudem kühlte sich das Verhältnis zwischen England und der Kurie ab, als Richard von Cornwall deutscher König wurde: damit zeichnete sich erneut eine Einklemmung des Kirchenstaates zwischen dem Reich unter Richard und Sizilien unter Edmund ab. Deshalb kam erneut die französische Option zum Tragen: zwar lehnte König Ludwig der Heilige das Angebot für einen seiner jüngeren Söhne 1261 ab, aber mit Karl von Anjou kam es nach dreijährigen Verhandlungen 1265 zum Abschluß.

Karl von Anjou

Der zwischen Karl und Papst Clemens IV. abgeschlossene Vertrag sah vor: 1. Karl erhält das Königreich Sizilien im vollen Umfang, wie es unter Friedrich II. bestand, als Lehen; 2. erbberechtigt sind Söhne und Töchter Karls, in zweiter Linie sogar seine älteren Brüder und deren Nachfahren; 3. Verbot der *unio regni ad imperium*; 4. Karl darf keine Ämter im Kirchenstaat annehmen; 5. er verzichtet auf alle kirchlichen Sonderrechte aus normannischer Zeit; 6. er zahlt jährlich 8000 Unzen Gold als Lehenszins.

Der Vertrag und seine Durchführung in der Praxis zeigten die Schwäche der kurialen Position, die in wichtigen Punkten von ihren Maximalforderungen abweichen mußte: 1. bedeutete: keine Ausweitung des Kirchenstaates nach Süden bzw. keine Teilung des Lehens; 2. dies führte im 15. Jahrhundert zu den Erbansprüchen der französischen Könige seit Karl VIII.; 3. dies wurde de facto dadurch durchbrochen, daß Karl die Signorie norditalienischer Kommunen annahm und vorübergehend sogar päpstlicher Reichsvikar in der Toskana wurde; 4. Karl war bei Vertragsabschluß bereits Senator von Rom und blieb dies (mit Unterbrechungen) auch später; 5. die meisten dieser Rechte bestanden seit dem Konkordat der Kaiserin Konstanze ohnehin nicht mehr; 6. dies war eine völlig irreale Bestimmung, da tatsächlich die Kurie Karls Kriegszug gegen Manfred und später den Krieg der Sizilianischen Vesper finanzieren mußte; effektive Zahlungen an die Kurie leistete erst König Robert im 14. Jahrhundert.

Im Herbst 1265 kam Karl nach Italien, der Papst krönte ihn am 6. Januar 1266 im Lateran zum König von Sizilien. Am 26. Februar 1266 besiegt er in der Schlacht bei Benevent König Manfred und beendete so die normannisch-staufische Herrschaft.

Auch wenn Karl die Maßnahmen Friedrichs II. seit seiner Absetzung und diejenigen Konrads IV. und Manfreds als illegal ansah (er setzte 1245 als »Normaljahr« fest), ließ er den Staatsaufbau Friedrichs II. weitgehend intakt. Die Zentrale bildete (in den Bezeichnungen teilweise französisch überformt) die *magna curia*, an der Spitze der einzelnen Provinzen stand der Justitiar, unterstützt von *iudices* und *iurati.* Es gab auf Festland und Insel 11 Provinzen, wobei Kalabrien weiterhin der Insel zugeordnet blieb. Bemerkenswert ist, daß *citra* und *ultra* auf Sizilien aus der Sicht des Festlandes gesehen wurden und nicht aus der Sicht der alten Hauptstadt Palermo.

Die wichtigen Positionen besetzte Karl selbstverständlich mit seinen Anhängern, also in der Regel Franzosen und Provenzalen, die auch in die freigewordenen Lehen einrückten; zu größeren Enteignungen kam es aber erst nach 1268, d. h. nach dem Sieg über Konradin. Neu war auch, daß unter den Anjou Neapel die Rolle der Hauptstadt übernahm.

Konradin und die Schlacht von Tagliacozzo

Mit der Schlacht von Benevent und dem Tod König Manfreds war die Herrschaft Karls von Anjou über das Königreich Sizilien noch nicht gesichert. Die Hoffnungen der Stauferanhänger richteten sich jetzt auf den Sohn Konrads IV., gewöhnlich Konradin genannt. Bei ihm, den Manfred beiseite geschoben hatte, fanden sich nun hochrangige Exulanten ein, die ihn drängten, sein Recht einzufordern, so etwa Petrus de Prece, Konrad und Marino Capece, Konrad von

Antiochien, ein unehelicher Enkel des Kaisers, und Galvano und Federico Lancia, die Onkel König Manfreds. Sobald Konradin am 25. März 1266 volljährig geworden und dem bestimmenden Einfluß seiner vorsichtigen Vormünder, der bayerischen Herzöge, entzogen war, nahmen die Planungen konkrete Gestalt an. Ein Hoftag vom Oktober 1266 setzte den Aufbruch nach Italien für den September 1267 fest. Im Oktober dieses Jahres finden wir Konradin in Verona; ein Teil der ihn begleitenden Fürsten, darunter Rudolf von Habsburg, kehrte aber hier bereits wieder um. Wiederholt kam es zu längeren, durch Finanznot bedingten Aufenthalten. Bei Siena wurde eine Heeresabteilung Karls von Anjou besiegt. Am 24. Juli 1268 zog Konradin in Rom ein, wo er am 18. Oktober wie ein Kaiser auf dem Kapitol empfangen wurde. Senator von Rom war zu dieser Zeit Heinrich von Kastilien, ein erbitterter Feind Karls (dieser hatte gemäß dem Vertrag von 1265 die Senatorenwürde vorübergehend aufgeben müssen).

Die Situation wurde für Karl von Anjou ausgesprochen kritisch, als im April 1268 die Sarazenen in Lucera zugunsten Konradins revoltierten und zugleich Aufstände auf Sizilien ausbrachen. Die Parteinahme der Sarazenen erlaubte es Karl, den Kampf in die Nähe eines Glaubenskrieges zu rücken (er bezeichnete seine Truppen als das »christliche Heer«). In ideologisch aufgeheizter Atmosphäre kam es am 23. August 1266 bei Tagliacozzo zur Schlacht, in der Karl dank eines taktischen Hinterhaltes siegte. Konradin entkam zwar, wurde aber am 31. August gefangengenommen und an Karl ausgeliefert, der ihn am 29. Oktober 1268 in Neapel öffentlich hinrichten ließ.

Die Tötung Konradins erschien damals als politische Notwendigkeit; die über die Rechtsgrundlage des Urteils geführte Diskussion in der Forschung ist daher akademisch. Konradins Zug war kein harmloses, von vornherein zum Scheitern bestimmtes Unternehmen eines jugendlichen Träumers: zu seiner Unterstützung sammelten sich

Die Provinzen des Königreichs Sizilien

bereits all jene Kräfte, die 1282 erfolgreich sein sollten. Es scheint müßig zu spekulieren, ob Konradin nicht besser von Sizilien aus, wo man ihn mit offenen Armen empfangen hätte, ein »Rollback« Karls hätte versuchen sollen; er wählte den »heroischen« Weg und setzte, wie Karl selbst 1266, alles auf eine Karte. Nur die öffentliche Beseitigung des Rivalen sicherte Karl vor falschen Konradinen analog den zahlreichen falschen Friedrichen nach dem Tode des Kaisers. Trotzdem erwies sich die Hinrichtung Konradins im nachhinein als politischer Fehler: sie machte es unmöglich, daß Karl von seinen italienischen Untertanen akzeptiert wurde. Seine Herrschaft konnte jetzt nur noch eine Gewalt- und Fremdherrschaft sein.

Es ist nicht bekannt, ob der Papst zugunsten Konradins interveniert hat. Daher muß offenbleiben, ob die antistaufische Obsession der Kurie ihn davon abhielt oder ob er nicht glaubte, daß Karl bis zum Äußersten gehen würde. Clemens IV. starb nur einen Monat nach Konradin: in den Augen der Zeitgenossen ein Gottesurteil. Das Schicksal des Staufers und die Rolle der Kurie dabei machten ihn aber zum geeigneten Objekt der Polemik im Zeitalter der Reformation, wo es schließlich auf Flugblättern der Papst selbst ist, der Konradin den Kopf abschlägt.

Mit dem Tode Konradins ging das staufische Erbrecht am Königreich Sizilien auf Margarete, die Tochter Kaiser Friedrichs II. aus seiner dritten Ehe, über. (Es ist unrichtig, wenn immer wieder behauptet wird, die Staufer seien mit dem Tode Konradins ausgestorben.) Ihr Sohn, Friedrich der Freidige, Markgraf von Meißen, erhob diesen Anspruch und kündigte im August 1269 den Italienzug an; außer daß er eine Zeitlang den Titel »König von Sizilien« führte, geschah aber nichts. Damit richteten sich die Hoffnungen der Gegner Karls von Anjou auf die Tochter König Manfreds und ihren Ehemann, König Peter III. von Aragón, an dessen Hof sich alsbald die prominentesten Exulanten einfanden.

Das Papsttum als Störfaktor in der Politik Karls von Anjou

Das Königreich Sizilien sollte für Karl von Anjou nur eine Zwischenstation auf dem Weg zu einer noch höheren Würde sein: einem wiedererrichteten lateinischen Kaiserreich in Byzanz. Dies entsprach zugleich normannisch-staufischer Tradition: Robert Guiskard, Wilhelm II., Heinrich VI. und Manfred wurden nur durch ihren Tod an einer wirksamen antigriechischen Politik gehindert. Deshalb kam es Karl ungelegen, daß 1271 nach über zweieinhalbjähriger Sedisvakanz mit Gregor X. ein Papst gewählt wurde, dessen Hauptanliegen ein neuer Kreuzzug ins Heilige Land war. Gregor erreichte es sogar, daß der byzantinische Kaiser Michael VIII. auf dem zweiten Konzil von Lyon 1274 mit der westlichen Kirche die Kirchenunion einging: ein Angriff auf den wieder »rechtgläubigen« Kaiser verbot sich damit. Außerdem veranlaßte Gregor X. die Wahl Rudolfs von Habsburg zum deutschen König und künftigen Kaiser. Damit schien den angevinischen Ambitionen in Reichsitalien ein Riegel vorgeschoben. Daß eine Kaiserkrönung Rudolfs trotz sechsmaligen Anlaufs nicht zustande kam, war damals nicht vorauszusehen.

Als besonders störend erwies sich auch Nikolaus III. (Giangaetano Orsini). Er betrieb Rudolfs Kaiserkrönung nachdrücklich. Dabei stellte er den Kirchenstaat auf die Rechtsgrundlage, die bis zum Ende des Mittelalters galt, indem er von Rudolf die Anerkennung sowohl der Pippinischen Schenkung als auch der Goldbulle von Eger forderte; dies war gleichbedeutend mit dem Erwerb der Romagna. Karl mußte das Reichsvikariat für die Toskana niederlegen und als Senator von Rom zurücktreten. Letztere Würde übernahm Nikolaus selbst, allerdings nicht als Papst, sondern als Privatmann, der sein Amt dann wiederum durch Stellvertreter ausüben ließ, die ebenfalls Senatoren genannt wurden; diese Rechtskonstruktion galt bis zum Ende des Mittelalters.

Die Sizilianische Vesper

Nikolaus' III. Tod am 22. August 1280 und die Wahl seines Nachfolgers Martin IV. im darauffolgenden Frühjahr bedeuteten einen völligen Wechsel der päpstlichen Politik. Martin, der als Legat 1265 die Verhandlungen mit Karl zum Abschluß gebracht hatte, ordnete sich auch als Papst völlig den Wünschen des Königs unter: er exkommunizierte den byzantinischen Kaiser und unterstützte die Expansionspläne Karls nach Byzanz bedingungslos. Kurz bevor der Kriegszug starten konnte, brach Karls überragende Machtstellung jedoch scheinbar urplötzlich zusammen: durch die Sizilianische Vesper.

Äußerer Anlaß für diesen Aufstand der Sizilianer gegen die Anjou-Herrschaft war die Belästigung sizilianischer Frauen durch französische Soldaten in Palermo am Abend des Ostermontags, des 30. März 1282. Die Folge war ein Massaker an den Franzosen und ein Aufstand, der sich binnen eines Monats über die ganze Insel ausbreitete (Messina fiel am 28. April). Papst Martin IV., unter dessen Schutz die Aufständischen sich möglicherweise ursprünglich stellen wollten, antwortete im Sinne Karls am 7. Mai mit der Exkommunikation. Während Karl militärisch gegen die Insel vorzugehen versuchte, landete am 30. August in Trapani König Peter III. von Aragón als neuer König des befreiten Sizilien. Ein Parlament in Messina erkannte 1283 seine (bzw. seiner Frau Konstanze) Rechte als Erben König Manfreds an und beschloß eine Reform des Staates, der wieder auf die Zustände unter Wilhelm II. (dem Guten), zurückgeführt werden sollte.

Außer dem spontanen Volkszorn lassen sich vier Gründe für den Ausbruch und Erfolg der Revolte ermitteln: 1. Karls Desinteresse an der Insel. Das Zentrum seiner Herrschaft lag auf dem Festland; die Insel hat er überhaupt nur zweimal kurzfristig betreten. Sie diente ihm wohl hauptsächlich als Steuerquelle, wobei unklar ist, wann ihr ökonomischökologischer Niedergang eingesetzt hat. Dieses Desinteresse mag auch zu geringerer Beaufsichtigung und damit größerer Willkür der Amtsträger geführt haben. 2. Aktivitäten der Stauferanhänger. Bekannte Namen sind etwa Roger Lauria, Richard Filangieri, Heinrich von Isernia und Johann von Procida. Ob eine förmliche Verschwörung stattgefunden hat, ist unklar, aber die schnelle Ausbreitung der Revolte läßt vorbereitende Strukturen vermuten. 3. Einwirkung Kaiser Michaels VIII. von Byzanz, der als Geldgeber einer Verschwörung in Frage kommt. In seiner Autobiographie schreibt er ausdrücklich, daß Gott durch ihn die Sizilianer befreit habe. Er war der Hauptnutznießer des Aufstandes, der seinen Staat vor dem sicheren Untergang gerettet hat. 4. Die Rolle Peters von Aragón ist komplexer. Das Haus Aragón war mit Karl verfeindet, weil es Erbansprüche auf die Provence erhob. Peter III. selbst wünschte eine Erweiterung seines Herrschaftsgebietes, da er bei der Erbteilung nach dem Tode seines Vaters zu kurz gekommen war. Die Rechte seiner Frau boten einen guten Vorwand, ohne daß sich beweisen läßt, daß die Ehe im Hinblick auf diese Rechte geschlossen wurde. Jedenfalls war seine Landung auf Sizilien keine spontane Hilfeleistung, sondern beruhte auf politischem Kalkül.

Das Parlament von Messina war die Antwort auf Maßnahmen Martins IV. zur Unterstützung Karls, durch welche der lokale süditalienische Konflikt zur europäischen Auseinandersetzung ausgeweitet wurde: der Papst erklärte Peter III. auch als König von Aragón für abgesetzt und belehnte den zweiten Sohn des französischen Königs, Karl von Valois, mit Aragón. Zur Durchsetzung dieser neuen Ansprüche sollte Frankreich einen Kreuzzug gegen Aragón unternehmen, der aber kläglich scheiterte und am 6. Oktober 1285 zum Tode des französischen Königs führte. Im selben Jahr starben auch Karl von Anjou (am 7. Januar), Papst Martin IV. (am 28. März) und Peter von Aragón (am 2. November).

Der Krieg der Sizilianischen Vesper bis zum Frieden von Caltabellotta

Da im Jahr 1285 alle Protagonisten der Sizilianischen Vesper gestorben waren, kam nun die zweite Generation zum Zuge. Auf Sizilien folgte Peters III. zweiter Sohn Jakob nach, während in Aragón der Erstgeborene Alfons die Regierung antrat, wodurch teilweise Interessenkonflikte entstanden. Als Papst wurde mit Honorius IV. ein Römer gewählt, der zwar die Anjou uneingeschränkt unterstützte, aber doch eine selbständigere Position einnahm als sein Vorgänger. Besonders schwierig war die Lage Karls II. von Anjou: er war 1284 bei einer unbedachten Flottenaktion in die Gefangenschaft der Sizilianer geraten. Zwar wurde er nicht, wie einige forderten, als Vergeltung für den Tod Konradins hingerichtet, aber sein oberstes Ziel mußte es sein, sich aus seiner mißlichen Lage zu befreien.

In den folgenden Jahren gab es eine Serie von Militäraktionen, die immer wieder durch vertragliche Lösungsversuche unterbrochen wurden. Die ersten beiden Vertragsversuche sahen die Freilassung Karls II. als Gegenleistung für die Abtretung Siziliens an Jakob I. vor, wurden aber von der Kurie als Lehnsherrn nicht genehmigt. Durchgeführt wurde der Vertrag von Canfranc von 1288: Karl II. wurde (gegen Vergeiselung dreier Söhne) freigelassen und mußte sich verpflichten, binnen drei Jahren einen allseitig anerkannten Friedensvertrag zustande zu bringen, andernfalls in die Haft zurückzukehren. Der Vertrag von Anagni von 1295 – inzwischen war Jakob I. von Sizilien als Nachfolger seines gestorbenen Bruders nach Aragón gewechselt und hatte seinen jüngeren Bruder Friedrich als Stellvertreter auf Sizilien gelassen – sah ein großes Revirement vor: Jakob sollte Sizilien an den Papst zurückgeben, der es an Karl II. weiterzugeben hätte, dessen Tochter Jakob heiraten sollte; Friedrich sollte mit dem (noch zurückzuerobernden) lateinischen Kaiserreich Byzanz entschädigt werden, Jakob mit

Sardinien und Korsika: für Sizilien bedeutete dies praktisch eine Wiederherstellung des Zustandes vor 1282. Der Vertrag, dem auch der Papst zustimmte, löste auf Sizilien eine zweite »nationale« Revolte aus, durch die der Stellvertreter Friedrich 1296 zum König erhoben und Jakob de facto abgesetzt wurde. Erst 1302 brachte der Friede von Caltabellotta eine (wenigstens zeitweise) Lösung: König Friedrich, der eine Tochter Karls II. heiraten sollte, wurde auf Lebenszeit anerkannt; danach sollte Sizilien an die Anjou zurückfallen, eventuelle Kinder aus der Ehe anderweitig entschädigt werden.

Cölestin V. und Bonifaz VIII.

Nach dem Tode Papst Nikolaus' IV. gelang über zwei Jahre keine Wahl eines Nachfolgers. Kam die lange Sedisvakanz 1268–1271 Karl I. gelegen, indem sie ihm freie Hand für die Vorbereitung seiner Expansionspläne ließ, so hing Karl II. 1292–1294 gewissermaßen in der Luft, da er einen Papst für die lehnsherrliche Bestätigung der auszuhandelnden Verträge brauchte. Dennoch ist nicht erwiesen, daß er seine Hände im Spiel hatte, als am 5. Juli 1294 die Kardinäle überraschend den Einsiedler Peter vom Murrone zum Papst erhoben. Die Person des Gewählten erschien wie die Erfüllung der damals weit verbreiteten Erwartung eines *papa angelicus*, der die Kirche reformieren und ein vom Mönchtum gekennzeichnetes Zeitalter des Heiligen Geistes heraufführen sollte (gemäß den popularisierten und verflachten Vorstellungen des Joachim von Fiore). Es zeigte sich jedoch schnell, daß Cölestin mit seiner Aufgabe hoffnungslos überfordert war. Er geriet sofort in Abhängigkeit von Karl II., der ihn persönlich in seiner Zelle abholte, zur Krönung nach L'Aquila und anschließend nach Neapel führte; Rom hat er als Papst nie betreten. Sein Unvermögen wurde auch ihm selbst bald bewußt und belastete sein Gewissen, so daß er (nach Einholung juristischen Rates) am 13. Dezember 1294 zurücktrat.

Daß ein Papst zurücktreten könne, war durch das geltende Kirchenrecht eindeutig geklärt. Wenn die Rechtmäßigkeit von Cölestins Abdankung dennoch in Zweifel gezogen wurde, so spiegelte das zum einen die Enttäuschung jener Kreise, die in seiner Wahl die apokalyptischen Vorstellungen ihrer Zeit erfüllt sahen; zum andern lag es im Verhalten seines Nachfolgers begründet: Bonifaz VIII. befürchtete, sein Vorgänger könne zum Werkzeug seiner zahlreichen Feinde werden, und ließ ihn (nach einem gescheiterten Fluchtversuch) in Castel Fumone nahe Anagni internieren, wo er am 19. Mai 1296 eines natürlichen Todes starb. Die Zweifel, durch juristische (Schein-)Gutachten gestützt, waren also politische Propagandamittel, um Bonifaz' eigene Rechtmäßigkeit als Papst ins Zwielicht zu rücken. Cölestin V. wurde 1313 als Peter vom Murrone heiliggesprochen.

Cölestins Nachfolger wurde am 24. Dezember 1294 Bonifaz VIII. (Benedikt Caetani). Er hatte u.a. in Bologna ein juristisches Studium absolviert, dann als Sekretär zweier künftiger Päpste an der Kurie Karriere gemacht und teils in deren Begleitung, teils auf eigenen Legationen Frankreich, England und Deutschland kennengelernt. Insofern war er als Nachfolger seines weltabgewandten Vorgängers hervorragend geeignet. Jedoch wird seine Gestalt durch charakterliche Mängel verdunkelt: eine Hauptaufgabe seines Pontifikates sah er in der Erhöhung seiner bisher wenig hervorgetretenen Familie in eine fürstliche Stellung; dabei war er schon vor seiner Wahl in wirtschaftliche Streitigkeiten mit den Colonna geraten.

Die Regierungszeit Bonifaz' VIII. läßt sich in drei Abschnitte gliedern: den Konflikt mit den Colonna (bis 1299), das Heilige Jahr 1300 und die große Auseinandersetzung mit dem französischen König (ab 1301). Auslöser für den ersten Konflikt war ein Gewaltakt der Colonna gegen die

Caetani, den der Papst zum Anlaß einer Überreaktion mit dem Ziel der Vernichtung der konkurrierenden Familie nahm: die beiden Kardinäle aus dem Hause Colonna wurden abgesetzt und exkommuniziert, ein förmlicher Kreuzzug gegen die Colonna endete ein Jahr später mit der Eroberung der Hauptorte der Familie. Die beiden Kardinäle und die Häupter der Familie flohen nach Frankreich, von wo aus sie die oben erwähnte Polemik gegen die Rechtmäßigkeit des Papstes betrieben.

Das Heilige Jahr 1300 entstand ohne Zutun der Kurie als Volksbewegung, die, unter Berufung auf ein angebliches Vorbild des Jahres 1200 (wofür es aber keinerlei historische Spuren gibt), für 1300 in Rom besondere Gnadenmittel erhoffte. Bonifaz VIII. stand dem Phänomen zunächst abwartend gegenüber, setzte sich dann aber an die Spitze der Bewegung und gewährte den Rompilgern den vollkommenen Ablaß, der bislang nur Kreuzfahrern zugestanden worden war. Politisch spielte das Heilige Jahr keine Rolle; es ist nur dadurch wichtig, daß es das Selbstbewußtsein des Papstes enorm steigerte.

Die große Auseinandersetzung mit dem französischen König Philipp IV. begann 1301 mit einem lokalen Konflikt um einen Abt, steigerte sich aber schnell zu einer grundsätzlichen Auseinandersetzung über die Frage, ob die staatliche Gewalt generell der päpstlichen unterworfen sei (Bulle *Unam sanctam* vom 18. November 1302, in der der Papst in überzeitlicher, vorwiegend biblisch gestützter Argumentation seine Maximalposition zusammenfaßte). Im Gegenzug erhob im Juni 1303 eine Versammlung im Louvre gegen Bonifaz nicht nur den Vorwurf, unrechtmäßig Papst zu sein (wegen der angeblich unzulässigen Abdankung Cölestins V.), sondern auch den der Ketzerei – im Mittelalter die einzige Möglichkeit, einen Papst abzusetzen. Daraufhin kündigte Bonifaz für den 8. September 1303 die Absetzung des Königs an. Dazu kam es aber nicht mehr, da am Tag zuvor der französische Vizekanzler Wilhelm Nogaret und

Sciarra Colonna den Papst in Anagni überfielen, gefangensetzten und möglicherweise mißhandelten. Infolge der erlittenen Behandlung starb Bonifaz am 11. Oktober 1303 als Märtyrer seiner Vorstellung von der Rolle des Papsttums.

Kaiser Heinrich VII. in Italien

Sieben Jahre nach dem Tode Bonifaz' VIII. endete die seit dem Tode Friedrichs II. andauernde Vakanz des Kaisertums. Was Rudolf von Habsburg trotz mehrfacher Anläufe nicht geschafft hatte, gelang dem Luxemburger Heinrich VII., nämlich die Kaiserkrönung in Rom. Sein Italienzug zeigte allerdings auch das volle Ausmaß der Veränderungen, die seit dem Ende der Stauferherrschaft in Italien eingetreten waren.

Die Rahmenbedingungen für den Zug waren ungünstig: die Kommunen bzw. Signorien in Reichsitalien erhofften sich keinen unparteiischen Schiedsrichter, sondern einen Verbündeten in den Auseinandersetzungen mit den Nachbarn; Papst Clemens V., der in Südfrankreich residierte, brach seine Zusage, zur Kaiserkrönung nach Italien zu kommen, und sandte statt dessen zwei Kardinäle (ob darin eine Distanzierung vom Plan der Kaiserkrönung zu sehen ist, ist ungewiß); König Robert von Neapel, der seit 1309 regierende Sohn Karls II., verlangte in einer Denkschrift an den Papst offen die völlige Abschaffung des Kaisertums, wobei er in nationalistischer Polemik insbesondere die Krönung eines deutschen Königs zum Kaiser ablehnte.

In Mailand, wo er am 6. Januar 1311 die lombardisch-italienische Krönung empfing, ergriff Heinrich für die Visconti Partei; dadurch wurde er in die Rivalitäten der »ghibellinischen« und »guelfischen« Städte hineingezogen. Im folgenden mußte er Cremona zwei Wochen, Brescia dreieinhalb Monate lang belagern, ehe er über Genua und Pisa nach Rom gelangen konnte. Dort empfing er am 29. Juni

1312 in der Lateranbasilika die Kaiserkrone (die Peterskirche war in der Hand von Anhängern Roberts von Neapel). Anschließend belagerte er sechs Wochen lang vergeblich Florenz, ehe er im März 1313 wieder in Pisa eintraf. In Pisa eröffnete er einen Prozeß gegen Robert von Neapel, den er in seiner Funktion als Kaiser absetzte und zum Tode verurteilte (analog zur Hinrichtung Konradins). Am 8. August brach er nach Süden auf, um den Spruch zu vollstrecken, doch starb er am 24. August 1313 in Buonconvento bei Siena. Er wurde in Pisa begraben.

Heinrichs Italienzug war im Grunde ein großartiger Anachronismus. Politisch gesehen blieb er Episode, und er hat die bestehenden Probleme eher verschärft. Mit ihm endeten alle Versuche der deutschen Könige und Kaiser, auf Süditalien Einfluß zu nehmen. Zu der Minderheit, die sich viel von Heinrichs Kommen erhofft hatte, gehörte Dante Alighieri.

Süditalien nach dem Frieden von Caltabellotta

Das Urteil Kaiser Heinrichs VII. gegen Robert von Neapel war keineswegs eine leere Drohung, denn gleichzeitig nahm auch König Friedrich von Sizilien (unter Bruch des Friedens von Caltabellotta, der nach Roberts Absetzung als hinfällig gelten mochte) den Krieg gegen das festländische Königreich wieder auf. Von einer Rückgabe der Insel an die Anjou nach König Friedrichs Tod war somit keine Rede mehr, vielmehr wurde 1314 Friedrichs Sohn Peter zum Nachfolger erhoben. Es folgten im regulären Erbgang weitere Nachkommen Friedrichs bis zu Maria (seit 1377), durch die die Königswürde auf ihren Ehemann, den aragonischen Thronfolger, überging: dies führte schließlich 1409 zur Personalunion Siziliens mit Aragón.

Nach Kaiser Heinrichs Tod ging Robert von Neapel 1314 zum Gegenangriff auf Sizilien über, der zwar schnell ins Stocken kam; aber es folgte eine ganze Serie von weiteren Angriffen auf die Insel (1320, 1325, 1326, 1327, 1333, 1336, 1338, 1339, 1341, 1342), die jeweils von kurzfristigen Waffenstillständen abgelöst wurden, ehe Roberts Tod 1343 und die Probleme der Nachfolgeregelung den Kriegselan Neapels stoppten. Während die Insel unter den ständigen Kriegsereignissen litt, was ihren wirtschaftlichen Niedergang beschleunigte, erlebte das festländische Königreich Neapel unter König Robert eine Epoche des Friedens und der Prosperität; der Hof des wissenschaftlich gebildeten Königs (daher sein Beiname »der Weise«) entwickelte sich zu einem bedeutenden kulturellen Zentrum.

König Robert starb 1343 ohne männlichen Erben. Seine 16jährige Enkelin Johanna I. folgte ihm zwar auf dem Königsthron nach und wurde auch vom Papst als Lehnherrn Neapels anerkannt, jedoch war ihre Stellung von zwei Seiten her gefährdet: durch mögliche ungarische Erbansprüche und durch die Ambitionen ihrer männlichen Verwandten in Italien selbst (den von den jüngeren Brüdern König Roberts abstammenden Herzögen von Tarent und Durazzo). Die ungarischen Ansprüche leiteten sich von Karl Martell, einem älteren Bruder König Roberts, her, der als Erbe seiner Mutter die ungarische Krone für sich reklamiert hatte und dessen Linie sich schließlich in Ungarn hatte durchsetzen können. Um diesen Ansprüchen zuvorzukommen, wurde Johanna mit Andreas, dem jüngeren Bruder König Ludwigs des Großen von Ungarn, verheiratet; jedoch wurde Andreas 1345 ermordet. Dies löste einen Rachefeldzug des ungarischen Königs aus, der 1348 die Macht in Neapel übernahm und gegen die Herzöge von Tarent und besonders Durazzo vorging. Johanna selbst war in die Provence geflohen. Ob sie an dem Mord beteiligt war, ist bis heute ungeklärt, der Papst jedenfalls sprach sie ausdrücklich von diesem Vorwurf frei.

Johanna heiratete in zweiter Ehe Herzog Ludwig von Tarent. Diesem gelang es, bis 1352 die Ungarn aus Italien zu vertreiben (wobei ihn die damals grassierende Pestepidemie begünstigte) und dadurch faktischer Herrscher des Königreichs zu werden, neben dem Johanna unbedeutend blieb; erst nach seinem Tode 1362 konnte sie selbständig in die Politik eingreifen. Ludwig von Tarent hatte, nicht ohne Erfolg, den 1343 unterbrochenen Krieg gegen Sizilien erneuert. Johanna I. brachte ihn dagegen im Frieden von Aversa 1373 zum endgültigen Abschluß, indem sie auf alle Ansprüche der Anjou auf die Insel verzichtete.

Als 1378 das Schisma ausbrach (vgl. S. 115f.), war Johannas Stellungnahme als Herrscherin des bedeutendsten Lehnsstaates der Kirche besonders wichtig. Die Königin wechselte jedoch dreimal zwischen der römischen und der avignonesischen Obödienz und wurde schließlich von Urban VI. zugunsten Karls von Durazzo, des ohnehin nächst Erbberechtigten nach der kinderlosen Königin, abgesetzt. Sie adoptierte deshalb Ludwig (I.) aus dem sogenannten jüngeren Haus Anjou, einen Sohn König Johanns II. von Frankreich. So entstand im Königreich Neapel ein »Königsschisma«, das 60 Jahre andauerte. Im Laufe des daraufhin ausbrechenden Bürgerkriegs wurde Johanna I. 1382 ermordet, und da auch ihr Adoptivsohn 1384 starb, konnte sich Karl von Durazzo durchsetzen. Jetzt aber griff der geisteskranke Papst Urban VI. erneut ein und erklärte (möglicherweise aus nepotistischen Gründen) den von ihm selbst auf den Thron gebrachten Karl wieder für abgesetzt, war aber nicht in der Lage, dieses Urteil auch durchzuführen. Karl kam 1386 bei dem Versuch ums Leben, Erbansprüche auf die ungarische Königskrone zu realisieren.

Das »Königsschisma« vererbte sich auf Ludwig II., den Sohn Ludwigs (I. von Anjou), und Ladislaus, den Sohn Karls von Durazzo, und danach auf deren Nachfolger, den minderjährigen Ludwig III. auf der einen und Ladislaus' Schwester Johanna II. auf der anderen Seite. Nach dem

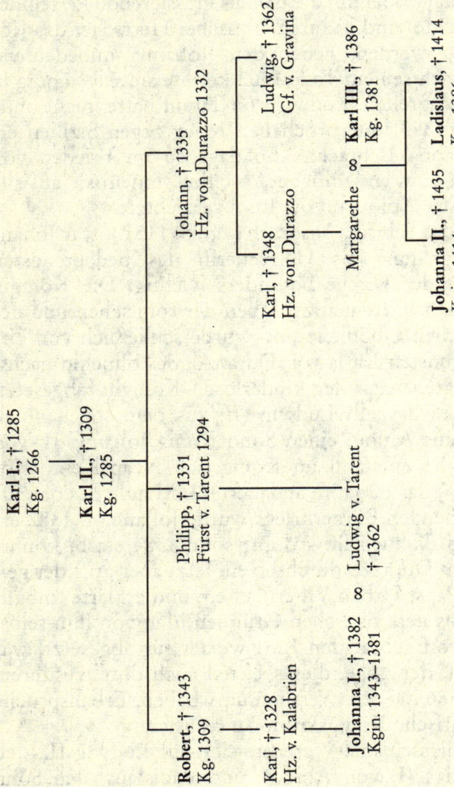

Die Könige von Neapel

Ende des kirchlichen Schismas versuchte Papst Martin V., eine Kompromißlösung zustande zu bringen, indem er zwar Johanna II. anerkannte, zum Nachfolger der kinderlosen Königin aber Ludwig III. bestimmte. Dies hatte jedoch nur zur Folge, daß Johanna II. (das Vorbild Johannas I. nachahmend) den bereits auf Sizilien regierenden Alfons V. von Aragón adoptierte, der sich nach weiteren Verwicklungen schließlich durchsetzte. Damit war das definitive Ende der Anjou-Herrschaft in Süditalien gekommen; der spätere Versuch König Karls VIII. von Frankreich, gestützt auf seine Verwandtschaft mit dem jüngeren Haus Anjou französische Erbansprüche auf Neapel zu realisieren, blieb Episode.

Sardinien und Korsika

ab 590	Einfluß des Papsttums (Gregors des Großen) auf die Inseln.
ab 703	Sarazenische Bedrohung und Teileroberung.
1016	Vertreibung der Sarazenen durch Genua, Pisa und das Papsttum; seitdem Rivalität der beiden Seestädte.
1165	Barbarossa krönt Bareso I. zum König von Sardinien.
1238	Hochzeit (König) Enzos mit Adelaisia von Torres.
1324	Sardinien aragonisch.
1347	Korsika teilweise aragonisch.
1358	Aufstand des Samucuccio d'Alando auf Korsika.
1383–1402	Eleonora von Arborea.

Die beiden Inseln Sardinien und Korsika spielten keine aktive Rolle in der Geschichte Italiens und erfreuten sich nur vorübergehend einer begrenzten Selbständigkeit. Zwar waren sie von der langobardischen Invasion allenfalls am Rande betroffen, jedoch Gregor der Große interessierte sich für sie und versuchte, durch Mission und über die dortigen Bischöfe Einfluß zu nehmen (mit einigem Erfolg auf Korsika, weniger auf Sardinien). Seine Maßnahmen wurden später als Ausübung der Rechte interpretiert, die den Päpsten aus der Konstantinischen Schenkung zugeflossen seien, die ausdrücklich »die Inseln« als geschenkte Territorien aufführt. 703 setzten die sarazenischen Raubzüge ein, die 827 in eine teilweise Eroberung Sardiniens mündeten. Da trotz einiger Ansätze (Flottenhilfe des Grafen von Tuszien 828) wirksame Unterstützung vom Festland ausblieb, gewannen die lokalen Machthaber an Bedeutung, die in antiker Tradition den Titel *iudex* trugen. Auf Sardinien bildete sich eine Einteilung in vier Judikate heraus: Arborea, Cagliari, Gallura, Torres (Logudoro).

Unter dem Einfluß Genuas und Pisas

1016 vermittelte Papst Benedikt VIII. ein Bündnis zwischen Genua und Pisa zur Befreiung der Inseln von der sarazenischen Herrschaft. Die Aktion gelang, jedoch bestand seither eine fortdauernde Rivalität zwischen den beiden Seestädten um die Dominanz auf Sardinien und Korsika, wobei jenes mehr in die pisanische, dieses mehr in die genuesische Einflußsphäre geriet. Auch kirchenrechtlich wurden die Bistümer Genua bzw. Pisa als Metropolen zugeordnet.

In der Stauferzeit versuchte das Reich, wiewohl letztlich erfolglos, vor allem auf Sardinien Fuß zu fassen: Barbarossa krönte 1165 den *iudex* von Arborea, Bareso I., in Pavia zum »König von Sardinien« – eine Maßnahme, die wohl auch gegen Alexander III. (vgl. S. 55f. zum Schisma von 1159) gerichtet war; jedoch konnte Bareso seinen Titel nicht mit Leben erfüllen. Gleichzeitig mit der Garantie des Kirchenstaates mußte Friedrich II. 1213/19 zugunsten des

Papstes auf etwaige Ansprüche auf die Inseln verzichten. Er ließ jedoch 1238 seinen unehelichen Sohn Enzo die Erbin des Judikats Torres, Adelaisia, heiraten; Enzo führte auch seit 1243 den Titel eines *rex Sardinie*, ohne jedoch wirksam in die politischen Verhältnisse auf der Insel einzugreifen. Vielmehr geriet Sardinien immer stärker in Abhängigkeit von Pisa (teils dadurch, daß pisanische Adlige in die Familien der *iudices* einheirateten). In ähnlicher Weise wurde Korsika immer stärker von Genua aus beherrscht.

Unter aragonischer Herrschaft

Am Ende des 13. Jahrhunderts wurde Sardinien, später auch Korsika, in die Auseinandersetzungen hineingezogen, die seit der Sizilianischen Vesper 1282 Süditalien erschütterten. Im Vertrag von Anagni 1295 wurden die beiden Inseln, die Bonifaz VIII. zu einem gemeinsamen Königreich proklamiert hatte, als Entschädigung für Sizilien dem König von Aragón übertragen. Die Inbesitznahme Sardiniens gelang aber erst 1324. Auf Korsika konnten sogar erst 1347 die nördlichen Gebiete (*terra dei signori*) erobert werden; die südlichen Gebiete (*terra dei comuni*) blieben in Anlehnung an Genua unabhängig.

Nach der Jahrhundertmitte war die aragonische Herrschaft auf beiden Inseln durch Aufstände bedroht (1358 Samucuccio d'Alando auf Korsika). Von 1383 an gelang es Eleonora von Arborea, Sardinien vorübergehend zu einigen und unabhängig von Aragón zu regieren. Sie ist vor allem durch ihr Gesetzbuch, die *carta de logu*, berühmt geworden. Nach ihrem Tode 1402 gelang es allerdings nicht mehr, die Unabhängigkeit aufrechtzuerhalten; Sardinien wurde eines der aragonischen (später spanischen) Vizekönigreiche in Italien.

Die lokale Komponente: Venedig, Mailand, Florenz (bis um 1450)

Venedig:

976	Ermordung Pietros IV. Candiano: keine Erblichkeit des Dogats.
1172	Ende der Volkswahl des Dogen.
1192–1205	Doge Enrico Dandolo: Venedig erwirbt durch den vierten Kreuzzug ein Kolonialreich im östlichen Mittelmeer.
1257–1269, 1294–1299, 1350–1355	Kriege mit Genua.
1314	Erbrechtliche Abschließung des Großen Rates (*Serrata del Gran Consiglio*).
1378–1381	Chioggia-Krieg.

Mailand:

bis 1252	Gregor von Montelongo päpstlicher Legat in der Stadt.
1255–1277, 1302–1310	Signorie der Familie della Torre.
1310	Matteo Visconti Signore.
1385	Gian Galeazzo Visconti alleiniger Signore.
1395	Gian Galeazzo Visconti erblicher Herzog.
1447	Tod Filippo Maria Viscontis, Ambrosianische Republik.

Florenz:

1216	Entstehung von Guelfen und Ghibellinen.
1250–1260	Regime des *primo popolo.*
1282	Vorsteher der Zünfte übernehmen die Stadtregierung.
1293	*Ordinamenti della giustizia.*
1397	Gründung der Medici-Bank.
ab 1434	»Kryptosignorie« der Medici.

Im Gewirr der italienischen Kommunen gelangten drei Städte im Laufe des Spätmittelalters zu überregionaler Bedeutung: Venedig, Mailand und Florenz. Die Entwicklung verlief dabei ähnlich (Erwerb der Herrschaft über Nachbarorte), weist aber auch charakteristische Unterschiede der inneren Macht- und Verfassungsstruktur auf.

Venedig

Venedig bildete ein politisches Kuriosum, da es formal ein Teil des Byzantinischen Reiches blieb und zu den fränkischen und deutschen Königen und Kaisern immer nur in ein vertragliches (sogenannte Kaiserpakta), niemals aber lehns- oder staatsrechtliches Verhältnis trat. Als spätantikes Erbe ist seine Regierung durch einen *dux* (später »Doge«) und eine eigene Kirchenprovinz mit Miniaturdiözesen anzusehen. Seine wirtschaftliche Basis waren zunächst Salzgewinnung und Fischfang; der Handel mit diesen Ressourcen ermöglichte die Einführung von Getreide, das in Venedig nicht angebaut werden konnte. Seine besonderen Beziehungen zu Byzanz machten Venetien zum Lieferanten für östliche Luxuswaren, wie Edelsteine und Seidenstoffe, sowie für Sklaven. Als günstig erwies sich der Umstand, daß die Adriaküste kaum natürliche Häfen aufweist: nach Comacchio, dessen Handel Venedig systematisch ruinierte, bietet erst wieder Ancona zuverlässige Landemöglichkeiten.

Bis zur Jahrtausendwende war offen, ob der Dogat in einer Familie erblich werden würde; entsprechende Bestrebungen vor allem der Familie Candiano wurden durch die Ermordung Pietros IV. 978 gewaltsam beendet. Die Modalitäten der Dogenwahl, aber auch der allgemeine Staatsaufbau wurden immer komplizierter: Doge, Collegio, Senat, Quaranzia, Großer Rat beschränkten und kontrollierten sich gegenseitig, wobei eine exklusive Gruppe von Familien die Macht zunehmend monopolisierte (*serrata* des Großen Rates 1314).

Die äußere Politik Venedigs war ganz auf den Schutz des Handels ausgerichtet. Entsprechend zeigte die Stadt auch keine Kreuzzugsbegeisterung (»primo Veneziani, poi cristiani«). Dies galt zunächst auch für den vierten Kreuzzug 1203–1204. Dann aber nutzte der damalige Doge Enrico Dandolo die Schwierigkeiten der Kreuzfahrer zu einem Geschäft im Sinne Venedigs und brachte es fertig, den Zug nach Konstantinopel umzuleiten, welches 1204 erobert wurde. Im dort errichteten sogenannten lateinischen Kaiserreich spielte Venedig die tonangebende Rolle und erlangte ein umfangreiches Kolonialgebiet im östlichen Mittelmeer. Dadurch geriet es aber in Konflikt mit den anderen Seehandelsmächten: drei Kriege mit Genua (1257–1269, 1294–1299, 1350–1355) und der existenzbedrohende Chioggia-Krieg gegen eine europäische Koalition 1378–1381 konnten nur mühsam bestanden werden.

Danach wandelte sich der Charakter Venedigs: die bisher fast ausschließlich auf den Seehandel ausgerichtete Republik begann mit dem Erwerb eines festländischen Hinterlandes (*Terra ferma*); den Hintergrund bildete auch der zunehmende Verlust des Kolonialgebietes durch die osmanische Expansion.

Mailand

Während des Endkampfes zwischen dem Papsttum und den Staufern bildete Mailand das Zentrum der päpstlichen Partei in Oberitalien. Deshalb hielt sich dort der päpstliche Legat Gregor von Montelongo auf, der auch bestimmenden Einfluß auf die innere und äußere Politik der Stadt nahm, d. h. die Rolle eines Signore spielte. In der Folgezeit rivalisierten die Familien della Torre und Visconti um die Signorie, bis sich 1310 letztere durchsetzten, auch mit Hilfe König Heinrichs VII., der Matteo Visconti zum Reichsvikar erhob. Matteo war nicht nur Signore von Mailand, sondern erlangte eine vergleichbare Stellung auch in Pavia, Tortona, Alessandria, Vercelli, Bergamo, Como und Novara, sein Sohn in Piacenza. Die Liste zeigt deutlich den Übergang vom »erweiterten« Contado der Stadt Mailand zum Staatsgebilde unter der Herrschaft der Familie Visconti. In der so entstehenden Mittelmacht in Oberitalien sah aber die Kurie eine Bedrohung des Kirchenstaates. Johannes XXII. ging deshalb 1322 mit Ketzerprozeß, Absetzung, Exkommunikation, Interdikt und Kreuzzugsaufruf gegen die Visconti vor, jedoch vergeblich. Ebenso gefährdeten Streitigkeiten innerhalb der sehr kinderreichen Familie der Visconti deren Rolle, wobei das Machtgebiet, zu dem Asti, Parma, Bologna und vorübergehend sogar Genua hinzukamen, zeitweise aufgeteilt wurde. Jedoch entmachtete Gian Galeazzo 1385 seine Konkurrenten und wurde alleiniger Herr von Mailand.

1395 verlieh König Wenzel Gian Galeazzo Visconti die erbliche Herzogswürde; damit war der Aufstieg der Familie von der Stellung eines Signore über das Reichsvikariat zum Fürstenstatus abgeschlossen. Unter Gian Galeazzo erreichte der Mailänder Staat seine größte Ausdehnung und reichte östlich bis fast vor die Tore Venedigs, kollidierte also mit dessen Expansion auf die *Terra ferma*. Deshalb sah sich nach seinem Tode 1402 und der Ermordung Giovanni Marias 1412 der 20jährige Nachfolger Filippo Maria allenthalben in der Defensive und konnte nur mit fragwürdigen Methoden seine Position bis zu seinem kinderlosen Tode am 13. August 1447 auf eingeschränktem Niveau behaupten.

Anspruch auf die Nachfolge erhob der Söldnerführer Francesco Sforza, der mit einer unehelichen Tochter Filippo Maria Viscontis verheiratet war. Zunächst aber riefen die Spitzen der Mailänder Gesellschaft die »Ambrosianische

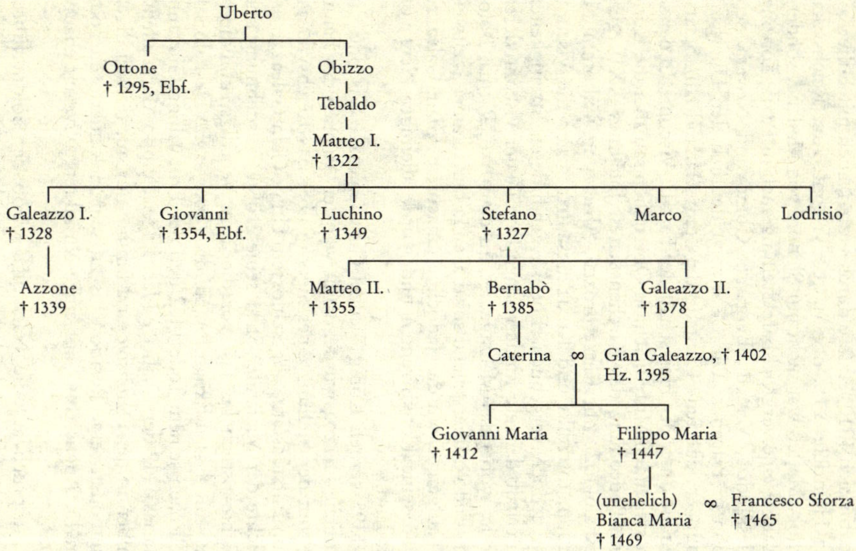

Die Visconti

Republik« aus, die – in anachronistischer Weise – die Selbstregierung der Bürger wiedererrichten wollte. Da die Untertanenstädte des Herzogtums in gleicher Weise ihre Selbständigkeit wiedererlangen wollten, drohte der Zerfall des Staates.

Florenz

Neben den Markgrafen der Toskana, die in Florenz ihren Sitz hatten, und der energischen Reichsverwaltung Barbarossas konnte die Stadt im 12. Jahrhundert kaum eine eigenständige politische Rolle spielen, wenn sich auch die übliche kommunale Selbstverwaltungsstruktur (Konsuln 1138, Podestà 1158 erwähnt) entwickelte und der Erwerb eines Contado gelang. Erst vom Machtvakuum nach dem Tode Heinrichs VI. und dem Desinteresse Friedrichs II., der Florenz nie betrat, vermochte die Stadt zu profitieren. Im Jahr 1216 entstanden der Legende nach die (nachmals in ganz Italien verbreiteten) Parteinamen »Guelfen« und »Ghibellinen« nach einer blutigen Auseinandersetzung zweier feindlicher Familien. Jedoch löste sich ihre Bedeutung schnell vom ursprünglichen Anlaß (Anhänger der Welfen oder Staufer); unter Friedrich II. bedeuteten sie Stellungnahme für Papst oder Kaiser, dann für oder gegen Karl von Anjou, schließlich für oder gegen ein politisches Zusammengehen mit Frankreich.

Von der Mitte des 13. Jahrhunderts an wurde der guelfisch-ghibellinische Konflikt zudem vom Gegensatz zwischen den »Magnaten« und dem *popolo*, d. h. den zu Wohlstand gelangten Händlern und Handwerkern, überlagert. Auf das magnatenfeindliche Regime des *primo popolo* 1250–1260 folgte, nach ghibellinischem Zwischenspiel, seit 1266 die Herrschaft der *parte Guelfa*. Seit 1282 nahmen die Vorsteher der Zünfte (*priori delle arti*) an der Stadtregierung teil, die sie schließlich allein übernahmen. 1293 ergingen die *ordinamenti della giustizia*, scharfe Sondergesetze gegen die Magnaten, die u. a. für gleiche Vergehen schärfer bestraft wurden als normale Bürger und auch prozessual benachteiligt wurden.

Der Regierungsantritt Bonifaz' VIII. führte zu einer Spaltung der *parte Guelfa* in die »schwarzen« Guelfen, die sich für ein Zusammengehen mit dem Papst, und die »weißen« Guelfen, die sich dagegen aussprachen. Mit des Papstes Hilfe setzten sich 1301 die schwarzen Guelfen durch und zwangen die weißen Guelfen, darunter auch Dante Alighieri, in die Verbannung. Innerhalb der schwarzen Guelfen erlangte, anders als etwa in Mailand, keine Familie eine Vormachtstellung, da extreme Gewaltenteilung durch miteinander konkurrierende Ratsgremien, besonders kurze Amtszeiten und Wahlverfahren durch Losentscheid zwischen allen wählbaren Bürgern dies unmöglich machten.

Neben diese hyperdemokratische de-jure-Verfassung schob sich aber immer stärker eine gar nicht so demokratische de-facto-Ordnung. Die regulären Organe wurden häufig durch eine *balìa* beiseite geschoben, d. h. eine außerordentliche Behörde mit Sondervollmachten für bestimmte Aufgaben oder in kritischen Situationen. Ferner gab es vorberatende ad-hoc-Kommissionen (*pratiche*), in denen sich sowohl wirklicher Sachverstand als auch die Macht einflußreicher Familien geltend machen konnte. Vor allem aber führte die ungleiche Vermögensverteilung zur Klientelbildung, so daß die reichen Familien über ihre Klientel die Abstimmungen in den Gremien beeinflussen, wenn nicht gar manipulieren konnten.

Zu Anfang des 15. Jahrhunderts bildete sich eine Konkurrenzsituation zwischen einer eher oligarchisch eingestellten Gruppe um die Familie der Albizzi und einer mehr populär ausgerichteten Gruppe um die Medici aus. Deren Aufstieg begann 1397 mit der Gründung der Medici-Bank durch Giovanni di Bicci. Die Bank reüssierte vor allem im Geschäft mit der Kurie und hatte Filialen in ganz Europa;

Cosimo de' Medici war bereits einer der reichsten Männer von Florenz. Deshalb setzte Rinaldo degli Albizzi 1433 seine Verbannung aus der Stadt durch; doch kam durch die Zufälle des Losverfahrens ein Jahr später eine medicifreundliche Signorie an die Macht, die Cosimo zurückrief, der nun seinerseits den Albizzi verbannen ließ.

In der Folgezeit errichteten die Medici das, was man zutreffend als »Kryptosignorie« bezeichnet hat: die demokratischen Institutionen blieben formal unangetastet, wurden jedoch aus dem Hintergrund von Cosimo und seinen beiden Nachfolgern gelenkt. Dazu dienten vor allem eine Manipulation der Wählerliste, ein konsequenter Ausbau der Medici-Klientel und ein fast erdrückendes Mäzenatentum auf allen Gebieten der Wissenschaft und Kunst. Ganz allmählich bahnte sich der Übergang von der Kryptosignorie zur offenen Herrschaft an: so wurden bei Lorenzo il Magnifico seit 1469 Bestimmungen über das Mindestalter bei bestimmten Ämtern nicht eingehalten, er heiratete in die römische Adelsfamilie der Orsini ein und vernachlässigte die ursprüngliche Quelle seines Reichtums; dies führte zur Schließung mehrerer Filialen der Medici-Bank und (wahrscheinlich) zum unberechtigten Zugriff auf staatliche Gelder. Der Abstand zwischen der Familie und ihrer Klientel wuchs, was wesentlich zur Katastrophe von Lorenzos Sohn Piero lo Sfortunato beitrug.

Zunächst freilich wirkte sich ein Ereignis, das eigentlich den Ruin der Medici herbeiführen sollte, im Ergebnis zu ihren Gunsten aus: der Versuch, im April 1478 Lorenzo und Giuliano de' Medici zu ermorden – ein Versuch, in den die mit den Medici konkurrierende Familie Pazzi, der Erzbischof von Pisa und kuriale Kreise bis hinauf zu Papst Sixtus IV. verwickelt waren. Es gelang den Verschwörern aber nur, Giuliano zu töten; Lorenzo konnte schwerverletzt entkommen. Währenddessen versuchten der Erzbischof und die Pazzi, die Tat als Tyrannenmord darzustellen und einen Aufstand der Florentiner Bevölkerung gegen die Medici zu

Die Medici

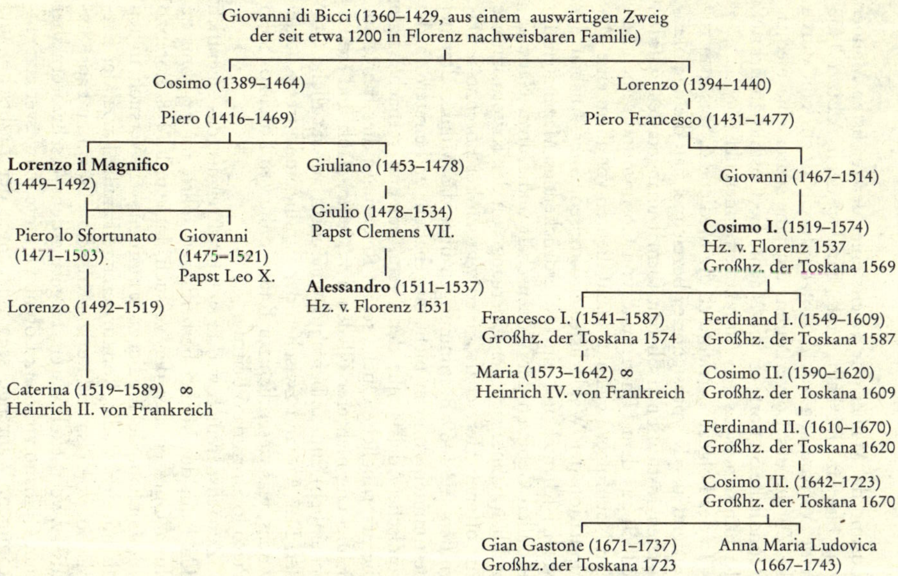
Giovanni di Bicci (1360–1429, aus einem auswärtigen Zweig der seit etwa 1200 in Florenz nachweisbaren Familie)
Cosimo (1389–1464)
Lorenzo (1394–1440)
Piero (1416–1469)
Piero Francesco (1431–1477)
Lorenzo il Magnifico (1449–1492)
Giuliano (1453–1478)
Giovanni (1467–1514)
Piero lo Sfortunato (1471–1503)
Giovanni (1475–1521) Papst Leo X.
Giulio (1478–1534) Papst Clemens VII.
Cosimo I. (1519–1574) Hz. v. Florenz 1537 Großhz. der Toskana 1569
Alessandro (1511–1537) Hz. v. Florenz 1531
Lorenzo (1492–1519)
Francesco I. (1541–1587) Großhz. der Toskana 1574
Ferdinand I. (1549–1609) Großhz. der Toskana 1587
Maria (1573–1642) ∞ Heinrich IV. von Frankreich
Cosimo II. (1590–1620) Großhz. der Toskana 1609
Caterina (1519–1589) ∞ Heinrich II. von Frankreich
Ferdinand II. (1610–1670) Großhz. der Toskana 1620
Cosimo III. (1642–1723) Großhz. der Toskana 1670
Gian Gastone (1671–1737) Großhz. der Toskana 1723
Anna Maria Ludovica (1667–1743)

erregen. Sobald jedoch bekannt wurde, daß Lorenzo den Anschlag überlebt hatte, schlug die Stimmung um: die Verschwörer, darunter der Pisaner Erzbischof, wurden am Fenster des Palastes der Signoria erhängt.

Der Papst reagierte in einer Weise auf die Bluttat, die ihn als Mitwisser erscheinen ließ: er verhängte die Exkommunikation, aber nicht über die Verschwörer, sondern über Lorenzo de' Medici (unter dem Vorwand, die Erhängung des Erzbischofs sei ein Bischofsmord gewesen). Als die Florentiner sich dennoch nicht von Lorenzo abwandten, folgte das Interdikt über die Stadt, schließlich ein Kriegszug, wobei des Papstes wichtigster Verbündeter König Ferrante von Neapel war. In dieser Situation entschloß sich Lorenzo zu einem mutigen Schritt: er reiste persönlich nach Neapel, um den König in direkten Verhandlungen auf seine Seite zu ziehen. Die Reise barg ein hohes Risiko, da Lorenzo keinerlei Garantien für seine Unversehrtheit hatte, war aber von einem vollen Erfolg gekrönt. Daraufhin mußte sich schließlich auch der Papst mit Florenz und den Medici versöhnen.

Der Kirchenstaat im Spätmittelalter

ab 1309	Päpste in Südfrankreich (Avignon); der Kirchenstaat entgleitet der päpstlichen Kontrolle.
1312	Kaiserkrönung Heinrichs VII.
1328	Kaiserkrönung Ludwigs des Bayern.
1347	»Tribunat« des Cola di Rienzo.
1353–1367	Kardinal Albornoz gewinnt den Kirchenstaat zurück.
1367–1370	Vorübergehende Rückkehr Urbans V. nach Rom.
1378	Tod Gregors XI. in Rom; Beginn des Großen Abendländischen Schismas: Urban VI. gegen Clemens (VII.).
1381	Rückzug Clemens (VII.) nach Avignon.
1409	Konzil von Pisa: Verdreifachung des Schismas.
1414–1418	Konzil von Konstanz: Absetzung bzw. Rücktritt der drei Päpste.

1420	Rückkehr Papst Martins V. nach Rom.
1431–1449	Konzil von Basel/Ferrara/Florenz.
ab 1437	Papst Eugen IV. in Florenz..

Die Abwesenheit der Päpste seit der Wahl Clemens' V. bildete für den Kirchenstaat, vor allem aber für die Stadt Rom eine politische und ökonomische Katastrophe. Die Kurie als Arbeitgeber und Wirtschaftsfaktor fiel weg, dadurch verarmte die Bevölkerung, die Einwohnerzahl schrumpfte, die öffentlichen Gebäude (vor allem die großen Kirchen) verfielen. Die Stadtregierung folgte weiter dem von Nikolaus III. eingeführten Modell, d. h., der Papst war Senator, vertreten durch zwei adlige (Vize-)Senatoren (bis 1393 durch Vermittlung König Roberts von Neapel). Aber die entfernter liegenden Gebiete waren offenen Expansionsbestrebungen der Nachbarn ausgesetzt (vgl. S. 103), und selbst in unmittelbarer Nähe Roms konnte z. B. die Familie der »Stadtpräfekten« de Vico eine Art Signorie aufbauen, die sich über Orvieto, Viterbo, Corneto, Montefiascone und Bolsena erstreckte. Ernsthaft um eine Erneuerung der päpstlichen Herrschaft bemühten sich erst die Päpste, die wirklich die Rückkehr der Kurie nach Rom betrieben, d. h. von Innozenz VI. (Papst seit 1352) an. Die tatsächliche Rückkehr Urbans V. bzw. Gregors XI. wurde freilich Auslöser für die schwerste Krise des spätmittelalterlichen Papsttums, das Große Schisma, in dessen Verlauf der Kirchenstaat wiederum der Gefahr der Säkularisierung bzw. Eroberung ausgesetzt war, ehe der Friede von Lodi auch in Mittelitalien für Stabilität sorgte.

Die Kaiserkrönungen von 1312, 1328 und 1355

Auch die drei Kaiserkrönungen, die in Abwesenheit der Päpste vorgenommen wurden, blieben Episode und führten in Italien nur zu noch größerer Verwirrung: die Krönung Heinrichs VII. 1312 (vgl. S. 93), Ludwigs des Bayern 1328 und Karls IV. 1355.

Der Romzug Ludwigs des Bayern erfolgte im Gegensatz zu Papst Johannes XXII., der, gestützt auf den (weltlicherseits nicht anerkannten) Approbationsanspruch für die deutsche Königswahl, Ludwigs Unternehmen für unrechtmäßig erklärte und ihn mit Bann und Interdikt belegte. Der Hof Ludwigs bediente sich dagegen der Thesen des Marsilius von Padua (vor allem seiner Schrift *Defensor pacis*), der die Kirche dem Staat unterordnete und das römische Volk als den eigentlichen Verleiher der Kaiserwürde ansah. So zog Ludwig 1327 über Trient nach Mailand, wo er in die Rivalität zwischen den della Torre und den Visconti eingriff und am 31. Mai die italienisch-langobardische Krönung empfing. Am 7. Januar 1328 langte er schließlich in Rom an: am 17. Januar erfolgte die Kaiserkrönung als »papstfreie« Zeremonie: zwar in St. Peter, aber durch vier Laien als Vertreter des römischen Volkes. Die nächsten Monate brachten eine ideologische Radikalisierung: Ludwig erklärte aus kaiserlicher Machtvollkommenheit den Papst in Avignon für abgesetzt und veranlaßte eine Neuwahl, aus der am 12. Mai 1328 Nikolaus (V.) hervorging; von ihm ließ sich Ludwig am 22. Mai noch einmal als Kaiser krönen. Dann brach der politische Schwung ab, und Ludwig kehrte im August 1328 nach Deutschland zurück. Der im Stich gelassene Nikolaus (V.) mußte sich zwei Jahre später Johannes XXII. unterwerfen.

Die Romfahrt Karls IV. 1354/55 war fast nur noch ein »touristisches« Ereignis: am 6. Januar 1355 Krönung in Mailand, am 5. April 1355 Kaiserkrönung in Rom, danach schnellstmögliche Rückkehr aus Italien.

Rienzo, der »letzte der Tribunen«

In die Zeit des Aufenthaltes der Päpste in Avignon fiel ein kurzlebiger, aber enorm spektakulärer Versuch, Größe und Glanz Roms in antiken Dimensionen zu erneuern: das »Tribunat« des Cola di Rienzo.

Im April/Mai 1313 geboren (was das falsche Gerücht ermöglichte, sein Vater sei Kaiser Heinrich VII. gewesen), trat Nicola di Lorenzo erstmals 1342 öffentlich in Erscheinung. Damals bot die Gesandtschaft des römischen Adels in traditioneller Weise dem neugewählten Papst die Übernahme der Senatur von Rom an; nach Abreise der Gesandten hatte es in Rom eine Revolte gegeben, die kurzfristig ein Volksregime an die Macht brachte, in dessen Auftrag Cola der adligen Gesandtschaft nachreiste. Die Anerkennung seiner Auftraggeber beim Papst Clemens VI. erreichte er zwar nicht – das Regime brach auch schnell wieder zusammen –, aber er erregte dessen Interesse und mehr noch das des damals in Avignon tätigen Petrarca, der sich für ihn an der Kurie verwendete.

Fünf Jahre später inszenierte Cola einen Staatsstreich, der am 14. Februar 1347 öffentlich angekündigt und am 19./20. Mai 1347 planmäßig durchgeführt wurde. Durch den Beschluß eines *parlamentum* (der Volksversammlung aller Bürger) wurde Cola zum »Tribun« mit umfassenden Vollmachten erhoben. Es folgte zunächst eine energische, vor allem gegen die Interessen des Adels gerichtete Politik. Cola strebte aber darüber hinaus nach spektakulärer Überhöhung der eigenen Person: am 1. August ließ er sich zum Ritter erheben, wobei er für das rituelle Bad am Vorabend jene Porphyrwanne bestieg, in der Kaiser Konstantin getauft worden sein sollte. Am 15. August erfolgte in pomphafter, teils antikisierender Zeremonie seine »tribunizische« Krönung.

Nunmehr versuchte der Tribun, in die Weltpolitik einzugreifen: er ließ erklären, das römische Volk nehme das Recht der Kaisererhebung wieder an sich, und lud die »angemaßten« Herrscher (d. h. Ludwig den Bayern und den 1346 zum Gegenkönig gewählten Karl IV.) zur Verantwortung nach Rom vor. Damit war der Bogen überspannt: der Papst, der Cola bisher hatte gewähren lassen, exkommunizierte ihn, und im Dezember 1347 traten wieder zwei päpstlich ernannte, adlige Senatoren ihr Amt an. Cola verließ Rom, reiste schließlich 1352 nach Prag, um Karl IV. für seine Vorstellungen zu begeistern, wurde aber verhaftet und an den Papst ausgeliefert. Seinen Freunden an der Kurie gelang es, den Hochverratsprozeß gegen ihn zu verschleppen, bis Clemens VI. starb. Der neue Papst Innozenz VI. wollte Cola zur Vorbereitung der Rückkehr nach Rom benutzen: er sandte ihn als päpstlichen Senator in die Stadt, wo er am 1. August 1354 eintraf, aber glücklos regierte und schon am 8. Oktober bei einem von den Colonna erregten Aufstand gelyncht wurde.

Kardinal Albornoz, der »dritte« Gründer des Kirchenstaates

Die Päpste mußten die Herrschaft über den Kirchenstaat (als Voraussetzung für die Rückkehr der Kurie nach Rom) also auf andere Weise wiedererlangen: dies geschah durch die Legation des Kardinals Albornoz; ihn kann man nach Pippin und Innozenz III. als seinen dritten Gründer bezeichnen.

Als dem Kardinal 1353 diese Aufgabe übertragen wurde, war er bereits ein politisch und militärisch erfahrener Mann. Um 1300 geboren, hatte Gil Álvarez Carillo am kastilischen Hof Karriere gemacht, war aber in Ungnade gefallen und an die Kurie nach Avignon geflohen, wo ihn Clemens VI. im Dezember 1350 zum Kardinal erhob. Als Legat bewies er in Italien eine außerordentlich glückliche Hand. Es gelang ihm, in der Zeit bis 1367 (als Urban V.

nach Rom zurückkehrte) den gesamten Kirchenstaat wieder in päpstliche Hand zu bringen, auch wenn er dabei zum Teil die bestehenden Herrschaftsverhältnisse unter der Rechtsfigur eines päpstlichen Vikariats oder dergleichen legalisieren mußte.

Von überragender Bedeutung ist die Gesetzgebung des Kardinals, die bis 1816 in Kraft blieb und die Rechtsverhältnisse des Kirchenstaates gleichförmig regelte. Dabei blieben die Provinzen allerdings voneinander unabhängig und waren nach wie vor nur durch das Papsttum zu einem »Staat« zusammengehalten. Der 1357 auf einem *parlamentum* in Fano erlassene *Liber Constitutionum Sanctae Matris Ecclesiae* umfaßt sechs Bücher: Buch 1 beginnt mit der Vollmacht des Legaten selbst und enthält weitere allgemeine päpstliche Erlasse (wobei deren Bestimmungen, die ursprünglich nur für eine Provinz galten, durch die Aufnahme in das Gesetzbuch auf alle Provinzen ausgedehnt wurden). Buch 2 regelt die Verwaltungsorganisation der Provinzen, Buch 3 enthält religiöse Bestimmungen, Buch 4 behandelt das Strafrecht, Buch 5 das Zivilrecht, Buch 6 das Prozeßrecht. Von besonderem Interesse sind Buch 6, Kapitel 26, das eine Hierarchie der Rechtsvorschriften festlegt (beginnend mit päpstlichen Erlassen bis hinunter zum Gewohnheitsrecht), und Buch 4, Kapitel 17, dessen Arenga die Existenz eines unabhängigen weltlichen Herrschaftsgebietes des Papstes geradezu als heilsnotwendig bezeichnet.

Das Schisma von 1378 und dessen Überwindung

Der Erfolg des Kardinals Albornoz ermöglichte die Rückkehr der Päpste aus Avignon nach Rom. Urban V. begab sich 1367 dorthin; aber er kapitulierte bald vor den Schwierigkeiten und kehrte 1370 nach Avignon zurück. Sein

Nachfolger Gregor XI., von Anfang an zur Romreise entschlossen, kam Anfang 1377 in Italien an, starb aber bereits am 27. März 1378 in Rom.

Damit fand die Neuwahl erstmals seit 70 Jahren wieder in Italien statt: nun mußte die Entscheidung für Rom oder Avignon als Sitz des Papsttums fallen. Die Wahl stand deshalb unter hohem Erwartungsdruck seitens der römischen Bevölkerung, zumal das Kardinalskolleg zu drei Vierteln aus Franzosen bestand. Als die Wähler am 7. April 1378 das Konklave bezogen, wurden sie mit dem nachdrücklichen, teils schon bedrohlichen Verlangen der Römer nach einem einheimischen Papst konfrontiert (Sprechchöre: »Romano lo volemo, o almanco Italiano«). Da die französischen Kardinäle unter sich uneins waren, fiel die Wahl auf einen Kompromißkandidaten, der kein Kardinal war: Bartolomeo Prignano, Erzbischof von Bari, den Leiter der päpstlichen Kanzlei in Italien. Aber bevor noch die Wahl verkündet werden konnte, stürmte die römische Bevölkerung das Konklave: in dieser Situation wurde ein alter italienischer Kardinal als der Gewählte ausgegeben, was den Wählern die Möglichkeit zur Flucht in die Engelsburg gab. Als sich zwei Tage später die Stimmung wieder beruhigt hatte, wurde die Wahl Prignanos noch einmal bestätigt bzw. vollendet. Die genauen Details der Vorgänge, insbesondere ob die Kardinäle persönlicher Gefahr ausgesetzt waren, lassen sich trotz einer Fülle von Quellen nicht rekonstruieren, da diese Quellen notgedrungen alle parteiisch und gerade die bestinformierten Zeugen, die Kardinäle selbst, im Lichte der späteren Ereignisse verdächtig sind.

Der neue Papst Urban VI. zeigte sich seiner Aufgabe in keiner Weise gewachsen. Statt die Gegensätze auszugleichen und die zahlreichen Probleme behutsam anzugehen, betonte er in schroffster Form die Machtbefugnisse des Papstes, ohne jedoch den scharfen Ankündigungen Taten folgen zu lassen. Es spricht vieles dafür, daß Urban VI. geistig verwirrt war und einer Art von päpstlichem Cäsarenwahn verfiel. Die Kardinäle verließen Rom, erklärten am 20. Juli Urbans Wahl für ungültig und schritten am 20. September 1378 zur Neuwahl, aus der Kardinal Robert von Genf als Clemens (VII.) hervorging. Da Urban VI. auf seiner Rechtmäßigkeit beharrte, war das Schisma entstanden.

Daß Urbans Wahl unter Zwang erfolgte, wie die Kardinäle zur Begründung ihres Schrittes behaupteten, ist nicht erwiesen und hätte keinesfalls erst drei Monate nach der Wahl eingewendet werden dürfen, zumal die Kardinäle während dieser Zeit Urban als rechtmäßigen Papst behandelten, an seiner Krönung teilnahmen und Gnaden von ihm erbaten. Für das Problem der offenkundigen Unfähigkeit des Papstes sah das Kirchenrecht freilich keine Lösungsstrategie vor. Abgesehen davon war Clemens (VII.), dem man den Beinamen »Henker von Cesena« gab, weil er als Heerführer Gregors XI. im Frühjahr 1377 in dieser Stadt ein Massaker angerichtet hatte, aus moralischen Gründen als Kirchenoberhaupt ebenso ungeeignet.

Die Stellungnahme der Staaten zu den beiden Päpsten war uneinheitlich und oft politisch bedingt. In Italien sprach sich der nördliche Teil unter dem Einfluß des Reiches im wesentlichen für Urban aus; Johanna I. von Neapel entschied sich nach mehrfachem Schwanken für Clemens, was zu ihrer Absetzung und späteren Ermordung und zum Ausbruch des »Königsschismas« im Königreich Neapel führte (vgl. S. 95). So spielte der wichtigste Vasallenstaat des Papsttums bei dem Versuch, das Schisma zu beenden, keine Rolle. Nachdem viele Versuche, das Schisma beizulegen, gescheitert waren, einigten sich schließlich die Kardinalskollegien beider Obödienzen darauf, für 1409 eine Generalsynode nach Pisa einzuberufen. Dieses Konzil von Pisa erklärte am 5. Juni 1409 sowohl Gregor XII. als auch Benedikt (XIII.) für abgesetzt. Auf die Absetzung der alten folgte am 26. Juni 1409 die Wahl eines neuen Papstes: Alexander V., dem am 17. Mai 1410 Johannes (XXIII.) folgte. Da Gregor XII. und Benedikt (XIII.) die Absetzung jedoch nicht akzeptierten, hatte sich das Schisma verdreifacht: neben der (allerdings übermächtigen) Konzilsobödienz bestanden die römische und die avignonesische Obödienz weiter, letztere vor allem in Spanien.

Ausschlaggebend für die weitere Entwicklung war wiederum die Stellungnahme der Staaten, insbesondere die Unterstützung der Konzilsobödienz durch den neuen deutschen König Sigismund (seit 1410). Unter seinem Einfluß berief Johannes (XXIII.) ein weiteres Konzil nach Konstanz ein, das von 1414 bis 1418 tagte. Hier gelang es, das Schisma zu beenden, wobei durch einen geänderten Abstimmungsmodus (nach *nationes*, nicht nach Köpfen) der Einfluß des anwesenden Johannes (XXIII.) entscheidend zurückgedrängt wurde. Dieser versuchte, durch ein fluchtartiges Verlassen des Konzilsortes am 20./21. März 1415 die Versammlung zur Auflösung zu bringen, scheiterte jedoch; vielmehr definierte das Konzil die Oberhoheit der Synode über den Papst gemäß der Lehre des Konziliarismus (Dekret *Hec sancta synodus* vom 6. April 1415) und setzte Johannes (XXIII.) am 29. Mai 1415 ab, was dieser akzeptierte. Der »römische« Papst Gregor XII. ging daraufhin auf einen Kompromiß ein: er berief das Konzil am 4. Juli 1415 seinerseits neu und trat am selben Tag zurück. Benedikt (XIII.) weigerte sich dagegen hartnäckig, abzudanken; er wurde aber bedeutungslos, als es König Sigismund Ende 1415 gelang, die spanischen Könige für das Konzil zu gewinnen, und am 26. Juli 1417 ebenfalls abgesetzt. Nunmehr wählten die Kardinäle unter Beteiligung zusätzlicher Vertreter der *nationes* am 11. November 1417 einen neuen Papst: Martin V.

Es kennzeichnet die Verhältnisse in Rom und dem Kirchenstaat, daß Martin V. zunächst über zwei Jahre in Florenz residieren mußte, ehe er 1420 in Rom einziehen konnte. Dann aber führte er ein strenges und, wie es scheint, weitgehend unwidersprochenes Regiment sowohl gegenüber den Kardinälen als auch der Stadt Rom; dabei mag die allgemeine Erschöpfung nach den Wirren des Schismas mitgespielt haben. Die Reaktion auf Martins Regiment bekam sein Nachfolger Eugen IV. zu spüren: er ging gegen die Familie seines Vorgängers, die Colonna, vor, mußte dann aber vor einem durch diese erregten Aufstand der Römer aus der Stadt fliehen und wiederum in Florenz residieren.

Noch schwerwiegender war die Auseinandersetzung Eugens IV. mit dem Konziliarismus. Das Konzil von Konstanz hatte festgelegt, daß künftig regelmäßig Synoden stattfinden sollten, und zwar erstmals nach fünf, dann nach sieben und anschließend jeweils nach zehn Jahren. Martin V. berief fristgemäß 1423 ein Konzil nach Siena ein (das aber so schwach besucht war, daß er es nach kurzer Zeit wieder auflöste) und dann kurz vor seinem Tode ebenso fristgemäß das nächste Konzil 1430 nach Basel. Dieses am 14. Dezember 1431 eröffnete Konzil versuchte Eugen IV. in derselben Weise wie sein Vorgänger am 18. Dezember wieder aufzulösen, scheiterte aber mit diesem Versuch am Widerstand der Teilnehmer. So kam es von Anfang an zu Konflikten zwischen Papst und Synode; das Konzil, das die Lehren des Konziliarismus voll ausschöpfen wollte, ging im Juni 1439 so weit, den Papst wegen Ungehorsams gegenüber dem Konzil für abgesetzt zu erklären und im November 1439 mit Felix V. einen Gegenpapst zu wählen.

Um diese Zeit hatte Eugen IV. das Konzil aber bereits nach Ferrara (später nach Florenz) verlegt; eine Minderheit der Basler Teilnehmer folgte dieser Verlegung, während die Mehrheit am bisherigen Ort weitertagte. In Ferrara wurden die Sitzungen im Januar 1438 eröffnet; im März desselben Jahres traf eine Delegation griechischer Bischöfe, an der Spitze Kaiser Johannes VIII. und der Patriarch von Konstantinopel, ein, um über die Union zwischen der lateinischen und der griechischen Kirche zu verhandeln und Hilfe gegen die Türken zu erhalten, die kurz vor der Eroberung Konstantinopels standen. Daß diese Verhandlungen am 6. Juli 1439 in Florenz erfolgreich abgeschlossen wurden und daß sich der deutsche König Friedrich III. (unter dem Einfluß Enea Silvio Piccolominis, des nachmaligen Papstes Pius II.) auf die Seite Eugens IV. stellte, gab den Ausschlag im Ringen zwischen diesem und dem Konzil von Basel. Die Synode, durch die Erneuerung des Schismas ohnehin diskreditiert, wurde bedeutungslos und löste sich 1449 schließlich selbst auf, Felix V. trat zurück. Eugen IV. konnte 1443 nach Rom zurückkehren.

Literaturhinweise

Abulafia, David: Italy, Sicily and the Mediterraneum 1100–1400. London 1987.
Amari, Michele: Storia dei Musulmani di Sicilia. 3 Bde. Catania ²1933–39.
Backman, Clifford R.: The Decline and Fall of Medieval Sicily. Politics, Religion and Economy in the Reign of Frederick III., 1296–1337. Cambridge 1995.
Brown, Richard Allen: Die Normannen. München 1988.
Brown, T. S.: Early Medieval Italy 600–1200. London 1998.
Capitani, Ovidio: Storia dell'Italia medievale. Rom/Bari 1988.
Chalandon, Ferdinand: Histoire de la domination normande en Italie et en Sicile. 2 Bde. Paris 1907.
Chiappa Mauri, Luisa (Hrsg.): L'età dei Visconti. Mailand 1993.
Dilcher, Gerhard: Die Entstehung der lombardischen Stadt. Aalen 1967.
Eickhoff, Ekkehard: Seekrieg und Seepolitik zwischen Islam und Abendland. Das Mittelmeer unter byzantinischer und arabischer Hegemonie (650–1040). Berlin 1966.
Esch, Arnold / Kamp, Norbert (Hrsg.): Friedrich II. Tübingen 1996.
Goez, Werner: Grundzüge der Geschichte Italiens in Mittelalter und Renaissance. Darmstadt 1984.
Hartmann, Ludo Moriz: Geschichte Italiens im Mittelalter. 4 in 6 Bden. Leipzig 1897–1915. Reprogr. Nachdr. Hildesheim 1969.
Haverkamp, Alfred: Italien im hohen und späten Mittelalter. Stuttgart 1987 (Handbuch der europäischen Geschichte. Hrsg. von Th. Schieder. Bd. 2. S. 546–651).
Hay, Denys / Law, John: Italy in the Age of the Renaissance 1380–1530. London / New York 1989.
Heinemann von, Lothar: Geschichte der Normannen in Unteritalien. Leipzig 1894. Nachdr. Aalen 1969.
Herde, Peter: Karl von Anjou. Stuttgart 1979.
– Guelfen und Neoguelfen. Frankfurt a. M. 1980.
Jones, Philip: The Italian City-State. From Commune to Signoria. Oxford 1997.
Kantorowicz, Ernst: Kaiser Friedrich der Zweite. 2 Bde. Berlin 1927–31 (Neuausgabe 1994).
Keller, Hagen: Adelsherrschaft und städtische Gesellschaft in Oberitalien. Tübingen 1979.

Keller, Hagen: Signori e vasalli nell'Italia delle città. Turin 1995.
Lammers, Walther: Friedrich II. 1212–1250. In: Helmut Beumann (Hrsg.): Kaisergestalten des Mittelalters. München 1984. S. 199–239.
Larner, John: Italy in the Age of Dante and Petrarch. 1216–1380. London 1980.
Léonard, Emile: Les Angevins de Naples. Paris 1954.
Manselli, Raoul: Il sistema degli stati italiani dal 1250 al 1454. In: Storia d'Italia. Hrsg. von Giuseppe Galasso. Bd. 4 (1981). S. 179–273.
Opll, Ferdinand: Friedrich Barbarossa. Darmstadt ^{2}1994.
Partner, Peter: The Lands of St. Peter. The Papal State in the Middle Ages and the Early Renaissance. Berkeley 1972.
Pauler, Roland: Die deutschen Könige und Italien im 14. Jahrhundert. Darmstadt 1997.
Runciman, Stefan: Die Sizilianische Vesper. Eine Geschichte der Mittelmeerwelt im Ausgang des 13. Jahrhunderts. München 1959.
Schaller, Hans Martin: Kaiser Friedrich II. Verwandler der Welt. Göttingen ^{2}1971.
Schneider, Friedrich: Heinrich VII. Dantes Kaiser. Stuttgart/Berlin ^{2}1943. Nachdruck 1973.
Stürner, Wolfgang: Friedrich II. 2 Bde. Darmstadt 1997–2000.
Waley, Daniel: Die italienischen Stadtstaaten. München 1969.

Das Italien der Hoch- und Spätrenaissance Vom Frieden von Lodi zum Frieden von Cateau-Cambrésis

(1454–1559)

Von Rudolf Lill

Epochenüberblick

Beim Wort »Renaissance« denkt man zunächst an die überaus zahlreichen und großen Kunstwerke, welche Italien und besonders die Toskana im Quattrocento und in der ersten Hälfte des Cinquecento hervorgebracht haben. In schöpferischer Auseinandersetzung mit der Antike entstand damals eine neue Kunst, welche die Nähe zur Natur suchte und die Autonomie des Individuums neu begriff und darstellte. Im dafür grundlegenden Quattrocento schufen der Architekt Filippo Brunelleschi, der Bildhauer Donatello und der Maler Masaccio die wegweisenden Werke – inmitten eines Prozesses, den gegen sein Ende Giorgio Vasari historisiert und als typisch italienisch dargestellt hat, eines Prozesses, der ihm zufolge mit innerer Logik von Giotto zu Michelangelo Buonarroti geführt hatte. Bramante und Raffael hatten den klassischen Stil vollendet, Michelangelo führte darüber hinaus: alles Menschliche zum Ausdruck bringend und alle herkömmlichen Dimensionen übertreffend. Auf der Grundlage der neuen Kunst und der sie tragenden humanistischen Kultur und vor dem Hintergrund der nun sowohl christlich wie humanistisch verstandenen Rom-Idee erkannten die intellektuellen Eliten der

Zeit sich als italienische Nation, für die sie den Primat in Kunst und Kultur behaupteten. Ihre eigene Epoche begriffen sie als grundlegend modern gegenüber der römischen und der lateinisch-mittelalterlichen ihres Landes. Nicht nur Vasari, sondern die meisten Kunsttheoretiker des 15. und 16. Jahrhunderts haben sich in diesem Sinne ausgesprochen, wofür hier nur Leone Battista Alberti und Michelangelo selbst genannt seien. Und um die gleiche Zeit erarbeitete Pietro Bembo die Grammatik der von Dante und Petrarca geschaffenen toskanisch-italienischen Literatursprache.

Italien war das Land der ältesten und der meisten mittelalterlichen Universitäten gewesen; Humanismus und Renaissance entwickelten sich mehr in den (teils neuen) politischen Zentren und vor allem an den Höfen: in Florenz, Mailand und Venedig, in Rom und in Ferrara, Mantua und Parma, in der zweiten Hälfte des Quattrocento auch in Neapel. Die Regierungszentren wurden zumeist nach einheitlichem urbanistischem Programm im neuen Stil erbaut: mit Kirchen, Palästen und Bibliotheken, mit Plätzen, Brunnen und Skulpturen. Der Pluralismus der Halbinsel bewirkte, daß auch andere Städte eine außerhalb Italiens nur selten anzufindende Fülle von Kunstwerken hervorbrachten, so Arezzo, Bergamo, Bologna, Padua, Urbino und Vicenza.

Trotz charakteristischer Unterschiede, auch Gegensätzen zwischen den verschiedenen Zentren und Regionen (z. B. zwischen Florenz und Venedig) bildete sich *ein* innovatorischer, klassizistischer und rationaler Stil heraus, der von den Ausländern rezipiert wurde, so daß ein italianisiertes oder italianisierendes Europa entstand. Der Humanismus begründete neuzeitliche Wissenschaftlichkeit, welche auch für die Anfänge der politischen Theorie (Niccolò Machiavelli, Francesco Guicciardini) wie der empirischen Naturwissenschaft wesentliche Anstöße gab. Ein biblischer Zweig des humanistischen Quellenstudiums hat in die Bemühungen um die Kirchenreform gewirkt und Anregungen für die Reformation gegeben, obwohl deren eher pessimistisches Menschenbild dem der Humanisten widersprach.

Schon diese kulturellen Prozesse und die darüber erfolgte Bewußtseinsbildung einer Elite berechtigen dazu, die Renaissance als Beginn der italienischen Geschichte im engeren Sinne zu begreifen. Aber es gab auch direkte Bezüge zwischen neuem kulturellen und neuem politischen Selbstverständnis. Um sie zu verstehen, ist zunächst daran zu erinnern, daß die innovatorische Kraft des damaligen Italien von Anbeginn auch eine politische Dimension entwickelte (mit Ausnahme des Südens, welcher seit Ende des 13. Jahrhunderts in jenen feudalen Immobilismus zurückgefallen war, aus dem letztlich das Mezzogiorno-Problem erwachsen ist). In Nord- und Mittelitalien setzten sich politische Eigenständigkeit, Pluralismus und Regionalismus durch; in den meisten italienischen Städten wuchsen die älteren aristokratischen und die reich gewordenen bürgerlichen Familien zu *einer* neuen Oberschicht zusammen! Seit der zweiten Hälfte des Trecento wurden die freien Kommunen zugleich mehr und mehr durch die Signorien ersetzt: ein Stadtherr (Signore) trat an die Spitze. Solche Signori (wie die Visconti in Mailand, die Scaliger in Verona, die Este in Ferrara, die Gonzaga in Mantua) tendierten zu erblicher Herrschaft, welche etliche von ihnen zum Prinzipat ausbauen konnten; das Umland wurde integriert oder unterworfen. So wurden aus Stadtstaaten Flächenstaaten, und diese wurden rational verwaltet, mit neuem Beamtentum und festen Grenzen. Jacob Burckhardt sprach in seiner *Kultur der Renaissance in Italien* vom »Staat als Kunstwerk«. Gerade die neuen Herrscher aber waren auch um kulturelle Legitimation bemüht und förderten Künstler und Humanisten. Kunstpatronage und Kunstpropaganda charakterisierten ihren Stil; die von ihnen geförderten Intellektuellen wurden ihre wirksamsten Propagandisten.

In Mailand hatte Gian Galeazzo Visconti († 1402) die größte Ausdehnung seiner Macht erreicht, welcher aber das administrativ wie militärisch sehr effiziente Venedig durch die Eroberung der *Terra ferma* Grenzen setzte. In Mittelitalien behielt Florenz lange seine republikanische Verfassung, welche erst Cosimo de' Medici seit 1434 faktisch zur Signorie umgestaltete. Die Päpste hatten seit der Beendigung des Schismas (1417) den Kirchenstaat wiederhergestellt und suchten den Feudalismus des Adels zurückzudrängen.

So entstand bis um 1450 auch ein mehr oder weniger gleichförmig strukturierter politischer Raum Italien; geprägt durch eine wenigstens in Ansätzen gemeinsame Sprache (das Toskanische, welches sich langsam verbreitete, in Rom erst unter den Medici-Päpsten Leo X. und Clemens VII.), durch Polyzentrismus (welcher noch durch Jahrhunderte verhindern sollte, daß das gemeinsame nationale Bewußtsein auf *einen* Staat hin drängte), durch ähnliche soziale Strukturen und politische Systeme mit neuartiger Diplomatie, durch das Streben nach *equilibrio* (Gleichgewicht) und nach *libertà d'Italia*, d. h. nach Unabhängigkeit der italienischen Fürsten und Staaten zunächst von französischer, dann ebenso von spanisch-habsburgischer Einflußnahme. Das Wissen um solche politische Gemeinsamkeit wurde vertieft durch die humanistischen Historiker, von Giovanni Villani über Flavio Biondo und Leonardo Bruni bis zu Machiavelli und Guicciardini, welche eine gemeinsame nachantike Geschichte Italiens postulierten und damit eine Idee vortrugen, welche dann im 18. Jahrhundert, d. h. in einer Zeit direkterer nationaler Selbstvergewisserung, Ludovico Antonio Muratori mit seinen monumentalen Quellenstudien vertieft hat.

Durch den Frieden von Lodi (1454) entstand ein Gleichgewicht zwischen den italienischen Staaten, welches die kulturelle Blüte abgesichert hat. Doch die relative Schwäche der meisten italienischen Staaten und die fortwährende Konkurrenz zwischen ihnen, welche zunehmend auch auswärtige Interventionen einkalkulierte, provozierte den Ausgriff König Karls VIII. von Frankreich nach Neapel (1494). Damit begann ein erneuter Kampf in und um Italien, der seit etwa 1520 um die Hegemonie Habsburgs oder Frankreichs über die Halbinsel (und darüber hinaus in Europa) ging. Ihn gewann Kaiser Karl V. (Friede von Cambrai 1529, Friede von Crépy 1544), schließlich sein Sohn König Philipp II. von Spanien (Friede von Cateau-Cambrésis 1559). 1454 hatten die italienischen Staaten untereinander paktiert; in den Jahren 1529, 1544 und definitiv 1559 einigten sich auswärtige Großmächte über Italien; die *libertà d'Italia* war unterdrückt. Von den verbleibenden Staaten waren Savoyen und Toskana, Genua und Mantua inzwischen Spanien oder der *Casa d'Austria* eng verbunden.

Politischer und wirtschaftlicher Bedeutungsverlust bedingten einander. Um 1450 waren noch Ober- und Mittelitalien das Zentrum des Welthandels aufgrund der Beherrschung des Mittelmeeres. Um 1550 war das östliche Mittelmeer in den Händen der Osmanen, der Welthandel weithin auf die neuen atlantischen Seewege verlagert. Italien geriet allmählich an den Rand der europäischen Handels- und Wirtschaftsentwicklungen. Erst Aufklärung und Risorgimento haben in Italien wieder eine Modernität geschaffen, die mit der der Renaissance vergleichbar war.

Labiles Gleichgewicht unter den italienischen Staaten (1454–1492)

1454	9. April: Friede von Lodi (zwischen Mailand und Venedig.
1454/55	Bündnis der italienischen Staaten (*Lega italica).*
1454	Friede zwischen der Republik Venedig und Sultan Mohammed II.
1442–1458	König Alfons I. (Aragón) von Neapel.
1447–1455	Papst Nikolaus V.
1450–1466	Herzog Francesco I. Sforza von Mailand.
1458–1494	König Ferdinand I. (Ferrante) von Neapel.
1459–1462	Aufstand der Anjou-Partei in Neapel.

1455–1458	Papst Calixtus III.
1458–1464	Papst Pius II.
1464–1471	Papst Paul II.
1464	Erwerb Genuas durch Mailand (zunächst bis 1478).
1471–1484	Papst Sixtus IV.
1477	Neugründung der Vatikanischen Bibliothek.
1472–1479	Krieg Venedigs gegen die Türken.
1480–1481	Kurzfristige Besetzung Otrantos durch die Türken.
1482–1484	Ferrara-Krieg zwischen Neapel und Venedig.
1484–1492	Papst Innozenz VIII.
1488	Genua erneut unter Mailand.

Der Friede von Lodi (9. April 1454) hat konkret die oberitalienischen Hegemonie-Kämpfe zwischen Mailand und Venedig beendet. Dadurch wurde in Mailand die Herrschaft Francesco Sforzas bekräftigt; die Markus-Republik erhielt den ganzen, weit in die Lombardei reichenden *Terra-ferma*-Besitz bestätigt, den sie in einem halben Jahrhundert erkämpft hatte und dann bis 1797 behielt. Darüber hinaus wurde in Lodi das Prinzip des Regionalstaates bestätigt und demgemäß auf Drängen Sforzas eine *Lega italica* begründet, welche alle »intra terminos italicos« gelegenen Staaten umfassen sollte, ihren Besitzstand garantierte und sie zu gemeinsamer Verteidigung verpflichtete. Die Lega, auch eine Reaktion auf die Bedrohung Italiens infolge der Eroberung Konstantinopels durch die Türken, ist 1470 erneuert worden. Gründungsmitglieder waren das Herzogtum Mailand und die Republiken Venedig und Florenz, alsbald traten der Kirchenstaat und das Königreich Neapel bei. Zu diesen fünf größeren Staaten, welche nun ein gutes halbes Jahrhundert lang die Geschicke der Halbinsel bestimmen sollten, traten nach und nach die meisten der kleineren. Die eingangs erwähnte Idee politischen Zusammenhalts Italiens war damit konkretisiert, das Gleichgewicht zwischen den Regionalstaaten als dessen Grundlage anerkannt. In den meisten dieser Staaten drängten Monarchen und Eliten auf Konsolidierung und Zentralisierung der Verwaltung, der Finanzen und des Heerwesens; schon insofern modern und auf dem Wege zum Absolutismus, schufen sie sich in den ständigen Gesandtschaften, d. h. mit den Anfängen neuzeitlicher Diplomatie ein neues Instrument zur Erhaltung des eigenen Staates wie des Gleichgewichts. Trotzdem blieb dieses prekär: vor allem eben wegen vielfacher Rivalitäten, die 1454 nur überdeckt worden waren, sodann wegen des Drucks der Osmanen, den der gleichzeitige Friedensschluß Venedigs mit Mohammed II. nur vorübergehend milderte; seit den 1470er Jahren schließlich auch wegen des Bestrebens der Päpste, ihre Familien zu Dynastien mit eigenen Staaten zu erheben. Ein Element potentieller Instabilität bestand auch darin, daß Ober- und Mittelitalien größtenteils de jure noch zum römisch-deutschen Reich gehörten, doch hat erst Karl V. aufgrund der realen Machtstellung, die er seit 1521 durchsetzte, von diesen jura imperialia wieder effektiven Gebrauch machen können.

Das Königreich Neapel (Abruzzen, Apulien, Basilikata, Kalabrien, Kampanien), an Umfang der größte der italienischen Staaten, war nach den Maßstäben der Zeit weit zurückgeblieben. Seit dem Tode Roberts von Anjou (1343) war es in Anarchie versunken, die Bevölkerung ging in einem knappen Jahrhundert von 3,4 auf 1,7 Millionen zurück; auf dem Lande bestimmten (wie noch über weitere vier Jahrhunderte hindurch) die Barone, d. h. die adligen Großgrundbesitzer. Der Grunddissens zwischen der angevinischen und der aragonischen Partei unter ihnen verhinderte die Stabilisierung. Alfons I., il Magnanimo (der Großmütige, seit 1442), der zugleich über Aragón, Sizilien und Sardinien gebot und darum auch großräumige Abwehrpolitik gegen die türkische Expansion zu organisieren suchte, und sein illegitimer Sohn Ferdinando I. (Ferrante, seit 1458 bzw. 1462) suchten ihr Reich zu reorganisieren, und das hieß eigentlich erst einen Staat aus ihm zu machen, vor allem die königliche Autorität zu stärken und ein neues Steuersystem durchzusetzen. (Alfonso hinterließ Sardinien und Sizilien seinem Bruder, König Johann von Aragón. Beide Inseln blieben seitdem bei Aragón bzw. Spanien und kehrten erst nach dem Spanischen Erbfolgekrieg [Friede von Utrecht, 1713] in die italienische Staatenwelt zurück.) Aber schon Alfonso mußte den mächtigen Baronen Konzessionen machen; und erst recht mußte das sein Sohn tun. Ferrante war nämlich von der angevinischen Partei unter ihnen zunächst heftig angefeindet worden; Spanien und Frankreich, die beide Ansprüche auf Neapel behaupteten, hatten die Aufständischen unterstützt wie zunächst auch Calixtus III., der das päpstliche Oberlehensrecht über Neapel herausstellte und daraus sein Recht zur Entscheidung über die Thronfolge ableitete. Aber 1458 folgte ihm Pius II., der den Frieden in Italien schon als Voraussetzung für einen gemeinsamen Türkenkrieg unbedingt erhalten wollte und darum Ferrante sogleich anerkannte. Geholfen hatte diesem auch der Mailänder Herzog Francesco Sforza, der eine starke angevinisch-französische Position in Italien nicht wünschen konnte. Die zahlreichen Spanier, die Alfonso zur Unterstützung seiner Politik gerufen hatte, veränderten den Charakter Neapels, doch wurde die Hauptstadt dank der Bemühungen beider Könige für einige Jahrzehnte auch ein wichtiger Ort italienischer Kunst, Literatur und Wissenschaft. Alfonso hatte vergeblich auf eine aragonische Hegemonie in Italien hingearbeitet, doch Ferrante hielt fest zum System von Lodi; in Streit geriet er zunächst nur mit Sixtus IV. und besonders mit Venedig, welches durch die Okkupation apulischer Häfen den Adria-Verkehr komplett zu kontrollieren suchte, gegen Ende seiner Regierung auch mit Mailand. Aber insgesamt blieb Neapel, wo 1485 ein weiterer Adelsaufstand zu überwinden war, das schwächste Glied in diesem System, vor allem weil es auf dem Lande den längst eingewurzelten Feudalismus hinnahm und weil der neue königliche Fiskalismus der Monarchie auch die produktiven Schichten entfremdete. Es war diese schwache und rückständige Gesamtlage, welche nach dem Tode Ferrantes zu neuem heftigen Streit um die Nachfolge führte.

Der Kirchenstaat (Latium, Marken, Romagna, Umbrien) erhielt im 15. Jahrhundert einige durchaus moderne Züge. Denn Nikolaus V., Pius II. und Paul II., die beiden ersten selbst große Humanisten, letzterer ein Förderer der Renaissance, setzten den von Martin V. begonnenen Wiederaufbau fort. Sie suchten die staatliche Gewalt zu zentralisieren und den weltlichen vom geistlichen Bereich zu scheiden. Die städtischen Autonomien gemäß den Konstitutionen des Kardinals Albornoz wurden belassen; sie und das relativ gute Bildungssystem markierten die Unterschiede zum Königreich Neapel. Aber schon das Fehlen erblicher Herrschaft behinderte den Verstaatlichungsprozeß. Und das taten ebenfalls die zumeist aus römischem Adel stammenden Kardinäle, die sich nicht als Funktionäre der Päpste, sondern als deren Wähler verstanden und darum für sich und ihre Familien weitgehende Unabhängigkeit behaupteten. Der Nepotismus der Päpste sollte gegensteuern, verstrickte sie jedoch in die familiären Aspirationen und Kämpfe.

Die relative Modernisierung erreichte letztlich nur Rom und dessen direkte Umgebung, wo die Oberschicht aus Adligen und hohen Geistlichen lebte. Nikolaus V. begann mit der urbanistischen Erneuerung der Hauptstadt, u. a. mit dem Wiederaufbau der Peterskirche. Pius II. hat seinen toskanischen Geburtsort Corsignano mit Hilfe von Bernardo Rossellino zur »Idealstadt« Pienza ausgebaut.

Enorm war und blieb die Differenz zwischen Rom und der umgebenden Campagna, welche unter Briganten, unter Immobilismus und Malaria litt. In anderen Regionen, so in den Marken, blieben lokale Adlige mächtig (z. B. die Malatesta in Rimini, die Montefeltro in Urbino, letztere durch Ernennung Eugens IV. seit 1443 Herzöge); größere Städte, die wie Perugia und Bologna relativ weit von Rom entfernt waren, wurden ebenfalls faktisch von lokalen Signori oder Oligarchien regiert.

Als eine politische Hauptaufgabe der Päpste galt die Organisation der Verteidigung Italiens (und damit Europas) vor den Türken, der die genannten Päpste sich engagiert gewidmet haben, Pius II. sogar durch Vorbereitung eines Kreuzzuges (Kongreß von Mantua 1459). Paul II., bekannter wegen seines harten Einschreitens gegen den Paganismus römischer Humanisten, brachte 1468 eine Einigung italienischer Staaten gegen die Türken zustande. In dieselbe Richtung hatte auch der Spanier Calixtus III. gewirkt, der jedoch bereits den Nepotismus übertrieb, u. a. zu Gunsten seines Neffen Rodrigo (später Alexander VI.).

In unerhörtem Ausmaß begünstigte dann Sixtus IV. (der sich zuvor im Franziskanerorden als Prediger, Professor und Ordensgeneral durchaus bewährt hatte) seine Neffen: Giuliano della Rovere (später Julius II.) sowie die ganz unwürdigen Brüder Pietro und Girolamo Riario. Letzterem übergab der Papst die kirchenstaatlichen Städte Imola und Forlì als Lehen; Girolamos Machtkämpfe verwickelten ihn in die Pazzi-Verschwörung und in den Krieg um Ferrara. So wurde Sixtus, wiewohl er durch Kunst- und Wissenschaftspatronage (u. a. Bau und erste Ausstattung der Sixtinischen Kapelle, feste Einrichtung der Vatikanischen Bibliothek) das Ansehen des Papsttums steigerte, zum Zerrütter der päpstlichen Finanzen und zum Störer des italienischen Gleichgewichts. Er war hauptverantwortlich für den Absturz des Papsttums in Verweltlichung und familiäre Territorialpolitik; im Dienste letzterer (d. h. konkret, um aus einem Zweig seiner Familie eine erbliche Dynastie mit eigenem Staat zu machen) schlug er mit Riario bereits jenen verhängnisvollen Weg ein, den dann sein zweiter Nachfolger Alexander VI. mit Cesare Borgia fortgesetzt hat.

Immerhin führten sowohl Sixtus IV. wie sein Nachfolger Innozenz VIII. die Kreuzzugspolitik fort, ersterer sogar durch Entsendung einer eigenen Flotte zur Unterstützung

Venedigs im Türkenkrieg seit 1472. Innozenz VIII., gewählt auf Betreiben Giulianos della Rovere (gegen die Borgia-Partei), unterstützte den Aufstand gegen König Ferrante und verschärfte die finanzielle Krise seines Staates. Auch deshalb näherte er sich Florenz an und ernannte Giovanni de' Medici (später Leo X.), den zweiten Sohn des Lorenzo il Magnifico, zum Kardinal. Er verurteilte Pico della Mirandola wegen dessen Verabsolutierung menschlicher Fähigkeiten.

Die Republik Florenz war der kleinste unter den fünf größeren Staaten der Halbinsel (knapp 1 Million Einwohner), aber ihr wirtschaftliches und kulturelles Gewicht war außerordentlich groß. Den Regierungsformen nach weiterhin Stadtrepublik (als solche von den Humanisten gern mit dem antiken Rom oder gar mit Athen verglichen), war sie faktisch die Signorie der die Macht fest haltenden Medici, und seit der Unterwerfung anderer Städte (so Prato 1351, Volterra 1361, Arezzo 1384, Pisa 1405) bereits ein große Teile der Toskana umfassender Staat. Das Beharren auf stadtflorentinischer Verwaltungsorganisation führte freilich zu heftigen Spannungen in den unterworfenen Städten, welche erst der erste Herzog, Cosimo (der Jüngere) 1555 durch die Ausdehnung des florentinischen Bürgerrechtes auf alle Städte des Staates einigermaßen ausgeglichen hat. Der Reichtum von Florenz beruhte auf der Textilproduktion, auf dem für ganz Europa vorbildlichen Bankwesen und auf dem Fernhandel, den Florentiner Kaufleute ebenfalls über den ganzen Kontinent organisierten, zudem – in Konkurrenz zu Venedig – im Osmanischen Reich und in Nordafrika.

Die seit 1434 dominierenden Medici (vgl. S. 106–109) waren die erfolgreichste Familie aus der neuen Geld- und Handelsaristokratie. Außer auf ihre Klientelen stützten sich die Medici auf den durch geschickte Sozialpolitik gewonnenen *popolo basso*, den sie gegen die Großfamilien ausspielten, wobei sie letztere mit Revision des Katasters und Steuererhöhungen bedrohten, ihnen jedoch ihre soziale Stellung beließen, sofern sie ihre oberste Schiedsrichterrolle akzeptierten. Cosimos Enkel Lorenzo il Magnifico, wiewohl zu Recht nicht frei von Furcht vor Anschlägen, blieb bei dieser Innenpolitik, leistete dabei allerdings auch einigen für die Medici verhängnisvollen Fehlentscheidungen weiteren Vorschub (vgl. S. 142). Vor allem wurde Lorenzo ein Meister gleichgewichtiger Außenpolitik, gerade auch über die von Sixtus IV. und Riario provozierte Krise hinweg. Cosimo hatte durch seine Bescheidenheit vielen imponiert, sein Enkel Lorenzo erreichte dasselbe durch die Großzügigkeit seines Auftretens. Beide waren hochgebildet und von sicherem Urteil in künstlerischen und wissenschaftlichen Fragen; man kann sie als Prototypen der damaligen Kunstpatronage bezeichnen. Mit den von ihnen geförderten Künstlern (den eingangs genannten sind u. a. Verrocchio, Botticelli und Michelangelo hinzuzufügen) haben sie Florenz zur Metropole der Renaissance gemacht, mit der platonischen Akademie (Marsilio Ficino, Giovanni Pico della Mirandola) und der Biblioteca Laurenziana zum Zentrum der humanistischen Wissenschaft.

Die Republik Venedig wurde von ihrer traditionellen Oligarchie regiert und rational verwaltet, zusätzlich stabilisierend wirkten sowohl ein effizienter Repressionsapparat wie breiter Wohlstand. Venedig behauptete die Vormacht in der Adria (Istrien, Dalmatien, Teile Albaniens, zeitweise auch Ravenna und apulische Häfen) und noch im östlichen Mittelmeer (u. a. Kreta, Zypern), wo jedoch durch die türkische Eroberung Konstantinopels (1453) seine Position entscheidend geschwächt wurde. Daneben hatte die Markus-Republik im Laufe eines halben Jahrhunderts umfangreiche Gebiete auf der *Terra ferma* erworben (so 1404/05 Padua, Vicenza und Verona, 1420 Udine, 1427 Bergamo und Brescia, 1447 Crema) und war damit der größte oberitalienische Flächenstaat geworden (mit 1,7 Millionen Einwohnern, ohne Dalmatien und die anderen außeritalienischen Besitzungen). Das Territorium der Republik erstreckte sich also weit in die Lombardei, die Grenzen verliefen von den Alpen zum Po und vom Adda zum Isonzo. Auf der in Lodi verabredeten Grundlage hat Venedigs Elite es verstanden, diese Grenzen zu halten und die neuen Gebiete dauerhaft zu integrieren; die stets aus dieser Elite stammenden Gouverneure wurden nach festen Regeln häufig ausgetauscht. Darunter blieb die eine oder andere Autonomie bestehen. Aber politische Macht hatten die lokalen Eliten nicht mehr, sie betätigten sich fortan mehr als Agrar-Unternehmer. Wie in der Hauptstadt wurden allenthalben die Mittel- und Unterschichten gefördert. Die Diplomatie Venedigs war der der anderen Staaten noch überlegen. Ihre Konstanten waren gute Beziehungen zum Papst, zu Frankreich und zu Spanien, Vorsicht gegenüber den Sforza, die man gleichwohl begrenzt unterstützte; Mißtrauen gegenüber dem Kaiser und Österreich, dem starken Nachbarn im südlichen Tirol (seit 1363), in Triest (seit 1382) und im östlichen Friaul mit Görz (seit 1500). Gegenüber den Osmanen taktierte man sehr vorsichtig. Der schwer ermeßliche Reichtum Venedigs und seine hervorragende militärische Organisation erhöhten noch das politische Gewicht der Republik. Der Reichtum wurde auch in Venedig in die künstlerische Repräsentation des Staates und seiner großen Familien investiert, die Stadt in spezifisch reicher Spätgotik und betont üppiger Renaissance geradezu neu erbaut. Die Brüder Gentile und Giovanni Bellini begründeten die venezianische Malerei der Renaissance, welche die lineare Klarheit der Toskana durch malerische und weiche Harmonie bereicherte. Die Bibliothek bei S. Marco hatte ähnlichen Rang wie die der Päpste und der Medici.

Das Herzogtum Mailand hatte den von Gian Galeazzo Visconti erkämpften Umfang bei weitem nicht bewahren können. Infolge der unglücklichen Expansionspolitik von dessen Sohn Filippo Maria mußte es vor allem seitens Venedigs Niederlagen und Verluste hinnehmen. Aber Francesco Sforza, in vielen Kämpfen erfolgreicher Condottiere, der 1441 Filippos Tochter Bianca Maria geheiratet hatte und dadurch in die Erbfolge eingetreten war, stellte den Staat in wenigen Jahren wieder her, proklamierte sich selbst 1450 zum Herzog und wurde als solcher 1454 von den anderen Regierungen anerkannt. Francesco Sforza hat sein Herzogtum (mit nunmehr 1,1 Millionen Einwohnern) administrativ und militärisch reorganisiert; gegenüber Venedig zur Vorsicht gezwungen, hat er sich nach Süden gewandt und 1464 Genua mit Korsika gewonnen. Auch gegenüber den damals starken Eidgenossen vermochte er hinhaltend zu taktieren und die mailändischen Positionen im Tessin noch zu halten.

Nach Francescos Tod (1466) folgte ihm sein Sohn Galeazzo Maria – einerseits ein großer Mäzen, andererseits grausam –, der 1476 einer Verschwörung zum Opfer fiel. Sein unmündiger Sohn Gian Galeazzo erhielt die Nachfolge, jedoch unter Vormundschaft erst seiner Mutter Bona di Savoia, dann seines Onkels Ludovico (il Moro), der seit 1480 die Herrschaft ganz an sich riß, sich 1494 der französischen Intervention zur Verfügung stellte, daran aber gescheitert ist. 1499 gingen auch Bellinzona und Lugano verloren. Aber auch Ludovico war daneben ein großzügiger Mäzen, durch seine Aufträge an Bramante und Leonardo da Vinci wurde Mailand ein weiteres Zentrum der Renaissance.

Auch das verkleinerte Herzogtum Mailand war wirtschaftlich potent und entsprechend reich. Textil-, Geräte- und Waffenproduktion waren die wichtigsten Wirtschaftszweige, die auch von einem außergewöhnlich guten, auf Mailand zentrierten Verkehrssystem (Schiffahrt auf Kanälen und Seen) profitierten; seit der Mitte des 15. Jahrhunderts entstanden die großen Reiskulturen. Insgesamt war die mailändische Lombardei damals (wie heute) die am engsten mit Europa verbundene Region Italiens; und dies erklärt auch das besondere Interesse der auswärtigen Mächte an dieser Zone, welches manchen der damaligen Kriege um Italien ausgelöst hat.

Pufferstaaten zwischen den Größeren (Kirchenstaat, Mailand, Venedig) und als solche von diesen zumeist nicht bedroht waren die Staaten der Este in Ferrara und Modena und der Gonzaga in Mantua. Kaiser Sigismund hatte 1433 Gian Francesco Gonzaga zum Markgrafen ernannt; Borso d'Este erhielt 1452 von Friedrich III. sogar den Herzogstitel, jedoch nur für die kaiserlichen Lehen Modena und Reggio. Für das eigentlich päpstliche Ferrara erfolgte eine entsprechende Investitur erst 1471 durch Paul II.

Die Herzöge Borso (bis 1471) und Ercole I. (bis 1505) bauten Ferrara zur »modernen« Stadt aus und begründeten die durch die Wirren von 1482 nur kurz unterbrochene kulturelle und wirtschaftliche Blüte des Herzogtums. Ähnliches gelang in Mantua Francesco I. und seiner Gattin Isabella d'Este; Francescos Sohn und Nachfolger Federico I. wurde 1530 durch Kaiser Karl V. Herzog. Die Este wie die Gonzaga waren seitdem als fürstliche Dynastien fest etabliert und anerkannt.

Das kleine Herzogtum Urbino (päpstliches Lehen in den Marken) hatten die regierenden Montefeltro zu einem weiteren ausstrahlenden Zentrum der Renaissance gemacht. 1508 kam es an Francesco Maria della Rovere, den Neffen des letzten Montefeltro und Großneffen Sixtus' IV., bei dessen Familie es bis zu deren Aussterben (1631) geblieben ist.

Nur kurz ist hier über die Republiken Genua, Siena und Lucca zu berichten. Seit dem Fall Konstantinopels gingen Genuas Kolonien im östlichen Mittelmeer und am Schwarzen Meer nach und nach verloren, und diese Verluste verstärkten den tiefsitzenden, anders als in den meisten Kommunen Italiens immer noch nicht überwundenen Gegensatz zwischen den Aristokraten und der im *Banco di San Giorgio* organisierten Kaufmannschaft. Genua blieb jedoch wichtig für Geldgeschäfte und Handel im Mittelmeer, besonders mit Spanien und Nordafrika. Aber die 1464 an Francesco Sforza verlorene Unabhängigkeit konnte erst 1499 mit dessen Tod wiedergewonnen werden – unter dem Protektorat Frankreichs, welches Genua dann tief in den bald darauf ausbrechenden Konflikt zwischen Frankreich und dem Kaiser verstrickte.

Siena war schon im 14. Jahrhundert deutlich hinter Florenz zurückgefallen und hatte sich darum um 1400 Gian Galeazzo Visconti unterworfen und 1404 mit der stärkeren Rivalin verständigt. Seitdem konnte Siena noch Teile der südlichen Toskana, die Maremma und einige Häfen halten, doch innerstädtische Fraktionen kämpften miteinander. Erst 1487 setzte Pandolfo Petrucci eine neue Signorie durch, welche sich, trotz Bedrohung durch Cesare Borgia (1502), bis 1523 gehalten hat. 1530 geriet Siena unter bestimmenden Einfluß des Kaisers. 1552 wurde die Republik wiedererrichtet, die sich eng an Frankreich anschloß und prominente Flüchtlinge aus Florenz um Piero Strozzi zu ihren Führern wählte. Die Folge war die Katastrophe von 1554/55 (vgl. S. 161 f.). Lucca, von wenigen Familien regiert, hatte nur noch lokalen Rang.

Piemont-Savoyen, seit 1418 durch den von Kaiser Sigismund zum Herzog erhobenen Amadeus VIII. vereinigt, hatte im 15. Jahrhundert (und auch lange danach) noch keine gesamtitalienische Bedeutung. Amadeus vergrößerte seinen Staat beträchtlich, so daß er im Süden Nizza, Turin und Vercelli, im Norden und Westen das Gebiet um den Genfer See umfaßte; 1430 erließ der Herzog in den *Statuta Sabaudiae* eine Gesamtverfassung. Hauptstadt war Chambéry (bis 1560). Formell gehörte Savoyen zum Reich; aber nachdem Amadeus sich 1434 zurückgezogen hatte (und eine merkwürdige geistliche Karriere einschlug, die ihren Höhepunkt 1440 in der Wahl zum Gegenpapst durch das Baseler Konzil erfuhr), geriet das Herzogtum in die Abhängigkeit Frankreichs und darüber auf Dauer ebenfalls in den Großkonflikt der ersten Hälfte des 16. Jahrhunderts (vgl. S. 127, 150–165). Monferrato und Saluzzo im Piemontesischen waren selbständige Markgrafschaften, erstere wurde 1536 von Kaiser Karl V. den Gonzaga von Mantua übertragen. Saluzzo fiel in den Kämpfen des 16. Jahrhunderts teils an Savoyen, teils an Frankreich; der Rest der Markgrafschaft ist 1601 auch de jure mit Savoyen vereinigt worden.

Nach den Kämpfen um die aragonische Thronfolge in Neapel haben bis zu den 1490er Jahren noch drei weitere Krisen Italien betroffen. An der Peripherie verlief der Krieg, den Venedig von 1472 bis 1479 mit päpstlicher Unterstützung gegen die Türken führte, um die 1454 widerwillig hingenommene Machtminderung rückgängig zu machen. Aber dieser erste Türkenkrieg Venedigs scheiterte und ebenso drei Jahrzehnte später ein zweiter: Im Frieden von Skutari (1479) mußten Negroponte (Euböa), Lemnos, Skutari und albanische Häfen, im Frieden von Konstantinopel (1503) Durazzo und Lepanto (Naupaktos) abgetreten werden. Doch noch vermochte Venedig einen Ausgleich zu erzwingen: 1489 durch den Erwerb Zyperns von dessen letzter Königin Caterina aus der venezianischen Familie Cornaro, die sich mit der Signorie von Asolo (in der heutigen Provinz Treviso) abfinden ließ.

Gefährlicher für Italien insgesamt waren die Verschwörung der Pazzi gegen die Medici (1478) und der Krieg um Ferrara (1482–1484). Die Pazzi-Verschwörung wurde bereits dargestellt (vgl. S. 107–109). Hier bleibt festzuhalten, daß der Papst-Neffe Girolamo Riario mit Wissen des Königs von Neapel mit den florentinischen Gegnern der Medici kollaborierte, um Florenz unter den Einfluß Roms und Neapels zu bringen; sodann daß Lorenzo de' Medici eine rasche Versöhnung mit Ferrante und damit eine Stabilisierung des Gleichgewichts zustande brachte. Sixtus IV. und Riario mußten Ruhe geben, auch unter dem verheerenden Eindruck der Besetzung Otrantos durch die Türken (1480). Aber der Papst schloß bald ein Bündnis mit Venedig, dem er die Übertragung des päpstlichen Lehens Ferrara anbot. Dagegen taten sich Mailand, Florenz und Neapel zusammen, und Sixtus IV. gab erneut nach. Ludovico il Moro schloß 1484 Separatfrieden mit Venedig, welches immerhin das Polesine von Ferrara erhielt. Im selben Jahr eroberten die Venezianer Otranto zurück.

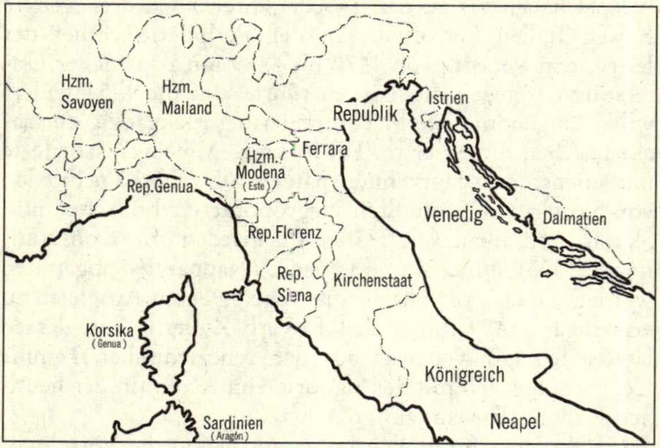

Italien nach dem Frieden von Lodi

Die Krise der Freiheit Italiens
(1492–1520)

1492–1503	Papst Alexander VI.
1492–1498	Aufstieg und Fall (Hinrichtung) Girolamo Savonarolas in Florenz.
1492	Geheimbündnis Neapel – Florenz gegen Mailand.
1493–1500	Herzog Ludovico (il Moro) Sforza von Mailand, 1493 Bitte an König Karl VIII. von Frankreich um Hilfe.
1494	Sturz der Medici. Republik Florenz.
	»Heilige Liga«: Spanien, König Maximilian, Papst, Venedig, Mailand (gegen Frankreich).
1494–1495	König Alfons II. (Aragón) von Neapel. Kriegszug Karls VIII. von Frankreich. Vorübergehende Eroberung Neapels.
1495–1496	König Ferdinand II. (Ferrandino, Aragón) von Neapel.
1497-1501	König Friedrich I. (Aragón) von Neapel.
1498-1515	König Ludwig XII. von Frankreich.
1498–1504	Kämpfe um Mailand und Neapel (gegen Frankreich).
1499–1502	Feldzüge Cesare Borgias in der Romagna, den Marken, Umbrien und der Toskana.
1500	Annexion Mailands durch Frankreich.
1501/03	Krieg um Neapel, schließlich spanisches Vizekönigreich.
1503–1513	Papst Julius II.
1504	Französisch-spanischer Waffenstillstands-Vertrag in Lyon: Neapel an Spanien, Mailand an Frankreich.
1508	Liga von Cambrai: Papst, Kaiser, Frankreich und Spanien (gegen Venedig).
1511	»Heilige Liga«: Papst, Spanien, England und Venedig (gegen Frankreich).
1511/12	Antipäpstliches Konzil in Pisa, von Ludwig XII. unterstützt.
1512	Restitution der Medici in Florenz (Giuliano und Giovanni).
1513	Schlacht bei Novara: Sieg der vom Papst zu Hilfe gerufenen Schweizer über die Franzosen. Restitution der Sforza.
1513–1521	Papst Leo X.

1515–1547	König Franz I. von Frankreich.
1515	Schlacht bei Marignano: Sieg Frankreichs und Venedigs über das schweizerisch-mailändische Heer. Mailand erneut zu Frankreich.
1516	Friede von Noyon: Einigung Frankreichs und Spaniens über ihre Positionen in Nord- und Süditalien.
1516–1556	König Karl I. von Spanien, seit 1519 zugleich als Karl V. (»erwählter«) römischer Kaiser.

In Frankreich und Spanien hatten die Monarchien die Zentralisierung ihrer Staaten weit vorangetrieben; beide planten seitdem die Expansion nach Italien, von der sie sich eine enorme wirtschaftliche Stärkung, die Beherrschung und Verteidigung des Mittelmeeres und darüber eine Grundlegung europäischer Hegemonie versprachen. Aus ähnlichen Gründen drängte auch der römisch-deutsche König (seit 1508 Kaiser) Maximilian nach Oberitalien, unter seinem Nachfolger Karl V. (seit 1519) würden sich die spanische und die österreichische Italien-Initiative verbinden. Ebenso stark aber haben italienische Vakuen und Veränderungen zur Entstehung der großen Krise Italiens beigetragen. Schon Francesco Guicciardini erweiterte seine Kritik an Ludovico il Moros Hilfeersuchen an Frankreich zu einer generellen Reflexion über die Schwäche Italiens. Abgesehen von Venedig war keiner der dortigen Staaten zu wirksamer Verteidigung stark genug.

1492 war mit Lorenzo de' Medici der umsichtigste Vertreter der Gleichgewichtspolitik gestorben; sein Sohn Piero (lo Sfortunato) taktierte ungeschickt, zunächst gegenüber der erstarkenden inneren Opposition der Familien Capponi, Soderini und anderer, zwei Jahre später gegenüber dem französischen Invasor. Der fast gleichzeitig gewählte Papst Alexander VI., der dann gegenüber Frankreich und Spanien geschickter taktiert, dabei mehr zu Frankreich tendiert und insgesamt den Kirchenstaat sogar gestärkt hat, war äußerst umstritten, sowohl wegen der Bestechungen vor seiner

Wahl wie wegen seines ganz unkirchlichen Lebensstils und seines Nepotismus. Sehr heftig waren inzwischen die Gegensätze zwischen Neapel, welches vorübergehend in Florenz einen Verbündeten fand, und Mailand unter Ludovico il Moro, welcher deshalb den König von Frankreich um Hilfe bat; und dasselbe taten einflußreiche Mitglieder der Anjou-Partei im neapolitanischen Adel. Sie lehnten den neuen König Alfons II. (seit 1494) schon wegen seiner Härte gegenüber dem Aufstand von 1485 (vgl. S. 130) entschieden ab.

Karl VIII., der sich in der Anjou-Tradition und darüber hinaus wohl auch in der Tradition Karls des Großen sah, hatte den Kriegszug nach Italien, den er im Sommer 1494 begann, auch diplomatisch gut vorbereitet; unter denen, die ihn dazu ermutigten, waren auch maßgebliche Vertreter der inzwischen erstarkten Wirtschaftsbourgeoisie, welche zu den großen Mittelmeerhäfen Neapel und Genua drängten. Schon im September 1494 eroberten die Franzosen Genua, dessen Flotte sie nun für den Angriff auf Neapel einsetzen konnten. Karl VIII. benutzte aber mit dem größeren Teil seines Heeres den Landweg, zunächst über das verbündete Mailand. Piero de' Medici stellte kampflos Pisa und Livorno zur Verfügung, weshalb er von der florentinischen Opposition gestürzt wurde. Auch Alexander VI. gab dem Invasor nach (Vertrag vom 15. Januar 1495), weil eine Gruppe von Kardinälen ihm ein Konzil mit dem Zweck seiner Absetzung androhte. Nach kurzen Gefechten in den Abruzzen und in Kampanien floh Neapels neuer König Ferrandino nach Ischia, und Ende Februar 1495 zog Karl VIII. in Neapel ein.

Aber dieser schnelle Sieg wirkte alarmierend auf die Konkurrenten um die Macht in Italien. Schon Ende März 1495 schlossen König Ferdinand der Katholische von Spanien (Aragón), König Maximilian und die Republik Venedig, dazu der Papst und nun auch Mailand, wo Ludovico il Moro seinen Anschluß an Frankreich bereute, ein Bündnis zur Wiedereroberung Neapels. Wenig später begann von Sizilien aus der Einmarsch spanischer Truppen unter Gonzalvo de Córdoba. Karl VIII. fehlten die Kräfte, um Neapel zu halten und die drohende Umzingelung zu durchbrechen; es blieb ihm nur ein schneller Rückzug, den die Gegner in der Po-Ebene abzuschneiden suchten. In der Schlacht bei Fornovo am Taro (nördlich von Parma, 6. Juli 1495) waren sie dem Sieg nahe, doch die Franzosen kämpften sich den Weg zu den Alpen frei. König Ferrandino kehrte unter spanischem Schutz nach Neapel zurück, Venedig besetzte mehrere apulische Häfen. Vordergründig war damit das Königreich Neapel wieder hergestellt; aber es stand nun unter dem Protektorat der Spanier und der Venezianer. Ein gleichgewichtiges Staatensystem wie vor 1494 bestand schon deshalb nicht mehr.

Auch Florenz war erheblich geschwächt, sowohl durch den Verlust von Pisa (bis 1509) wie wegen zunehmender Streitigkeiten unter den Republikanern. Der Dominikaner Girolamo Savonarola, der zur Schonung der Stadt durch Karl VIII. beigetragen hatte und der dessen Kriegszug als göttliche Strafe für die Verweltlichung der Gesellschaft interpretierte, suchte unter den republikanischen Formen (*Consiglio maggiore*, 1494) eine von ihm bestimmte Theokratie mit Reglementierung aller Lebensbereiche durchzusetzen; zu denen, die er zu strenger Kirchlichkeit bekehrte, gehörten Sandro Botticelli und Pico della Mirandola. Gegner denunzierten den Mönch als falschen Propheten beim Papst. Als sein Gegensatz zu Rom 1497 eskalierte, schlug die Stimmung in Florenz gegen ihn um; die Republik ließ ihn zum Tode verurteilen und am 23. Mai 1498 hinrichten.

Savonarola hatte auf die Krise mit geistlichen Mitteln reagieren wollen; Alexander VI. und sein Sohn Cesare Borgia, der seinen Vater zumindest politisch seit 1498 beherrschte, zogen realistischere, rein machtpolitische Konsequenzen. Seit 1499 führte Cesare, der damals französischer Unterstützung sicher war, einen großangelegten Kampf zur

Errichtung eines starken mittelitalienischen Staates: durch Unterwerfung selbständig gewordener päpstlicher Vasallen und Städte in der Romagna, den Marken und Umbrien, schließlich durch den Versuch der Arrondierung mit toskanischen Gebieten. Doch wurden seine teils bewunderten Erfolge durch den Tod seines Vaters zunichte gemacht. Julius II. (Giuliano della Rovere), der alte Gegner der Borgia, erzwang die Reintegration der von Cesare zusammengefaßten Gebiete in den Kirchenstaat, zu dessen Stärkung die Borgia also entgegen ihrer Absicht beigetragen haben.

Niccolò Machiavelli hat die außergewöhnlichen Taten und Schicksale Savonarolas und Cesare Borgias gründlich beobachtet und bedacht; seine Folgerungen daraus sind in die Reflexionen der Bedingungen und Risiken politischen Handelns eingegangen, die er 1513 in *Il Principe* zusammengefaßt hat.

Ludwig XII. von Frankreich (seit 1498) hat Ansprüche auf Mailand erhoben und zu ihrer Durchsetzung schon seit dem Sommer 1499 Krieg geführt. Vorausgegangen waren Verabredungen mit Venedig und mit der Eidgenossenschaft, außerdem die Heirat einer Verwandten mit Cesare Borgia, den der König aus diesem Anlaß mit dem Herzogtum Valence belehnte (daher »il duca Valentino«). Im April 1500 mußte Herzog Ludovico kapitulieren und ins Exil nach Frankreich gehen, wo er 1508 starb. Mailand wurde in den französischen Staat integriert, Venedig und die Schweizer wurden durch Gebietsabtretungen abgefunden. Um nun auch wieder im Süden Italiens Fuß zu fassen, einigte der König von Frankreich sich 1501 bei päpstlicher Zustimmung mit dem spanischen König Ferdinand (der in zweiter Ehe mit einer Nichte Ludwigs verheiratet war) auf eine Aufteilung des Königreichs Neapel, welches daraufhin erneut sowohl von einem spanischen wie einem französisch-päpstlichen Heer angegriffen wurde. König Friedrich I. von Neapel mußte kapitulieren und nach Frankreich gehen, wo Ludwig XII. ihm die Grafschaft Maine überließ. Er starb 1504. Damit war nicht nur die aragonische Nebenlinie in Neapel, sondern auch das Königreich als solches ausgeschaltet. Es wurde spanisches Vizekönigreich, erster Vizekönig der siegreiche Feldherr Gonzalvo de Córdoba. In einem schon 1502 ausbrechenden Streit zwischen Spanien und Frankreich um die Vorherrschaft im Süden mußte Frankreich nachgeben (was sich als zusätzliche Schwächung Cesare Borgias auswirkte): im Waffenstillstandsvertrag von Lyon (1504) wurde die Herrschaft Spaniens über Neapel, die Frankreichs über Mailand anerkannt und bestätigt. Das Ringen beider Mächte um die Hegemonie in Italien schien damit zu Ende. Doch der Kompromiß sollte nicht von langer Dauer sein; knapp zwei Jahrzehnte später ist der Konflikt wieder ausgebrochen und hat sich bis zum Ende der 1550er Jahre hingezogen.

Allein die Republik Venedig hatte, meist mit Frankreich verbündet, das erste Jahrzehnt der Krise Italiens gut überstanden, ja davon profitiert; zuletzt war ihr, unter schneller Ausnutzung des Vakuums nach Cesare Borgias Abgang, die Eroberung von Faenza und Rimini gelungen. Aber damit griff sie in päpstliche Rechte ein, und das hat Julius II. nicht hingenommen. Der neue Papst, Neffe Sixtus' IV., war nicht nur der bedeutendste Mäzen im Cinquecento; er wollte vor allem die päpstliche Macht über den Kirchenstaat und die päpstliche Autorität in Italien wieder voll herstellen. Schon ein Jahrzehnt später sollte er darum als Vorkämpfer der »Befreiung Italiens von den Barbaren«, damals den Franzosen, auftreten. Aber zunächst behinderte die Stärke Venedigs jede Hegemonie über die Halbinsel; und so verbündete sich der Papst 1507/08 mit Maximilian I., welcher mit seiner Zustimmung seitdem den Kaisertitel führte und venezianische *Terra-ferma*-Gebiete gewinnen wollte, mit einem ersten Angriff aber scheiterte.

Die nächsten Jahre waren bestimmt durch ein Hin und

Her von Allianzen und Kämpfen, welches schon manchen Zeitgenossen und erst recht spätere Betrachter verwirrt hat. Noch 1508 brachten Papst und Kaiser ein großes Bündnis (Liga von Cambrai) zustande: mit Ludwig XII., der sein Herzogtum Mailand um Cremona erweitern, mit Ferdinand von Spanien/Neapel, der die apulischen Häfen zurückgewinnen wollte, mit König Ladislaus II. von Ungarn, dem ständigen Konkurrenten Venedigs in der Adria, sowie mit Ferrara, Mantua und Savoyen. Die Venezianer wurden im Mai 1509 bei Agnadello (Provinz Cremona) geschlagen. Aber die Sieger waren nicht einig, und der Diplomatie Venedigs gelang es, sie auseinanderzudividieren. Auch hielten die Bewohner der *Terra-ferma*-Gebiete mehrheitlich zur Markus-Republik und honorierten damit deren Integrationspolitik. Venedig konzentrierte daher seine Militärmacht auf die Zurückdrängung der kaiserlichen Truppen und eroberte das Verlorene größtenteils noch im Jahre 1509 zurück.

Allerdings war Venedig geschwächt und gewarnt. Das erleichterte es Julius II., sich nunmehr im Namen der Freiheit Italiens gegen Frankreich zu wenden, dessen Herrschaft über Mailand das größte Hindernis für seine italienische Politik war. Er verbündete sich darum mit den Schweizern, welche ebenso stark an der Vertreibung der Franzosen aus der Lombardei interessiert waren, außerdem wieder mit Spanien und mit Heinrich VIII. von England, auch Venedig trat auf seine Seite (»Heilige Liga« von 1511). Der Gegensatz zwischen Venedig und dem Kaiser bestand freilich weiter. Frankreich wußte kräftiger zu reagieren als drei Jahre zuvor Venedig. Ludwig XII. brachte in Pisa (welches fest zu seinen französischen Befreiern von der florentinischen Herrschaft hielt) ein antipäpstliches, anfangs auch von Maximilian I. unterstütztes Konzil zustande, woraufhin der Papst ein Konzil nach Rom berief (fünftes Laterankonzil 1512–1517). Bei Ravenna besiegten französische Truppen 1512 ein päpstlich-spanisches Heer, welches Giovanni de'

Medici als päpstlicher Legat begleitete. Auch der Kaiser trat daraufhin der »Heiligen Liga« bei und sagte sich vom Pisaner Konzil los. Aber Julius II. hat die Revanche für Ravenna nicht mehr erlebt; er, der gefährlichste Gegner der französischen Italien-Expansion, ist im Februar 1513 gestorben. Wenig später, im Juni 1513, errang die damals außerordentlich starke Schweizer Infanterie bei Novara einen kurzzeitig entscheidenden Sieg über die Franzosen, die daraufhin ein zweites Mal die Lombardei räumen mußten.

Der Umschwung von 1512/13 erbrachte eine doppelte Restauration: In Florenz stellten die Spanier die Herrschaft der Medici wieder her, die zunächst an Giuliano, den jüngsten Sohn des Magnifico, ging. In Wirklichkeit bestimmte sein älterer Bruder, der Kardinal Giovanni, der auf diese Wende umsichtig hingewirkt hatte und bald, im März 1513, zum Papst gewählt wurde. Er hat alsdann seinen Bruder nach Rom geholt und mit der Regierung in Florenz seinen Neffen Lorenzo (Sohn des Pietro) betraut, der eine Verfassungsreform durchführte und seit 1519 als *Capitano generale della Repubblica* amtierte. In Mailand war 1512 Ludovico il Moros Sohn Massimiliano Sforza unter dem Protektorat der Eidgenossenschaft, welche den Besitz des Tessins bestätigt erhielt, als Herzog eingesetzt worden. Aber die von den Schweizern gewonnene starke Position in Oberitalien mißfiel den Venezianern ebenso wie den Franzosen; noch 1513 schlossen sie darum ein Bündnis mit dem Doppelziel der Rückkehr Frankreichs nach Mailand und anschließender guter Nachbarschaft in der Lombardei. Um den neuen Papst günstiger zu stimmen, ließ nun auch Ludwig XII. das Pisaner Konzil fallen.

Der erste Medici-Papst Leo X., der bei Poliziano und Ficino gelernt, dann in Pisa studiert und zusammen mit seinem Vetter Giulio (später Clemens VII.) Europa bereist hatte, hat die Renaissance-Kultur Roms zu ihrem Höhepunkt geführt. Humanisten wie Erasmus von Rotterdam und Thomas Morus erhofften sich von ihm ein »goldenes

Zeitalter« des Friedens und der Symbiose von Religion und Kultur, von Antike und Christentum. Doch diese Hoffnungen haben sich nicht erfüllt. Denn Leo X. wollte zwar Frieden und darum die Wiederherstellung des italienischen Gleichgewichts und die Minderung ausländischer Einflüsse, aber diese Ziele ordnete er den Interessen seiner Familie unter und schwächte dadurch seine ohnehin gegenüber den Aspirationen der großen Mächte nicht allzu starke Position.

Auf König Ludwig XII., der seine Gewinne in Italien wieder verloren, aber immerhin die Revanche noch eingefädelt hatte, folgte 1515 sein Schwiegersohn Franz I. (aus der Seitenlinie Valois-Angoulême). Dieser war seitdem drei Jahrzehnte lang einer der entschiedensten Akteure auf der italienischen Bühne und hat gleichzeitig die italienische Renaissance in die französische Staatskultur integriert, durch die Berufung Leonardos da Vinci in seiner ersten bis zu der Benvenuto Cellinis in seiner letzten Regierungsphase. Er griff sogleich energisch die Mailand-Politik seines Vorgängers auf und drohte die Wiedereroberung an, dazu ermutigt durch den Übertritt Genuas zu Frankreich. Seine Kontrahenten suchten die »Heilige Liga« von 1511 zu aktivieren, aber das scheiterte daran, daß Leo X. schon diese erste Gelegenheit nutzen wollte, um Parma und Piacenza, dazu Reggio an seinen Bruder Giuliano zu bringen. So standen am 13./14. September 1515 bei Marignano (heute Melegnano, Provinz Mailand) die Mailänder und die Schweizer (etwa 30000 Mann) ohne weitere Alliierte einem großen französisch-venezianischen Heer (etwa 60000 Mann) gegenüber; letzteres wurde befehligt von Gian Giacomo Trivulzio und Bartolomeo d'Alviano, die bei Agnadello noch gegeneinander gekämpft hatten. Ihr Sieg in dieser »Battaglia dei Giganti« (Trivulzio) machte die oberitalienische Stellung der Schweizer (die jedoch das Tessin dauerhaft behielten) zunichte und restituierte die französische Herrschaft, mit der sich Leo X. und die anderen Mitglieder der

Liga abfinden mußten. Wie schon seinem Vater wurde nun auch Massimiliano Sforza ein gut erträgliches Exil in Frankreich zugewiesen.

Eine weitergehende Verständigung kam zwischen Frankreich und Spanien, den eigentlichen Kontrahenten in und um Italien, zustande. Im Vertrag von Noyon (13. August 1516), der an den von Lyon (1504) anknüpfte, verzichtete Franz I. auf seine Ansprüche auf Neapel, welches ebenso wie Sardinien und Sizilien als spanischer Besitz bestätigt wurde. Dafür wurde seitens Spaniens im Namen des jugendlichen Königs Karl, der schon ein Jahrfünft später der entschlossene und schließlich siegreiche Gegner Franz' I. werden sollte, die französische Herrschaft über Mailand, dazu sein Mitspracherecht in Savoyen und Genua anerkannt. Dynastische Ehen sollten den Frieden zusätzlich fundieren. An die Stelle des Gleichgewichts unter den italienischen Staaten schien das zweier Großmächte zu treten. Frankreich bestimmte über den Norden, Spanien über den Süden Italiens, und dazwischen blieb begrenzter Handlungsraum für die übrigen Staaten der Halbinsel. Wenig später (Vertrag von Brüssel, 3. Dezember 1516) einigte sich Kaiser Maximilian mit der Republik Venedig, die ihm Rovereto und »welsche Confinen« abtreten mußte. Wie nach der Schweiz hin (bis heute) hat die damalige Grenzziehung durch Jahrhunderte bestanden (bis 1918).

Der Kampf zwischen Habsburg und Frankreich um die Hegemonie in Italien (1521–1559)

1521	Päpstlich-kaiserliches Bündnis zur Vertreibung der Franzosen aus Mailand und Genua.
1522–1523	Papst Hadrian VI.
1522–1535	Herzog Francesco II. Sforza von Mailand.
1523–1534	Papst Clemens VII.

1525	24. Februar: Schlacht bei Pavia: großer Sieg der Kaiserlichen über die französische Armee.
1526	14. Januar: Friede von Madrid, vom gefangenen Franz I. nach seiner Freilassung für ungültig erklärt.
	22. Mai: »Heilige Liga« von Cognac: Franz I., Clemens VII., Venedig, Florenz, Genua.
1527	Mai: Eroberung und Plünderung Roms (*Sacco di Roma*).
	Erneute Vertreibung der Medici aus Florenz.
	26. November: Vereinbarung zwischen Papst und Kaiser.
1528	28. April: Seeschlacht bei Amalfi: Sieg der Franzosen und Genuesen über eine spanische Flotte.
1529	29. Juni: Friede von Barcelona zwischen Papst und Kaiser, Defensivallianz beider.
	3. August: Friede von Cambrai: Frankreichs Verzicht auf seine italienischen Ansprüche.
1529/30	Belagerung von Florenz durch kaiserliche Truppen; Restitution der Medici.
1530	24. Februar: Kaiserkrönung Karls V. durch Clemens VII.
1532	Alessandro de' Medici erster Herzog von Florenz.
1534–1549	Papst Paul III.
1535	Streit zwischen Habsburg und Frankreich um Mailand.
1537–1574	Herzog Cosimo I. (Medici) von Florenz (seit 1569 Großherzog der Toskana).
1538	18. Juni: Waffenstillstand von Nizza, Anerkennung des Status quo in Italien.
1542–1544	Erneuter Krieg zwischen Karl V. und Franz I.
1544	19. September: Friede von Crépy: Frankreichs Verzicht auf Italien.
1547–1559	König Heinrich II. von Frankreich, verheiratet (seit 1533) mit Caterina de' Medici.
1550–1555	Papst Julius III.
1555	Papst Marcellus II.
	Eroberung von Siena durch kaiserliche Truppen, Übergabe an Florenz.
1555–1559	Papst Paul IV.
1556	16. Januar: Verzicht Karls V. zugunsten seines Sohnes Philipp (II.) auf Spanien und alle italienischen Besitzungen (mit Ausnahme von Friaul, Triest, Welschtirol).

1559 3. April: Friede von Cateau-Cambrésis zwischen Philipp II. und Heinrich II. Hegemonie Spaniens in Italien, daneben begrenzter Staatenpluralismus.

Die Wahl Karls (V.) zum römischen Kaiser (1519) war auch für Italien von größter Bedeutung, denn der Habsburger führte die spanische und die österreichische Macht zusammen, dazu die kaiserliche Autorität, das alles abgestützt durch die Hauptrepräsentanten des neuen Kapitalismus (Fugger). Seine Position im Süden (Neapel) war schon stark, die im Norden ausbaufähig, auch dank der erwähnten *iura imperialia*. In dem Maße, in dem letztere zunahm, konnte es kein italienisches Gleichgewicht mehr geben; und darum mußten alle, die es erhalten wollten, sich an Frankreich anlehnen, von dem nun die geringere Gefahr drohte. Dies erklärt, daß auch einige Päpste in der hier zu behandelnden Epoche nicht zum römischen Kaiser hielten, obwohl dieser am energischsten der sich seit den 1520er Jahren in Deutschland und in der Schweiz ausbreitenden Reformation entgegentrat, sondern zum König von Frankreich. Denn auch der Kampf gegen Luther war bei Karl V. nicht nur religiös motiviert. Es ging ihm ebenso um die Eindämmung der Macht der deutschen Fürsten, um die volle Wiederherstellung der kaiserlichen Macht und darüber hinaus um die Durchsetzung einer *Monarchia universalis*, welche mittelalterliche Tradition mit neuzeitlicher Staatlichkeit vereinen sollte. Das Konzept dieser europäischen Einigung »von oben« hatte ein Piemontese entworfen, der Großkanzler Mercurino Arborio di Gattinara, welcher zudem Italien als eines der Zentren des kaiserlichen Systems konzipierte. Dieses sollte jedoch gerade dort auf indirekter Machtausübung und auf der Gewinnung italienischer Fürsten und Staaten beruhen, z. B. durch die Begünstigung der Medici. Das umzingelte Frankreich sollte als

Großmacht ausgeschaltet, das weitere Vordringen der Türken (welche 1522 Rhodos eroberten und 1526 bei Mohács die Ungarn besiegten) verhindert werden.

Aus Furcht vor nunmehr habsburgischer Umklammerung des Kirchenstaates hatte Leo X. 1518/19 zunächst die Kandidatur Franz' I. für die Kaiserwürde unterstützt, dann auf den Kurfürsten Friedrich von Sachsen gesetzt und war erst spät auf die Seite des evident stärksten Kandidaten Karl umgeschwenkt. Auch nach der Kaiserwahl verhandelte der Papst zunächst noch mit Frankreich. Aber da dieses sich seinen territorialen Ambitionen versagte, verständigte er sich mit Karl, indem er ihn vom traditionellen Verbot der Vereinigung Neapels mit dem Kaisertum dispensierte und ihm den Titel des »erwählten römischen Kaisers« zugestand. Am 28. Mai 1521 schlossen Papst und Kaiser ein Offensivbündnis zur Vertreibung der Franzosen aus Mailand und Genua. Der Kaiser versprach dem Hause Medici weitere Förderung sowie die Verbindung von Parma und Ferrara mit dem Kirchenstaat. Das antifranzösische Bündnis wurde auch von Heinrich VIII. von England unterstützt.

Noch 1521 eroberte ein spanisch-deutsches Heer Mailand, ein Gegenschlag Schweizer Söldner im Dienste Frankreichs wurde im April 1522 von deutschen Landsknechten unter Georg von Frundsberg abgewehrt. Herzog von Mailand, als solcher freilich ganz vom Kaiser abhängig, wurde Francesco (II.) Sforza, ein Bruder des im französischen Exil lebenden Massimiliano. Leo X. starb am 1. Dezember 1521; zu seinem Nachfolger wurde der niederländische Kardinal Adrian Florisz gewählt, der erst Lehrer, dann Minister Karls gewesen war: Hadrian VI., der in seinem kurzen Pontifikat fest zum Kaiser gehalten und zugleich als erster Papst seiner Zeit die Reform von Kirche und Kurie energisch in Angriff genommen hat. Doch mit dem zweiten Medici-Papst Clemens VII., der seit 1523 ein gutes Jahrzehnt regieren sollte, kam nicht nur der Rückfall in Verweltlichung und Familienpolitik, sondern auch, obwohl er als Kandidat der kaiserlichen Partei gewählt worden war, in politische Zweideutigkeit. Clemens VII. hielt zunächst mehr oder minder offen zu Franz I. (Bündnisvertrag vom 12. Dezember 1524), welcher sich 1523 zum Krieg um Italien entschlossen hatte, den ersten von vieren, die er insgesamt gegen Karl V. geführt und verloren hat. Bei diesen Kriegen ging es erst recht auch um die europäische Vorherrschaft; und darum wurden sie nicht nur in Italien ausgetragen. Nach zunächst wechselhaftem Verlauf gelang den kaiserlichen Truppen in der oft memorierten Schlacht von Pavia (24. Februar 1525) ein erster großer Sieg. Franz I. geriet in Gefangenschaft und mußte im Frieden von Madrid (14. Januar 1526) auf alle Besitzungen und Ansprüche in Italien verzichten.

Karl V. schien die Geschicke Italiens zu bestimmen. Aber dagegen taten sich der Papst, Venedig, Florenz und Genua, dazu sogar Mailand zusammen; am 22. Mai 1526 schlossen sie mit Franz I. die »Heilige Liga« von Cognac, mit deren Hilfe der französische König die Revanche erzwingen wollte. Aber wieder einmal waren die italienischen Verbündeten nur partiell einig, Herzog Alfonso I. von Ferrara trat an die Seite des Kaisers, und die ebenfalls diesem verbundenen Colonna zwangen den Papst zu einem Waffenstillstand. Im Frühjahr 1527 stand erneut ein starkes spanisch-deutsches Heer unter dem Herzog Karl von Bourbon in Oberitalien, welches sich aber selbständig machte, nach Süden zog und am 5. Mai Rom eroberte und, durch den Tod des Herzogs führerlos, wochenlang plünderte. Spanische Härte und *furor teutonicus*, letzterer bestärkt durch reformatorisch-antipäpstliche Propaganda, wirkten zusammen. Clemens VII. hatte sich mit Hilfe seiner Schweizer Garde in die Engelsburg gerettet und mußte sich am 5. Juni gefangengeben. Der *Sacco di Roma* wurde von vielen Zeitgenossen als Strafgericht über die verweltlichte Hauptstadt der Renaissance aufgefaßt. In Florenz erhoben sich daraufhin die Gegner der Medici und erzwangen ein zweites Mal die Republik, in deren Dienst als Festungsbaumeister kein Geringerer als Michelangelo Buonarroti trat.

Karl V., der die römischen Exzesse keineswegs gewollt hatte, nutzte die Gelegenheit, um den momentan machtlosen Papst wieder auf seine Seite zu ziehen. Am 26. November 1527 kam eine Vereinbarung zwischen päpstlichen und kaiserlichen Diplomaten zustande: Karl V. sagte die Wiederherstellung des Kirchenstaates zu, Clemens VII. seine Neutralität und die Zahlung von 400000 Dukaten; er wurde befreit und konnte sich in das sichere Orvieto zurückziehen.

Franz I. suchte daraufhin stärkere Verbündete als die italienischen Fürsten, zunächst König Heinrich VIII.; darüber hinaus leitete er Verhandlungen mit Sultan Süleyman II. ein. Im April 1528 gelang den Franzosen mit Hilfe der Genuesen bei Amalfi ein großer Sieg über die spanische Flotte. Doch im Sommer/Herbst 1528 erfolgte eine unerwartete, für lange Zeit entscheidende Wende. Der Admiral Andrea Doria führte Genua, dessen Hafen und dessen Flotte für jeden französischen Ausgriff nach Süditalien unerläßlich waren, in ein Bündnis mit dem Kaiser (Konvention von Madrid, 10. August 1528). Wieder hatte Karl V. freie Hand; aber wegen der unkalkulierbaren Gefahren, welche die unerwartet schnelle Ausbreitung der lutherischen Reformation in Deutschland mit sich brachte, führte er einen großangelegten Kompromiß herbei, welcher in Friedensschlüssen mit dem Papst (Barcelona, 29. Juni 1529) und mit dem König von Frankreich (Cambrai, 3. August 1529) festgeschrieben wurde.

Dem Papst versprach der Kaiser die Wiedervereinigung von Modena, Reggio und Ravenna mit dem Kirchenstaat, dazu die Restauration der Medici in Florenz und die Heirat seiner Tochter Margareta mit Alessandro de' Medici, dem Neffen Clemens' VII. Dieser gab sein Einverständnis zum Verbleib Neapels und Siziliens bei Spanien sowie zur Annexion von Mailand nach dem Tode des derzeitigen Herzogs Francesco. Die Unabhängigkeit Genuas unter Andrea Doria wurde bestätigt. Franz I. verzichtete zum zweiten Mal auf seine italienischen Ansprüche, verbesserte sich aber gegenüber dem Frieden von Madrid insofern, als die darin aufgezwungene Zession Burgunds rückgängig gemacht wurde. Herzog Karl III. von Savoyen erhielt Asti. Venedig, welches Ravenna und die okkupierten apulischen Städte herausgeben mußte, und Mailand schlossen ebenfalls Frieden mit dem Kaiser, der nun noch weitaus effektiver als 1525/26 als Inhaber der Hegemonie über Italien auftrat.

Seine Krönung zum König von Italien und zum römischen Kaiser durch Clemens VII. (Bologna, 22./24. Februar 1530) demonstrierte diese Position. Das Programm Gattinaras, der auf der Rückreise von Bologna starb, schien verwirklicht. Dem Papst aber fehlten sowohl die Geradlinigkeit wie der große Sinn des Kaisers, und so hat er auf dessen Vorschlag eines Konzils, welches die mehr und mehr bedrohte Kircheneinheit sichern und darüber hinaus die Konsonanz weltlicher und geistlicher Ordnung wiederherstellen sollte, mit hinhaltendem Widerstand reagiert.

Auf Widerstand stieß der Kaiser zunächst auch in Florenz, wo die Republik in den Mittel- und Unterschichten starken Rückhalt gefunden hatte. Erst nach zehnmonatigen Kämpfen konnte das Zentrum der Toskana im August 1530 durch kaiserliche und päpstliche Truppen erobert werden. Clemens VII., der zunächst selbst die Regierung antrat, erreichte deren schnellen Übergang an seinen Neffen Alessandro, der vom Kaiser zum Herzog von Florenz erhoben wurde und 1536 dessen gerade vierzehnjährige Tochter Margareta heiratete.

So hatte sich in einem knappen Menschenalter seit 1494 die politische Lage Italiens grundlegend verändert. Vom Gleichgewicht der fünf größeren Regionalstaaten konnte nicht mehr die Rede sein; nur zwei von ihnen, der Kirchenstaat und die Republik Venedig, hatten ihre frühere Verfassung behalten. Das Königreich Neapel war nurmehr ein spanisches Vizekönigtum, Mailand zwar wieder Herzogtum, aber vom Kaiser abhängig. Und in Florenz war aus der Republik mit ihren ausgeprägten Traditionen ein Herzogtum geworden, welches ebenfalls dem Hause Habsburg dankbar verbunden sein mußte. Auch Genua und Savoyen waren mehr oder minder Vasallen des Kaisers.

Es folgte ein gutes Jahrfünft des Friedens, auf der diplomatischen Ebene freilich getrübt durch neue Spannungen zwischen Papst und Kaiser sowie durch neue Streitigkeiten um Mailand, nachdem Herzog Francesco II. 1535 ohne Erben gestorben war. Clemens VII. reagierte weiterhin ausweichend auf den kaiserlichen Konzilsplan und bemühte sich wieder um eine Annäherung an Frankreich, konkret um eine Verbindung der Familien Medici und Valois über die Verheiratung seiner Nichte Caterina (geb. 1519) mit Herzog Heinrich von Orléans, dem zweiten, ebenfalls erst 1519 geborenen Sohn Franz' I. Immerhin brachte ein zweites Treffen von Papst und Kaiser in Bologna (Dezember 1532 bis Februar 1533) Einigkeit über die Erhaltung des Status quo in Italien; und 1535/36 erzwang Karl V. seine Herrschaft über das Herzogtum Mailand als heimgefallenes Reichslehen.

Kompliziert wurde die Gesamtlage Italiens durch das Erstarken des algerischen Piratenstaates unter Chaireddin Barbarossa, welcher, von Sultan Süleyman unterstützt, eine starke Flotte aufbaute, unteritalienische Küsten überfiel und 1534 Tunis eroberte. Gleichzeitig ging er ein Bündnis mit Frankreich ein, wo Franz I. in allen Richtungen Verbündete für die von ihm geplante Revanche gegen den Kaiser suchte. Doch Karl V. konnte mit Hilfe einer großen Flotte unter Andrea Doria, an der sich (mit Ausnahme Venedigs, welches seinen prekären Frieden mit dem Osmanischen Reich nicht gefährden wollte) alle dazu fähigen italienischen Staaten beteiligten, 1535 Tunis erobern. Unterstützung hatte der Kaiser dabei auch vom neuen Papst erhalten. Paul III. Farnese, der lange ganz weltlich im Stil der Renaissance gelebt hatte und aus seiner früheren Zeit mehrere Kinder hatte, blieb dubios wiederum wegen seines Nepotismus (konkret wegen seines beharrlichen Bemühens um Belehnung seiner Verwandten mit Herzogtümern oder Grafschaften), davon abgesehen aber war er gleichermaßen bedeutend als Papst, Staatsmann und Mäzen; er hielt nichts von seinem Vorgänger und von dessen Schaukelpolitik. Zwischen Franz I. und Karl V. wollte er neutral bleiben, dabei aber den Konzilsplan des letzteren unterstützen und überhaupt die überfällige Reform von Kurie und Kirche endlich energisch angehen.

Der Papst lud den Kaiser daher alsbald nach Rom ein. Doch die dortige Begegnung beider im Frühjahr 1536 wurde überschattet vom Ausbruch eines neuen Krieges, den Franz I. umsichtig vorbereitet hatte und nun mit der Eroberung von Savoyen und großer Teile Piemonts eröffnete (Fall Turins am 3. April 1536). Die anschließenden Kämpfe blieben unentschieden. Der von den Franzosen vertriebene jugendliche Herzog Emanuel Philibert ist einer der bedeutendsten Feldherren des Kaisers geworden (vom Schmalkaldischen Krieg gegen die protestantischen Fürsten Deutschlands 1546/47 bis zum Sieg über die Franzosen bei Saint-Quentin 1557), 1559 erhielt er sein Land zurück. Türkisch-algerische Angriffe auf Süditalien wurden von der Flotte Genuas durchkreuzt, und auch ein Aufstand der von Frankreich unterstützten antimediceischen Opposition in Florenz (1537, unter Filippo Strozzi) blieb Episode. Dieser dritte republikanische Aufstand in Florenz hatte von der Ermordung Herzog Alessandros durch einen Verwandten profitieren wollen, aber dessen Vetter Cosimo ergriff die Herrschaft und setzte sich durch. Vom Kaiser als erblicher Herzog investiert, begann Cosimo I. sogleich eine Politik der Wiederannäherung an die von Alessandro abgedrängten florentinischen Oberschichten und vor allem der eingangs erwähnten staatlich-institutionellen Konsolidierung. Aus dem florentinischen wurde nunmehr der toskanische Staat; Giorgio Vasari gestaltete Florenz zur Hauptstadt um, zuletzt seit 1560 durch den Bau des Palazzo degli Uffizi. Von den besiegten Gegnern der Medici wurde Strozzi eingekerkert. Andere konnten fliehen, so Strozzis Söhne Leone und Piero, die französische Generäle wurden und als solche auch in Italien gekämpft haben, zuletzt 1554 für die Republik Siena.

Paul III. näherte sich dem Kaiser politisch auch insofern an, als er die Einigung möglichst vieler christlicher Staaten gegen die Türken betrieb: in der Liga von 1538, deren Angriff auf Algier jedoch erfolglos blieb. Auch die Republik Venedig hat an dieser Liga teilgenommen. In den Friedensverhandlungen nach deren Scheitern mußte sie 1540 mit Nauplia ihre letzte Position auf der Peloponnes aufgeben.

Pauls III. Enkel Ottavio wurde 1538 mit der Kaisertochter Margareta, der Witwe Alessandros de' Medici, verheiratet, aber zwischen Frankreich und dem Reich blieb der Papst weiterhin neutral und konnte daher den Waffenstillstand von Nizza (Juni 1538) vermitteln, der für zehn Jahre den Status quo in Italien festschrieb. Beide Seiten suchten seitdem Zeit zu gewinnen und Verbündete zu finden; zwischen beiden vermittelte zwischen 1539 und 1541 der bedeutendste Nepot Pauls III., Kardinal Alessandro Farnese (der Jüngere). Doch schon 1542 hat Franz I. erneut angegriffen, wieder in einer großen Koalition, welche einerseits die Türken, andererseits protestantische deutsche Fürsten umfaßte. Auch in diesem Krieg, der größtenteils außerhalb Italiens geführt wurde, konnten die kaiserliche Armee und Diplomatie sich durchsetzen, und der Friede von Crépy (19. September 1544) bestätigte im wesentlichen die territorialen Bestimmungen der Friedensschlüsse von Madrid (1526) und Cambrai (1529). Für Italien war am wichtigsten, daß Frankreichs Verzicht auf Mailand bekräftigt wurde. Für den Kaiser und für seine Politik der Kirchenreform war ebenso wichtig, daß Franz I. sich in einem Geheimartikel zu seiner Unterstützung des Konzils und gegen die deutschen Protestanten verpflichtete.

Der Friede von Crépy ermöglichte dem Papst die Einberufung des Konzils in die vom Kaiser (auch mit Rücksicht auf die Protestanten) favorisierte, weil zum Reich gehörende Stadt Trient (erste Session 1545–1547); dem Kaiser die Konzentration seiner Kräfte auf die Auseinandersetzung mit den protestantischen Fürsten (Schmalkaldischer Krieg 1546/47, kaiserlicher Sieg bei Mühlberg an der Elbe am 24. April 1547). Das Konzil von Trient hat die Grundlagen der gegenreformatorischen Kultur gelegt, welche die italienische Geschichte des folgenden Jahrhunderts wesentlich mitgeprägt hat. Am Schmalkaldischen Krieg beteiligte sich auch Paul III.: durch Mitfinanzierung und durch Entsendung von Truppen, die von Kardinal Alessandro Farnese begleitet wurden. Aber das Einvernehmen von Kaiser und Papst hat nicht lange gedauert. Karl V. mißbilligte, daß der Papst 1545 Parma und Piacenza aus dem Kirchenstaat ausgegliedert und seinem Sohn Pier Luigi als erbliches Lehen übertragen hatte (Herzogtum der Farnese bis zu deren Aussterben 1731) und daß er 1547/48 das Konzil ins päpstliche Bologna verlegte. Paul III. wiederum wollte es nicht hinnehmen, daß der Kaiser nach dem Sieg bei Mühlberg eine Verständigung mit den Protestanten zu seinen Bedingungen durchzusetzen suchte (Augsburger Interim 1548). Das Zerwürfnis erreichte seine volle Schärfe schon seit der Ermordung des Herzogs Pier Luigi (1547), in deren Planung der kaiserliche Gouverneur in Mailand, Ferrante Gonzaga, eingeweiht war. Doch kurz zuvor war des Kaisers konsequentester und mächtigster Gegner Franz I. gestorben. Die *pax habsburgica* schien gesichert, schon nach Mühlberg hatte Tizian den Kaiser als neuen Augustus gemalt.

Hohe Funktionäre des Kaisers regierten in weitesten Teilen Italiens, die spanischen Vizekönige Pedro de Toledo und Juan de Verga in Neapel und Palermo, in Mailand der Gouverneur Ferrante Gonzaga, dessen noch unmündiger Neffe Guglielmo 1550 Herzog von Mantua wurde. Siena wurde noch vom kaiserlichen Botschafter in Rom, Diego de Mendoza, kontrolliert. In Genua bestimmte weiterhin die von Doria geführte kaiserliche Fraktion. Herzog Cosimo von Florenz hielt ohnehin zum Kaiser, und dasselbe tat Papst Julius III. (del Monte), der nach langem Konklave 1550 als Kompromißkandidat zwischen der kaiserlichen und der französischen Partei gewählt geworden war. Als Kardinal war er u. a. Konzilslegat in Trient gewesen; 1551 berief er das Konzil wieder dorthin ein, mußte es freilich schon 1552 erneut suspendieren, weil ein neuer Krieg zwischen Frankreich und dem Kaiser ausgebrochen war. Er war das Werk Heinrichs II., der die Ziele und die Methoden seines Vaters wieder aufgegriffen hatte, und auch seiner Gattin Caterina de' Medici, welche die schwachen Reste der antikaiserlichen Opposition Italiens an sich gezogen hatte. Aber die effektivsten Verbündeten des französischen Königs waren 1552 die deutschen protestantischen Fürsten, die ihm den Zugriff auf Metz, Toul und Verdun ermöglichten; und der Krieg wurde größtenteils außerhalb Italiens geführt, so um Metz, bei dessen Verteidigung florentinische *fuorusciti* (Flüchtlinge), darunter die Strozzi, mithalfen.

Auf der Halbinsel wurde zunächst nur um Parma gekämpft (1551/52), wo Pier Luigis Sohn Ottavio französischen Schutz erbeten hatte, sich aber bald wieder dem Kaiser unterwarf; seine Gattin Margareta wurde 1559 von Philipp II. zur Statthalterin der Niederlande ernannt. Größere Ausmaße nahm dagegen der mit französischer Hilfe sorgfältig vorbereitete Aufstand Sienas gegen die kaiserlich-spanische Kontrolle an (seit Juli 1552). Die Truppen Pedro de Toledos wurden durch türkische Angriffe auf Unteritalien gebunden, erst im August 1554 besiegten florentinische und spanische Truppen unter Cosimo I. das von Piero Strozzi geführte sienesisch-französische Heer. Nur Korsika haben die Franzosen, auch dank türkischer Unterstützung, bis 1559 halten können. Siena wurde eingeschlossen, ausgehungert und mußte am 17. April 1555 kapitulieren; die Stadt und ihr Gebiet fielen mit kaiserlicher Zustimmung an Cosimo I., der damit seine Staatsbildung zum Abschluß brachte. In den 1555/59 erreichten Grenzen hat das »Großherzogtum« (seit 1569), abgesehen von der napoleonischen Umgestaltung 1801–1814, bis 1860 bestanden. Einige hundert Sienesen, an der Spitze florentinische Exulanten um Strozzi, hatten 1555 in die Gebirgsstadt Montalcino in der südlichsten Toskana entkommen können, welche sie mit französischer Unterstützung als letztes Bollwerk der Republik bis 1559 gehalten haben.

Karl V. hatte schon in den Augsburger Familienverträgen vom März 1551 über seine künftige Erbfolge zwischen seinem Bruder Ferdinand (I.) und seinem Sohn Philipp (II.) entschieden und Philipp mit Spanien auch dessen italienische Nebenländer zugesprochen. Die Übergabe erfolgte in den Verzichterklärungen vom 25. Oktober 1555 (wegen der Niederlande), vom 16. Januar 1556 (wegen der spanischen Reiche) und vom 12. September 1556 (wegen der Kaiserwürde und der Herrschaftsrechte in Deutschland), mit denen sich Karl, verbittert über den Aufstand der deutschen Fürsten und den dadurch notwendig gewordenen Augsburger Religionsfrieden (1555), aus der Politik zurückzog. Doch zur definitiven Durchsetzung der habsburgischen Erbfolgen bedurfte es weiterer Waffengänge; vor allem in Nordfrankreich (spanische Siege bei Saint-Quentin 1557 und Gravelines 1558), aber zuvor auch noch einmal in Italien, dort in einer geradezu paradoxen Konstellation. Denn ausgerechnet der 1555 als 79jähriger zum Papst gewählte Paul IV. (Carafa), unter den damaligen Päpsten der intransigenteste Verfechter der Gegenreformation und insofern

Philipp II. geistig nahestehend, war politisch sein Leben lang ein ebenso heftiger Gegner Spaniens und Habsburgs; er verwarf den Augsburger Religionsfrieden und wollte die habsburgischen Thronfolgen nicht anerkennen. Er riskierte vielmehr einen weiteren Kampf um die *libertà d'Italia* und schloß daher alsbald ein Bündnis mit dem dazu gern bereiten Heinrich II. von Frankreich, dem auch Ercole II. von Ferrara-Modena beitrat. Aber der Krieg, den der Papst 1556/57 führen ließ, erwies sich für ihn als Desaster. Der neue Vizekönig von Neapel (seit 1556), der seit Mühlberg als Feldherr bewährte Fernando Alvarez de Toledo, bekannter geblieben als Herzog von Alba, konnte die südlichen Teile des Kirchenstaates besetzen; das französische Hilfkorps zog nach Saint-Quentin sogleich ab. Am 12. September 1557 schloß Alba mit den Bevollmächtigten des Papstes in Cave (bei Palestrina) Frieden, in äußerlich schonenden Formen. Aber der Papst mußte darin die Kündigung der Allianz mit Frankreich und strikte Neutralität versprechen.

Die Sanktionierung der damit gesicherten spanischen Hegemonie brachte der Friede von Cateau-Cambrésis (Le Cateau, bei Cambrai) zwischen Philipp II. und Heinrich II. (3. April 1559), mit dem Frankreich zwar seine Gewinne von 1552 (Metz, Toul, Verdun) bestätigt bekam, aber alle weiteren Eroberungen herausgeben und aus der italienischen Politik ausscheiden mußte. Der Kampf zwischen der französischen Krone und dem Hause Habsburg, der fast ein halbes Jahrhundert lang auf Italien gelastet hatte, wurde damit beendet, die Stabilität wiederhergestellt. Philipp II. herrschte seit 1559 unbestritten über das Herzogtum Mailand und über die Königreiche Neapel, Sizilien und Sardinien; dazu nahm er sich die bis dahin noch von französischen Garnisonen gehaltenen südtoskanischen Küstenplätze um Orbetello und den Monte Argentario als *Stato dei Presidi* (Staat der Festungen, gegen Einfälle der Türken und der Barbaresken, bis 1736). Seit 1563 bestand in Madrid der

Consejo de Italia als oberste Behörde für Spaniens italienische Regionen, von denen weiterhin Mailand durch einen Gouverneur, Neapel, Sizilien und Sardinien durch eigene Vizekönige verwaltet wurden. In Mailand blieb ein Senat mit beratenden Funktionen bestehen. In den drei Königreichen gab es Parlamente, in denen der grundbesitzende Adel und der hohe Klerus die bestimmende Mehrheit hatten; sie traten in mehrjährigen Abständen zusammen und verteilten die Steuerlasten auf die unteren Schichten. In Sizilien und Sardinien wurde auch die spanische Inquisition eingeführt, welche bekanntlich noch weitaus härter, undurchsichtiger und zentralistischer handelte als die römische.

Emanuel Philibert erhielt 1559 sein Stammland Savoyen, Genua und die Insel Korsika zurück; Herzog Guglielmo von Mantua konnte die Regierung in Monferrato übernehmen, Cosimos I. Herrschaft über die Toskana wurde bestätigt.

Das absolutistische und gegenreformatorische Spanien setzte seitdem die Maßstäbe, die mehr oder minder eineinhalb Jahrhunderte gelten sollten. Nur Savoyen und Toskana haben sich innerhalb der von Madrid gesetzten Grenzen noch eine Zeitlang einigermaßen selbständig entwickelt und eine zentralistische Verwaltung erhalten. Emanuel Philibert hat zudem die respektable Armee geschaffen, die von seinen Nachfolgern weiterentwickelt wurde und bis ins 19. Jahrhundert Savoyens relative Stärke begründet hat. Mit Ausnahme Venedigs waren die übrigen italienischen Staaten fortan militärisch bedeutungslos und konnten schon deshalb auf der internationalen Ebene keine Rolle mehr spielen. Der spanische Absolutismus war statisch. Er garantierte die Ruhe auf der Halbinsel und beschützte sie vor Türken und Barbaresken, aber er verhinderte, anders als der westeuropäische Absolutismus, wirtschaftliche Modernisierung und bürgerliche Aktivitäten größeren Ausmaßes. Abgesehen von wenigen Städten wie Genua, dessen Bankiers die Politik des spanischen Weltreiches mitfinanzierten und dafür von Madrid mit Adelstiteln und Privilegien ausgestattet wurden, oder von Livorno, wo Cosimo I. und seine Nachfolger einen modernen, offenen Hafen einrichteten, erlahmten die traditionellen Bank- und Handelsgeschäfte. Die meisten Regierungen taten wenig oder nichts, um dem freilich nur langsam spürbar werdenden Schrumpfungsprozeß infolge der Verlagerung der Handelswege entgegenzuwirken.

Exkurs: Zwischen Renaissance und Reform. Das Papsttum im Cinquecento

Im Frieden von Cateau-Cambrésis hatten die Könige von Spanien und von Frankreich sich auch auf eine energische Förderung der Kirchenreform durch das Konzil geeinigt; das erleichterte es Papst Pius IV., letzteres erneut nach Trient einzuberufen und zügig zu Ende zu führen (dritte Session 1562–1563). Das Konzil, von päpstlichen Legaten geleitet, vollzog die Abgrenzung der katholischen Lehre von der protestantischen und zugleich ihre teils vertiefende, teils verengende Definierung. Darauf und auf dem Wirken des neuen Ordens der Jesuiten beruhte die Gegenreformation, an deren Spitze sich seit etwa 1540 die Päpste gestellt hatten und die seitdem nach deren Direktiven gerade in Italien realisiert worden ist. Synchron mit der Durchsetzung des Absolutismus begann ein Prozeß konfessioneller Disziplinierung, welche vom Humanismus nur das akzeptierte (in den philologischen Fächern immerhin sehr viel), was mit strenger Kirchlichkeit vereinbar war.

Das Papsttum war jedoch damals (und bis ins frühe 20. Jahrhundert) eine wesentlich italienische und vielfach in die italienische Politik involvierte Institution. Als solche hat es in der hier behandelten Epoche zugleich außergewöhnliche, für die Außenwirkung Italiens sehr wichtige kulturelle Aktivitäten entwickelt, sich aber nur langsam, unter dem Druck der Reformation, wieder auf die kirchlichen Aufgaben konzentriert, aus denen es seine Rechtfertigung herleitet. Die spannungsreiche römische Entwicklung von der Renaissance zur Gegenreformation, und das bedeutete zugleich zum frühen Barock, soll daher zum Abschluß skizziert werden.

Die Päpste des Quattrocento seit Martin V. (1417–1431) hatten den in der Zeit von Exil und Schisma weithin aufgelösten Kirchenstaat im wesentlichen wiederhergestellt, Julius II. hat dieses Werk vollendet. Sie hatten auch seit Nikolaus V. (1447–1455) ihre weithin verfallene Hauptstadt wieder aufgebaut. Auf diesen Grundlagen haben die Päpste der ersten Hälfte des Cinquecento Rom neben Florenz, ja, an der Stelle von Florenz, von wo sie die tüchtigsten Künstler zu sich herüberzogen, auch zur künstlerischen Hauptstadt Italiens gemacht: zum weit ausstrahlenden Zentrum der Hoch- und Spätrenaissance und des Manierismus, zugleich des Studiums der Antike, der man die Vorlagen für die neuen Werke entnahm. Päpstliche und antikische Rom-Idee suchte man zu verbinden, dabei die besten Kräfte aus allen italienischen Kunstlandschaften zu integrieren. Überhaupt beruhte Roms kulturelle Bedeutung mehr auf seiner Integrationskraft als auf der Hervorbringung eigener Potenzen. Die größten Werke Bramantes, Michelangelos und Raffaels, dazu der Sangallo (Giulianos, Antonios des Älteren, Antonios des Jüngeren), des Sebastiano del Piombo und des Baldassare Peruzzi sind damals im mitplanenden Auftrag der Päpste von Julius II. bis Paul III. entstanden; man kann das nachlesen in Vasaris Künstlerviten. Julius II. konzipierte mit Bramante den an das Pantheon anknüpfenden Zentralbau über dem Petersgrab (seit 1506) und die vatikanischen Paläste, in deren Belvedere-Hof er die schönsten antiken Skulpturen versammelte, dazu die Via Giulia; Michelangelo und Raffael schmückten die Sixtinische Kapelle und die Stanzen im Vatikan mit ihren der gesamten neueren Kunst den Weg weisenden Fresken.

Die beiden Medici unter den damaligen Päpsten, zuvörderst Leo X. mit seinem kulturpolitischen Berater Pietro Bembo, haben das Toskanische in Rom eingebürgert und die Urbs auch zum sprachlich-literarischen Zentrum gemacht; Bembo nahm Einfluß auf die Bildprogramme Raffaels, welcher zugleich Architekt der Peterskirche und Konservator der antiken Denkmäler war. Mäzene in großem Stil waren auch Paul III. und sein Nepot Alessandro Farnese der Jüngere. Michelangelo wurde leitender Architekt für Rom und St. Peter, baute den Palazzo Farnese zu Ende und gab dem Kapitol seine bis heute erhaltene Form; Jacopo Barozzi (Vignola) baute Schloß Caprarola und die Kirche Il Gesù (den Gründungsbau des Barock). Ebenfalls für Paul III. schuf Michelangelo das (schon von Clemens VII. in Auftrag gegebene) Weltgericht in der Sistina und die Fresken in der Cappella Paolina; Tizian malte die eindrucksvollen Porträts des Papstes und seiner Nepoten. Giacomo Della Porta und Domenico Fontana haben dann Michelangelos Pläne weitergeführt und im Sinne des Frühbarock modifiziert, unter Sixtus V. (Peretti, 1585–1590) schließlich wurden die antiken Obelisken wieder aufgerichtet und die großen Straßenachsen (darunter die Via Sistina) geschaffen, auf denen das gesamte urbanistische Programm des barocken Rom beruht. Das Gesamtkunstwerk des »neuen Rom« im Bereich des antiken Marsfeldes (zwischen Tiber, Via del Corso und Corso Vittorio Emanuele) geht zurück auf die Bauprogramme der Päpste des Cinquecento und ihrer Nepoten, Günstlinge und hohen Beamten.

Für die Kirchengeschichte bedeutete die erste Hälfte des Cinquecento dagegen keine Glanzperiode, eher das Gegenteil. Denn die damaligen Päpste haben nicht mehr wie Nikolaus V. und Pius II. die humanistische Synthese von Religion und Kultur gelebt, sondern sich mit der weltlichen Dimension der Renaissance begnügt und ganz vornehmlich als Fürsten und Mäzene gedacht und gehandelt. Um ihre kirchlichen Aufgaben, besonders um die immer lauter geforderte Reform der zu reich gewordenen Kirche und der veräußerlichten Religiosität, haben sie sich zu wenig gekümmert, schon weil der weitverzweigte Reformismus seit einem Jahrhundert eng verbunden war mit dem Konziliarismus, welcher nicht den Papst, sondern das allgemeine Konzil als oberste kirchliche Instanz betrachtete. Seitdem die Päpste ihre Position in Rom wieder befestigt hatten, taten sie alles, um diesen Konziliarismus abzudrängen und den eigenen Primat herauszustellen, so schon Nikolaus V. und Pius II., welch letzterer als Enea Silvio Piccolomini selbst Konziliarist gewesen war. So begann ein kontinuierlicher Prozeß der Konzentration der katholischen Kirche auf den Papst; ein Prozeß, der dann seit etwa 1540 durch die nun von Rom koordinierte Abwehr der Reformation noch verstärkt wurde und zur Verkirchlichung der römischen Kurie geführt hat; Neubau und Ausstattung der Peterskirche dokumentieren diesen Prozeß.

Das von Julius II. mehr aus politischen Gründen (gegen das Pisaner Konzil) berufene und von ihm und von seinem Nachfolger Leo X. in Abhängigkeit gehaltene fünfte Laterankonzil (1512–1517) hatte wenig bewirkt. Auch die zuvor skizzierte Abneigung etlicher Päpste gegen die nach Trient führenden Konzilspläne Karls V. erklärt sich teils aus Roms antikonziliarer Tradition. Dem weltlichen Charakter der damaligen Päpste entsprach der des Kardinalskollegiums. Es war eine sehr begrenzte Oligarchie. Leo X. versuchte im Jahre 1517 durch die Ernennung von 31 Kardinälen seine Gefolgschaft zu zementieren. Aber auch weiterhin standen sich eine kaiserliche und eine französische Partei gegenüber, die erste um 1520 angeführt von Giulio de' Medici, daneben oder dagegen Exponenten der italienischen Staaten. Theologen waren nur sehr wenige unter den Kardinälen, meist die aus den Orden, so damals der Dominikaner Cajetan de Vio, der 1518/19 Legat in Deutschland war und als erster und etliche Zeit als einziger Exponent der römischen Kurie das Problem Luther erkannt hat. Am Konklave nach dem Tode Leos X. (Dezember 1521 / Januar

1522) nahmen 39 Kardinäle teil, darunter drei Nichtitaliener, zwei Spanier und ein Schweizer. Unter den übrigen neun Ausländern, die nicht nach Rom gekommen waren, war der Niederländer Florensz, der dann gewählt worden ist. Im nächsten Konklave im Oktober/November 1523 saßen wiederum nur 39 Wähler. Die Parteiungen waren dieselben wie zuvor, nur wollte die Mehrheit nun weder einen Ausländer, noch einen nichtanwesenden Kardinal; und so setzte sich Giulio de' Medici durch, der wegen seines großzügigen Auftretens im Gegensatz zu seinem Vorgänger dem Geschmack der Römer entsprach. Alessandro Farnese war jedoch bereits ein ernsthafter Konkurrent.

Der rigoristische Gegenkurs Hadrians VI. war Episode geblieben. Clemens VII. war der durch die Reformation ausgelösten Krise überhaupt nicht gewachsen und ist der Konzilsforderung stets ausgewichen. Erst der Pontifikat Pauls III. führte grundlegende Veränderungen herauf. Der Farnese-Papst verkörperte den Übergang: einerseits im Lebensstil und aufgrund seiner Karriere ganz ein Mann der Renaissance, andererseits – unter dem Eindruck der inzwischen in Europa weit ausgebreiteten Reformation – davon überzeugt, daß die Reform der Kirche unerläßlich sei. Er berief ausgewiesene Reformer zu Kardinälen, darunter freilich so gegensätzliche Männer wie den streng traditionalistischen Neapolitaner Giampiero Carafa und den im biblischen Humanismus verwurzelten Venezianer Gasparo Contarini, der sich am Ideal der Urkirche orientierte. Carafa wollte nur die Unterdrückung von Mißbräuchen, Contarini den Dialog mit den Neuerern unter Rekurs auf die Bibel. Eine von Contarini geleitete Kommission erarbeitete 1535 das Programm der Reform »an Haupt und Gliedern«: Die Grundzüge des Tridentinischen Konzils, welches 1545 begann. 1542 begründete Paul III., darin stark von Carafa beeinflußt, die römische Inquisition, welche vor allem das Vordringen protestantischer Ideen und Gruppen in Italien unterbinden sollte. Auch wurden nun die neuen reformistischen Orden gefördert, vor allem die Gesellschaft Jesu (1540 bestätigt) und die von Carafa mitgegründeten Theatiner, zu denen ein Jahrzehnt später noch das Oratorium des Filippo Neri trat. Die anspruchsvollen, künstlerisch eben den Übergang zum Barock markierenden Kirchen Il Gesù (seit 1568), Sant'Andrea della Valle und Chiesa Nuova (ganz auf den Vollzug der Meßliturgie ausgerichtete Saalbauten, von Kapellenreihen begleitet und von Kuppeln bekrönt) erinnern an diese Neugründungen. Julius III. setzte den Kurs seines Vorgängers fort, sowohl durch die Weiterführung des Konzils wie durch die Gründung römischer Kollegien zur Ausbildung von Geistlichen für die von der Reformation bedrohten Länder (u. a. Collegium Germanicum). Bevor der Barock sich durchsetzte, hatten Schüler Michelangelos und Raffaels, darunter Peruzzi, Vasari und Giulio Romano, den Übergangsstil des Manierismus entwickelt.

Die definitive Durchsetzung des Reformismus erbrachte die Wahl Marcellus' II. (Cervini), der selbst freilich nur ganz kurz regiert hat; Palestrina widmete ihm die berühmteste seiner Messen. Es folgte Paul IV. Carafa, der den Reformismus fanatisch übertrieben hat, der Inquisition den Vorrang vor allen anderen kurialen Behörden einräumte und sie selbst gegen gemäßigte Reformer unter den Kardinälen einschreiten ließ. Der Bibel-Humanismus wurde abgedrängt, das gesamte Werk des Erasmus 1559 indiziert, auch die berühmte Bibelübersetzung, welche Leo X. ausdrücklich approbiert hatte. Doch vor allem durch seinen geradezu pathologischen Haß gegen Karl V. wie durch die Rückkehr zu hemmungslosem Nepotismus zugunsten Unwürdiger hat Paul IV. sich selbst diskreditiert. 1559 wurde dann nach viermonatigem Konklave noch einmal ein persönlich mehr der Renaissance als der Reform verbundener Papst gewählt: der aus mailändischem Patriziat stammende und in Rom unter Paul III. aufgestiegene Pius IV. (Medici, nicht mit den Medici von Florenz verwandt), der mit dem Rigorismus des Vorgängers brach und den Frieden mit dem

Reich und mit Spanien wiederherstellte. Er hat die dritte Session des Trienter Konzils einberufen und deren Dekrete (darunter die für die barocke Kirchlichkeit so wichtig gewordenen über die Messe und über die Heiligen- und Bilderverehrung) bestätigt. Sein Neffe Carlo Borromeo wurde als Erzbischof von Mailand (seit 1563) der Prototyp des tridentinischen Reformbischofs (und zugleich lombardischen Selbst- und Pflichtbewußtseins).

Symptomatisch für die durch Trient bestimmte Folgezeit war 1566 die Wahl des Kardinals Michele Ghislieri, des Kandidaten Borromeos, eines Mannes einfachster Herkunft, der früh Dominikaner geworden war, die Ordensregel asketisch befolgt hatte und unter dem Carafa-Papst Großinquisitor gewesen war. Mit ihm, Pius V., der die Intransigenz des Inquisitors beibehielt, begann ein zunächst 25jähriger Abschnitt der Papstgeschichte, welcher sich geradezu kontrapunktisch von der Renaissance abhob. Durchsetzung der Trienter Dekrete unter möglichst direkter Leitung Roms und seiner Nuntien, Ernennung reformistischer Bischöfe sowie die in Rom zusammengefaßte Ausbildung einer neuen Klerikergeneration waren die Leitlinien der Pontifikate Pius' V., Gregors XIII. und Sixtus' V. Erst sie haben das römische Cinquecento auch zur kirchengeschichtlichen Epoche gemacht: eben der der Gegenreformation. Von prinzipiell gleichberechtigtem Nebeneinander antikischer Kultur, daran ausgerichteter künstlerischer Renaissance und von humanistisch interpretierter Religion wie unter den Medici-Päpsten und auch noch unter Paul III. war nun nicht mehr die Rede. Die Kunst wurde vielmehr ganz der kirchlichen Verkündigung untergeordnet. Die frühbarocken Kirchenbauten Roms (wie deren Folgebauten außerhalb der Urbs) bezeugen dies ebenso wie die Musik Palestrinas und seiner Schule.

Literaturhinweise

Aubert, Alberto: Paolo IV. Politica, inquisizione e storiografia. Florenz 1999.

Baron, Hans: The Crisis of the Early Italian Renaissance. Civic Humanism and Republican Liberty in an Age of Classicism and Tyranny. Princeton 1967.

Bec, Christian: L'Italie de la Renaissance. Un monde en mutation (1378–1494). Paris 1990.

Bertelli, Sergio [u. a.]: Le corti italiane del Rinascimento. Mailand 1985.

Braudel, Fernand: Modell Italien 1450–1650. Stuttgart 1999.

Bregoli-Russo, Mauda: Aspetti e problemi del Rinascimento. Neapel 1997.

Buck, August: Die italienische Renaissance aus der Sicht des 20. Jahrhunderts. Stuttgart 1988.

Burke, Peter: Die Renaissance in Italien. Sozialgeschichte und Kultur zwischen Tradition und Erfindung. Berlin 1984.

– Städtische Kultur in Italien zwischen Hochrenaissance und Barock. Eine historische Anthropologie. Berlin 1988.

– Die europäische Renaissance. Zentren und Peripherien. München 1998.

Cantimori, Delio: Eretici italiani del Cinquecento [...]. Florenz 1939, ²1967; deutsch: Italienische Häretiker der Spätrenaissance. Basel 1949.

– Die Renaissance in Italien. München 2002.

Castelfranchi Vegas, Liana: Italien und Flandern. Die Geburt der Renaissance. Stuttgart 1984.

Chabod, Federico: Studi sul Rinascimento. Turin 1967.

Chamberlin, Eric R.: The World of the Italian Renaissance. London 1982.

Chambers, David S.: Individuals and Institutions in Renaissance Italy. Aldershot 1998.

Cleugh, James: Die Medici. Macht und Glanz einer europäischen Familie. München ⁸1997.

Cochrane, Eric: Italy 1530–1630. London 1988.

Cole, Alison: Die Renaissance von Mailand bis Neapel. Die Kunst an den Höfen Italiens. Köln 1996.

Covini, Maria N.: L'esercito del duca. Organizzazione militare e istituzioni al tempo degli Sforza (1450–1480). Rom 1998.

De Rosa, Gabriele: Età moderna. Bergamo 1989.
Fagiolo, Marcello (Hrsg.): Roma e l'antico nell'arte e nella cultura del Cinquecento. Rom 1985.
Ganzer, Klaus: Aspekte der katholischen Reformbewegungen im 16. Jahrhundert. Stuttgart 1991.
Garin, Eugenio: Umanisti, artisti, scienziati. Studi sul Rinascimento italiano. Rom 1989.
Gensini, Sergio (Hrsg.): Roma capitale (1447–1527). Rom 1994.
Gilbert, Felix: Guicciardini, Machiavelli und die Geschichtsschreibung der italienischen Renaissance. Mit einer Einl. von Hans R. Guggisberg. Berlin 1991.
Greco, Gaetano / Rosa, Mario (Hrsg.): Storia degli antichi stati italiani. Rom 1996.
Grendler, Paul F.: Culture and Censorship in Late Renaissance Italy and France. London 1981.
Griffiths, Clive E. (Hrsg.): The Cultural Heritage of the Italian Renaissance. Lewiston [u. a.] 1993.
Hale, John R. (Hrsg.): Renaissance Venice. London 1973.
Hay, Denis / Law, John: Italy in the Age of the Renaissance: 1380–1530. London 1989.
Haynes, Maria S.: The Italian Renaissance and its Influence on Western Civilization. Lanham 1991.
Hempfer, Klaus (Hrsg.): Italien und die Romania in Humanismus und Renaissance. Festschrift für Erich Loos. Wiesbaden 1983.
Jedin, Hubert: Geschichte des Konzils von Trient. 4 Bde. Freiburg i. Br. 1949–76.
Kerrigan, William / Braden, Gordon: The Idea of the Renaissance. Baltimore 1989.
Kristeller, Paul Oskar: Studien zur Geschichte der Rhetorik und zum Begriff des Menschen in der Renaissance. Göttingen 1981.
Lessing, Erich: Die italienische Renaissance. Mit Beiträgen von Karl Otmar von Aretin und Friedrich Piel. München [2]1992.
Lutz, Heinrich: Italien vom Frieden von Lodi bis zum Spanischen Erbfolgekrieg 1454–1700. In: Theodor Schieder (Hrsg.): Handbuch der europäischen Geschichte. Bd. 3. Stuttgart 1971. S. 851–901.
Manusakas, Manusos I.: The Publishing Activity of the Greeks during the Italian Renaissance 1469–1523. Athens 1987.
Mittermaier, Karl: Die Politik der Renaissance in Italien. Darmstadt 1995.

Polizzotto, Lorenzo: The Elect Nation. The Savonarolan Movement in Florence 1494–1545. Oxford 1994.
Reinhardt, Volker (Hrsg.): Die großen Familien Italiens. Stuttgart 1992.
Rösch, Gerhard: Venedig. Geschichte einer Seerepublik. Stuttgart 2000.
Rubinstein, Nicolai: The Government of Florence under the Medici (1434 to 1494). Oxford [2]1997.
Uhl, Alois: Papstkinder. Lebensbilder aus der Zeit der Renaissance. Düsseldorf/Zürich 2003.
Steinberg, Ronald M.: Fra Girolamo Savonarola. Florentine Art and Renaissance Historiography. Athens (Ohio) 1977.
Uhl, Alois: Papstkinder. Lebensbilder aus der Zeit der Renaissance. Düsseldorf/Zürich 2003.
Valeri, Nino (Hrsg.): Storia d'Italia. Bd. 2: Dalla crisi della libertà agli albori dell'Illuminismo 1450–1748. Turin [2]1965.
Volpe, Gioacchino: L'Italia che nasce. Florenz 1969.
Walter, Ingeborg: Der Prächtige. Lorenzo De' Medici und seine Zeit. München 2003.
Welch, Evelyn: Art and Society in Italy. 1350–1500. Oxford 1997.
Wolf, Hubert: Kontrolle des Wissens. In: Theol. Revue Jg. 99 (2003) [über die römische Inquisition].
Wundram, Manfred: Kleine Kunstgeschichte des Abendlandes. Stuttgart 2000.
Zapperi, Roberto: Die vier Frauen des Papstes: Das Leben Pauls III. zwischen Legende und Zensur. München 1997.

Ein Überblick: Die italienischen Staaten zwischen 1559 und 1814

Von Angelica Gernert und Michael Groblewski

Die größeren Staaten

Kirchenstaat

Der Kirchenstaat durchzog die Mitte der Apenninenhalbinsel und teilte diese in einen nördlichen und einen südlichen Bereich. In Rom residierten die Päpste als Erben der römischen Kaiser im Machtzentrum des antiken Imperium Romanum. Über den Kernbereich der antiken Urbs Romana und über das Patrimonium Petri hinaus erstreckte sich der Kirchenstaat nach Nordosten bis an die Adria und nach Norden um das Großherzogtum Toskana herum bis an die Grenzen der Herzogtümer Modena und Mantua und der Republik Venedig und bildete dort mit Bologna ein zweites großes Zentrum. Durch den Rückfall der Lehen Ferrara (1598), Urbino (1630) und Castro (1649) erhielt der Kirchenstaat seine größte Ausdehnung. Aber die Verwaltung erstarrte, und das politische Gewicht ging zurück. Das Papsttum war und ist eine Wahlmonarchie auf Lebenszeit.

Die Päpste seit der Gegenreformation

1555–1559	Paul IV.	1721–1724	Innozenz XIII.
1559–1565	Pius IV.	1724–1730	Benedikt XIII.
1566–1572	Pius V.	1730–1740	Clemens XII.
1572–1585	Gregor XIII.	1740–1758	Benedikt XIV.
1585–1590	Sixtus V.	1758–1769	Clemens XIII.
1590	Urban VII.	1769–1774	Clemens XIV.
1590–1591	Gregor XIV.	1775–1799	Pius VI.
1591	Innozenz IX.	1800–1823	Pius VII.
1592–1605	Clemens VIII.	1823–1829	Leo XII.
1605	Leo XI.	1829–1830	Pius VIII.
1605–1621	Paul V.	1831–1846	Gregor XVI.
1621–1623	Gregor XV.	1846–1878	Pius IX.
1623–1644	Urban VIII.	1878–1903	Leo XIII.
1644–1655	Innozenz X.	1903–1914	Pius X.
1655–1667	Alexander VII.	1922–1939	Pius XI.
1667–1669	Clemens IX.	1939–1958	Pius XII.
1670–1676	Clemens X.	1958–1963	Johannes XXIII.
1676–1689	Innozenz XI.	1963–1978	Paul VI.
1691–1700	Innozenz XII.	1978	Johannes Paul I.
1700–1721	Clemens XI.	seit 1978	Johannes Paul II.

Königreich Neapel-Sizilien

Die zwei eigenständigen Königreiche gehörten von 1504 bis 1701/07 zu Spanien und wurden durch einen Vizekönig regiert. Sie fielen zwischenzeitlich an Österreich (Neapel) bzw. an Savoyen-Piemont (Sizilien) und wurden schließlich beide ab 1735 in Personalunion von den spanischen Bourbonen als Sekundogenitur regiert; die jahrhundertelange Zusammengehörigkeit wurde später in der Bezeichnung »Königreich beider Sizilien« deutlich.

Haus Bourbon

1735–1759	Karl (1759–1788 König Karl III. von Spanien).
1759–1825	Ferdinand I., seit 1816 König beider Sizilien; zuvor als Ferdinand IV. König von Neapel, als Ferdinand III. König von Sizilien (1798–1799 und 1805–1814 auf die Insel beschränkt).
1825–1830	Franz I.
1830–1853	Ferdinand II.
1859–1860	Franz II.

Herzogtum Savoyen / Königreich Sardinien-Piemont

Piemont mit der Hauptstadt Turin bildete den Kern des Herzogtums Savoyen. Der Frieden von Cateau-Cambrésis 1559 brachte nicht die Restitution im Verlauf der Auseinandersetzungen zwischen Frankreich und Spanien verlorener Gebiete, sondern eine Aufteilung in mehrere Herrschaftsbereiche. 1587/1601 gelang es, Saluzzo zurückzugewinnen, 1630/31 den größten Teil von Monferrato. Durch geschickte Schaukelpolitik und mehrfachen Bündniswechsel gingen die Herzöge von Savoyen gestärkt aus dem Spanischen Erbfolgekrieg hervor und erhielten mit Sizilien den Königstitel. Als Sizilien 1718 an Österreich fiel, wurden sie mit Sardinien entschädigt. In den Revolutionskriegen mußten Gebietsverluste hingenommen werden, schließlich behauptete die Dynastie nur noch Sardinien unter dem Schutz der britischen Seemacht. Der Wiener Kongreß stellte nicht nur den vorherigen Status wieder her, sondern erweiterte das Gebiet des Königreichs um das der alten Republik Genua.

Großherzogtum Toskana

Mit den Medici entwickelte sich Florenz zum Flächenstaat Toskana. Seit (1531) 1537 Herzogtum, stieg es 1569 zum Großherzogtum auf. Nach dem Aussterben der Medici erhielt Franz-Stephan von Lothringen (der spätere Kaiser Franz I.) und somit das Haus Österreich 1737 die Herrschaft über dieses zentrale italienische Land, das sich in der Tradition des antiken Etrurien sah und einen kulturellen Führungsanspruch in Italien erhob. Der bedeutendste habsburgische Großherzog war (Peter) Leopold I. (Pietro Leopoldo, 1765–1790).

Herzogtum Mailand

Das Herzogtum Mailand umfaßte in etwa den größeren westlichen Teil der heutigen Lombardei, grenzte im Osten an das Territorium der Republik Venedig, welches Bergamo noch mit einschloß. Als Karl V. die Herrschaft nach dem Aussterben der Sforza seinem Sohn Philipp übertrug, verlor Mailand seine Eigenständigkeit und wurde lediglich von einem Gouverneur verwaltet; es gehörte bis 1714 zu Spanien, von da an bis 1796 zu Österreich, um schließlich unter Napoleon zum Zentrum zunächst der cisalpinischen Republik, dann 1802 der italienischen Republik und 1805 des Königreichs Italien zu werden.

Herzogtum Mantua

Das kleine, von Karl V. 1530 zum Herzogtum erhobene Mantua, das die Gonzaga ab 1536 zusammen mit dem Herzogtum Monferrato regierten, lag an einer strategisch überaus wichtigen Stelle zwischen dem Herzogtum Mailand, dem Herzogtum Parma-Piacenza, dem Herzogtum Modena und Reggio, dem Kirchenstaat, dem Herzogtum Ferrara und der Republik Venedig im östlichen und fruchtbarsten Teil der Po-Ebene. Mit der Markgrafschaft Monferrato, gelegen zwischen dem Herzogtum Savoyen, dem Herzogtum Mailand und dem Herzogtum Parma-Piacenza, kontrollierten die Gonzaga für Kaiser und Reich sowohl das östliche als auch das westliche Oberitalien. Da alle Versuche, das Staatsgebiet um das Herzogtum Mailand zu erweitern, scheiterten, war trotz wirtschaftlichen Wohlstands eine eigenständige Politik nicht möglich.

Haus Gonzaga

1550–1587	Guglielmo
1587–1612	Vincenzo I.
1612–1626	Ferdinando
1626–1627	Vincenzo II.
1628–1637	Carlo I.
1637–1665	Carlo II.
1665–1708	Ferdinando Carlo di Gonzaga-Nevers

Herzogtum Modena

1452 zum Herzogtum erhoben, regierten seit der zweiten Hälfte des 13. Jahrhunderts die Este das fruchtbare Gebiet an den Nordhängen des Apennin. Es umfaßte Ferrara und besaß somit einen Zugang zur Adria. Nach dem Verlust Ferraras, das 1597 nach dem Ende der Hauptlinie an den Kirchenstaat zurückfiel, suchte man den Zugang zum Meer im Westen, was trotz mehrerer Erweiterungen des Staatsgebiets (1635 Correggio, 1711 Mirandola, 1737 Novellara) erst 1741 mit der Einverleibung von Massa und Carrara gelang. Es bildete somit seit der Mitte des 18. Jahrhunderts eine Pufferzone zwischen dem »französischen« Herzogtum Parma-Piacenza und dem »österreichischen« Großherzogtum Toskana.

Herzogtum Parma-Piacenza

Seit 1512 Teil des Kirchenstaats, faßte Paul III. die Territorien zum Herzogtum Parma-Piacenza zusammen und verlieh es seinem Sohn Pier Luigi Farnese. Nach dem Aussterben der legitimen dynastischen Linie 1731, kam es kurzfristig an Elisabetta Farneses Sohn Karl, d.h. an die Bourbonen, 1735 an Österreich (1746 wurde das kleine Herzogtum Guastalla einverleibt) und 1748 an Karls Bruder Philipp und damit wieder an die Bourbonen. Nach dem Tod Ferdinands (1802) nahm Napoleon die Herzogtümer in Besitz und vereinigte sie 1805 mit dem Königreich Italien.

Die Republiken

Venedig

Die alte Handelsrepublik dominierte den gesamten Adriaraum durch ihre Besitzungen entlang der dalmatinischen Küste, zeitweise in Teilen Griechenlands, von Kreta und Zypern sowie anderen kleineren Inseln auch im östlichen Mittelmeer. Mit dem territorialen Besitz im östlichen Oberitalien – das Gebiet reichte im Westen bis an die Grenze des

Herzogtums Mailand westlich von Bergamo – war Venedig aber auch ein bedeutender Machtfaktor auf der Apenninenhalbinsel. Die republikanische Verfassung garantierte eine weitgehende Kontrolle dynastischer Ambitionen jener Familien, die zahlenmäßig beschränkt die Führungselite des Staates stellten. Aus ihrer Mitte wurde der Doge gewählt, welcher, befristet mit größter Machtfülle ausgestattet, die notwendigen politischen Entscheidungen treffen konnte. Die beiden Ratsversammlungen fungierten als Wahlorgane und als Legitimations- oder auch als Kontrollorgane für die Staatsführung. Das italienische Staatsgebiet Venedigs blieb nach 1559 trotz des stetigen Machtverlusts und ganz im Unterschied zu seinen mittelmeerischen Besitzungen bis zum Ende der Republik 1797 weitestgehend erhalten. Seit 1805 zum napoleonischen *Regno d'Italia* gehörend, bildete es seit 1814 die eine Hälfte des österreichischen Königreichs Lombardo-Venetien.

Genua

Die alte Handelsrepublik am Ligurischen Meer umfaßte nicht nur die große Hafenstadt, sondern den gesamten Küstenstreifen zwischen Frankreich und Massa und Carrara sowie Korsika. Die restlichen überseeischen Besitzungen verlor die Republik schon bald aufgrund der spanischen Dominanz und zog sich schließlich ähnlich wie Venedig auf eine strikte Neutralitätspolitik als Überlebensstrategie zurück. Vor allem dem politisch ambitionierten Savoyen-Piemont war die Republik im Wege, weil sie den wirtschaftlich wichtigen Zugang zum Meer verstellte. Um massiver Bedrohung auszuweichen, verkaufte Genua bereits 1576 Oneglia an den Nachbarn, wegen finanzieller Schwierigkeiten 1768 schließlich Korsika an Frankreich. 1797 verlor Genua seine politische Eigenständigkeit und gehörte dann zum napoleonischen Italien. Die Verfassung der Republik, 1528 reformiert und niedergelegt, 1547 und 1576 modifiziert und endgültig definiert, glich weitläufig der Venedigs mit Ausnahme des Regierungsturnus von zwei Jahren für den Dogen. Ansonsten war auch hier die Führungselite traditionell durch die anerkannten Adelsfamilien besetzt, welche die politische Handlungsfähigkeit der Republik durch die Wahl eines Dogen mit großer Entscheidungskompetenz sicherte. Unterstützt wurde er durch Procuratoren. Kontrolliert wurde diese Machtfülle wie in Venedig durch zwei Ratsversammlungen.

Lucca

Die kleine, aber reiche mittelalterliche Stadtrepublik nördlich von Pisa besaß zwei Häfen an der ligurischen Küste. Seit dem 12. Jahrhundert Freistaat, erkaufte sie sich 1370 von Karl IV. die Anerkennung als freie Reichsstadt – ein Status, den sie bis 1806 wahren konnte. Die ursprünglich demokratische wurde 1556 durch eine aristokratische Verfassung abgelöst, die bis 1801 Bestand hatte. Napoleon vergrößerte das Staatsgebiet 1805 um das Fürstentum Piombino und das Herzogtum Massa und Carrara und erhob es zum Herzogtum Lucca.

San Marino

Die winzige Stadtrepublik, südwestlich von Rimini gelegen, führt ihre bis heute bestehende Unabhängigkeit und ihre republikanische Verfassung auf das 13./14. Jahrhundert zurück. Schriftlich niedergelegt datiert die Verfassung mit fünfjährigem Wahlturnus aus dem Jahre 1600.

Die kleineren selbständigen Fürstentümer und Herzogtümer

Herzogtum (Fürstentum) Massa und Carrara

Das Fürstentum an der ligurischen Küste, 1568 entstanden aus der Zusammenlegung der Markgrafschaft Massa mit Carrara, das im wesentlichen von seinen Marmorbrüchen lebte, wurde 1664 zum Herzogtum erhoben und von 1548 bis zum Aussterben der Dynastie 1731 von den Cibò regiert. 1741 kam es an die Este und wurde dem Herzogtum Modena einverleibt. 1805 gliederte es Napoleon dem neuen Herzogtum Lucca ein und unterstellte es seiner Schwester Elisa Bacciocchi.

Reichsfürstentum Piombino

Das kleine Reichsfürstentum (seit 1509), an der Südspitze einer Halbinsel gegenüber von Elba gelegen, gehörte bis 1603 den Appiani, fiel dann an Spanien und wurde vom König 1634 den Ludovisi und den Boncompagni-Ludovisi als Lehen gegeben. Napoleon vereinte es 1805 mit dem Herzogtum Lucca.

Stato dei Presidi

Das kleine Staatsgebilde faßte die 1559 Spanien zugesprochenen verkehrsgünstigen toskanischen Küstenplätze Orbetello, Port' Ercole, Porto di S. Stefano, Talamone, L'Ansedonia und das Kastell Porto Longone mit seinem Gebiet auf Elba zu einem ziemlich autarken militärischen Stützpunkt für die spanische Flotte zusammen, welcher nicht nur für die Bekämpfung der Türken im Mittelmeer, sondern auch in den Auseinandersetzungen im Spanischen Erbfolgekrieg von großer Bedeutung war. In den Friedensschlüssen von Utrecht und Rastatt wurde der strategisch wichtige Kleinstaat zusammen mit der Lombardei, Neapel und Sardinien Österreich zugesprochen. Das bourbonische Neapel mußte die 1736 übernommene Oberhoheit 1797 an Napoleon abtreten, bevor das Staatsgebilde 1815 seine Eigenständigkeit endgültig verlor und im Großherzogtum Toskana aufging.

Von den italienischen Staaten zum ersten *Regno d'Italia* Italienische Geschichte zwischen Renaissance und Risorgimento

(1559–1814)

Von Angelica Gernert und Michael Groblewski

Epochenüberblick

Die Geschichte Italiens von der Mitte des 16. bis zum Anfang des 19. Jahrhunderts ist nicht nur die Geschichte der einzelnen italienischen Staaten, sondern zugleich Vorgeschichte der modernen italienischen Nationswerdung. Insofern gilt es, nicht nur das Beziehungsgeflecht der wechselvollen politischen Ereignisgeschichte zu durchdringen, sondern auch die politische Emanzipation der heimischen Führungselite zur Kenntnis zu nehmen und deren Weg der kulturellen Selbstvergewisserung zu verfolgen.

Innerhalb der beiden hier zu behandelnden Epochen, die man geistesgeschichtlich mit den Begriffen Gegenreformation und Aufklärung bezeichnen kann, lassen sich jeweils drei Phasen abgrenzen: Die Gegenreformation begann mit dem Ende des Trienter Konzils mit der katholischen Restauration unter den Päpsten von Marcellus II. bis Sixtus V. (s. S. 170f.), sie erreichte mit Clemens VIII. (1592–1605) bis Urban VIII. (1623–1644) ihren Höhepunkt und bildete im zur Metropole ausgebauten Rom das System des barocken Absolutismus aus. Seit Innozenz X. (1644–1655) mußte dann das Papsttum und dementsprechend auch das übrige

Italien den politischen Ambitionen des wieder erstarkten Frankreich Rechnung tragen. Das Papsttum fiel politisch zurück, da es mit der säkularisierenden Modernisierung der europäischen Staaten nicht mithalten konnte.

Die erste Phase der Aufklärung reichte von 1700 bis zur Jahrhundertmitte und war von der Unruhe und den Folgen der europäischen Erbfolgekriege gekennzeichnet; die zweite bis 1792 entwickelte dagegen als Friedenszeit gesellschaftliche Reformkonzepte und setzte sie zum Teil auch um. Die dritte Phase begann mit den französischen Annexionen von Nizza und Savoyen, der Eroberung Oberitaliens durch Napoleon und der Gründung der ersten modernen Republik auf italienischem Boden, der Repubblica Cisalpina, und führte bis zur Einigung der meisten italienischen Staaten und der Gründung des *Regno d'Italia* im Jahre 1805 über die Jahrhundertgrenze hinaus. Wie auch in anderen europäischen Staaten endet sie mit dem Sieg über Napoleon und der nachrevolutionären Konstruktion der europäischen Staatenwelt im Wiener Kongreß.

Die mittel- und kleinstaatliche Gliederung Italiens, festgeschrieben im Frieden von Cateau-Cambrésis (1559), war für nahezu eineinhalb Jahrhunderte ziemlich stabil, neutralisierte zunächst aufgrund der spanischen Vorherrschaft die partikulären dynastischen Interessen und beschränkte italienische Souveränitätsträume auf kulturelle Selbstvergewisserung und auf das Zentrum der Halbinsel, auf Rom und den Kirchenstaat. In der Gegenreformation und im Papsttum darf man insofern auch einen italienischen identitätsstiftenden Faktor erkennen, der jedoch seine Bedeutung mit dem Ende des Dreißigjährigen Krieges verlor, im Erfolg der Gegenreformation auf der Halbinsel übrigens auch eine der Grundlagen der Stabilität der staatlichen Verhältnisse.

Um die Veränderungen der italienischen Staatenwelt im 18. Jahrhundert zu verstehen, muß man die durch die Ergebnisse des Spanischen Erbfolgekrieges und durch das Aussterben einer Reihe italienischer Dynastien ausgelösten

Verschiebungen im politischen Gleichgewicht Europas berücksichtigen. Sowohl die Bourbonen und Frankreich als auch die Habsburger und Österreich rangen um die Hegemonie in Europa und hofften, durch die Vorherrschaft auf der Apenninenhalbinsel ihren Führungsanspruch als Nachfolger des antiken römischen Imperiums legitimieren zu können. Um die Mitte des Jahrhunderts hatten sich die Einflußsphären in eine südliche, durch die Bourbonen kontrollierte und eine nördliche, von den Habsburgern dominierte Sphäre stabilisiert; das zum Königtum aufgestiegene Piemont/Sardinien übernahm kurzfristig die Vorreiterrolle bei den überfälligen innenpolitischen Reformen, und um die Mitte des Jahrhunderts zogen kirchliche Reformen und die Wissenschaftspolitik Benedikts XIV. die Blicke aller europäischen Aufklärer auf sich. Zu den eigentlichen Zentren des *Illuminismo* entwickelten sich in der zweiten Hälfte des Jahrhunderts zunächst Neapel, dann aber vor allem Florenz und Mailand. Das Musterbeispiel eines evolutionär in die Zukunft führenden aufgeklärten Absolutismus gaben dabei die Toskana und Peter Leopold, der spätere Kaiser Leopold II. Gesellschaftsreform und wirtschaftlicher Aufbau des Landes folgten neuesten Erkenntnissen. Der Herrscher buhlte nicht nur in seiner typisch absolutistischen Selbstdarstellungsstrategie um die Anerkennung seiner Untertanen, sondern betrieb mutig die Integration aller gesellschaftlich-politischen Kräfte. Während dieses Emanzipations- und Zivilisationsprozesses entwickelten sich Stück für Stück die Bausteine eines politischen Partizipationsmodells für die heimische Führungselite, und es institutionalisierte sich die öffentliche Meinungsbildung in Gestalt eines politischen Journalismus.

Damit war der Boden für die mit den napoleonischen Annexionen verbundenen Gesellschaftsreformen auf der Basis der Französischen Revolution vorbereitet. Viele Ideen der italienischen Aufklärung, die Vereinheitlichung des Rechts, die Verfassung des Staates und die Pressefreiheit schufen ein offenes politisches Klima, das allerdings deswegen nicht von Dauer sein konnte, weil es vom Imperialismus Napoleons ad absurdum geführt und erstickt wurde. So schien Italien nach dem Wiener Kongreß wieder am Anfang zu stehen – wieder aufgefordert, die im Jahrhundert der Aufklärung aufgezeichneten politischen Perspektiven zu verwirklichen.

Die italienische Staatenwelt an sich war im gesamten hier zu bedenkenden Zeitraum für die Entwicklung der großen europäischen Politik nur noch von gelegentlicher und dann eher marginaler Bedeutung. Aber Italien als solches blieb nach der Entscheidung von 1559 noch lange ein sehr wichtiger Faktor in der Entwicklung der europäischen Kräfteverhältnisse, blieb ein wenigstens beachtenswerter Faktor selbst im 18. Jahrhundert. Der über Jahrhunderte hier versammelte Reichtum verlor sich ja keineswegs von einer Generation zur nächsten, die mittelmeerische Handels- und Finanzwelt verlor nur langsam im Verhältnis zum freilich rapiden Aufschwung der neuen transatlantischen, globalen Wirtschaftsräume und ihrer westeuropäischen Lenkungszentren. Ohne die Leistungskraft zumal der genuesischen Banken hätte schon Philipp II. kaum über jene großen politischen Handlungsmöglichkeiten verfügt, welche das Europa seiner Zeit so sehr herausgefordert haben, und Spaniens jenseits der eigenen Kräfte bis weit ins 17. Jahrhundert hinein aufrechterhaltene europäische Großmachtrolle hing in erheblichem Maße an der Verfügung über nord- und süditalienische Ressourcen. Umgekehrt nutzte die spanische Hegemonie wegen der damit einhergehenden Stabilität manchen wichtigen wirtschaftlichen Zentren auf der Halbinsel. Freilich verstärkten hier die besitzenden Schichten weithin ihre Investitionen in den Erwerb von Grund und Boden, was dem Anschluß an westeuropäische Wirtschaftsentwicklungen abträglich gewesen sein mag, aber sie taten dies im Aufschwung der Agrarkonjunktur in der zweiten Hälfte des 16. Jahrhunderts, und die mit steigenden Preisen gegebene Erhöhung der Einkünfte in den Oberschichten gehörte zu den Voraussetzungen der kulturellen Hochkonjunktur mit ihren europaweiten Ausstrahlungen. Letztere fiel dann auch mit, als sich gegen Ende des 17. Jahrhunderts ein ebenso genereller agrarkonjunktureller Abschwung durchsetzte. Italien behielt eine führende Rolle in der gewerblichen Produktion, die Spitzenposition in der Fertigung von Luxuswaren bis ins zweite Viertel des 17. Jahrhunderts, dann allerdings glitt das italienische Gewerbe in eine langfristige Krise, ausgelöst zunächst durch Marktverluste infolge der Verwüstungen im großen Krieg nördlich der Alpen, verschärft dann durch technologische und wirtschaftsorganisatorische wie wirtschaftspolitische Überflügelungen in anderen Ländern, so in Frankreich. Im Norden schuf die verbilligende Verlagerung von Produktionen eine gewisse Abhilfe, nicht so im Süden; insgesamt verloren die Gewerbe Italiens seit dem späteren 17. Jahrhundert in europäischen Horizonten doch an Boden, fielen teils auf die Herstellung von Halbfertigprodukten zurück, zumal die Besitzenden ihre einst plausible Investitionsmentalität nicht oder zu selten änderten. Dennoch, dem Nachsommer italienischer Prosperität, welche mancher Italiener um 1600 als die glücklichste Zeit der Halbinsel bezeichnet hat, folgte kein finsterer Winter, wiewohl ein Herbst der Stagnation, allerdings auch ein kaum mehr aufholbarer Rückfall des Mezzogiorno, des Südens.

Kulturgeschichte und Ereignisgeschichte

1562–1563 Dritte und letzte Sitzungsperiode des Trienter Konzils. Mit der Bulle *Benedictus Deus* Pius' IV. vom 30. Juni 1564 und mit der Einsetzung einer eigenen Kardinalskongregation Beginn der Umsetzung.

1571 7. Oktober: Seesieg der christlichen Liga unter Füh-

	rung von Don Juan d'Austria über die türkische Flotte bei Lepanto.
1582	Kalenderreform Gregors XIII.
1590	14. September: Vollendung der Kuppel der Peterskirche.
1598	Integration Ferraras in den Kirchenstaat.
1610	1. November: Kanonisation des heiligen Carlo Borromeo.

1559 fanden die Kämpfe zwischen Österreich/Spanien und Frankreich um die Vorherrschaft ihr vorläufiges Ende. Im Friedensvertrag von Cateau-Cambrésis einigten sie sich auf eine politische Ordnung der Apenninenhalbinsel, die mit wenigen kleineren Ausnahmen über eineinhalb Jahrhunderte bis zum Spanischen Erbfolgekrieg Bestand hatte. Dabei gründete diese Dauerhaftigkeit des Staatensystems unter spanischer Hegemonie auch in einer weitläufig gelungenen inneren Stabilisierung durch Ausweitung lokaler zu regionalen Herrschaftskompromissen, durch ordnungs- und fiskalpolitische Erfolge, teils auch durch präventive wohlfahrtsstaatliche Einrichtungen und Maßnahmen. Lediglich das Papsttum und der Kirchenstaat bewahrten aufgrund ihres Systems und ihres universalen Anspruchs eine gewisse Souveränität. So nimmt es nicht wunder, daß die Italiener in Rom das Herzstück ihrer nationalen Identität entdeckten und die Stadt einen gewaltigen Zustrom an Menschen und Kapital aus allen italienischen Staaten erfuhr. Gegenreformation und die Veränderung der europäischen Machtverhältnisse bedingten einander und trugen gleichermaßen zur Ausbildung des römischen Zentralismus im Zeitalter des Barock bei; Gegenreformation und barocke Kultur wurden gemeinsam zum kulturpolitischen Exportschlager Italiens.

Läßt sich damit für die italienische Geschichte wie so oft ein kulturgeschichtlicher Begriff legitimieren, so stellt sich zugleich die Frage nach der epochalen Abgrenzung zur Renaissance. Selbstverständlich gab es kulturgeschichtliche und ereignisgeschichtliche Interdependenzen, wobei sich allerdings diese Ereignisse nicht auf territoriale oder personelle Veränderungen in den politischen Machtverhältnissen reduzieren lassen; vielmehr spielten auch Paradigmenwechsel in der Weltsicht und im Verständnis der Gesellschaft, ebenso auch im Aufbau neuer wirtschaftlicher Strukturen eine große Rolle. Insofern gewann die mit dem neuzeitlichen Papsttum verflochtene Renaissance der Reichsidee eine neue transatlantische Perspektive nach der Entdeckung Amerikas durch Cristoforo Colombo im Jahre 1492.

Die römische Hochrenaissance erklärt sich unter diesem Blickwinkel nicht eindimensional als Erfüllung, sondern auch als Überwindung der national ausgerichteten Frührenaissance Florentiner Prägung. Das herrscherliche Selbstverständnis und die politischen Ambitionen eines Julius II. und eines Leo X. verbanden sich weniger mit dem idealistischen Humanismus des 15. Jahrhunderts als mit dem barocken Absolutismus, dessen Aufblühen lediglich noch einmal durch eine Reihe von italienischen und reformatorischen Widerständen verzögert wurde. Für diese turbulente Epoche hat sich der kulturgeschichtliche Begriff des Manierismus zwischen Renaissance und Barock etabliert. Er bezeichnet den Zeitraum zwischen dem Anschlag der Thesen Luthers (1517) bzw. dem *Sacco di Roma* (1527) auf der einen Seite und dem Augsburger Religionsfrieden (1555) bzw. dem Ende des Trienter Konzils (1563) auf der anderen Seite. Damals formierte sich nicht nur die Staatenwelt Italiens für die folgenden Jahrhunderte, sondern vor allem zunächst im Papsttum auch das politische System des Absolutismus. Die philosophisch-theologische Begründung dieses Systems lag in der Versöhnung von Christentum und Antike in der Renaissance, in der Behauptung, das Papsttum stünde nicht nur in der Rechtsnachfolge Petri, sondern auch in der des römischen Kaisers.

Der aus Mailand stammende Pius IV. hatte sein Pontifikat nach dem Frieden von Cateau-Cambrésis dazu genutzt, das zum zweiten Mal unterbrochene Konzil von Trient erfolgreich zu Ende zu führen, seine Dekrete zu autorisieren und umzusetzen. Seinen Nachfolgern blieb es überlassen, die Eckpunkte der katholischen Reform sinnfällig zu machen: Mit Pius V. (1566–1572) vollzog sich die moralische Aufrüstung, mit Gregor XIII. (1572–1585) die administrative Sicherung; Sixtus V. (1585–1590) steigerte die repräsentative Darstellung der mit der katholischen Restauration beginnenden Gegenreformation. Eine entscheidende Rolle spielte dabei der von Ignatius von Loyola gegründete Jesuitenorden. Eng mit dem spanischen Königshaus und mit dem Reich verbunden, nahm sich der militante Reform- und Missionsorden des für die ideologische Durchsetzung des Tridentinums unverzichtbaren Bildungsbereichs an. Zwar mußte die Societas Jesu deshalb zunächst während der Auseinandersetzungen zwischen Paul IV. und Philipp II. kurzfristig um ihre Existenz bangen. Aufgrund der Förderung durch den auch an der Kurie einflußreichen Mailänder Erzbischof und Kardinal Carlo Borromeo konnte sie in Rom Fuß fassen, entscheidend an der Programmatik der Gegenreformation mitarbeiten und eine Führungsrolle bei deren Medialisierung übernehmen. Schon 1568 wurde mit dem Bau ihrer römischen Ordenskirche Il Gesù, dem Vorbild des barocken-katholischen Kirchenraums, begonnen. Im Sinne der vom Tridentinum angestrebten Einbeziehung der Gemeinde in die Liturgie synthetisierte er über eine unverstellte Sichtachse den Versammlungssaal mit der Memorialkuppel, mit dem Chorraum und dem Hochaltar in der Apsis. Zusammen mit dem riesigen Neubau des Collegium Romanum unter Gregor XIII. wurde die Kirche 1584 fertiggestellt und geweiht. Damit hatten sich die Jesuiten auch in Rom repräsentativ etabliert. Modern stellten sie sich dar und militant, weltoffen, wissenschaftsorientiert und straff organisiert. Sie leiteten nicht nur das Collegium Germanicum, sondern waren nun auch für die akademische Ausbildung des Klerus im Kirchenstaat zuständig.

Die römische Integration der Jesuiten war für das die italienischen Hoffnungen tragende Papsttum genauso wichtig wie die erfolgreiche Abwehr der Türken und Sarazenen. In der Seeschlacht von Lepanto 1571 kämpfte die päpstliche Flotte unter Marcantonio Colonna an der Seite der venezianischen unter Sebastiano Venier und derjenigen Spaniens unter dem Oberbefehlshaber Don Juan d'Austria. Darüber hinaus hatten auch das Großherzogtum Toskana sowie das Herzogtum Savoyen einige Schiffe entsandt. Die anderen europäischen Mächte aber waren ferngeblieben, so daß die christliche Liga wesentlich eine italienische Liga war, in der das Papsttum die moralische und Spanien (als größte Macht auf der Halbinsel) die militärische Führung übernommen hatten. Der Sieg über die Türken im östlichen Mittelmeer bestätigte die Position des Kirchenstaates gewissermaßen als italienische Selbstbehauptung gegenüber der mächtigen spanischen Präsenz in Unter- und Oberitalien, während Venedig vermittels eines separaten Friedens mit den Türken 1573 nur Stabilität in der Adria erreichte, aber keinen Wiedergewinn der bisherigen Verluste (zuletzt Zypern 1570) zur Folge hatte. Darüber hinaus brachte er auch das zentrale Triumphmotiv gegenreformatorischer Selbstdarstellung, den »trionfo della chiesa«, nach Rom.

Den sinnfälligsten Ausdruck fand dieses Motiv 1586, fünfzehn Jahre später, unter Sixtus V., in der Aufrichtung des Vatikanischen Obelisken auf dem Petersplatz. Das imperiale Siegeszeichen der römischen Kaiser wurde unter das Kreuz gestellt und markierte so den Vorhof des Vatikan-Komplexes. Es war die Eröffnung eines umfassenden Stadterweiterungs- und Stadtverschönerungsprogramms des Papstes. Die Einwohnerzahl Roms hatte wieder antike Ausmaße erreicht, und die Stadt hatte sich zu einem internationalen politischen Zentrum entwickelt, in dem die katholischen Mächte ihre diplomatischen Vertretungen unterhielten und in die sie ihre Wissenschaftler und Künstler schickten. Neue Wohngebiete entstanden am Pincio und am Quirinal, um S. Maria Maggiore und am Lateran. Große, gerade Straßen und Obelisken bildeten Sichtachsen zwischen den sogenannten sieben Hauptkirchen Roms. Nach ihrem Erbauer Via Sistina bzw. Via Felice (Sixtus V. bzw. Felice Peretti) genannt, führte die längste, allerdings nie vollendete Achse den Pilger über mehr als drei Kilometer direkt von der Piazza del Popolo zu S. Maria Maggiore als dem gegenreformatorischen Zentrum der Volksfrömmigkeit. Als Glanzpunkt der Stadterweiterung im Osten galt jedoch die Wasserversorgung, für die der Papst nach dem Muster der antiken Kaiser einen neuen Aquädukt von Palestrina nach Rom führen ließ. Die Acqua Felice präsentierte sich nach ihrem Eintritt in die Stadt nahe bei den Diokletiansthermen in einer gewaltigen, dreitorigen, triumphbogenartigen Brunnenwand. Mit der zentralen Figur des Moses, der in der Wüste für die Israeliten Wasser aus dem Felsen schlug, identifizierte sich der Papst, der die wasserlosen Hügel Roms mit Wasser versorgte und damit eine Besiedlung erst ermöglichte. Der begeisterte Besucher konnte Rom aber nicht nur wegen seiner großzügigen Modernität, wegen seiner bewundernswürdigen Denkmäler und wegen der am Ende des Pontifikats 1590 baulich vollendeten Kuppel von St. Peter glücklich preisen, sondern auch wegen seiner Sauberkeit und der Sicherheit auf den Straßen. Hart war Sixtus V. gegen das Brigantentum vorgegangen und hatte es bald, allerdings nicht für alle Zukunft, in den Griff bekommen.

Die großen Bauwerke der erneuerten Kirche entstanden im Zusammenhang mit einer ähnlich massiven profanen Bautätigkeit in Rom. Dabei schuf man an die sechzig neue Adelspaläste, aber auch Wohnraum für 60000 Einwohner; die Bevölkerung stieg auf rund 120000 Menschen an, womit Rom um 1600 drittgrößte Stadt Italiens hinter Neapel und Venedig war. All diese Bautätigkeit beruhte auf einer Verdoppelung der Steuereinnahmen im Laufe des Jahrhunderts einerseits und zunehmender feudaler Ausbeutung der Landbevölkerung andererseits, was freilich allmählich die kirchenstaatlichen Ressourcen überstieg und tendenziell wirtschaftliche Stagnation und weitläufiges soziales Elend in weiten Teilen des Landes hervorzurufen drohte.

In weitgehender Harmonie mit Spanien legitimierte sich das Papsttum nicht nur durch ein prosperierendes Staatswesen, sondern unterstrich auch seinen universalen geistig-moralischen Führungsanspruch. Dafür stand neben Pius V. vor allem Carlo Borromeo, der, als Erzbischof in seine Heimatstadt Mailand zurückgekehrt, in beispiellosem Einsatz während der Pest im Jahre 1576 höchstes Ansehen errang und schon zu Lebzeiten von der Bevölkerung wie ein Heiliger verehrt wurde. Dafür stand aber auch die längst überfällige, von Gregor XIII. endlich angegangene und durchgesetzte Kalenderreform von 1582, die eine Übereinstimmung des Kalenderjahres mit dem astronomischen Sonnenjahr herstellte. Mit dem auf eine Reihe von Interimspontifikaten auf den Thron Petri folgenden Clemens VIII. (1592–1605) wuchs dem Papsttum im christlichen Abendland mit der Zusammenführung der Kräfte zum Schutz gegen die Türken schließlich auch die Rolle des Friedensstifters zu. So gelang es dem vorsichtig und diplomatisch agierenden Aldobrandini-Papst, Frankreich und Spanien 1598 zum Frieden von Vervin zu bewegen, ihren langjährigen Krieg vorübergehend zu beenden und die Kräfte in Ungarn zur Verteidigung gegen die vorrückenden Türken zu stärken.

Der universale Anspruch der katholischen Kirche wurde von Rom aus mit der gegen Ende des Jahrhunderts anlaufenden China-Mission unter Führung des gelehrten Jesuiten Matteo Ricci bekräftigt, die Legitimation der Kirche mit ausgiebiger kirchengeschichtlicher Forschung im Kreis des Oratoriums unter der Führung von Cesare Baronio. Die Erforschung der Frühzeit des römischen Christentums lenkte den Blick auf die noch erhaltenen Basiliken und ihre Ausstattung und rettete einiges vor gegenreformatorischer

Modernisierungswut. Die Gemeinde, das Gottesvolk und die Pflege der Volksfrömmigkeit nahmen im kirchlichen Leben einen bedeutenden Platz ein, der Marienkult als Träger dieses Gedankens wurde vertieft. Dabei verzichtete das Papsttum keineswegs auf den Ausbau der weltlichen Herrschaft, wie die Vereinnahmung Ferraras im Jahre 1598 zeigt. Ob Erbfolgestreitigkeiten oder Finanzprobleme, jede Gelegenheit zur Vergrößerung und Arrondierung des Staatsgebiets wurde genutzt, sei es durch Einziehung des Lehens, sei es durch Rückkauf. Rom hatte sich in der zweiten Hälfte des 16. Jahrhunderts nicht nur als Zentrum der katholischen Christenheit behauptet, sondern auch die Rolle eines Zentrums Italiens übernommen. Aufgrund des hier kumulierten Kapitals konnte man die Stadt neben den ober- und mittelitalienischen Staaten durchaus auch als Wirtschaftsmetropole bezeichnen. Nicht zuletzt aber hatte sie wieder die Position des antiken Roms als kulturelles Zentrum Europas errungen.

Konflikte und absolutistische Selbstdarstellung

1613–1617	Kampf Karl Emanuels I. um Mantua und Monferrato.
1627–1631	Mantuaner Erbfolgekrieg, beendet mit dem Frieden von Cherasco.
1631	Einverleibung Urbinos in den Kirchenstaat.
1641–1644	Krieg Urbans VIII. um das Lehen Castro gegen Parma.
1647	Aufstände in Palermo und Neapel (geführt von Masaniello).
1679	Erwerb von Casale Monferrato durch Frankreich; Unterwerfung Genuas und Protektorat über Savoyen in den 1680er Jahren.
1696	Lösung Savoyens aus der französischen Dominanz; Abzug der Franzosen aus befestigten Einfallstoren nach Italien mit dem Frieden von Rijswijk.

Das System des Absolutismus, das die römische Entwicklung entscheidend mitgetragen hat, etablierte sich auch in den anderen Staaten Italiens. Wie der Kirchenstaat mühten sie sich gleichermaßen, ihr Staatsgebiet zu einem funktionierenden Flächenstaat zu entwickeln, zentraler Herrschaft hinderliche Adelsprivilegien aufzuheben, selbständige Enklaven aufzulösen bzw. zu integrieren, das Staatsgebiet zu erweitern oder doch zumindest zu arrondieren. Am erfolgreichsten dabei war das Großherzogtum Toskana mit dem Zugewinn von Pisa und Siena sowie einer Reihe von kleineren Gütern und Grafschaften, am rührigsten das Herzogtum Savoyen.

Nur langsam, im Wechsel gelegentlicher machtpolitischer Erfolge und heftiger Rückschläge, hatte sich Savoyen im Laufe des 16. Jahrhunderts in das italienische Staatensystem eindrängen können, blieb aber auch nach der Jahrhundertwende nach zeitgenössischer Ansicht ein Grenzland zwischen Frankreich und italienischem Raum, ein Pufferstaat zwischen der spanischen Vormacht in Italien und der wegen der Religionsbürgerkriege lange gelähmten antihabsburgischen Politik der französischen Monarchie. Vielleicht setzte gerade diese Randlage besondere Dynamik frei, jedenfalls bot die Ausnutzung des französisch-spanischen Gegensatzes wiederholt Chancen zur Verfolgung weitläufigerer Ambitionen – so um 1610, als der ehrgeizige, risikobereite Herzog Karl Emanuel I. auf den Gewinn Mantuas und wenigstens Monferratos setzte und, weil zweifelhafte Erbansprüche an das Haus Gonzaga abgewiesen wurden, 1613 mit dem Vormarsch seiner Armee den ersten größeren Krieg in Italien seit Cateau-Cambrésis auslöste. Die Aggression traf auf den Widerstand der Spanier in der Lombardei, die von Österreich, Venedig und der Toskana unterstützt wurden; am Ende, 1617, war es schon ein Erfolg, daß Savoyen einen Frieden ohne territoriale Verluste erzielte.

Völlig gescheitert, weil allzu durchsichtig war Karl Emanuels Versuch, Bündnispartner unter der antispanischen

Parole der »Freiheit Italiens« zu mobilisieren, hätte doch gerade sein Erfolg die staatliche Stabilität auf der Halbinsel aufgebrochen und die Sicherheit der anderen Klein- und Mittelstaaten gefährdet. Regierungen und politisch-soziale Eliten zogen es vor, weiterhin gute Beziehungen zu Spanien zu pflegen, einerseits um ihre Herrschaft abzusichern, andererseits aber auch, weil man viel Geld in spanische Unternehmungen investiert hatte. Ausnahmen bildeten die oberitalienischen Handelsrepubliken Genua und Venedig sowie die kleine, aber reiche Adelsrepublik Lucca, die eine gewisse Unabhängigkeit von Spanien bewahren konnten. Nicht zuletzt deswegen wurde im berühmtesten Aufstand dieser Epoche, dem des Masaniello in Neapel 1647, sogar der Ruf nach der Republik laut, ein Ruf, der mit deutlich antispanischer Tendenz auch in Mailand zu vernehmen war. Dabei waren die spanischen Herren vor Ort gelegentlich reformwillig, trafen dann aber auf den Widerstand der in die spanische Herrschaft einbezogenen und unter ihr gesicherten Aristokratien. So erreichten die süditalienischen Barone die Ablösung des Herzogs von Ossuna als Vizekönig in Neapel im Jahre 1618 recht leicht, weil Madrid solche Kollaboration zur Erschließung der Ressourcen in seinen italienischen Territorien um seiner allzu großen europäischen und globalen Herausforderungen willen brauchte. Hand in Hand gehende Zunahme fiskalischer Belastungen und feudaler Ausbeutung führte dann in jene Krise des Jahres 1647, in der die Volksaufstände erst auf Sizilien und besonders in Neapel nur noch unter Aufbietung massiver militärischer Macht der Spanier und durch sozialen Terror der Feudalherren auf dem Land niedergeschlagen werden konnten. Wegen dieser spezifischen Verschränkung politischer und sozialer Interessen und Gewalt fiel der Süden nunmehr tief hinter die Entwicklungsgeschichte des übrigen Italien zurück.

Papst Paul V. entwickelte aus dem Bewußtsein wiedergewonnener Stärke die katholische Restauration zur offensiven Gegenreformation und suchte die Politik der europäischen Mächte unter Beachtung der machtpolitischen Wiederkehr Frankreichs seit Beendigung des konfessionellen Bürgerkriegs aktiv zu beeinflussen. Dienlich war dabei das Netz der Jesuiten, deren Aktivitäten in den auf Selbständigkeit bedachten Staaten aufmerksam verfolgt wurden, gelegentlich zu Protesten und sogar wie im Falle der heftigen Auseinandersetzungen mit Venedig zu ernsthaften Konflikten führten. Mehr und mehr wurde in den Staaten der oft riesige Kirchenbesitz, der sogenannte Besitz der Toten Hand, zu einem volkswirtschaftlichen Problem. Venedig hatte darauf 1603 mit der Einführung einer Genehmigungspflicht zur Errichtung neuer Kirchen und Klöster und 1605 mit dem Verbot von Schenkungen und Besitzübertragungen an religiöse Gemeinschaften reagiert. Paul V. antwortete darauf 1606 mit Kirchenbann und Interdikt, was wiederum beantwortet wurde mit der Ausweisung der Jesuiten. Dabei ging es dem Papst zugleich darum, Venedig von der Entwicklung guter Beziehungen zum protestantischen England abzubringen. An die Stelle wohlwollender Kooperation trat so trotz vordergründiger Einigung im Jahre 1607 eine kritische Distanz gegenüber dem Papsttum. Paolo Sarpi, ein venezianischer Servitenpater, veröffentlichte 1619 auf dem Höhepunkt eines Propagandakrieges in London eine Geschichte des Konzils von Trient, in der er den Päpsten ehrliche Reformabsichten absprach und statt dessen blanke Machtpolitik unterstellte. Ein Markstein der Politik Pauls V. war allerdings die Kanonisation Carlo Borromeos im Jahre 1610, mit der er Mailand und die Habsburger fester an Rom zu binden suchte.

Im absolutistischen System stand das Volk dem Herrscher ohne die Vermittlungsebene des Kleinadels gegenüber, dessen Stelle Wissenschaft und Kunst einnahmen. Eine Kunst, die breite Wirkung erzielen sollte, mußte sich unmittelbar, auch ohne gelehrte Bildung mitteilen können, und so entwickelte sich am Hofe des Kardinalnepoten Scipione Borghese eine Moderne, die den humanistischen gelehrten *Concetto* mit einem volksnahen drastischen Realismus verschmolz und damit den Betrachter unmittelbar emotionalisierte. Diese barocke Wirkungsästhetik, gleichermaßen in allen Kunstgattungen zu erkennen, ist besonders mit dem das Jahrhundert künstlerisch dominierenden Gian Lorenzo Bernini verbunden. Als junger Bildhauer stattete er die Villa Borghese mit aufsehenerregenden Bildwerken aus, bevor er unter Urban VIII. den Innenraum von St. Peter und dessen theologisches Programm inszenierte. Der Baldachin-Altar über der Confessio des heiligen Petrus erhielt dabei aufgrund seiner berechneten Bildwirkung mit dem Motiv der gedrehten konstantinischen Säulen eine ungeheure Signifikanz. Deren Faszination aber erwuchs aus dem Kontrast von Kolossalität und Lebendigkeit, beruhte auf der Monumentalisierung des Ephemeren. Auf diese Weise entstanden wie im Theater virtuelle Welten, die sich jedoch nicht nur auf ausgegrenzte Innenräume, Höfe oder Gärten beschränkten, sondern auch den öffentlichen Raum eroberten und städtische Plätze dauerhaft in Festräume verwandelten. Das bekannteste Beispiel dafür ist die Piazza Navona mit dem Vier-Ströme-Brunnen. Von Innozenz X. zum Jubeljahr 1650 in Auftrag gegeben, vereinigt er Panegyrik mit kirchlicher Propaganda in einer überaus lebendigen, sinnenfrohen Szenographie. Im unteren Bereich verkörpern vier kolossale Flußgötter die damals bekannten vier Erdteile; sie umlagern nach antikem Muster den in der Mitte des Brunnens hoch aufgerichteten Obelisken, auf dessen Spitze sich gerade eine Taube mit einem Ölzweig im Schnabel niedergelassen hat. Aufgrund der neuesten Forschung des gelehrten Jesuitenpaters Athanasius Kircher wußte man, daß ein Obelisk über das imperiale Siegeszeichen im römischen Zirkus hinaus ursprünglich den göttlichen Lichtstrahl materialisierte. In der Taube erkannte jeder Zeitgenosse das Wappentier der päpstlichen Familie der Pamphili, aber auch die friedensstiftende Taube des Heiligen Geistes. In Gestalt eines Feuerwerkskörpers schoß sie jedes Jahr zu Pfingsten an einem Drahtseil von der Loggia des Pamphili-Palastes auf die Spitze des Obelisken und verkündete damit unmißverständlich, daß der Heilige Geist durch den Papst zu den Menschen der ganzen Welt sprach, den Erdkreis erleuchtete und Frieden stiftete. Während sich Urban VIII. (Barberini) mit seinem Familienpalast demonstrativ im neuen internationalen Zentrum der Gegenreformation im Osten der Stadt angesiedelt hatte, ließ sich Innozenz X. im alten Stadtzentrum an der Piazza Navona nieder: Hier hatte sich das vorreformatorische kirchliche Zentrum Roms ausgebildet, als nach und nach im Verlauf des 15. Jahrhunderts nicht weit von der Via del Pellegrino die Nationalkirchen Spaniens, Deutschlands, Frankreichs und Portugals gebaut worden waren.

Die Politik des Kirchenstaats erhielt unter Innozenz X. ein anderes Gesicht. Zwar hatte Urban VIII. das Staatsgebiet um das bedeutende Herzogtum Urbino 1631 nach dem Aussterben der Della Rovere erweitern können – was ihm gewissermaßen im Schatten des Mantuaner Erbfolgekrieges gelang –, doch wurden ihm die Grenzen seiner territorialen Ambitionen im kostspieligen Krieg um das kleine Herzogtum Castro überaus deutlich gesetzt. Castro wurde von den Farnese zu Parma als Lehen des Papstes gehalten. Der von ihm 1641 eröffnete Krieg trieb Venedig, Modena und Toskana auf deren Seite und vereinte sie gegen diese Gefährdung der inneritalienischen Machtverhältnisse. Frankreich vermittelte dann 1644 einen Frieden, der den Status quo wiederherstellte und den machtpolitischen Ehrgeiz des Papstes demütigte, auch wenn im Schatten neuer, bis zum Pyrenäenfrieden von 1659 fortwährender spanisch-französischer Auseinandersetzungen in Oberitalien fünf Jahre später Castro doch noch besetzt und eingezogen werden konnte. Insofern geriet auch die Frankophilie Urbans VIII. zum Nachteil für den Kirchenstaat, weil sie am Ende nur die Eigeninteressen Frankreichs unterstützte und so das ei-

Die italienischen Staaten im 17. Jahrhundert

gentliche Ziel der Gegenreformation, die Rekatholisierung Europas, verhindert hat. Es zeigte sich allzu deutlich, daß wie in der Mitte des 16. Jahrhunderts die beiden um die Hegemonie in Europa streitenden katholischen Mächte Frankreich und Österreich mit Spanien weder ein machtvolles, politisch durchsetzungsfähiges Papsttum noch ein autonomes Italien wollten.

Überaus deutlich wurde das namentlich am Mantuaner Erbfolgekrieg (1628–1631). Die beiden europäischen Mächte vertraten darin ihre Interessen ohne Rücksicht auf Verluste in der Zivilbevölkerung, die offenbar in der französisch dominierten Herrschaft durch den Herzog von Gonzaga-Nevers die größere Chance zur Bewahrung einer ausreichenden Selbständigkeit sah als durch die Eingliederung ins Reich. Die überaus heftige Auseinandersetzung um ein kleines Herzogtum läßt sich nur verstehen, wenn die geostrategische Bedeutung bedacht wird, welche Mantua für Frankreich vor allem dadurch besaß, daß das Herzogtum Monferrato, zwischen Piemont-Savoyen und Mailand gelegen, zur Erbmasse gehörte. Eine Herrschaft über Mantua und Monferrato hätte die spanische Herrschaft über Mailand in ernsthafte Bedrängnis gebracht und damit die Machtverhältnisse in Oberitalien zugunsten Frankreichs verändert. Zusätzlich ist dabei in Rechnung zu stellen, daß es mit den oberitalienischen Staaten nicht nur um Landbesitz, sondern auch um ein bedeutendes Wirtschaftspotential ging, hatte sich doch hier neben Florenz und Venedig u. a. eine florierende Textilindustrie entwickelt, die der aufstrebenden Konkurrenz durch Lyon trotzen konnte. Der seit 1617 auf eine neue günstige Gelegenheit wartende Herzog von Savoyen marschierte 1627 im Bündnis mit den Spaniern in Monferrato ein. Richelieu reagierte darauf im folgenden Jahr mit einer Invasion französischer Truppen in Piemont – nicht zuletzt um die spanischen Linien aus Italien über die Alpen vor allem durch das Veltlin ins umkämpfte Mitteleuropa dauerhaft zu unterbrechen. Karl

Emanuel wechselte gegen kleinere territoriale Zusicherungen und angesichts der französischen Erfolge auf eigenem Gebiet die Seite, aber dann erschien im Frühjahr 1629 eine große kaiserliche Armee auf dem oberitalienischen Kriegsschauplatz, welche 1630 zusammen mit venezianischen Truppen Mantua eroberte, während die Spanier die Franzosen in der Festung Casale einschlossen. Indessen entsandte Richelieu eine weitere, größere Armee; wegen der wieder unsicheren Haltung Karl Emanuels besetzte sie Savoyen und etliche wichtige Punkte in Piemont.

1631 gelang dann im Frieden von Cherasco die Beendigung dieses Krieges, weil das Eingreifen der Schweden in den großen deutschen Krieg die beteiligten europäischen Mächte zur Umorientierung ihrer Kräfte gezwungen hatte. Der neue Herzog von Savoyen, Viktor Amadeus I., behielt Teile Monferratos, Frankreich sicherte sich eine wichtige Einfallspforte nach Oberitalien und setzte die Herrschaft Gonzaga-Nevers in Mantua durch, welche freilich die Lehnshoheit des Kaisers anzuerkennen hatte, indessen alle Mächte ihr Militär aus dem Veltlin abzogen. Mantua selbst verlor als hauptsächlicher Kriegsschauplatz in diesen Jahren dreiviertel seiner Einwohner, die Staatsfinanzen waren ruiniert. Wesentlich aber war, daß Frankreich in Italien nach drei Generationen unangefochtener habsburgischer spanischer Dominanz jetzt wieder Tritt gefaßt hatte, daß hier eine Basis geschaffen worden war, auf der Ludwig XIV. eine noch viel größere Rolle anvisieren konnte. In den 1680er Jahren zwang der Sonnenkönig, nachdem er 1679 von Mantua durch Kauf das strategisch so wichtige Casale erworben hatte, mit brutalem militärischen Einsatz Genua, die intensiven Beziehungen zu Spanien zu lösen. Savoyen-Piemont konnte damals geradezu als französisches Protektorat gelten und von Versailles her etwa zur Vertreibung der Waldenser gezwungen werden.

Aufgrund des ungeheuren Wissenschaftsfortschritts seit dem 16. Jahrhundert, der sich zunehmend der kirchlichen und staatlichen Kontrolle entzog, war die politische Macht zunehmend an die wirtschaftliche Potenz eines Staatswesens gekoppelt. Eine kulturelle Führungsrolle, die dem nicht Rechnung trug, wie die des Papsttums, reichte als Basis politischer Souveränität immer weniger aus. So mußte Innozenz X. beim Westfälischen Friedensschluß 1648 dem Verlust riesigen Kirchenbesitzes tatenlos zusehen; die Distanzierung von der frankophilen Politik seines Vorgängers zugunsten einer größeren Neutralität war unausweichlich. Die Verteidigung der universalen Kompetenz in Glaubensfragen rückte in den Vordergrund der Selbstdarstellung sowie der Versuch, sich durch größere Nähe zum Volk eine politische Basis in der Stadt zu schaffen. Der Apenninenhalbinsel bescherte diese Politik ein weiteres halbes Jahrhundert Frieden, trug aber auch zu einer gefährlichen Virtualisierung der Wirklichkeit bei.

Kunst diente eben nicht mehr nur zu Propagandazwekken, sondern schickte sich an, Wirklichkeit zu ersetzen, politische Selbstdarstellung entzog sich der Realität der Gesamtgesellschaft. Bekannt ist uns dieses Phänomen vielleicht am besten aus Versailles, dem Paradigma der Selbstdarstellung Ludwigs XIV. im Absolutismus. Visualisiert aber wurde dieses problematische Verhältnis von Wirklichkeit und Fiktion immer schon in der sakralen Kunst Roms, die einen neuen Höhepunkt unter dem Pontifikat Alexanders VII. zumal in der grandiosen Gestaltung des Petersplatzes erfuhr.

Gian Lorenzo Bernini wurde an den Hof Ludwigs XIV. eingeladen, nachdem er Kardinal Mazarin Entwürfe für eine Gestaltung des Hanges unterhalb der Trinità dei Monti zu einem französischen Kapitol vorgelegt hatte. In Paris sollte er Pläne für die Umgestaltung und den Ausbau des Louvre entwickeln, eine Reiterfigur und eine Porträtbüste des Königs anfertigen; er überzeugte mit ihnen wohl auch den König, sah sich endlich aber doch an deren programmgerechter Vollendung gehindert. Zur gleichen Zeit vertrat man auch in Rom trotz der Dominanz der Werkstatt Berninis einen neuen Klassizismus, nahm Abstand von allzu platter Theatralik und wandte sich einem neuen Idealismus zu. *Antichità* verstand sich demnach nicht mehr nur als ephemere Festdekoration, sondern als normatives Vorbild und zugleich Verheißung des Sieges der Kirche und der Gottesherrschaft in der Welt. Unter Alexander VII. hatte das Papsttum seine territorialen Träume begraben und seine weltlichen Herrschaftsaspirationen reduziert, der Glaube mancher Intellektueller an den Kirchenstaat als Kern eines geeinigten Italiens war verlorengegangen.

Statt dessen rückte im äußersten Nordwesten das Herzogtum Savoyen erneut ins Blickfeld, nachdem die Türkengefahr vor Wien 1683 unter Prinz Eugen gebannt worden war. Die politischen Ambitionen der Herzöge hatte man schon längst zur Kenntnis genommen, ihnen bei ihrem ständigen Ringen um territoriale Ausdehnung in Oberitalien jedoch vornehmlich Eigennutz unterstellt. Nun aber standen sie an der entscheidenden Stelle, um den Einmarsch der Franzosen nach Italien aufzuhalten, was ihnen unter Einsatz der eigenen politischen Existenz und unter großen Verlusten schließlich auch gelang, als sie sich aus der französischen Abhängigkeit im Bündnis der Großen Allianz von 1689 lösten und mit dem Frieden von Rijswijk 1696 die volle Souveränität ihres Staates zurückgewinnen konnten.

Der Spanische Erbfolgekrieg und seine Auswirkungen in den italienischen Staaten

1701	Aufstand gegen die spanische Herrschaft in Neapel.
1706	7. September: Sieg Viktor Amadeus' II. und Prinz Eugens über die Franzosen.
1707/08	Eroberung Süditaliens durch Österreich.
1708	Absetzung des Herzogs Ferdinando Carlo Gonzaga-

	Nevers und Einverleibung des Herzogtums Mantua ins Kaiserreich.
1713	13. Juli: Friede von Utrecht.
1714	6. März: Friede von Rastatt. Sizilien an Viktor Amadeus II. (bis 1718).
1718	10. August: Sieg der englischen über die spanische Flotte bei Kap Passero (Sizilien).
1720	Sizilien an Österreich (bis 1734).
1725	Vereinbarungen von Cambrai zur Neuaufteilung der Herrschaften in den italienischen Staaten.

Der Spanische Erbfolgekrieg hatte wegen dynastischer Verknüpfungen auch direkte Auswirkungen auf die bedeutenderen italienischen Staaten. Das waren das Königreich Neapel-Sizilien, das Königreich Sardinien und das Herzogtum Savoyen (Piemont), dazu auch die Herzogtümer Lombardei, Mantua, Parma-Piacenza und Modena. Der Kirchenstaat und das Großherzogtum Toskana dagegen standen genausowenig in der direkten Schußlinie wie die Republiken Venedig und Genua-Korsika. Begehrlichkeiten aber existierten durchaus in bezug auf die übrigen kleineren Republiken und Fürstentümer: Lucca, Massa, Carrara, die Lunigiana, den *Stato dei Presidi* und schließlich San Marino, zwecks Arrondierung des je eigenen Herrschaftsgebiets. Für Frankreich konnte es in Oberitalien wenn nicht um die Vorherrschaft, so doch wenigstens darum gehen, auch im Norden eine direkte Grenze zum Kirchenstaat zu besitzen. Unmittelbar nach Ausbruch der Feindseligkeiten versicherte die Lombardei Philipp von Anjou als Philipp V. ihre Loyalität, wenig später wurden französische Truppen in Mailand stationiert. Österreich konnte darauf nur mit massiven militärischen Mitteln reagieren, und so marschierte Prinz Eugen mit einer kaiserlichen Armee in Oberitalien ein. Er sah sich dort einer nahezu geschlossenen Front gegenüber. Sowohl Viktor Amadeus II. von Savoyen als auch der Herzog von Mantua Ferdinando Carlo Gonzaga-Nevers hatten sich auf die Seite Frankreichs geschlagen, die übrigen Staaten Oberitaliens versuchten sich neutral zu halten, genauso wie Cosimo III. de' Medici. Francesco Farnese von Parma-Piacenza bekannte sich bald zu den Bourbonen, während Rinaldo d'Este von Modena auf die Seite der Habsburger trat. Noch vor den entscheidenden Kämpfen versuchte Österreich, Piemont in geheimen Verhandlungen zu einem Wechsel der Fronten zu überreden. Als die Franzosen davon erfuhren, entwaffneten sie die Armee des Herzogs im Lager von San Benedetto. Trotzdem und sicher auch wegen der Aussicht auf erhebliche Gebietserweiterungen schloß Viktor Amadeus II. 1703 ein Bündnis mit dem Kaiser, das schließlich mit Hilfe Prinz Eugens 1706 bei Turin zum entscheidenden Sieg über das französische Besatzungsheer führte.

Militärisch war das der Anfang des siegreichen italienischen Feldzugs des Kaisers; ein halbes Jahr später kapitulierten die spanisch-französischen Truppen bei Mantua. Kaiser Joseph I. aber wollte noch mehr; er dachte an die Restitution der alten kaiserlichen Tradition, zog ohne lange zu fragen durch den Kirchenstaat und eroberte Neapel. Es war nicht die einzige Provokation gegenüber Papst Clemens XI., der völlig hilflos zusehen mußte und sich dabei mit Schrecken an den staufischen Imperialismus erinnert fühlte. Mit der Besetzung des *Stato dei Presidi* und der Insel Elba sowie der Eroberung Sardiniens mit Hilfe der englischen Flotte waren die Bourbonen vollständig aus Italien vertrieben. Zum offenen Bruch mit dem Papst, der die Erbansprüche der französischen Dynastie anerkannt hatte, kam es aber erst durch die Besetzung des kleinen Städtchens Comacchio im Po-Delta. Diese verhältnismäßig unbedeutende Aktion löste einen prinzipiellen Rechtsstreit aus, der letztlich auf die Problematisierung der weltlich-politischen Rolle des Papsttums bzw. der Kirche zielte und bereits die Auflösung des Kirchenstaates vorausahnen ließ. Angesichts der militärisch aussichtslosen Lage sah sich Papst Clemens XI. am 15. Januar 1709 gezwungen, Erzherzog Karl als König von Spanien anzuerkennen.

Diese auf eine weit verbreitete antiklerikale Stimmung treffende Politik des Kaisers und die Tatsache, daß Erzherzog Karl als Rechtsnachfolger auf dem spanischen Thron in den betreffenden italienischen Staaten nicht als Spanier, sondern als Österreicher galt, trugen in der Bevölkerung zunächst zu einer wohlwollenden Hinnahme der neuen Herrschaftsverhältnisse bei. Das zeugt jedoch weniger von einer »Art Renaissance ghibellinischer Gefühle« (K. O. von Aretin), als vielmehr von einem gesunden politischen Pragmatismus, der auf die vereinfachende Klärung der Machtverteilung auf der Halbinsel setzte, um bei der wirtschaftlichen und politischen Entwicklung in Europa mithalten zu können.

Diese hervorragende Ausgangslage für Österreich hielt allerdings nicht lange. Durch den Tod Kaiser Josephs I. entstand mit Karl III. von Spanien, der ihm als Kaiser Karl VI. folgte, ein habsburgisches Weltreich, das die Gleichgewichtspolitik der einstigen Alliierten unter Führung Großbritanniens auf den Kopf stellte. Für die Annahme des Friedensangebots Ludwigs XIV. war es 1711 zu spät und der Wechsel der britischen Regierung ermöglichte nun eine Allianz der Seemächte mit Frankreich. Die Wende im Spanischen Erbfolgekrieg, der Europa nunmehr schon ein ganzes Jahrzehnt in Atem hielt, war unausweichlich.

Wenig später kam es in den Friedensschlüssen von Utrecht (13. Juli 1713) und Rastatt (6. März 1714) zu neuen Vereinbarungen. Spanien wurde zwischen den Bourbonen und den Habsburgern geteilt: Das Hauptland und die Kolonien gingen an Philipp V. von Anjou, die Spanischen Niederlande kamen zu Österreich; die österreichischen Eroberungen auf italienischem Gebiet wurden anerkannt; Piemont schließlich wurde nicht nur Monferrato zugesprochen, sondern es avancierte mit der Herrschaft über Sizilien zum Königreich. Das Haus Savoyen war damit das erste und einzige genuin italienische Königtum nach der Antike. Auch wenn Viktor Amadeus II. nur bis 1720 König von Sizilien sein durfte, kann dieses politische Ergebnis des Spanischen Erbfolgekrieges für die italienische Geschichte nicht hoch genug eingeschätzt werden. Als Nachkomme Philipps II. hatte er sich von Anfang an Hoffnungen auf Teilhabe am Erbe des spanischen Reiches gemacht, doch naheliegenderweise an Gebietszuwächse in Oberitalien und dabei vor allem an die Lombardei gedacht. Daran waren aber weder Österreich noch Frankreich interessiert, betrachteten sie doch beide das Herzogtum Piemont lediglich als Pufferstaat. Darüber hinaus bot die auch wirtschaftlich recht attraktive Lombardei für Österreich den einzigen direkten Zugang nach Oberitalien und in das nach dem Aussterben der Gonzaga 1708 an das Reich zurückgefallene Herzogtum Mantua. Die Kompensation dieser Ansprüche durch den mit Sizilien verbundenen Königstitel erschien daher allen am Friedenskongreß Beteiligten klug, politisch tragbar und geostrategisch sinnvoll. Der Aufstieg Piemonts mit dem Erwerb Siziliens wurde hingegen als wenig bedeutsam angesehen und in seiner Tragweite erst recht verkannt. Sizilien war nämlich nicht nur reich, sondern voller Orte, deren Bedeutung für die kulturelle Tradition und die Geschichte Europas im Bewußtsein der Italiener fest verankert war. Die »Italianisierung« gerade dieser Insel mußte als ein deutliches Zeichen gegen die restaurativen Reichsvorstellungen Kaiser Karls VI. verstanden werden.

Wie sehr all diese Veränderungen und Ansätze in die Horizonte dynastischer Politik eingebunden waren, zeigte sich schon bald. Über die Heirat Philipps V. mit Elisabetta Farnese im Jahre 1713 bemühte sich Spanien bzw. das Haus Bourbon, in Italien wieder Fuß zu fassen. Als letzte Farnese versuchte Elisabetta, obgleich das geltende Reichsrecht keine weibliche Erbfolge kannte, 1731 Erbansprüche auf das Herzogtum Parma-Piacenza und als Urenkelin Cosimos II.

de' Medici 1737 Erbansprüche auf das Großherzogtum Toskana geltend zu machen. Vorher waren jedoch schon alle militärischen Versuche der spanischen Flotte fehlgeschlagen, Sardinien und Sizilien zu besetzen (1717/18) und mit Hilfe der sogenannten Quadrupelallianz zwischen England, Frankreich, dem Kaiser und Holland für die Krone zurückzuerlangen. Es nützte Piemont nichts, daß es ebenfalls der Quadrupelallianz beitrat. Am Ende erhielt Österreich 1720 – als Kompensation für die Anerkennung der Erbansprüche der Spanier auf Parma-Piacenza und auf die Toskana für Elisabetta Farneses Sohn, Don Carlos, Sizilien im Austausch mit dem viel ärmeren Sardinien zugesprochen. Das Haus Savoyen behielt damit zwar den Königstitel, ging aber aus diesem Krieg geschwächt hervor. Die Vorherrschaft Österreichs auf der Apenninenhalbinsel war vorübergehend so groß wie nie zuvor und nie danach, besaß aber mittelfristig keine wirkliche Reichsperspektive mehr.

Die Bestätigung dieser Vereinbarung fand im Kongreß von Cambrai erst 1725 statt. Offenbar hatte man so lange gezögert, weil sich Cosimo III. de' Medici gegen Don Carlos als Erben des Großherzogtums mit aller Macht sträubte und trotzig an der eigenmächtigen Proklamation seiner Tochter als Erbin festhielt. So wurde die Frage der Erbfolge erst nach dem Tod Cosimos III. im Sinne der Mächte geregelt. Für die Florentiner war das eine Provokation, die Aussicht auf eine spanische Fremdherrschaft eine Horrorvorstellung. Nicht nur die tonangebenden Familien, sondern auch die Bevölkerung insgesamt verfügte traditionell über einen hohen Grad an Patriotismus, d. h., man fühlte sich als Toskaner oder gar als Florentiner und war stolz auf die eigenen kulturellen und wirtschaftlichen Leistungen. Es erschien geradezu undenkbar, daß ein Volk, das mit Dante Alighieri das »Volgare« nobilitiert und mit Michelangelo Buonarroti den größten Künstler aller Zeiten hervorgebracht hatte, in absehbarer Zeit von einem Spanier, noch dazu aus einer Verbindung des Hauses Bourbon mit dem

Haus Farnese stammend, regiert werden sollte. Gian Gastone de' Medici intensivierte daher die diplomatischen Beziehungen und den kulturellen Austausch mit England.

Die Aufteilung der italienischen Staaten auf der Basis der europäischen Gleichgewichtspolitik der Mächte provozierte so mit den Beschlüssen von Cambrai eine Art »Italianisierung«, welche nunmehr nicht nur in Oberitalien (Piemont-Sardinien und Lombardei), sondern auch in Mittelitalien (Toskana) eine Basis erhielt. Diese Anstöße sind durchaus unterschiedlich zu qualifizieren: War der Aufstieg Piemont-Siziliens zum »nationalen« Königtum ein Schritt auf dem Weg zum späteren Nationalstaat, so wurde die Reichspolitik Österreichs durchaus ambivalent aufgenommen, denn sie zielte einerseits auf eine Vereinheitlichung des Staatensystems auf der Halbinsel, andererseits auf eine vereinnahmende Integration ins Reich. Die neuerliche Aufteilung durch die Mächte und die Reinstallation der Fremdherrschaft, noch dazu im besonders sensiblen Fall der Toskana, mußte zur Stärkung eines bis dahin keineswegs ausgeprägten nationalen Bewußtseins in den schmalen intellektuellen Eliten führen. Insofern ist dieses mit den Vereinbarungen von Cambrai verbundene Datum 1725 eine wichtige Zäsur.

Die Neuaufteilung der Herrschaften in den italienischen Staaten war 1725 zwischen den europäischen Großmächten zwar vereinbart, aber, weil es ja Beschlüsse für die Zukunft waren, noch keineswegs realisiert worden. Vor allem Österreich und die Habsburger hofften, die tatsächliche Rückkehr der Spanier nach Italien so lange wie möglich verzögern und vielleicht am Ende noch vereiteln zu können. Sie waren bei den Verhandlungen ja nur deswegen kompromißbereit gewesen, weil sie die internationale Anerkennung der Pragmatischen Sanktion zur Absicherung der eigenen Dynastie brauchten.

Piemont-Sardinien mußte sich unter den nach der Preisgabe Siziliens erschwerten Bedingungen fehlender Wirtschaftskraft vor allem um eine durchgreifende Konsolidierung des Staates kümmern. Die Beschränkung der äußeren Macht und die Probleme im Inneren sollten sich allerdings für die Zukunft als Vorteil erweisen, zwang diese Situation doch Viktor Amadeus II. und Karl Emanuel III. zu Reformen in der Administration und im Steuersystem und darüber hinaus zum Abbau der gesellschaftlichen Hierarchien. Diente das eine zur Sicherstellung der Finanzen, so förderte das andere den Aufbau und die Integration eines schlagkräftigen Militärs.

Während die europäischen Mächte auf den Eintritt des Erbfalles im Herzogtum Parma-Piacenza und im Großherzogtum Toskana warteten, rangen sie zugleich schon um ihre weltpolitischen Positionen außerhalb Europas. Großbritannien und die anderen Seemächte waren vor allem daran interessiert, die Vorherrschaft im Überseehandel zu behalten. Die österreichische Ostindische Handelskompanie war für sie zu einem unbequemen Konkurrenten herangewachsen, so daß trotz anderweitig gegensätzlicher Interessen dem Bündnis zwischen Österreich und Spanien bald eine Allianz zwischen England, Holland, Dänemark, Schweden und Frankreich gegenüberstand. Es fällt nicht leicht, diese ständigen Verschiebungen der Interessensallianzen in der europäischen Politik nachzuvollziehen, weil sie von dynastischen Egoismen bestimmt wurden und, da sie keiner weiteren Legitimation bedurften, ungemein rasch vollzogen werden konnten. Die von der Auseinandersetzung um die österreichische Ostindische Handelskompanie ausgehende Kriegsgefahr brachte die Parteien jedoch an einen Tisch und führte am 6. März 1728 zur friedenstiftenden Konvention von Pardo. Bedrohlich empfanden England und Frankreich weiterhin das Heiratsprojekt Karls VI. – es sollte eine Ehe zwischen Maria Theresia und Don Carlos geschlossen werden –, weil mit dieser dynastischen Verbindung Österreich und Spanien wieder zu einer das europäische Kräfteverhältnis störenden Einheit verschmelzen konnten. Zusätzlich hätten die Habsburger ihren bestimmenden Einfluß in Italien gefestigt; die Ergebnisse des Spanischen Erbfolgekrieges wären vollends auf den Kopf gestellt worden.

Unter Führung des französischen Ministers Kardinal Fleury gelang es nicht nur, Karl VI. zur Aufgabe des Heiratsprojekts zu bewegen, sondern auch Spanien in eine antihabsburgische Liga einzubinden, welche zur Durchsetzung der Vereinbarungen von Cambrai alsbald beschloß, Schweizer und spanische Truppen in Livorno, Portoferraio und Piacenza zu stationieren. Noch bevor dieser Beschluß ausgeführt werden konnte, starb jedoch am 20. Januar 1731 Antonio Farnese. Sofort versuchte Papst Clemens XI. das Herzogtum Parma-Piacenza als päpstliches Lehen einzuziehen, was nun wieder Karl VI. Anlaß bot, angeblich im Namen von Don Carlos einzumarschieren und diesen Staat zu besetzen. Kaum zwei Monate später kam es am 16. März 1731 im Zeichen allgemeiner Empörung über diesen Schritt zu einem Vergleich, in dem Österreich immerhin die Garantie seiner italienischen Besitzungen und die Anerkennung der Pragmatischen Sanktion aushandeln konnte.

War mit der Landung spanischer Truppen in Livorno im November 1731 dieser strittige italienische Erbfolgefall im Sinne der Vereinbarungen durchgesetzt, so standen die Zeichen für die Toskana auf Sturm, als Gian Gastone de' Medici 1732 dem Infanten Don Carlos huldigen ließ. Kaiser Karl VI. reagierte darauf mit der Ankündigung, die Toskana nach dem Tode des Großherzogs als erledigtes Reichslehen einzuziehen. Diese Wendung wiederum ermöglichte es nunmehr auch den Spaniern, die anderen Vereinbarungen für Italien wieder in Frage zu stellen und sich erneut Hoffnungen auf die Restitution ihrer Macht in Neapel-Sizilien zu machen.

Italien als Kompensationsmasse in der europäischen Gleichgewichtspolitik

1733	Eroberung Mailands durch Karl Emanuel III. von Savoyen.
1734	25. Mai: Niederlage der Österreicher bei Bitonto.
	29. Juni: Niederlage der Österreicher bei Parma.
1735	Vorfriede von Wien.
1740–1748	Österreichischer Erbfolgekrieg.
1745	Friede der Österreicher mit Preußen.
1746	15. Juni: Sieg Österreichs bei Piacenza über Frankreich und Spanien.
1748	18. Oktober: Friede von Aachen.
1768	Verkauf Korsikas durch Genua an Frankreich.

Ein weiteres Mal war es zunächst eine außeritalienische Auseinandersetzung zwischen den Großmächten, nämlich der Ausbruch des Polnischen Thronfolgekrieges, der Anlaß zu einer Veränderung der Machtverhältnisse auf der Halbinsel bot. Man vergißt allzu leicht, daß es in Europa nicht nur um die Beherrschung des mittelmeerischen Wirtschaftsraums ging, sondern auch um den des Ostseeraums. Das mächtig gewordene Rußland schickte sich an, die bisher von den Schweden ausgeübte Vorherrschaft in diesem Raum zu übernehmen; so war es natürlich für die europäischen Mächte von enormer Bedeutung, ob Polen nach dem Tod Augusts II. (des Starken) von Sachsen weiter – wie bisher – in Personalunion regiert oder ob dem Anspruch von Stanislaus Leszczyński auf den polnischen Thron Rechnung getragen werden würde. Während Österreich und Rußland nicht daran interessiert waren, das polnische Königreich wieder eigenständig werden zu lassen, hoffte Frankreich mit Unterstützung des polnischen Kandidaten, die Entstehung eines allzumächtigen Blocks im Osten zu verhindern. Als es zum Krieg kam und zur Besetzung Warschaus und Danzigs durch die Russen, war zwangsläufig ein Teil der militärischen Kräfte Österreichs gebunden, so daß Frankreich zusammen mit Spanien und Piemont-Sardinien mit Aussicht auf Erfolg eine weitere Front (neben der am Rhein) in Oberitalien eröffnen konnte.

Innerhalb weniger Wochen hatte Österreich so fast die gesamte Lombardei verloren und schon am 4. November 1733 marschierte Karl Emanuel III. in Mailand ein. Und damit nicht genug: 30000 Spanier landeten in Livorno und zogen mit Einverständnis des Papstes durch den Kirchenstaat gegen Neapel. Von See her wartete ein spanischer Flottenverband darauf anzugreifen. Die hoffnungslos unterlegenen Österreicher leisteten kaum Widerstand, und so richtete sich der spanische Feldzug alsbald auch gegen Sizilien. Obgleich überaus erfolgreich, machten die Siegermächte Österreich beim Vorfrieden von Wien am 3. Oktober 1735 überraschend große Zugeständnisse. Süditalien wurde von den Österreichern geräumt, und Don Carlos konnte König von Neapel und Sizilien werden, allerdings unter der Bedingung, daß diese beiden Königreiche niemals mit Spanien vereinigt würden. Für den Süden selbst war diese aufgrund völlig anderer Interessen vereinbarte Selbständigkeit überaus bedeutsam, so daß man die bourbonische Fremdherrschaft als vorübergehendes Phänomen ziemlich gelassen aufnehmen konnte. Zum Ausgleich dafür geriet Oberitalien unter habsburgische Vorherrschaft: das Herzogtum Mailand wurde um einen westlichen Gebietsstreifen, der an Piemont-Sardinien fiel, verkleinert und wieder österreichisch, das Herzogtum Parma-Piacenza fiel als erledigtes Reichslehen an den Kaiser zurück und mit dem Großherzogtum Toskana wurde nach dem Tod von Gian Gastone de' Medici (7. Juli 1737) Franz Stephan von Lothringen, der Schwiegersohn Karls VI., entschädigt, der seinerseits zugunsten von König Stanislaus Leszczyński auf Lothringen verzichten mußte.

Als man sich Ende 1738 in Wien noch einmal auf diese Regelung verständigt und auch Papst Benedikt XIV. um des

Friedens willen Don Carlos als Karl III. von Neapel offiziell belehnt hatte, hoffte man mit einigem Recht, daß der Frieden nunmehr in Italien andauern würde. Doch der Tod Karls VI. am 20. Oktober 1740 bot erneut die Gelegenheit, sich mit Aussicht auf Erfolg gegen Habsburg zusammenzuschließen. Diesmal waren es neben Frankreich und Spanien die beiden Königtümer Preußen in Deutschland und Piemont-Sardinien in Italien, die den imperialen Ambitionen des Hauses Habsburg zum eigenen Vorteil Einhalt gebieten wollten. Aber es waren keine gewachsenen und haltbaren, sondern lediglich spontane Interessensvereinigungen. Piemont-Sardinien mußte bald erkennen, daß Spanien selbst auf das Herzogtum Mailand rekurrierte, und schlug sich sofort auf die Seite Österreichs, zumal dessen militärische Erfolge unübersehbar waren. Beinahe wäre sogar Neapel zurückerobert worden, doch wendete sich das Kriegsglück und Don Filippo gelang es, Parma und Ende 1745 sogar Mailand zu besetzen. Erst als die Österreicher im Norden durch den Frieden mit Preußen entlastet worden waren, bekamen sie den Kriegsschauplatz in Italien wieder in den Griff und mit ihrem Sieg bei Piacenza waren alle Aspirationen der jüngsten antihabsburgischen Liga zunichte gemacht.

Der Friede von Aachen vom 18. Oktober 1748 bestätigte erneut die schon vorher ausgehandelten Herrschaftsverhältnisse in Italien, die nunmehr für nahezu ein halbes Jahrhundert Bestand haben sollten; die lange Friedensperiode bot den italienischen Staaten endlich die Möglichkeit zur Umsetzung längst überfälliger Reformen.

Noch wichtiger aber war als Ergebnis der Auseinandersetzungen, daß die italienischen Staaten trotz dynastischer Fremdherrschaft einen erheblichen Zuwachs an Autonomie erlangt hatten: Aus Angst vor einer Störung des mühsam verteidigten Gleichgewichts war die europäische Diplomatie nämlich ohne jedes Zutun der Italiener übereingekommen, daß zum einen weder das Königreich Neapel-Sizilien

SCHWEIZ
Lausanne
Genf
Bozen
Belluno
Trient
REP. VENEDIG
Aosta
KGR.
PIEMONT
SARDINIEN
LOMBARDEI
Mailand
Mantua
Verona
Padua
Venedig
Turin
Alessandria
FRANK-
REICH
Piacenza
MANTUA
Parma
Ferrara
PARMA
Modena
Cuneo
GENUA
Genua
MODENA
Bologna
Ravenna
KIRCHENSTAAT
LUCCA
Florenz
Nizza
Pisa
Livorno
GHZM.
TOSKANA
Siena
Fsm.
Piombino
Perugia
Elba
Spoleto
Stato dei Presidii
Aquila
KORSIKA
(bis 1768 zu Genua, dann franz.)
Ajaccio
Civita-vecchia
Rom
Sassari
KGR.
PIEMONT-
SARDINIEN
Cagliari
KGR.
Tunis

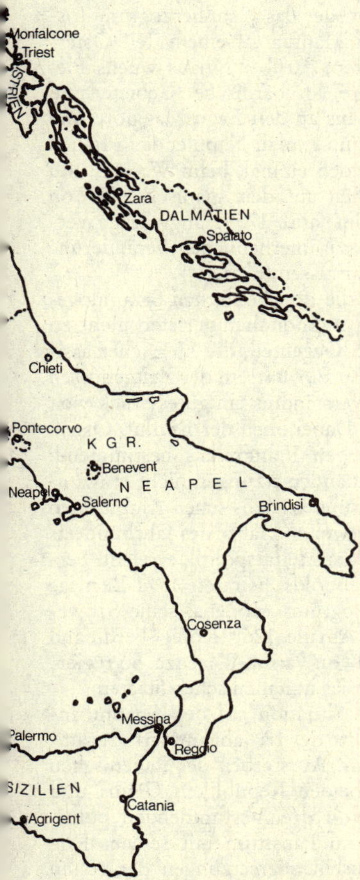

Italien nach dem Frieden von Aachen (1748)

noch das Herzogtum Parma-Piacenza mit Spanien vereinigt werden und zum anderen weder das Großherzogtum Toskana noch das Herzogtum Mantua zu einem Teil Österreichs erklärt werden durften; darüber hinaus wuchs Piemont-Sardinien um weitere lombardische Gebiete und reichte nunmehr im Osten bis an den Lago Maggiore und grenzte an das Tessin. Bis zum Einfall Napoleons in Italien im Jahre 1796 gab es nur noch einmal, beim Wechsel von Karl III. von Neapel-Sizilien auf den spanischen Thron nach dem Tod Philipps V. im Jahre 1759, langwierige Verhandlungen, die jedoch nur zu unerheblichen Veränderungen in den Herrschaftsverhältnissen führten.

Die habsburgischen und die bourbonischen Sekundogenituren in Mittelitalien und in Süditalien gerieten nicht zu bloßer Fremdherrschaft. Im Gegenteil, die Herrscher assimilierten sich und wurden im Bewußtsein der Zeitgenossen wie auch im eigenen Selbstverständnis ein gutes Stück weit zu italienischen Dynastien. Dabei blieb der Einfluß Österreichs trotz aller Bemühungen Frankreichs bestimmend; was die militärischen Auseinandersetzungen nicht erzwungen hatten, die Neutralisierung französischer Ambitionen in Italien, das wurde in der zweiten Hälfte des Jahrhunderts auf dem traditionellen Weg der Heiratspolitik erreicht. Ferdinand, der Bruder Peter Leopolds, heiratete 1771 Beatrice d'Este, die Erbin des Herzogtums Modena, seine Schwestern Maria Karoline und Amalie 1768 König Ferdinand von Neapel bzw. Ferdinand von Parma-Piacenza. So regierten vier Kinder Maria Theresias in italienischen Staaten.

Faßt man die territoriale Situation auf der Apenninenhalbinsel in der zweiten Hälfte des 18. Jahrhunderts zusammen, so kann man nach dem Aussterben der italienischen Fürstenhäuser neben den beiden Republiken Genua und Venedig im wesentlichen von drei bestimmenden politischen Kräften sprechen: vom Papsttum mit seinem Kirchenstaat, der bei allen Auseinandersetzungen der ersten Hälfte des Jahrhunderts territorial weitestgehend unangetastet geblieben, dem es allerdings auch nicht gelungen war, die Situation zu einem entscheidenden Machtzuwachs zu nutzen; von den dynastischen Fremdherrschaften in Ober- und Unteritalien, die sich als Machtfaktoren jedoch neutralisierten und schließlich vom Königreich Piemont-Sardinien, das sich im Laufe des Jahrhunderts nicht nur konsolidieren, sondern auch verhältnismäßig frei von belastenden Traditionen zu einem modernen Staatswesen entwickeln konnte. Mit der Halbherzigkeit gesellschaftlicher Modernisierung verspielte es jedoch die Chance, die Führungsrolle in der Aufklärung und im Prozeß der nationalen Einigung zu übernehmen. Statt dessen wurden Städte wie Florenz, Mailand, Neapel und zeitweise sogar Rom zu Zentren der Diskussion über aufklärerische Ideen und Politik.

Herrscherliche Selbstdarstellungskonzepte und Ambitionen

1735–1759 Karl von Bourbon König von Neapel und Sizilien (ab 1759 als Karl III. König von Spanien).
1740–1758 Papst Benedikt XIV.
1765–1790 (Peter) Leopold I. (Pietro Leopoldo) Großherzog der Toskana (ab 1790 als Leopold II. römisch-deutscher Kaiser).

Wenn in der Historiographie ein allgemeiner Reformeifer konstatiert und die italienischen Staaten als eine Art europäisches Experimentierfeld für aufklärerische Reformen beschrieben werden, so ist zu fragen, wie es zu diesem doch erstaunlichen Phänomen kommen konnte. Des öfteren wird dabei, sicher mit Recht, auf englischen Einfluß verwiesen, doch ist damit nicht erklärt, wieso er ausgerechnet hier und unter habsburgischer oder bourbonischer Herrschaft Wirkung gezeigt hat. Bewegungen »von unten« jedenfalls haben diese Reformen nicht eingefordert. Statt dessen finden sich in den italienischen Staaten manche Herrscherpersönlichkeiten, die ursächlich für Reformen verantwortlich zeichneten, so daß man gerade hier früher als anderswo von aufgeklärtem Absolutismus sprechen kann.

Die politische Ausgangslage im Königreich Neapel-Sizilien und im Großherzogtum Toskana war dadurch gekennzeichnet, daß die neuen Sekundogenituren zur Legitimierung und Konsolidierung ihrer Herrschaft auf die Akzeptanz des heimischen Adels und vor allem der Intellektuellen angewiesen waren. Neben der üblichen Amnestie für politische Gefangene nutzte man auch in der sich verändernden Gesellschaft traditionelle Repräsentationsstrategien, um eine politische und wirtschaftliche Perspektive für die Zukunft zu eröffnen. Funktionalisierte der allegorische Festapparat 1734 beim feierlichen Einzug Karls von Bourbon in Neapel noch die traditionelle Herkulesikonographie, so zeigten sich die Ambitionen des neuen Königs nach dem siegreichen sizilianischen Feldzug, indem er sich bei diesem zweiten Einzug am 16. Juli 1735 auf einer Barke als neuer Aeneas präsentierte. Er adaptierte damit eine in der päpstlichen Repräsentation des römischen Barock verwandte Topik: Wie Aeneas kommt er als Flüchtling über das Meer aus der Fremde, er weiß, daß er eine Reihe von Kämpfen zu bestehen hat, ist sich jedoch auch des göttlichen Fatums bewußt, das ihn dazu bestimmt, ein neues Reich, das Römische Weltreich, zu gründen. Jedem Zuschauer sollte damit klarwerden, daß der Bourbone Karl nicht wie seine habsburgischen Vorgänger an die Restitution des alten Reiches unter verändertem Vorzeichen dachte, sondern zukunftsorientiert einen modernen Staat, ein mächtiges und historisch bedeutendes Reich gründen wollte. Damit versprach er seinen Untertanen nicht nur eine glorreiche Zukunft, sondern erklärte sich selbst, obwohl seiner Herkunft nach ein Fremder, zum Italiener.

Der Verweis auf Aeneas in der politischen Selbstdarstellung richtete sich allerdings auch nach außen, sowohl gegen Österreich, an den Kaiser, als auch gegen den Papst, den eigentlichen Lehnsherrn. Die auf diese Weise verkündeten politischen Ambitionen mußten schon allein deshalb provozieren, weil sie jeglicher Gleichgewichtspolitik zuwiderliefen; der unverhohlene Anspruch auf die Reichsführung scheint fast auf das napoleonische Kaisertum vorauszuweisen. Niemand konnte davon ernstlich überrascht sein, da sich für diesen Anspruch des französischen Königtums eine lange, bis auf Karl den Großen zurückreichende Tradition aufweisen läßt. Die unmittelbare Vorgeschichte im 17. Jahrhundert weist den französischen König neben dem deutschen Kaiser gleichermaßen als Sieger der Gegenreformation und als Garanten des christlichen Abendlandes aus. Frankreich sah sich gegenüber dem alten Reich dabei in einer Führungsrolle, basierte doch auf der rationalistischen Verbindung von Absolutismus und Merkantilismus sein gewaltiger wirtschaftlicher Vorsprung. Spätestens mit der dynastischen Angliederung Spaniens und Süditaliens stellte es darüber hinaus auf dem Kontinent den größten Machtfaktor dar. Es fehlte eigentlich nur noch die äußere Anerkennung dieser Position durch die Verleihung der Kaiserwürde. So erklärt sich die französische Politik bis hin zu Napoleon als äußerst zielgerichtet. Der Erfolg dieser Politik schien von der hegemonialen Stellung in Italien und dem damit verbundenen Einfluß auf das Papsttum in Rom abzuhängen. Schon Leibniz hatte allerdings dieses in einem eindimensionalen Traditionalismus verwurzelte Denken kritisiert und Ludwig XIV. aufgefordert, den Feind nicht im christlichen Abendland zu suchen, sondern mit einem Feldzug nach Ägypten die Grenzen des Abendlandes im Süden zu sichern und die christlichen Stätten vom Islam zu befreien. Mit der Kontrolle über die Handelswege nach dem Mittleren und Fernen Osten und einem früheren Bau des Suez-Kanals hätten sich auch die Gewichte im Überseehandel zugunsten Frankreichs verschoben. Jedoch ist die Chance, eine wirkliche Alternative zum wachsenden transatlantischen Handel aufzubauen, von Frankreich nicht genutzt worden.

Die Perspektive eines neuen Reiches unter der Führung Karls konnte also nicht durch äußere Erfolge, wohl aber durch innere Reformen glaubwürdig gemacht werden. Um diesem Gedanken des Neuanfangs und des Reformgeistes sinnfällige Gestalt geben zu können, bot sich kaum etwas Besseres an als ein neuer repräsentativer Schloßbau. Mit Caserta schwebte dem neuen König offenbar eine moderne Synthese von Escorial und Versailles vor. Die riesige Anlage, welche die Bourbonen und deren Herrschaft im Sinne Vicos als Höhepunkt des zivilisatorischen Fortschritts darstellen sollte, wurde jedoch nicht vollendet und blieb ein, allerdings beeindruckender, Torso der allzugroß angelegten politischen Ambitionen. Indem Karl 1759 als Karl III. den spanischen Thron bestieg und seinen Platz dem achtjährigen Ferdinand IV. überlassen mußte, fehlte dem von Bernardo Tanucci fortgeführten Reformwerk die repräsentative Führung und Vermittlung. Als später Ferdinands Gemahlin Maria Karoline entscheidenden Einfluß auf die Politik des Königreichs gewann, kam der innovative Modernisierungsprozeß vollends zum Stillstand.

Vergleichbare repräsentative Luftschlösser hat Franz Stephan von Lothringen in der Toskana nicht gebaut. Er fühlte sich mit dem Großherzogtum für seinen Verzicht auf das Königreich Lothringen nur unzureichend entschädigt und zeigte unverhohlen sein Desinteresse an den Geschicken seines neuen Staates. Er residierte nicht im Lande – er besuchte es nur ein einziges Mal (1739) – sondern blieb, seit 1745 auch als Kaiser Franz I., an der Seite seiner Gemahlin Maria Theresia in Wien. Später mündete solche Haltung in eine Politik des Kaiserhauses, welche darauf zielte, nicht nur Mailand und Modena, sondern auch andere Teile Mittel- und Oberitaliens ins Reich zu integrieren und jeglicher staatlichen Selbständigkeit zu berauben. Das änderte sich allerdings, als Peter Leopold nach dem Tode seines Vaters 1765 nach Florenz kam. Er sah hier die Chance, selbständig neue politische Vorstellungen zu entwickeln und ihre Tragfähigkeit in einem überschaubaren Staat zu prüfen. Unter seiner Herrschaft gelang es nicht nur, die enormen wirtschaftlichen Probleme des Landes zu bewältigen, sondern auch das wohl umfänglichste politisch-gesellschaftliche Reformwerk eines italienischen Staates im 18. Jahrhundert umzusetzen.

Peter Leopold machte seine Verbundenheit mit dem Großherzogtum von Anfang an demonstrativ deutlich, indem er am Ostermontag 1766 nach altem Florentiner Brauch in der Sala dei Cinquecento des Palazzo Vecchio vor dem heimischen Adel den Treueeid ablegte. Am Gründonnerstag hatte er bereits mit einer ebenso traditionellen Demutsgeste Aufsehen erregt, als er mit seiner Gemahlin Maria Louise die Fußwaschung an je zwölf armen Greisen und Greisinnen vornahm. Peter Leopold suchte mit seinem Auftreten nicht nur, Ideen des Reformkatholizismus seiner Zeit zu realisieren und seine Herrschaft moralisch gebunden darzustellen; er wollte bei seinen neuen Untertanen auch Erinnerungen an die Frühzeit der mediceischen Herrschaft wachrufen und sich selber Anerkennung als Pater Patriae verschaffen. Das wurde um so mehr honoriert, als Peter Leopold sofort und unmißverständlich die Interessen des Landes gegenüber Wien vertrat. Sechs Wochen nach dem Treueeid reiste das großherzogliche Paar mit großem Gefolge nach Pisa und Livorno. Diese Städte waren für die Toskana von enormer wirtschaftlicher und militärischer Bedeutung, zugleich aber auch als Einfallstore für die neuesten Ideen aus dem Ausland. Noch wichtiger als diese Demonstration staatlicher Unabhängigkeit war aber sicher die Reverenz an das historische Selbstverständnis des Florentiner Stadtstaates als Nukleus des Großherzogtums. Am Festtag des Stadtpatrons, des heiligen Johannes des Täufers, nahm Peter Leopold auf dem Höhepunkt des festlichen Einzugs die Huldigungen der Bevölkerung auf einem unter dem Mittelbogen der Loggia dei Lanzi aufgestellten Thronsessel entgegen.

In Florenz ging es um die kulturelle Mitte Italiens. Das eine Nation definierende Band, die gemeinsame Sprache, wurde für Italien in Florenz zur Hochsprache entwickelt. Darüber hinaus stammten sehr viele Dichter, Literaten, Philosophen, Wissenschaftler und Künstler von europäischem Rang aus Florenz, so daß man mit Fug und Recht von einem kulturellen Zentrum allerersten Ranges sprechen konnte. Im Gegensatz zu seinem Vater hatte Peter Leopold erkannt, daß dieses stolze patriotische Selbstbewußtsein nicht nur ein Integrationsproblem darstellte, sondern auch erhebliche politische Möglichkeiten eröffnete. Insofern war das öffentliche Thronen in der Loggia dei Lanzi ein wirkungsvolles symbolträchtiges Bild, weil es unter Verweis auf den antiken Rang Etruriens unmittelbar an die politischen Aspirationen der Medici auf ein Königreich Italien anspielte.

Die programmatischen Selbstdarstellungskonzepte Carlo di Borbones und Pietro Leopoldos – beider Namen wurden italianisiert – lassen sich in der Gegenüberstellung nur unzureichend historisch werten, weil zwischen ihnen eine Zeitspanne von 30 Jahren liegt. Dennoch zeigt ein Vergleich, daß sie bei aller Unterschiedlichkeit gerade in der bewußten Berücksichtigung der historisch gewachsenen Identität ihres neuen Landes übereinstimmten und wohl nur deshalb erfolgreich sein konnten. Umgekehrt muß man allerdings auch festhalten, daß die notwendigen Reformen nur deshalb so gute Realisierungschancen besaßen, weil beide engagierten Fürsten von außen kamen. In anderen italienischen Staaten, sowohl in den Republiken Genua und Venedig als auch im Königreich Piemont-Sardinien, verlief der Reformprozeß jedenfalls nicht derartig stringent, genausowenig in der Lombardei, in Parma-Piacenza oder in

Modena, den kleineren oberitalienischen Herzogtümern, welche – gewissermaßen als anderes Extrem – wie Kolonien verwaltet wurden.

Die Rangfolge der herrscherlichen Tugenden verschob sich im Verlauf des Jahrhunderts von der Stärke und der Klugheit hin zur Gerechtigkeit und Mäßigung. Das beste Beispiel gab Papst Benedikt XIV. Ihm gelang es zwischen den Gegensätzen des Jahrhunderts, Aufklärung und Bürgertum auf der einen, Absolutismus und Klerus auf der anderen Seite, zu vermitteln und die universalistische Autorität des Papsttums zum Zwecke friedlichen Ausgleichs zu nutzen. Er vereinigte in seiner Person die Repräsentanz des Amtes mit der Kompetenz des Gelehrten. Prospero Lambertini, geboren 1675 als Sohn eines Senators, stammte aus Bologna. Nach einem Doppelstudium der Theologie und der Jurisprudenz in Rom, das er jeweils mit der Promotion abgeschlossen hatte, stieg er in der klerikalen Hierarchie bis zum Kardinal (1728) auf. Unter Clemens XII. erhielt er 1731 das wohl bedeutendste und anspruchsvollste Erzbistum im Kirchenstaat, das seiner Heimatstadt Bologna. Als man ihn 1740 in einem der längsten Konklave – es dauerte über ein halbes Jahr – zum Papst wählte, hatten sich die Kardinäle bewußt für einen Kandidaten aus dem Kirchenstaat entschieden. Bei seiner Krönung in der Loggia von St. Peter am 21. August 1740 ließ sich der neue Papst wie ein nationaler Herrscher von seinem Volk huldigen, unterstrich aber zugleich den universalen Anspruch seines Amtes auf die geistige und geistliche Autorität. Gleich zu Beginn seines Pontifikats ergriff er 1741 die Gelegenheit, im Fall des portugiesischen Menschenhandels mit den mittelamerikanischen Indios unter Androhung der Exkommunikation Partei für die Menschenrechte zu nehmen. In den Auseinandersetzungen zwischen den europäischen Mächten hielt er trotz aller Einschüchterungsversuche an der Neutralität des Papsttums fest, wurde nicht müde, auf die Beendigung von Feindseligkeiten zu drängen und die Beteiligten an den

Verhandlungstisch zu bringen. Am nachhaltigen Erfolg des Friedenskongresses zu Aachen im Jahre 1748 hatte er großen Anteil, ohne sich in den Vordergrund zu stellen.

Benedikt XIV. stellte auch die Position des Papsttums gegenüber dem Kaisertum klar. Hatte Benedikt XIII. zum Jubeljahr 1725 in der Vorhalle von St. Peter dem Reiterstandbild Konstantins des Großen das Karls des Großen entgegengestellt, so restaurierte er das Apsismosaik des sogenannten Tricliniums Leos III., das ja auf die Krönung Karls des Großen in Rom verweist, und stellte es der neuen Ostfassade der Lateranbasilika gegenüber.

Die große Selbstdarstellungsmöglichkeit dieses Papsttums aber bot das Jubeljahr 1750. Mit der umfassenden Renovierung von S. Croce in Gerusalemme, vor allem aber mit dem neuen Portikus vor der Ostfassade von S. Maria Maggiore präsentierte sich Benedikt XIV. als ein Papst, der die pastorale Aufgabe seines Amtes im Sinne des Tridentinums ernst nahm und bei aller Öffnung und Transparenz niemals die Basis der Tradition verleugnete. Diese vernunftbegründete Ambivalenz, typisch für den Wissenschaftler, legten ihm allerdings sowohl Konservative als auch Aufklärer gelegentlich als Schwäche und Verrat aus. Von den meisten Zeitgenossen jedoch wurde sein Pontifikat als wohltuend modern und zukunftsorientiert empfunden. Nichts dürfte dafür bezeichnender gewesen sein als der Erfolg der Publikation des neuen großen Stadtplans von Giovanni Battista Nolli und die großartigen Veduten Vasis und Piranesis, welche ein völlig neues Verständnis der antiken Monumente und der modernen Bauten Roms vermittelten. Benedikt XIV. galt insofern nicht nur als Förderer der historischen und archäologischen Forschung Roms, sondern darüber hinaus eben auch als Aufklärer mit ausgeprägt italienischem Bewußtsein.

Mit der Einleitung des Wassers aus der Acqua Vergine in die Fontana di Trevi ließ der Papst 1743 über alle traditionellen Topoi hinaus anschaulich werden, daß sein Stadterneuerungsprogramm weit über eine administrative Reorganisation und eine Systematisierung des Straßen- und Wegenetzes hinaus vor allem auf eine Verbesserung der sanitären Infrastruktur der Innenstadt zielte. Damit bekannte er sich zu einer modernen Gesundheitspolitik als staatlicher Aufgabe.

Das Zeitalter der Reformen

1754	Beginn der Reformen im Königreich Neapel-Sizilien unter Bernardo Tanucci (Minister 1739–1776): Reduzierung des sozialen und politischen Einflusses der Kirche; 1767 Vertreibung der Jesuiten; 1788 Lösung aus der Lehnshoheit des Heiligen Stuhls.
1759–1782	Graf Carl Firmian als »bevollmächtigter Minister« in Mailand: Weiterentwicklung der schon begonnenen Reformpolitik; wirtschaftlicher Aufschwung.
1765	Beginn der Reformen Peter Leopolds I. in der Toskana: Gemeindeautonomien, modernes Kriminalrecht (u. a. Abschaffung der Todesstrafe), Agrarreform, Freihandel; 1781 Entwurf einer nicht mehr in Kraft gesetzten Verfassung mit parlamentarischen Elementen.

Wie in einer Stafette verläuft der Reformprozeß durch die italienischen Staaten, beginnend im Königreich Piemont-Sardinien, fortgeführt im Kirchenstaat, auf halbem Weg abgebrochen im Königreich Neapel-Sizilien und bis an die Grenze zum Verfassungsstaat entwickelt im Großherzogtum Toskana. Es wäre also eine verfälschende Darstellung, wenn man lediglich die zweite Hälfte des Jahrhunderts als Zeitalter der Reformen definieren wollte. Bei einer die Grenzen dynastischer Familienpolitik überschreitenden Betrachtung wirtschaftlicher und sozialer Entwicklungen zeigt sich, daß diese Reformen allesamt angestoßen waren durch den Erfolg der zentralistischen staatlichen Wirtschaftspolitik Frankreichs unter Ludwig XIV. Denn das rapide zunehmende Wirtschaftsgefälle gegenüber dem nordwestlichen Europa wuchs für die italienischen Staaten zu einer realen Existenzbedrohung an. Reformen waren insofern überlebensnotwendig; es fragte sich jeweils nur, wann sich diese Reformen durchsetzen ließen, ob sowohl die außen- als auch die innenpolitischen Voraussetzungen gegeben waren.

Begonnen wurde der Reformprozeß im neuen Königreich Piemont-Sardinien; dieser Staat sah sich unmittelbar nach Ende des Spanischen Erbfolgekrieges dynastisch unabhängig und schon durch die große territoriale Erweiterung und den Aufstieg zum Königreich herausgefordert, am Aufbau eines modernen vereinheitlichten Flächenstaates zu arbeiten. Die Motivation dazu hatte bei Viktor Amadeus II. nichts mit Aufklärung zu tun: getroffen vom unerwarteten Verlust des gerade gewonnenen Sizilien, den er gewissermaßen wehrlos hatte hinnehmen müssen, sah er in der Reform und Vereinheitlichung der Gesetzgebung sowie in der Erstellung eines neuen Katasters die einzige Möglichkeit zur Integration der neuen Territorien und zugleich zur Sicherung der Staatsfinanzen. Letzteres wiederum war erforderlich, um ein hinreichend großes Heer aufzubauen, mit dem man sich einerseits gegen Angriffe schützen konnte und andererseits als Partner in den wechselnden Allianzen ernst genommen werden würde. Die Reformpolitik der piemontesischen Könige war so weniger gesellschaftspolitisch als ordnungspolitisch ausgerichtet. Viktor Amadeus II. und Karl Emanuel III. waren nicht in der Lage und wohl auch nicht willens, mit dem neuen Kataster die Unzahl steuerlicher Privilegien des Adels abzuschaffen oder doch wenigstens spürbar einzuschränken. Das Feudalsystem und die ständische Struktur des Staates blieben durchweg unangetastet. Ebensowenig war der aufbrechende Antiklerikalismus ideologisch begründet, sondern schlicht eine Frage der Überlebensfähigkeit des Staates. Über die Jahrhunderte war der Grundbesitz der Kirche, der sogenannte Besitz der Toten Hand, auf nahezu ein Drittel des Landes angewachsen, so daß, unabhängig von Ressourcenmangel und Infrastrukturschwäche, an eine Steigerung der wirtschaftlichen Potenz des Königreichs nicht zu denken war. Mühsam und langwierig war so der Weg bis zu einem tragfähigen Kompromiß, der bezeichnenderweise erst unter Benedikt XIV. zustande kam. Das geschah im Konkordat von 1741; es regelte nicht nur die Frage der Bischofsernennungen, sondern erlaubte mit der sogenannten Benediktinischen Instruktion auch die Einschränkung der Steuerfreiheit des Klerus; auch wurde die 1729 mit der Abschaffung des Bildungsmonopols der Jesuiten durchgesetzte Liberalisierung der Universität nicht rückgängig gemacht, was jedoch zu keiner Belebung des wissenschaftlichen und kulturellen Lebens führte. Jegliche zusätzliche Steuereinnahme floß in das ständig wachsende Heer, das damit zu einem bedeutenden Faktor in der Gesellschaft wurde: In ihr bildete das Militär eine starke soziale Klammer, weil wie in Preußen der Adel fest mit ihm verwoben war. Der innenpolitische Reformprozeß im Königreich Piemont-Sardinien reduzierte sich dadurch auf eine fortschreitende Zivilisation durch Militarisierung.

Während die Könige von Piemont-Sardinien vergeblich auf die Gelegenheit zur Einverleibung der Lombardei warteten, hofften die Herzöge von Modena als einzige nicht vom Aussterben bedrohte Dynastie Mittelitaliens ebenso erfolglos darauf, die Medici, die Farnese, die Gonzaga oder am besten alle drei zu beerben. Darüber verstrich das Jahrhundert, ohne daß nennenswerte Reformen umgesetzt wurden, wenn man einmal von der Einführung der estensischen Gesetzbücher zu Anfang der siebziger Jahre absieht, die die Jurisdiktion im Staat straffte und kodifizierte.

Die beiden großen Republiken der Apenninenhalbinsel Venedig und Genua unterlagen anderen Bedingungen als die anderen Staaten Oberitaliens. Die Legitimationsprobleme einer Dynastie und deren Selbstdarstellungsstrategien spielten hier keine Rolle. Auch den Aufbau und die Strukturierung eines modernen Flächenstaats mit einheitlicher Gesetzgebung und Verwaltung sah man keineswegs als dringliche Aufgabe. Die republikanischen Verfassungen schützten die Oligarchie der städtischen Adelsfamilien, und die Einrichtung eines Verfassungsschutzes, in Venedig in Gestalt der sogenannten Staatsinquisition, verdammte die ohnehin unbewegliche und wenig durchlässige Gesellschaft zur totalen Reformunfähigkeit in allen fundamentalen Bereichen. Verschont zu sein von einem einschneidenden dynastischen Wechsel war insofern nicht unbedingt von Vorteil, sondern bedeutete auch, angesichts gesellschaftlicher und ökonomischer Reformprozesse im 18. Jahrhundert Zug um Zug ins Hintertreffen zu geraten. Belege dafür sind vor allem die in Venedig immer wieder gescheiterten Versuche, die Verfassung zu modernisieren, um einen wirtschaftlichen Schub auszulösen. Man hatte die Mißstände durchaus erkannt und diskutiert, doch gelang es weder 1762 noch 1780, noch 1784 im Großen Rat gegen die Mehrheit der konservativen Adelsfamilien eine Verfassungsänderung durchzusetzen. Ambitionen hinsichtlich territorialer Erweiterungen oder gar imperialistische Träume hatten in der Politik beider Republiken keinen Platz. Konsequenterweise blieb Venedig während des gesamten 18. Jahrhunderts bei seiner strikten Neutralitätspolitik, was allerdings allein schon wegen der geographischen Lage der Republik ratsam erschien.

Die Verhältnisse in Genua stellten sich durchaus vergleichbar mit denen in Venedig dar. Außenpolitisch in einem ungleich spannungsreicheren Umfeld gelegen, mußte die Republik an der ligurischen Küste ständig um den Verlust ihrer Selbständigkeit bangen, und zwar nicht nur wegen der aggressiven Politik der Großmächte, sondern gerade auch wegen der Großmachtambitionen Piemont-Sardiniens. Im Zeichen der zunehmenden Globalisierung des Handels seit der Mitte des 16. Jahrhunderts hatte sich die Bedeutung beider Republiken nunmehr stark relativiert, und schon allein deswegen waren die finanziellen Möglichkeiten zur Unterhaltung einer hinreichenden Landstreitmacht zusätzlich zur Flotte nicht gegeben. Daher ließen sich territoriale Verluste letztlich nicht verhindern. Während sich Venedig, von Kaiser und Papst respektiert, erst der napoleonischen Annexion fügen mußte, war Genua nach lang andauernden Querelen schon 1768 gezwungen, Korsika an Frankreich zu verkaufen. Systempolitischer Reformdruck konnte in beiden Republiken wegen ihrer republikanischen Verfaßtheit im Ansatz nicht entstehen; aber auch gesellschaftspolitisch gab es trotz höchst konservativer Strukturen wenig Veranlassung, auf Veränderungen zu drängen, weil die mentale und insbesondere die religiöse Bindung der Bevölkerung bei ausgeprägter regionaler Identität weit hinter der ökonomischen zurückstand. Das garantierte zugleich den traditionellen freien und den neuen Ideen gegenüber durchaus offenen internationalen Gedankenaustausch.

Die kleineren Adelsrepubliken Lucca und San Marino und eine Reihe kleinerer mehr oder weniger abhängiger Fürstentümer führten gewissermaßen ein Sonderleben und spielten innerhalb der europäischen Politik keine Rolle. Überschaubare und geregelte Verhältnisse, milde, unabhängige Gerichtsbarkeit, Verständigung mit der Kirche und vor allem die geringe Steuerbelastung ließen die Republik jeweils als kleines Paradies auch im Sinne der Aufklärung erscheinen. Lucca war aber im Grunde ein noch funktionierendes Relikt der mittelalterlichen toskanischen Stadtstaaten, und so konnten über die Erinnerung an die glorreiche Verteidigung ihrer Autonomie im Mittelalter am Ende sogar patriotische Gefühle freigesetzt werden.

Die übrigen Herzogtümer Mailand und Mantua auf der einen Seite und Parma-Piacenza auf der anderen Seite standen nach dem Aachener Frieden unter eigentlicher Fremdherrschaft, die einen unter der Österreichs, die anderen unter der Spaniens. Wie abhängig die Entwicklung dieser Staaten vom Charakter und von der politischen Einsicht der einzelnen Herrscherpersönlichkeiten, aber auch vom Einfluß und vom Selbstbewußtsein der heimischen Führungsschicht war, zeigt ein vergleichender Blick auf Mailand und Parma-Piacenza. Während Mailand unter Fürst Kaunitz, Joseph von Sperges und vor allem unter Graf Carl Firmian wirtschaftlich und kulturell aufblühte, versank Parma-Piacenza unter Don Filippo und Don Ferdinando trotz umfassender Entschuldung und trotz aller Reformanstrengungen des Premierministers Du Tillot am Ende in politischer Bedeutungslosigkeit. Entscheidend für den unterschiedlichen Erfolg der wirtschaftlichen und politischen Reformbemühungen waren dabei weniger die jeweiligen Zuordnungen zu den europäischen Großmächten oder gar die jeweilige gesamtstaatliche Ausgangslage, sondern vor allem die Respektierung bzw. Mißachtung der heimischen politischen Kultur. Politischer Erfolg läßt sich regelmäßig am wirtschaftlichen Erfolg messen, und dieser resultiert immer auch aus der Fähigkeit, die Menschen in einem Staat zu Leistungen zu motivieren, die dem privaten Wohlstand spürbar zugute kommen. Das gelang den Österreichern in Mailand auf hervorragende Weise, während die Bourbonen in Parma-Piacenza das Land regelrecht überfremdeten. Die Österreicher fühlten sich in der Lombardei wohl, genossen das italienische Lebensgefühl und pflegten engagiert die Kultur in der oberitalienischen Metropole. Dagegen hatte man, wenn man den Berichten der Zeitgenossen Glauben schenken kann, in Parma-Piacenza kaum noch das Gefühl, in Italien zu sein, so sehr war alles von der Sprache bis zum Geld französisch beherrscht. Weltoffenheit aufgrund eigener Kultur wie in Mailand konnte in Parma-Piacenza durch die völlig überzogenen Aufwendungen für höfische Pracht und Repräsentation in den Augen der Bevölkerung nicht kompensiert werden. Gerade deshalb blieb die Steuerreform Du Tillots im Vergleich zum neuen Kataster Mailands halbherzig und Stückwerk, weil sie, höfisch eingebunden, nicht nur zu viele Rücksichten nehmen mußte, sondern auch, weil die verbesserten staatlichen Einnahmen nicht investiv genutzt, sondern für ein luxuriöses Hofleben verschleudert wurden.

Seit der prinzipiellen Verständigung über die territoriale Aufteilung Italiens zwischen den Habsburgern und den Bourbonen am Ende der fünfziger Jahre wurde in allen italienischen Staaten an einem wirtschaftlichen Sanierungsprogramm gearbeitet. Dabei mußte überall das Problem des kirchlichen Besitzes und der Einkünfte des Klerus, die der staatlichen Besteuerung entzogen waren, zuerst gelöst werden. Dieser Besitz der sogenannten Toten Hand hatte nicht in allen italienischen Staaten denselben Umfang, war aber in jedem Fall so groß, daß man ihn nirgends ignorieren konnte. Aufgrund religiöser Bindungen, aber auch aufgrund mannigfacher Verflechtungen des Klerus mit den heimischen Adelsfamilien war allerdings bei einer Abschaffung dieser Privilegien sensibel vorzugehen. Gute Beziehungen zur heimischen Führungselite und deren Beteiligung am Reformprozeß waren genauso erforderlich wie die Akzeptanz in der breiten Bevölkerung. Wenn es aber darum ging, Privilegienabbau transparent zu machen und zu vermitteln, daß die Reformen dem Gemeinwohl dienten, dann war eine Fremdherrschaft unter Umständen keineswegs von Nachteil. Vielmehr konnte sie als einigermaßen neutrale Instanz in der Frage der Verteilung säkularisierten Besitzes gelten und so eine schnelle Einigung und Umsetzung sogar fördern.

Das Musterbeispiel des Reformprogramms in der Toskana setzte verhältnismäßig spät ein, konnte daher aber auch aus den Erfahrungen der anderen Staaten lernen und prinzipielle Fehler vermeiden. Peter Leopold ließ sich nicht nur kompetent beraten, sondern integrierte von Anfang an die Führungselite des Landes in die politischen Entscheidungsprozesse. Eine Hungersnot und drohender Staatsbankrott kamen ihm dabei insofern zu Hilfe, als er für die Notwendigkeit des Reformprogramms keine langwierige Überzeugungsarbeit leisten mußte. Einer seiner wichtigsten Berater war Franz Xaver Graf Rosenberg-Orsini, der in den ersten Regierungsjahren zwischen 1765 und 1770 nicht nur die großen Züge des Reformprogramms entwarf, sondern auch die Priorität einer ausreichenden Versorgung der Bevölkerung mit Grundnahrungsmitteln erkannte und das von Pompeo Neri ausgearbeitete Gesetz über den freien Getreidehandel (1766) initiierte. Der Erfolg dieser ersten Maßnahmen verhalf dem jungen Großherzog zu großer Anerkennung, von welcher Grundlage aus er die nächsten Phasen des Veränderungsprozesses steuern konnte, obwohl er – nach der Rückkehr Rosenberg-Orsinis nach Wien – seit 1770 alle Maßnahmen vollständig in die Hände seiner italienischen Minister legte. Der Liberalisierung des Getreidehandels folgte die Einführung der Gewerbefreiheit und über ein neues Gemeindestatut die Integration der teils weitgehend selbständigen Kommunen in den Staat. Aber auch dabei ging er sehr vorsichtig und besonnen, geradezu wissenschaftlich anmutend vor, indem er der flächendeckenden Einführung Pilotprojekte in Arezzo und Volterra vorschaltete und diese evaluierte. Die territoriale Integration sollte im Zusammenhang einer gesellschaftlichen Integration stehen, die letztlich auf eine politische Partizipation breiter Bevölkerungsschichten zielte. Bereits zu Anfang der achtziger Jahre hatte Peter Leopold eine Verfassung entwickelt, die anstelle der alten Ständeordnung nur noch Grundbesitzer, Handwerker und Freiberufler unterschied und den Angehörigen dieser Gruppen das aktive und passive Wahlrecht zugestand. Leider gerieten diese Pläne unter dem Eindruck der französischen Umwälzungen dann unter

Revolutionsverdacht; die in eine völlig andere Richtung drängende Politik Wiens hat die Verwirklichung des Verfassungsplans schließlich verhindert. Betrachtet man aber diesen Verfassungsentwurf im regionalen historischen Kontext, dann erkennt man, daß er viele traditionelle Momente des glorreichen Florentiner Stadtstaates wieder aufgegriffen und damit eben auch an den Patriotismus der Bürger appelliert hat.

Aufgeklärte Staatsvorstellungen verbanden sich auch mit Menschenrechtsidealen, und so erließ Peter Leopold eine umfassende Strafrechtsreform, welche die Todesstrafe abschaffte und Folter untersagte. Eine effiziente Steuerreform ermöglichte 1788 die endgültige Ablösung der Staatsschulden und begründete damit die Möglichkeit eines kontinuierlichen wirtschaftlichen Aufschwungs. Lediglich die letzte Konsequenz dieser modernen Staatsauffassung, die staatliche Einbindung des Klerus, der pure Jansenismus, ließ sich auf italienischem Boden nicht durchsetzen.

Als Peter Leopold im Frühjahr 1790 seine Toskana als Kaiser Leopold II. verlassen mußte, brach das von der Autorität seiner Person getragene System zusammen, weil im Gefolge der Französischen Revolution Unruhen ausbrachen und zur Rücknahme einiger Reformen zwangen. Als klassischer Aufklärer, aber auch als »Wahl-Florentiner« besaß Peter Leopold offenbar kein Verhältnis zum Militär, und dementsprechend hatte er die Bedeutung eines schlagkräftigen Heeres sowie einer ernstzunehmenden Flotte zum Schutz seines Staates und seiner Reformen unterschätzt. So war die Toskana am Ende dem französischen revolutionären Ausgreifen fast ohnmächtig ausgeliefert und fiel 1803 an Frankreich.

Im Königreich Neapel sind zwar einige Jahre früher als in der Toskana nötige Reformen angegangen worden. Doch auch hier konnte Karl von Bourbon eine halbwegs programmatische Reformpolitik erst nach dem österreichischneapolitanischen Staatsvertrag in Angriff nehmen. Sie war aber nicht so allein entscheidend mit der Person und der Autorität des Monarchen verbunden, sondern wesentlich mit der Leistung Bernardo Tanuccis, der 1759 mit dem Wechsel Karls auf den spanischen Thron für den erst achtjährigen Thronfolger Ferdinand IV. die Regentschaft bis zu dessen Volljährigkeit im Jahre 1767 übernahm. Tanuccis Reformpolitik war beherrscht vom Kampf gegen die Privilegien des Klerus und den Einfluß der Kirche auf den Staat. Im Königreich war dieses Problem nicht nur wirtschaftlich, sondern auch politisch besonders virulent, weil das Papsttum als Lehnsherr gegenüber der Krone auftrat. Das Bestreben eines jeden Staatswesens nach dem konfessionellen Zeitalter, solche Einflußnahmen und Einschränkungen der Souveränität zurückzudrängen, hatte Neapel schon seit langem zu einem Diskussionsforum der Aufklärung gemacht, so daß hier der bereits von Karl eingeführte neue Kataster lediglich als Startschuß für die umfassende Unterwerfung der Kirche unter den Staat verstanden wurde. So stand Neapel an vorderster Front, als es um den Kampf gegen die Jesuiten ging. Tanucci schloß sich der von Portugal ausgehenden Bewegung an und vertrieb den Orden schon 1767 aus Neapel, bevor er 1774 offiziell aufgehoben wurde. Er scheute sich auch nicht, die im Königreich liegenden Enklaven des Kirchenstaats Pontecorvo und Benevent zu besetzen, um Clemens XIII. in seine Schranken zu verweisen.

Mit dem Regierungsantritt Ferdinands IV. konnte Tanucci seine Reformpolitik nicht mehr konsequent fortführen. Er fand in der politisch engagierten Königin Maria Karoline eine strikte Gegnerin und wurde schließlich 1776 auf ihr Betreiben hin entmachtet. Es rächte sich, daß Tanucci den heimischen Adel nicht aktiv in die Reformen eingebunden hatte; so konnten alle Fortschritte im Sinne der Aufklärung binnen kurzer Zeit weitgehend rückgängig gemacht werden. Neapel-Sizilien fand schnell zurück zu einer klassischen dynastischen Politik, brach mit Spanien, baute eine eigene Diplomatie auf, verfolgte eine eigene Außenpolitik an der Seite Österreichs und schloß sich 1793 konsequenterweise der Koalition gegen das revolutionäre Frankreich an. In panischer Revolutionsfurcht errichtete man einen regelrechten Polizeistaat, der jeden Rest freien Lebens im Königreich zu ersticken suchte, so daß die Revolution von 1799 beinahe unvermeidlich ausbrechen mußte.

Wiederum anders als in allen übrigen italienischen Staaten und früher als in der Toskana und in Neapel-Sizilien läßt sich von einem Reformprozeß im Kirchenstaat sprechen, der seinen Höhepunkt unter dem Pontifikat Benedikts XIV. erlebte. Die neue Wissenschaftspolitik Benedikts läßt sich allerdings eigentlich nur dann richtig bewerten, wenn man die vorausgegangenen Bemühungen Neri Corsinis, des Kardinalnepoten Clemens' XII., um die Kulturpolitik in die Betrachtung mit einbezieht. Der Entscheidung des gelehrten Papstes, nicht nur die römische Universität massiv zu fördern und institutionell zu modernisieren, sondern darüber hinaus eine ganze Reihe spezieller Akademien zu gründen, kam jedoch eine andere Bedeutung zu. Wissenschaft wurde nicht mehr nur an der Kurie betrieben, sondern bis zu einem gewissen Grade öffentlich und autonom. Die unmittelbar nach Übernahme des Pontifikats gegründeten Akademien für Konzilsgeschichte, Kirchengeschichte, Liturgiegeschichte, Römische Geschichte und Archäologie waren allesamt streng historisch ausgerichtet und evaluierten ihre Erkenntnisse gegenseitig.

Das zentrale Forschungsanliegen des Papstes blieb zunächst aktuell legalistisch motiviert: Die Rechtmäßigkeit des kirchlichen Besitzes, nicht nur des Kirchenstaats, sondern auch des Lehensrechts über andere italienische Staaten und des sonstigen umfangreichen kirchlichen Eigentums war ja überall zur Diskussion gestellt. Benedikt beschränkte sich aber nicht nur auf die Abwehr, sondern suchte in aufrichtigem Reformwillen durch gezielte Forschungen im

Bereich des Ur- und Frühchristentums Antworten auf die aktuellen Gesellschaftsfragen der Epoche zu finden und darüber hinaus eine durch den europäischen Jansenismus drohende Kirchenspaltung abzuwenden. Der Papst, selbst Jurist, bestand auch keineswegs einseitig auf dem Legalitätsprinzip, sondern maß moralischen Argumenten gleichermaßen große Bedeutung zu. Gerade deswegen war Rom in der Mitte des Jahrhunderts durchaus ein Zentrum der europäischen Aufklärung. Selbst wenn der damals einmal geäußerte Vorschlag, die Streitigkeiten um die Herrschaft in den italienischen Staaten mit einem Schlag zu beenden, indem man die gesamte Apenninenhalbinsel zum Kirchenstaat erklärte und dem Papsttum die Rolle eines italienischen Königs andiente, wohl nicht ganz ernst gemeint war, so zeigt er doch, daß mit Benedikt XIV. ein modernes Bild vom Papsttum vermittelt worden ist.

Die Protagonisten der italienischen Frühaufklärung

1744	Ausgabe letzter Hand von Giambattista Vicos *Principi di scienza nuova* (zuerst 1725), bedeutsamer Beitrag zur Entwicklung eines modernen europäischen Geschichtsverständnisses.
1749	Letzte Fassung von Ludovici Antonio Muratoris *Annali d'Italia* (zuerst 1744), wichtig zur Grundlegung eines liberalen nationalen Geschichtsbildes.
1764–1766	Erscheinen der radikal reformistischen Zeitschrift *Il Caffè*, Organ eines Kreises Mailänder aufgeklärter Denker; unter ihnen Cesare Beccaria, dessen *Dei delitti e delle pene* (1764) wegweisend für die moderne europäische Strafrechtsdiskussion war.

Im Kirchenstaat stellte sich selbstverständlich nicht das Problem, welches in allen anderen italienischen Staaten das Hauptmotiv für den Reformeifer und für die Aufnahme aufklärerischer Ideen darstellte: die Ermöglichung wirtschaftlichen Aufschwungs durch Eingriffe in den umfangreichen kirchlichen Besitz. Um so offenbarer wird hier das geistesgeschichtliche Umfeld der europäischen Aufklärung, die den dynastischen Egoismus der Staatenwelt, der immer wieder zu verheerenden Kriegen geführt hatte, abschaffen wollte. Anstelle der feudalistischen Legitimation der Herrscher sollte die historische und kulturelle Zusammengehörigkeit des Staatsvolkes treten. Der Grad der Zivilisation eines Volkes sollte zugleich seinen Rang innerhalb der Staatengemeinschaft bestimmen. Zivilisation war zugleich Schlagwort und Schlüsselbegriff, der die ideale Perspektive im kulturhistorischen Prozeß des 18. Jahrhunderts vorgab.

Geschichte war seit dem epochalen Werk des Gelehrten und Kirchenreformers Lodovico Antonio Muratori autonom geworden, hatte sich von dynastischen und religiösen Bindungen gelöst. Muratoris Leistung bestand in der Erweiterung des historiographischen Blickfeldes auf das ganze Italien, wobei das Ordnungsmuster von der Chronologie bestimmt wurde. So begann Muratori sein bedeutendstes Werk, die *Annali d'Italia*, mit dem Jahre 1 nach christlicher Zeitrechnung und schloß mit dem Jahre 1500, d. h., er setzte am Ende der Römischen Republik bei einem Systemwechsel an, endete jedoch offen mit einer rein chronologischen Zäsur. Unausgesprochen wurde dennoch klar, daß er mit dem Ende des 15. Jahrhunderts und der erschreckenden Tyrannis der Borgia den Höhepunkt der monarchistischen Dekadenz des Mittelalters in Italien erblickte, von der sich in seinen Augen das 18. Jahrhundert trotz aller kriegerischen Auseinandersetzungen positiv abheben würde. Ohne Zweifel war ja auch der Titel *Annali d'Italia del principio dell'era volgare sino all'anno 1500* höchst aufschlußreich, indem Muratori keineswegs von einer *storia*, sondern von *annali* sprach und mit der Bezeichnung *volgare* Christentum und Nation für Italien aufeinander bezog. Muratori veröffentlichte sein Werk zwischen 1744 und 1749 (erweiterte Fassung) auf der Basis seiner vorausgehenden reichen historischen Kompilationen in den *Rerum italicarum scriptores* und den *Antiquitates italicae medii aevi*, genau auf dem Höhepunkt des Pontifikats Benedikts XIV. Den Zeitgenossen konnten die immanenten Appelle an den Papst, aktiv die Befriedung und Einigung Italiens zu betreiben, nicht verborgen bleiben, nachdem die »nationalen« Dynastien der Reihe nach ausgestorben waren und die europäischen Mächte dazu offenbar weder legitimiert noch in der Lage zu sein schienen. Muratori verband mit Benedikt nicht nur Alter und oberitalienische Herkunft, sondern auch klerikale Bindung, das Studium beider Rechte und das historische Interesse. Er sah in dem Papst aber auch die Chance eines Wiederanfangs, und zwar an jenem Punkt um 1500, bevor das neuzeitliche Papsttum durch sein selbstherrliches Gebaren die Reformation provoziert hatte. Auf diese Weise war das Werk Muratoris nicht nur ein Meilenstein in der italienischen Aufklärung, sondern unterstrich auch den kirchengeschichtlichen Beginn moderner ökumenischer Bemühungen und stand darüber hinaus in enger Beziehung zur zeitgenössischen Geschichte des Landes.

Kurz nach Giambattista Vicos Tod 1744 erschien die dritte und endgültige Fassung seines geschichtsphilosophischen Hauptwerks *Principi di scienza nuova*, welches schon 1725 erstmals veröffentlicht worden war. Der 1668 geborene Rechtsphilosoph hatte seit 1699 den Lehrstuhl für Rhetorik an der Universität seiner Heimatstadt Neapel inne. Vicos Bedeutung für die Hoffähigkeit der Aufklärung in Italien kann gar nicht hoch genug eingeschätzt werden. Ohne das System des Absolutismus direkt in Frage zu stellen, relativierte er es dennoch, indem er es in ein universelles historisches Modell einordnete. Unter dem Begriffspaar *corso e ricorso* (Lauf und Rücklauf) versuchte er, ein Bild vom

Verlauf der menschlich bestimmten Geschichte zu geben, demzufolge diese nicht einfach linear von der Barbarei zur Zivilisation fortschreitet, sondern auch den Rückfall in die Barbarei als eine Möglichkeit kennt. Noch wichtiger in der Argumentation Vicos ist die Auffassung, daß das geschichtliche Subjekt nicht der Herrscher, sondern das ganze Volk sei. Dementsprechend läßt sich Geschichte nicht auf Ereignisgeschichte reduzieren, sondern macht nur als Kulturgeschichte Sinn. Das Phänomen aber, an dem sich bei allen zeitweisen Rückfällen die zivilisatorischen Fortschritte der Völker feststellen lassen und an dem man auch den jeweiligen Stand ihrer Zivilisation vergleichend messen kann, ist nach Vico die Sprache. Sie gilt ihm als die wichtigste Voraussetzung für die Vergesellschaftung des Menschen. Kulturgeschichtlich konsequent unterliegt daher auch die Sprachform einer Entwicklung, und zwar von einer göttlichen, über eine heroische bis zu einer menschlichen Sprache, entsprechend einer Entwicklung von primitiven sprachlichen Gefühlsäußerungen über die Poesie bis zur Prosa. Vico überwand mit dieser Historisierung die bis dahin gültige nominalistische Theorie der Sprache.

Vor den Nationalökonomen spielten im 18. Jahrhundert historisch und philosophisch gebildete Juristen eine bedeutende Rolle in der italienischen Aufklärung. Sie saßen aufgrund ihrer Kompetenz vielfach auf jenen Stellen, wo die neuen Ideen politisch am ehesten verwirklicht werden konnten, z. B. im Hinblick auf die längst überfälligen Strafrechtsreformen, aber auch auf die Neustrukturierung der staatlichen Administration. Wie riskant das dennoch in der ersten Hälfte des Jahrhunderts noch war, zeigt das Schicksal von Pietro Giannone. Mit seiner 1723 veröffentlichten *Istoria civile del regno di Napoli* machte er sich zum Wortführer des Antiklerikalismus. Mit seinen vereinfachenden Invektiven gegen den reaktionären Konservatismus und die unkontrollierte Macht Roms nahm er zwar engagiert die virulenten Probleme der italienischen Staaten mit dem allzu großen Besitz der Kirche auf, ein Problem, das gerade im Königreich Neapel durch eine enge Verflechtung des Landadels mit dem Klerus die wirtschaftliche Entwicklung des Landes stagnieren ließ, machte sich damit aber im Gegensatz zum jüngeren und klüger vorgehenden Antonio Genovesi angreifbar. Er wurde exkommuniziert und mußte nach Wien fliehen. Als es in Piemont-Sardinien unter Karl Emanuel III. zu heftigen Auseinandersetzungen mit Rom über den Abbau der Steuerprivilegien des Klerus kam, glaubte er, dort gebraucht zu werden. Der König war aber an einem Bruch mit dem Papst nicht interessiert, ließ Giannone 1736 verhaften und ins Gefängnis werfen, worin er 1748 verstarb.

Wirkungsvoller waren in der zweiten Hälfte des Jahrhunderts dann solche Juristen und Ökonomen, welche ihre Reformen als notwendigen Pragmatismus vortragen und ihn den Herrschern trotz aller impliziten Gesellschaftsveränderung als systemstabilisierend schmackhaft machen konnten. Das funktionierte am besten dort, wo sich die dynastische Repräsentanz nicht in den Vordergrund stellte wie – aus allerdings verschiedenen Gründen – in der Lombardei und in der Toskana. So entwickelte sich dauerhaft und mit Wirkung in das nächste Jahrhundert hinein außer Florenz vor allem Mailand zum bedeutendsten intellektuellen Zentrum in Italien. In Neapel dagegen fanden Ferdinando Galiani, ein international renommierter Nationalökonom, und Gaetano Filangieri, der sich mit seiner *Scienza della legislazione* für die Entwicklung eines bürgerlichen Rechtsstaats engagierte, wenig Resonanz am Hofe und konnten als Einzelkämpfer keine politische Bedeutung gewinnen.

Die freieren Zustände in Mailand unter Carl Graf Firmian als bevollmächtigtem Minister hatten im Anschluß an das französisch-österreichische Bündnis seit 1757 einen Gedankenaustausch über alle möglichen Felder des Wissens zugelassen. Die damals einsetzende, zunehmend öffentliche

Diskussion wurde vordergründig unpolitisch oder besser gesagt unideologisch geführt. Man befreite sich zu diesem Zweck von institutionellen, akademischen Fesseln, suchte den gesellschaftlich offenen Raum und im Journalismus ein entwicklungsfähiges Medium, das wegen seiner Vielfältigkeit und Schnelligkeit den staatlichen Kontrollinstanzen wenig Angriffsfläche bot.

Trotz ständiger Behinderungen durch Zensurvorschriften und durch die partikularstaatlichen Zoll- und Systembarrieren besaß Italien eine ureigene Tradition des politischen Zeitschriftenjournalismus. Die sechziger Jahre stellten in der Geschichte des Zeitschriftenwesens dennoch eine deutliche Zäsur dar. Der bis dahin dominierende *giornalismo erudito*, die gelehrte Zeitschriftenpresse, hatte viel geleistet, fand aber wegen fehlender Kritik nicht nur kein Interesse mehr, sondern wurde geradezu als anachronistisch empfunden. So war zwar schon im *Giornale de' Letterati d'Italia* zwischen 1710 und 1740 in vollem Umfang über die Entwicklung und Organisation von Kultur und Wissenschaften in den italienischen Staaten berichtet worden. Doch erst im Laufe der fünfziger Jahre entwickelte sich die damals nicht weniger bedeutende Zeitschrift *Novelle letterarie* unter ihrem Herausgeber Giovanni Lami von einer nach Objektivität strebenden Wissenschaftszeitschrift zu einer Zeitschrift, die kritische Reflexion zeitgenössischer Probleme bot. Es entstand ein neuartiges Publikum. Nunmehr interessierten sich nicht mehr nur die Gelehrten, sondern eine breitere bürgerliche Leserschaft dafür, Neuigkeiten über die Presse zu erfahren und dann im kleineren Kreise darüber zu diskutieren. Die öffentliche Meinung war das neue Phänomen, das man in Form der angesprochenen Leserschaft ins Kalkül zog.

Das neue Bürgertum formierte sich zuerst in den Städten. Der *citoyen* entwickelte sein Selbstbewußtsein dort, wo Kommunikation und Diskussion, Kritik und Meinungsfreiheit herrschten. Eines der wirkungsvollsten Mittel, Aberglauben oder althergebrachte Vorurteile ins Wanken zu bringen, bestand in der Verbreitung von Wissen und wissenschaftlichem Denken. Die wohl größte Wirkungsgeschichte dürfte dabei auch in Italien die zwischen 1751 und 1780 von D'Alembert und Diderot herausgegebene *Encyclopédie ou Dictionnaire raisonné des sciences, des arts et des métiers* gehabt haben. Diese 35bändige Enzyklopädie sollte nicht nur die innere Einheit des zeitgenössischen Wissens wiedergeben, sondern zugleich allgemeinverständlich und kritisch über aktuelle Entwicklungen in allen wichtigen Wissensbereichen informieren. Sie war das Gemeinschaftswerk von allen, die in der französischen Aufklärung Rang und Namen hatten. Gemeinsam kämpften sie so mit der »Waffe der Kritik« gegen das Althergebrachte in Gesellschaft und Kirche und für eine neue vernünftige, freiheitliche Ordnung des menschlichen Lebens.

Die mit der *Encyclopédie* und nachfolgenden Unternehmungen beginnende Popularisierung wissenschaftlicher Erkenntnisse schuf die weltanschaulichen Voraussetzungen für politische und gesellschaftliche Veränderungen bis hin zur Französischen Revolution, direkt allerdings nur in einer sehr begüterten, gebildeten Elite. Die Zeitschrift hingegen war allenthalben verfügbar und wurde von denen, die lesen konnten, auch gelesen.

Das früheste und berühmteste Beispiel einer modernen politischen Zeitschrift der italienischen Aufklärung erschien in Mailand von 1764 bis 1766 unter dem Titel *Il Caffè*. An Joseph Addisons *The Spectator* (London 1709–1712) orientiert, setzte man gegenüber dem englischen Vorbild deutliche Akzente auf Themen der Nationalökonomie und Naturwissenschaften, ohne jedoch zu einer der üblichen spezialisierten Fachzeitschriften zu werden. *Il Caffè* war vom neuen enzyklopädischen Ideal inspiriert und verstand sich durchaus bereits als politisches Instrument, programmatisch benannt nach dem Kaffeehaus als Ort einer neuen, überständischen Kommunikation hier wie sonst in den großen europäischen Städten. Damit aber wurde sie zum immer wieder zitierten Prototyp, später noch zum Vorbild des risorgimentalen Zeitschriftenjournalismus. Pietro Verri, der Initiator von *Il Caffè*, war die zentrale Führungspersönlichkeit einer Gruppe junger, überwiegend adliger Intellektueller in Mailand, die sich zwischen 1762 und 1766 zur *Società dei Pugni* (wörtl.: Gesellschaft der Fäuste; später wurde sie oft auch als *Scuola Milanese* bzw. *École de Milan* bezeichnet) zusammenschlossen.

Unregelmäßig, aber nicht selten traf sich dieser Freundeskreis im Hause Verri. Man teilte die Abneigung gegen die formalisierte Gelehrsamkeit der Akademien sowie gegen die Rituale der Freimaurerlogen und bildete deshalb eine eher lockere Gruppe Gleichgesinnter, die sich darauf vorbereiteten, in Politik und Wirtschaft bedeutendere Rollen zu übernehmen. Die *Società dei Pugni* sah sich als politische Avantgarde; *Il Caffè* war ihr »Kampfinstrument«. Die Zeitschrift eröffnete die Möglichkeit, sich öffentlich als eine Art pressure group darzustellen und für eine allgemeine Reform oder sogar für die Abschaffung der bestehenden Herrschafts- und Gesellschaftsformen auszusprechen. Durch *Il Caffè* und weitere separate Publikationen reichte die Wirkungsgeschichte der *Società dei Pugni* über Italien hinaus; vor allem Pietro Verri (*Meditazioni sulla felicità*, 1763, sowie *Considerazioni sul commercio dello Stato di Milano*, 1763) und Cesare Beccaria (*Dei disordini e dei rimedii delle monete nello Stato di Milano nel 1762*, 1762) wurden europaweit rezipiert und diskutiert. Beccarias *Dei delitti e delle pene* (1764), die vielleicht bekannteste Schrift der *École de Milan*, prangerte die Mängel der bestehenden Prozeßordnung (Folter, Todesstrafe) an und wurde mit zur allgemeinen Grundlage des modernen Strafrechts. Die alle 10 Tage erscheinende Zeitschrift *Il Caffè* aber erschloß den Ideen der *Società dei Pugni* trotz ihrer Kurzlebigkeit einen Leserkreis von bisher nicht gekanntem Ausmaß. Ihre Artikel waren eben nicht mehr nur gelehrt und informativ, sondern übten teils aggressive Kritik an den Zuständen und machten konkrete Reformvorschläge. Der Grundtenor, durch spezifische Reformen mehr gesellschaftliche Gleichheit und Gerechtigkeit zu verwirklichen, durchzog den breit angelegten Themenkatalog der Zeitschrift: diskutiert wurden die Notwendigkeit einer modernen Gesetzgebung, die Inhumanität der Folter, die gesellschaftlichen Auswüchse der Privilegien des Adels, die Vorteile der Handelsfreiheit und des Abbaus der Zollbarrieren, das Erfordernis einer beschleunigten Umverteilung von Besitz und Vermögen, kommerzielle und landwirtschaftliche Entwicklungsmöglichkeiten, die Abschaffung des allgemeinen Militärdienstes, die Realisierungsmöglichkeiten eines neuen Modells öffentlicher Schulerziehung und anderes mehr.

Patriotismus einerseits und Kosmopolitismus andererseits waren nicht erst im Risorgimento, sondern schon im Kreis der *Società dei Pugni* wesentliche Bezugsebenen politischen Denkens. Dies spiegelte sich beispielhaft in der berühmten Reflexion über das italienische Vaterland von Gian Rinaldo Carli wider (*Della patria degli Italiani*, abgedr. in: *Il Caffè*) und im häufigen Verweis auf das Vorbild bei den Enzyklopädisten um Diderot, Voltaire, Montesquieu. Von ihnen hatte Cesare Beccaria die Auffassung übernommen, daß sich die Demokratisierung der Kultur u. a. daran ablesen ließe, welchen Bedeutungszuwachs die Zeitschriften gegenüber den Buchpublikationen erringen konnten. Er behauptete, mit diesem modernen Medium erstmals auch die Frauen zu erreichen, die er mit vollen Rechten in die bürgerliche Gesellschaft integriert sehen wollte.

Die Französische Revolution, der Imperialismus Napoleons und die Vorstrukturierung des Nationalstaats Italien

1796	Napoleon Bonapartes Feldzug in Oberitalien gegen Österreich.
	Zusammenschluß einiger oberitalienischer Staaten zur Cispadanischen Republik.
	April: Auflösung der Republik Genua und Gründung der Ligurischen Republik.
	10. Mai: Sieg Napoleons bei Lodi.
1797	Mai: Abdankung des letzten Dogen in Venedig.
	Friede von Tolentino: Abtretung von Emilia-Romagna, Avignon und Venaissin an Frankreich durch Papst Pius VI.
	17. Oktober: Friede von Campo Formio: Anerkennung der Cisalpinischen Republik durch Österreich, das dafür Venedig erhält.
1799	Rückeroberung aller französischen Gebietsgewinne durch konterrevolutionäre Kräfte und durch Österreich-Rußland.
1800	Zweite Eroberung Oberitaliens durch Napoleon.
	14. Juni: Sieg bei Marengo.
	Restitution der Cisalpinischen Republik.
1802	Januar: Gründung der *Repubblica Italiana* unter Präsident Napoleon Bonaparte.
1805	März: Errichtung des *Regno d'Italia*; Übernahme der langobardischen Krone durch Napoleon, Vizekönig Eugène Beauharnais.
	25. Dezember: Friede von Preßburg; Gewinn Venetiens für das Königreich Italien.
1806–1808	Joseph Bonaparte König von Neapel.
1807/08	Annexion Etruriens (Toskana) und größter Teile des Kirchenstaates durch Frankreich (wie zuvor Piemonts, Liguriens, Parmas).
1808–1815	Joachim Murat König von Neapel.
1809	Aufhebung der weltlichen Herrschaft der Päpste durch Napoleon und Inhaftierung Pius' VII.

	14. Oktober: Friede von Schönbrunn: Trentino, Teile Südtirols und Triest an Italien.
1814	6. April: Abdankung Napoleons.

Hatte die *Società dei Pugni* den offenen Kampf mit Worten gesucht, so gab es trotz Verbotes durch Clemens XII. seit dem frühen 18. Jahrhundert auch in den italienischen Staaten eine Reihe von Freimaurerlogen. Ihre politische Bedeutung läßt sich naturgemäß jedoch weder qualifizieren noch quantifizieren. Erst als sich im Zusammenhang der Französischen Revolution die Logen ein wenig öffneten und Intellektuelle sich in den Städten in sogenannten Clubs zusammenfanden, konnte man von den ersten Anfängen einer politischen Bewegung sprechen. Zumeist blieb es jedoch bei Diskussionsrunden, die zwar gelegentlich die nationale Einigung Italiens thematisierten, jedoch nicht zu einem politischen Programm fanden. Das blieb den italienischen Jakobinern vorbehalten, die in dem Maße Zulauf bekamen, wie die Regierungen die notwendigen Reformen abblockten und repressiv auf die Forderung nach Partizipation an der Macht reagierten. Die radikalen Demokraten lebten wie ihr Exponent Filippo Buonarotti aber im Exil oder tauchten zunehmend in den Untergrund ab.

Die italienischen Staaten fanden sich an der Seite Österreichs und Englands bald in einer antifranzösischen Liga wieder, die nicht nur den ideologischen Anspruch, sondern auch das tatsächliche aggressive Ausgreifen Frankreichs nach der Revolution fürchtete. Noch vor den napoleonischen Feldzügen annektierte Frankreich 1792/93 unter Berufung auf das Prinzip der »natürlichen Grenzen« Savoyen und Nizza. Der erneute Ausbruch des Kampfes zwischen Frankreich und Österreich um die Hegemonie in Europa betraf entsprechend der Stoßrichtung südlich der Alpen vor allem die oberitalienischen Staaten. Der erfolgreiche Feldzug unter dem Kommando des jungen Napoleon Bonaparte begann im März 1796 und war nach der Kapitulation Mantuas im Februar 1797 und der dann folgenden Besetzung Venedigs binnen Jahresfrist abgeschlossen.

Bereits im Sommer 1796 hatten sich Modena, Bologna und Ferrara zur Cispadanischen Republik zusammengeschlossen; größere Bedeutung bekam aber erst der nach dem Vorfrieden von Leoben gefaßte Entschluß Bonapartes, die Lombardei zur Cisalpinischen Republik umzuwandeln und eine Verfassung zu erlassen. Er suchte damit einerseits der Führungselite der lombardischen Aufklärer den Machtwechsel schmackhaft zu machen und zugleich international unumkehrbare Verhältnisse zu schaffen. Mit dem Beitritt der Cispadanischen Republik und der Errichtung der ähnlich verfaßten Ligurischen Republik (anstelle der Republik Genua) entstand ein bedeutender Gravitationsraum in Oberitalien, der mit Hilfe eines Systemwechsels erstmals eine Reihe italienischer Staaten vereinte und zugleich den Kirchenstaat von Österreich abschnitt. Pius VI. blieb also gar nichts anderes übrig, als Avignon, Venaissin und sogar die Emilia-Romagna im Friedensschluß von Tolentino an Frankreich abzutreten. Als Bonaparte schließlich am 17. Oktober 1797 im Frieden von Campo Formio das Gebiet des neuen Staates arrondieren und die Anerkennung der Cisalpinischen Republik durch den Kaiser erreichen konnte, stand ganz Oberitalien mit Ausnahme des zunächst an Österreich übergebenen Venedigs unter französischer Kontrolle, und Napoleon kehrte nach Paris zurück.

Sosehr die Einigung und die Demokratisierung von den italienischen Aufklärern und Patrioten begrüßt wurden, sowenig fühlten sie sich in ihrem Streben nach nationaler Freiheit verstanden. Zudem waren sie am politischen Veränderungsprozeß nicht beteiligt worden, und der gesellschaftliche Wandel vom Ständestaat zur bürgerlichen Republik brachte der Bevölkerung wegen hoher Abgabenlasten keinerlei Vorteil im Lebensstandard. Auf die Ausbeutung der eroberten Gebiete konnte Frankreich aber nicht verzichten. Nicht einmal ein halbes Jahr später, im Februar 1798, eroberte es den Kirchenstaat, proklamierte die Römische Republik und verschleppte Pius VI. ins Exil, in dem er ein Jahr später als »Märtyrer der Revolution« starb. In Rom verzichteten die Sieger von vornherein auf eine soziale Vermittlung der Umwälzungen in Staat und Gesellschaft und errichteten die Römische Republik als französisches Protektorat mit diktatorischen Vollmachten.

Während Napoleon und das Direktorium ihr Eroberungsstreben mit der Ideologie bürgerlicher Befreiung, Durchsetzung der Menschenrechte und in bezug auf Italien mit der Perspektive nationaler Einigung zu legitimieren suchten, verkrochen sich die bis dahin verschonten italienischen Staaten wie die Toskana in eine Neutralitätspolitik oder suchten wie Neapel-Sizilien den Schulterschluß mit Österreich. Als sich Ferdinand IV. und Maria Karoline nach Nelsons Seesieg bei Abukir endlich dazu entschlossen, Rom anzugreifen, erlitten sie jedoch eine Niederlage und mußten vor den französischen Truppen übers Meer nach Palermo fliehen: In Neapel proklamierte Championnet im Januar 1799 nach römischem Muster die Parthenopäische Republik. Spätestens zu diesem Zeitpunkt sahen die übrigen europäischen Mächte das internationale Gleichgewicht derart gestört, daß sie sich zur zweiten antifranzösischen Koalition (1799–1801/02) zusammenschlossen und in Italien zum Gegenangriff übergingen.

Wie zu Beginn des Jahrhunderts dominierte auch am Ende wieder die militärische Ereignisgeschichte den evolutionären historischen Prozeß, dessen Zielperspektive, die staatliche Einigung Italiens, von den Jakobinern nunmehr offen formuliert und verkündet wurde. Die kurzfristige Verwirklichung dieses Gedankens durch die Annexion Piemonts und die präventive Besetzung der Toskana durch Frankreich konnten die totale Niederlage beim Angriff der Österreicher und Russen nicht verhindern. In Italien wurden die vorfranzösischen Verhältnisse teils mit Billigung der Bevölkerung wiederhergestellt; die führenden italienischen Patrioten und Republikaner wurden als Landesverräter verurteilt und in großem Umfang des Landes verwiesen oder gar hingerichtet. Der eilig aus Ägypten zurückgekehrte Napoleon entmachtete am 9. November 1799 das Direktorium und errichtete eine Militärdiktatur. Unter seiner Führung zog die französische Armee im Mai 1800 über den Großen St. Bernhard und eroberte erneut binnen kurzem ganz Italien. Im Frieden von Lunéville wurden am 9. Februar 1801 für Italien alle Beschlüsse des Friedens von Campo Formio wieder in Kraft gesetzt; darüber hinaus mußte der Kaiser die Toskana aufgeben.

In der Folgezeit betrieb Napoleon auch innenpolitisch in Italien eine Konsolidierungspolitik, die es nunmehr vermied, die im 18. Jahrhundert keimenden nationalen Gefühle der italienischen gebildeten Eliten allzu offensichtlich zu mißachten. Auch insofern gab er der Cisalpinischen Republik im Januar 1802 den programmatischen Namen *Repubblica Italiana* und übernahm in ihr das Amt des Präsidenten. Den Höhepunkt der Entwicklung in Italien aber setzte er im März 1805 nach seiner Krönung zum Kaiser der Franzosen, als er sich in Mailand die Eiserne Krone der Langobarden aufsetzte und die *Repubblica Italiana* zum *Regno d'Italia*, zum Königreich Italien, machte. Im Rahmen seines imperialen Konzepts betrieb er bis zu seiner Entmachtung die staatliche Einigung Italiens, vereinheitlichte die nunmehr bürgerliche Rechtsordnung, modernisierte die Verwaltungsstrukturen, hob die Privilegien des Klerus auf und strukturierte somit in vieler Hinsicht den späteren risorgimentalen Einigungsprozeß Italiens vor. Die Versuche einer Behebung der fortwährenden Finanznöte durch Verkauf der verstaatlichten, vordem kirchlichen Landgüter im Verein mit der Aufhebung feudaler Bindungen begünstigten den Aufstieg neuer bürgerlicher Schichten. Rasche administrative und besonders auch militärische Karrieren ließen neue politische Eliten entstehen. Ihr Selbstbewußtsein ließ sie die im 18. Jahrhundert europaweit vertretene Behauptung von der Dekadenz Italiens und der Italiener als zu widerlegende Herausforderung begreifen. Mit dem Pariser Frieden vom 30. Mai 1814 endete diese Aufbruchszeit, in der manche der von den Aufklärern über das ganze 18. Jahrhundert geforderten Reformen endlich politisch realisiert worden waren. Murat, König von Neapel, und Eugène Beauharnais, Vizekönig des *Regno d' Italia*, als Stiefsohn Napoleons, haben im Zeichen der Niederlagen des Kaisers von 1812 bis 1814 zu spät versucht, sich aus seinem Herrschaftssystem zu lösen und die freilich in nur kleinen Gruppen verfochtene Idee der Unabhängigkeit Italiens zum eigenen Herrschaftserhalt aufzugreifen.

Literaturhinweise

Aretin, Karl Otmar Freiherr von: Italien im 18. Jahrhundert. Stuttgart 1968. (Handbuch der europäischen Geschichte. Hrsg. von Theodor Schieder. Bd. 4.) S. 585–633.

Burke, Peter: Vico. Philosoph, Historiker, Denker einer neuen Wissenschaft. Frankfurt a.M. 1990.

Candeloro, Giorgio: Storia dell' Italia moderna. In: Le origini del Risorgimento 1700–1815. Mailand 1956 [u.ö.].

Canosa, Romano: Milano nel Seicento. Grandezza e miseria nell' Italia spagnola. Mailand 1993.

Capra, Carlo: L'età rivoluzionaria e napoleonica in Italia. Turin 1978.

Caracciolo, Alberto: L'età della borghesia e delle rivoluzioni. Bologna 1979.

Carpanetto, Dino / Ricuperati, Giuseppe: Italy in the Age of Reason. 1685–1789. London 1987.

Croce, Benedetto: Storia dell età barocca in Italia. Bari 1929.

De Felice, Renzo: L'Italia giacobina. Neapel 1965.

Deroo, André: Saint Charles Borromé, cardinal réformateur, docteur de la pastoral, 1538–1584. Paris 1963.

Engel-Janosi, Friedrich [u. a.]: Formen der europäischen Aufklärung. Untersuchungen zur Situation von Christentum, Bildung und Wissenschaft im 18. Jahrhundert. Wien 1976.

Fagiolo, Marcello / Madonna, Maria Luisa: Roma 1300–1875. La città degli anni santi. Atlante. Mailand 1985.

Fubini, Mario (Hrsg.): La cultura illuministica in Italia. Turin 1964.

Georgelin, Jean: L'Italie à la fin du XVIIIe siècle. Paris 1989.

Giuntella, Vittorio Emanuele: Roma nel Settecento. Bologna 1971.

Gross, Hanns: Rome in the Age of Enlightenment. The post-Tridentine Syndrome and the Ancien Regime. Cambridge 1990.

Hanlen, Gregory: Early Modern Italy, 1550–1800. London 2000.

Lutz, Heinrich: Italien vom Frieden von Lodi bis zum Spanischen Erbfolgekrieg. Stuttgart 1971. (Handbuch der europäischen Geschichte. Hrsg. von Theodor Schieder. Bd. 3.) S. 852–901.

Morandi, Carlo: Idee e formazioni politiche in Lombardia dal 1748 al 1814. Turin 1927.

Passerin d'Entrèves, Ettore: L'Italia nell'età delle riforme 1748–1796. Turin 1965.

Pastor, Ludwig von: Geschichte der Päpste seit dem Ausgang des Mittelalters. 16. Bde. Freiburg i. Br. 1886–1933.
Petrocchi, Massimo: Roma nel Seicento. Bologna 1975.
Porter, Roy / Teich, Mikulàš (Hrsg.): Die Industrielle Revolution in England, Deutschland, Italien. Berlin 1998.
Reden-Dohna, Armgard von (Hrsg.): Deutschland und Italien im Zeitalter Napoleons. Wiesbaden 1979.
Reinhardt, Volker: Rom. Kunst und Geschichte 1480–1650. Freiburg i. Br. / Würzburg 1992.
Repgen, Konrad: Die Römische Kurie und der Westfälische Friede. Idee und Wirklichkeit des Papsttums im 16. und 17. Jahrhundert. Tübingen 1962.
Rosen, Edgar: Italien im Französischen Zeitalter. Stuttgart 1981. (Handbuch der europäischen Geschichte. Hrsg. von Theodor Schieder. Bd. 5.) S. 778–827.
Rüfner, Vincenz: Giambattista Vico. Autobiographie. Zürich/Brüssel 1948.
Salvatorelli, Luigi: Il pensiero politico italiano dal 1700 al 1870. Turin 1959.
Schmidt, Richard Wilhelm: Die Geschichtsphilosophie G. B. Vicos. Würzburg 1982.
Sella, Domenico: Italy in the Seventeenth Century. London 1997.
Symcox, Geoffrey: Victor Amadeus II. Absolutism in the Savoyard State 1675–1730. London 1983.
Tagliacozzo, Giorgio (Hrsg.): Giambattista Vico. An International Symposium. Baltimore 1969.
Valsecchi, Franco: L'Italia nel Settecento dal 1714 al 1788. Mailand 1959.
Venturi, Franco: Settecento riformatore. Da Muratori a Beccaria. Turin 1969.
Villani, Pasquale: Feudalità, riforme, capitalismo agrario. Panorama di storia sociale tra Sette e Ottocento. Bari 1968.
– Italia napoleonica. Neapel 1978.
Wandruszka, Adam: Leopold II. Erzherzog von Österreich, Großherzog von Toskana, König von Ungarn und Böhmen, Römischer Kaiser. 2 Bde. Wien/München 1963–65.
– Österreich und Italien im 18. Jahrhundert. München 1963.
Wittkower, Rudolf: Art and Architecture in Italy 1600–1750. Harmondsworth ³1969.
Zaghi, Carlo: L'Italia di Napoleone dalla Cisalpina al Regno. Turin 1986.

Das Risorgimento
(1815–1876)

Von Wolfgang Altgeld

Epochenüberblick

Gegen die 1814/15 in Paris und Wien etablierte nachnapoleonische Ordnung Italiens regte sich Widerstand zunächst auf einzelstaatlicher Ebene. Er war wesentlich verfassungspolitisch motiviert, wurde provoziert durch reaktionäre Innenpolitik gegen den in fast zwei Jahrzehnten erreichten sozialen und kulturellen Fortschritt. Getragen wurde er vor allem von aufgestiegenen, jetzt zurückgesetzten Eliten der französischen Zeit. Er manifestierte sich in etlichen Geheimbündeleien, darunter in denen der süditalienischen Carboneria. Und schließlich trat solcher Widerstand zutage in der neapolitanischen Revolution von 1820/21 und im piemontesischen Umsturzversuch 1821. Beide wurden durch die militärische Intervention Österreichs beendet, durch das Eingreifen der fremden, deutschen habsburgischen Hegemonialmacht aufgrund ihres Lombardo-Venezianischen Königreichs und der dynastischen Verbundenheit mit mehreren mittelitalienischen Fürsten. Insofern Österreich durch den Vormärz und über die unterdrückten italienischen Revolutionen von 1848/49 hinaus als Garant der bestehenden Ordnung auftrat, trug es wesentlich zur Nationalisierung der oppositionellen Kräfte bei: Die Veränderung der italienischen Zustände, d. h. die verfassungspolitische, wirtschaftliche, soziale und kulturelle Modernisierung, mußte mit der Beseitigung dieser fremden Herrschaft und Hegemonie beginnen. Der moderne Nationalgedanke und die darin begründete Forderung der Errichtung eines italienischen Nationalstaats wurden um 1830 zuerst von republikanisch-demokratischen Gruppen verfochten, begeistert und teils geführt von Giuseppe Mazzini. Erst ein Jahrzehnt später, in Konkurrenz mit diesem Nationaldemokratismus und begünstigt von zunehmenden Auflockerungen der repressiven Situation in einigen italienischen Staaten, gewannen liberale Nationalideen an Gewicht. Manche ihrer Vertreter setzten schon jetzt auf die Befreiung und Einigung Italiens durch das Königreich Sardinien-Piemont als dem einzigen militärmächtigen italienischen Staat gegenüber der Großmacht Österreich.

König Karl Albert ist 1848/49 zweimal angetreten, um diese Zuschreibung als machtpolitische Chance zu nutzen, und er ist zweimal von der österreichischen Italienarmee geschlagen worden. Dennoch wurde Sardinien-Piemont unter seinem Nachfolger Viktor Emanuel II. in den 1850er Jahren zum Bezugspunkt der nationalen Hoffnungen im italienischen Liberalismus und in Teilen des demokratischen Lagers. Hier allein wurde die 1848 gewährte Verfassung behauptet und, viel mehr noch, mit der Übernahme der Ministerpräsidentschaft durch Cavour 1852 an der Spitze einer Mitte-Links-Kombination von Abgeordneten eine parlamentarisch-monarchische Verfassungswirklichkeit grundgelegt. Cavour setzte liberale Reformen und nicht zuletzt eine liberale Wirtschaftspolitik durch, dazu eine rege staatliche Investitionstätigkeit zur Verbesserung der Infrastruktur und zur Förderung der Industrialisierung. Zugleich nutzte er jede Chance, die italienische Frage aufzuwerfen, wobei er wußte, daß Piemont nur mit Hilfe Frankreichs Österreich aus Italien würde drängen können. Das Bündnis wurde in einem riskanten diplomatisch-politischen Ränkespiel erreicht, aber die Siege auf den Schlachtfeldern von Magenta und Solferino brachten 1859 Piemont weniger und zugleich mehr als mit Napoleon III. vereinbart – weniger, weil Österreich das Veneto behalten konnte und nur die Lombardei preisgeben mußte, mehr, weil die propiemontesische Nationalbewegung den Anschluß der mittelitalienischen Staaten und eines Teiles des Kirchenstaates unwiderruflich in Gang gesetzt hat. In Opposition zu Cavour, aber für Viktor Emanuel hat im folgenden Jahr 1860 Garibaldi, der charismatische Milizenführer aus dem demokratischen Lager, mit anfangs nur tausend Freiwilligen in einem halben Jahr das bourbonische Königreich beider Sizilien erobert – und damit den vom piemontesischen Ministerpräsidenten wenigstens vorläufig nicht beabsichtigten Anschluß des so andersartigen Mezzogiorno an das werdende Italien erzwungen.

Im Frühjahr 1861 ist das Königreich Italien proklamiert worden, kurz darauf verstarb Cavour. Der junge Nationalstaat sah sich einer Fülle innerer und äußerer Probleme gegenüber. Von ihnen konnten das des Veneto 1866 und das des restlichen Kirchenstaates 1870 noch vergleichsweise leicht, wennschon nur infolge des preußischen Sieges bei Königgrätz und des deutschen Sieges über das kaiserliche Frankreich, welches noch stets die staatliche Souveränität des Papstes beschützt hatte, gelöst werden. Sehr viel weniger erfolgreich erschienen die rasch wechselnden Nachfolger Cavours, bis 1876 alle aus dem 1852 von ihm zusammengebrachten parlamentarischen Lager stammend, hinsichtlich der inneren Integration kulturell verschiedener Bevölkerungsteile und der bäuerlichen, proletarischen und kleinbürgerlichen Schichten, somit überhaupt in der Bewältigung des ferneren Nationswerdungsprozesses. Die Staatsfinanzen waren infolge der Kriegskosten und fortwährend großen Investitionen in den Ausbau der Verkehrsverbindungen beinahe ruiniert; der Versuch, durch kräftige Steuererhöhungen zu einem ausgeglichenen Haushalt zu gelangen, traf die unteren Schichten besonders hart und rief massive Wellen sozialen Protests und lokale Aufstände hervor. Viel zu wenig investiert wurde in den Aufbau des volksschulischen Bildungswesens, so daß Anfang der 1870er Jahre noch immer nur ein knappes Drittel der Italiener lesen und schreiben konnte. Zur Industrienation sollte Italien erst an der Jahrhundertwende durchstoßen; die Ausgangspunkte dazu lagen fast ausnahmslos im Norden. Im Süden fehlte es obendrein an technologischer und sozialer Modernisierung der Landwirtschaft, so daß die ländlichen Unterschichten hier in besonderem Maße verelendeten. In den 1860er Jahren führte der junge Nationalstaat im Süden eine Art Kolonialkrieg gegen das dortige Sozialrebellentum mit mehr Opfern als in allen Einigungskriegen zusammen. Italien blieb in diesen Anfangsjahren vornehmlich Sache einer dünnen Schicht von Besitzenden und Gebildeten, verschanzt hinter einem extremen Klassenwahlrecht.

Italien in der europäischen Ordnung von 1815

1814	30. Mai: Erster Pariser Frieden: Grundlinien der nachnapoleonischen Ordnung Italiens.
1814/15	September 1814 bis Juni 1815: Wiener Kongreß: Wiederherstellung des Kirchenstaates und des bourbonischen Königreichs beider Sizilien; habsburgische Sekundogenituren in Toskana, Modena; Gattin Napoleons, die Habsburgerin Marie Louise, in Parma (bis 1847); Vergrößerung des Königreichs Sardinien-Piemont um Genua, Ligurien; habsburgisches Lombardo-Venezianisches Königreich.
1815	13. Oktober: Erschießung Joachim Murats (bis Mai 1815 König in Neapel) nach mißlungenem Umsturzversuch unter der Parole der Freiheit Italiens.
1820	2. Juli: Beginn der neapolitanischen Revolution; Erzwingung einer Verfassung nach dem Vorbild der revolutionären spanischen Verfassung von 1820.
	November: Kongreß zu Troppau. Hier und auf weiteren Kongressen (Laibach 1821, Verona 1822) Durchsetzung der Metternichschen Vorstellung von der Verschränkung innerstaatlicher Systemwahrung und inter-

	nationaler Friedensordnung sowie eines darin wurzelnden Interventionsprinzips.
1821	6. März: Revolutionsversuch in Piemont, bei Novara am 8. April 1821 im Gefecht auch mit österreichischem Militär niedergeworfen.
	23. März: Einmarsch einer österreichischen Interventionsarmee in Neapel.
1831	Anfang Februar: Aufstände in Modena, nachfolgend in Parma und weiten Teilen des Kirchenstaats.
	März: Österreichische Militärintervention.
1831–1846	Papst Gregor XVI.
1832	Erneute Erhebungen 1832; französische Besatzung in Ancona bis 1838.

Auf dem Wiener Kongreß sind allein jene Mächte und Herrschaften restauriert, d. h. ganz oder zum Teil wiederhergestellt worden, welche den Friedensmachern geeignet schienen, das Hauptziel, den allgemeinen Frieden im kriegsgequälten Europa, zu sichern – wenn von marginalen territorialen Befriedigungen einiger dynastischer Ansprüche abgesehen wird. Diese Sicherung des Friedens ist zum Teil durch wechselseitige vertragliche Garantien des 1815 eingerichteten Status quo unternommen worden. Wichtiger aber war die Etablierung eines erneuerten und insgesamt neuen Staatensystems nach dem Prinzip von Gewichten und Gegengewichten, welches auf alle absehbare Zukunft eine Wiederholung solcher total-kontinentaleuropäischer Herrschafts- und Hegemoniepolitik wie derjenigen des napoleonischen Frankreich verhindern sollte. Vordergründig erstand dabei nur das Fünf-Großmächtesystem der zweiten Hälfte des 18. Jahrhunderts wieder: Österreich und Preußen in der Mitte, Rußland und Frankreich auf den kontinentaleuropäischen Flügeln, dazu die See- und Wirtschaftsmacht England, schön für sich in ihrer Insellage und frei, auf jeder Seite zur Bewahrung des europäischen Gleichgewichts einzugreifen. Auf dieses Direktorium des europäischen Mächtesystems waren größere und kleinere Mittelmächte bezogen – sozusagen als kleinere Gewichte zur Balancierung der großen Mächte in Feineinstellung. Dahinter finden sich tiefe Umstrukturierungen, zum Teil als Resultat hingenommener Umbrüche in der Zeit französischer revolutionärer und napoleonischer Herrschaft, zum Teil durch positive Übernahme der zwischen 1792 und 1813/14 unter französischer Regie vollzogenen massiven Veränderungen der staatlichen Situationen.

Die sozusagen allgemeineuropäische internationale Gleichgewichtsordnung von 1815 erfaßte den italienischen wie den deutschen Raum in doppelter Weise und vereinigte tatsächlich beide Räume in solch zweifacher internationaler Zwecksetzung. Zusammen bildeten sie die Achse des erneuerten europäischen Staatensystems, eine Zwischenzone: stark genug für sich, um die jeweils andere Seite Europas wie sich selbst vor eventuellen politischen und letztlich militärischen Hegemonie- und Herrschaftsbestrebungen der Flügelmächte zu beschirmen, aber zugleich zu schwach, um selbst gegen die Flügelmächte vorzugehen und zu Zentren europäischer Hegemonialaspirationen werden zu können. Die Einheit des italienischen bzw. des deutschen Raums lag demnach nicht im europäischen Interesse, wie es von den in Wien versammelten entscheidenden Monarchen, Staatsmännern, Diplomaten verstanden wurde. Andererseits lag es aber genausowenig im europäischen Interesse, in dieser deutschen und italienischen Mitte Machtvakuen entstehen zu lassen. Man erinnerte sich ja noch bestens daran, daß die französische Hegemonie in Europa in drei fabelhaften Feldzügen Napoleons durch Oberitalien und schließlich durch Süddeutschland begründet und durch direkte sowie indirekte Herrschaft in Deutschland und Italien verfestigt worden war. Und die russischen Truppen hatten in den Jahren 1799/1800, 1805–1807, 1812–1814 genügend Anlaß geboten, durchaus auch mit der Möglichkeit eines noch über Polen nach Mitteleuropa hinausgreifenden russischen Kolosses zu rechnen.

Dieses europäische Interesse zusammen mit jeweils eigenen Machtinteressen führte zu nationalismusgeschichtlich entscheidenden Umorientierungen und Gewichtsverlagerungen der beiden Vormächte in der europäischen Mitte: Österreich und Preußen. Preußen wurden umfangreiche Gebiete im Westen Deutschlands zugeteilt, um ein starkes Gewicht gegenüber erneuten französischen Expansionsversuchen zu bilden. Indessen zog sich Österreich aus dem südwestlichen Deutschland zurück; der Habsburger frühere Besitzung um Brüssel (das heutige Belgien im wesentlichen) wurde mit Holland zu einem großen Mittelstaat vereinigt (was nur bis zur katholischen Nationalrevolution Belgiens 1830 gehalten hat); dafür wurde Österreichs Stellung gegen Osten besonders durch die Übernahme der dalmatinischen Küsten samt balkanischen Hinterländern gestärkt – und noch mehr die Stellung im Süden, direkt in Oberitalien und vermittels habsburgischer Sekundogenituren in Mittelitalien (darunter besonders die Toskana). Die im späten 18. Jahrhundert vergleichsweise schwache habsburgische Position um Mailand ist 1814/15 vor allem durch die Einrichtung eines habsburgischen Königreichs ausgebaut worden, das aus den beiden Provinzen Lombardei und Venetien bestand (dieses altehrwürdige, einst so mächtige Staatswesen wurde ebensowenig wiederhergestellt wie die genuesische Republik), im Inneren von einem habsburgischen Vizekönig in Mailand regiert, in allen außen- und militär-, wirtschafts- und polizeipolitischen Belangen aber von Wien her bestimmt wurde. Diese aufgewertete, halbhegemoniale italienische Stellung der Habsburgermonarchie war wiederum als Barrikade gegen denkbare französische Expansionsbestrebungen gedacht; zudem gewann Österreich mit der Lombardei die am meisten fortgeschrittene Region Italiens (zurück) und mit dem Veneto die größte Agrarregion. Das heißt: 1815 wuchs Preußen hinüber in das westliche Deutschland, wurde sozusagen deutscher als zuvor, während die andere deutsche Großmacht Österreich frühere starke Positionen im übrigen Deutschland aufgab und eine neue Stellung in Italien bezog. 1815 mußte dies noch verhältnismäßig unproblematisch erscheinen; tatsächlich schienen die österreichischen Schwierigkeiten mit den neuen italienischen Untertanen anfänglich kaum größer als diejenigen Preußens mit Rheinländern und Westfalen. Aber auf Dauer, mit jedem Fortschritt des italienischen Nationalismus und jeder österreichischen Reaktion darauf, stellte sich Österreichs Herrschaft in Italien als Fremdherrschaft dar. Dennoch mußte Wien seine Stellung in Italien für unverzichtbar halten, denn sie war ja ein wesentlicher Baustein von Österreichs europäischer Machtposition, d. h. seiner Position gegenüber Preußen im Deutschen Bund. Österreich mußte deshalb um so heftiger gegen die Bedrohung seiner italienischen Stellung durch die italienische Nationalbewegung einschreiten, was wiederum um so größeren Haß auf seiten der Nationalisten provozieren mußte.

Dienten Österreichs und Preußens italienische bzw. deutsche Position der Wahrung des großen europäischen Machtgleichgewichts, so sollten nach den Wiener Entscheidungen von 1815 innerhalb beider Räume weitere Machtakkumulationen und eine Ausdehnung der beiden deutschen Großmächte durch Gegengewichte verhindert werden. Im deutschen Raum dienten diesem Zweck der im 18. Jahrhundert eingeprägte preußisch-österreichische Dualismus und das Souveränitätsbewußtsein der vergrößerten Mittelstaaten, im italienischen Raum die Wiederherstellung des bourbonischen Königreichs beider Sizilien (d. i. Süditalien mit Sizilien) mit der Hauptstadt Neapel, des päpstlichen Kirchenstaats mit der Hauptstadt Rom und des um Genua vergrößerten Königreichs Sardinien-Piemont mit seiner Hauptstadt Turin. Gleichgewichtsordnung Europas und Gleichgewichtsordnung des italienischen wie des deutschen Raums waren so eng aufeinander bezogen und ineinander verzahnt, daß es unvorhersehbarer und gewissermaßen abnormaler internationaler Situationen bedürfen würde, um hier zu neuen großflächigen nationalen Staatsbildungen durchstoßen zu können.

So hat schon Österreichs Staatsminister für das Äußere, Fürst Metternich, 1815/16 vergeblich den Plan einer parallelen Einrichtung zum Deutschen Bund für Italien verfolgt. Der Versuch scheiterte schon im Ansatz – zum einen, weil die Könige von Piemont-Sardinien und Neapel-Sizilien sowie der Papst an der Spitze des Kirchenstaates mit einem solchen Italienischen Bund eine Steigerung der Vormacht Österreichs fürchteten und also die Idee mehr oder minder direkt ablehnten: in Italien fehlte einfach ein Gegengewicht gegenüber Österreich, wie es nördlich der Alpen mit Preußen gegeben war. Zum anderen wurde der Plan eines Italienischen Bundes auch seitens Österreichs nicht sonderlich entschieden verfolgt: Wien konnte sich ohnehin stark genug fühlen, auf der Halbinsel seine Sicherheitsbegriffe durchsetzen zu können. So gab es für Italien nicht einmal ein derartiges Band wie den Deutschen Bund und damit auch keine direkte, wie auch immer vage Hoffnung auf großräumigere, z. B. verkehrs- und zollpolitische Entwicklungen in der Zukunft. Am Ende wurde die fremde Macht Österreich in der öffentlichen Meinung völlig und ausschließlich für das Fehlen aller gesamtitalienischen Vereinigungen verantwortlich gemacht – und das zumal in der aufgeheizten Atmosphäre der beiden Jahre unmittelbar vor Ausbruch der Revolution von 1848, als Piemont und ein paar mittelitalienische Staaten daran gegangen sind, einen Zollverein zu gründen: ohne und gegen Österreich und an dessen Widerstand scheiternd.

Seit 1818/19 und, insgesamt gesehen, bis 1847 ist Österreich der bestimmende Faktor in der verfassungspolitischen Entwicklung bzw. Stagnation sowohl diesseits wie jenseits der Alpen geblieben. Österreichs Problem bestand darin, daß es gegen den Willen des manisch revolutionsfurchtsamen und in jeder modernen Idee die Revolution entdecken-

SCHWEIZ
OESTER
Lausanne
Genf
Bozen
Trient
Aosta
KGR.
PIEMONT -
SARDINIEN
KGR. LOMBARDO - VENE
Mailand
Verona
Padua
Turin
Alessandria
Piacenza
Mantua
FRANK-
REICH
Parma
Modena
Ferrara
PARMA
Genua
Cuneo
MODENA
Bologna
KIR
MASSA
LUCCA
Florenz
Nizza
Pisa
Livorno
TOSKANA
Siena
Elba
(Tosk.)
Orbetello
KORSIKA
(franz.)
Ajaccio
Civitavecchia
Sassari
KGR.
PIEMONT-
SARDINIEN
Cagliari
Tunis

Italien im 19. Jahrhundert

den Kaisers, gegen die Interessen der großen österreichischen Aristokratie und gegen die Traditionen der absolutistischen Staatsbürokratie den anderswo verfolgten verfassungspolitischen Neuansätzen nicht entsprechen wollte und vielleicht aufgrund seiner sozialen und nationalen inneren Disparitäten objektiv auch nicht entsprechen konnte. Stand Österreich aber verfassungspolitisch und in seiner Verfassungswirklichkeit still und fanden in anderen italienischen und deutschen Staaten modernisierende Verfassungsentwicklungen statt, dann mußte diese Auseinanderentwicklung Österreich auf Dauer in beiden Räumen politisch isolieren und, konzentrierte sich die nationale Idee auf einen fortschrittlichen Staat, endlich sogar Österreichs Stellung hüben wie drüben existentiell gefährden. Somit ging es bei der Verfassungsfrage in der Sicht Metternichs direkt um die Großmachtposition der Habsburgermonarchie in Mitteleuropa! Daraus folgte: Wenn Österreich politisch nicht modernisiert werden konnte, dann war es sein Hauptinteresse zu versuchen, den verfassungspolitischen Fortschritt in anderen wichtigen Staaten der italienisch-deutschen Mitte Europas anzuhalten, zurückzustutzen bzw. gar nicht erst in Gang kommen zu lassen.

Die Lösung dieses zentralen Problems und damit die Sicherung der österreichischen Dominanz im italienischen und deutschen Raum für eine ganze Generation ist Metternich in einer Serie von internationalen Konferenzen zwischen 1819 und 1823 gelungen, nachdem zuvor entsprechende bilaterale Abmachungen wenig Erfolg mit nur wenigen Staaten gebracht hatten (so der 1815 geschlossene Vertrag von Casa Lanza mit dem Königreich beider Sizilien, in dem dieses sich verpflichtete, die unter britischem Einfluß 1812 auf Sizilien eingeleitete Parlamentarisierung des politischen Systems aufzugeben). Den Ansatzpunkt dazu fand Metternich in terroristischen und geheimbündlerischen Aktivitäten kleiner fundamentaloppositioneller Gruppierungen, die dann als gefährliche Bewegung dargestellt werden konnten, als 1820 tatsächlich Revolutionen in Spanien und Süditalien, dann in Piemont und Griechenland ausbrachen. Die Ereignisse selbst und die weit verbreitete Furcht vor einer Wiederholung der Schrecken der Französischen Revolution, Metternichs geschickte Diplomatie und der beim zaristischen Rußland gefundene Rückhalt sowie die ohnehin gegebene Stärke konservativer oder gar reaktionärer Kräfte in den einzelnen deutschen und italienischen Staaten führten so zu einem Abriß verfassungspolitischer Modernisierung auf einzelstaatlicher Ebene. Mindestens genauso wichtig war indessen die Verkoppelung des Prinzips friedensbewahrender internationaler Status-quo-Sicherung in Europa mit der Forderung innenpolitischer Status-quo-Wahrung im Zeichen des monarchischen Prinzips. Diesem Prinzip zufolge hatte die politische Souveränität auf immer beim monarchischen (oder wenigstens 1815 legitimierten) Herrscher zu liegen, der aus ihr heraus freiwillig Verfassungen geben und den Untertanen politische Teilhaberechte einräumen konnte, welche aber nie die grundsätzliche Souveränität des Monarchen beeinträchtigen durften. Anders gesagt: das monarchische Prinzip wurde um 1820 als integraler Bestandteil der internationalen Ordnung festgestellt, illegitimer verfassungspolitischer Wandel als Bedrohung der Ordnung und des Friedens in Europa interpretiert und daraus das Recht der Staatengemeinschaft bzw. einer exekutierenden Macht abgeleitet, gegen revolutionären verfassungspolitischen Wandel wo auch immer politisch und, wenn nötig, militärisch zu intervenieren. Allerdings zerbrach an diesem System die Gemeinsamkeit der Großmächte von 1815, weil sich Großbritannien diesen Prinzipien gleich anfangs der 1820er Jahre verweigerte, nach der Julirevolution des Jahres 1830 gefolgt von Frankreich. Aber in der Mitte Europas und im Osten galt dies bis zur Revolution von 1848, mit der freilich besonders gelagerten Ausnahme der Befreiung Griechenlands. Die Österreicher intervenierten militärisch gegen das Königreich beider Sizilien und Piemont und die dortigen liberalen parlamentarischen Umbruchsversuche, intervenierten wieder in den 1830er und 1840er Jahren gegen Erhebungen und als gefährlich eingeschätzte Entwicklungen im nördlichen Kirchenstaat.

Betrachtet man dieses System Metternich, so erweist sich als sein Hauptproblem die Unfähigkeit, konservative Politik im Sinne reformierenden Wandels durchzusetzen. Und das hat sich in Italien, wo Österreichs Herrschaft und Hegemonie als Fremdherrschaft definiert werden konnten, noch fataler auswirken müssen als im deutschen Raum. Nicht, daß Metternich und seine Mitarbeiter das Problem nicht gesehen hätten: Wiederholt suchten sie allein oder mit Vertretern anderer europäischer Mächte, besonders reaktionäre, repressive und/oder unfähige Regierungen in Italien zu der Einsicht zu bringen, daß der revolutionären Bewegung gerade auch mit Reformen und guter Verwaltung begegnet werden müßte, so in Neapel nach der Niederschlagung des Revolutionsversuchs von 1821, im Kirchenstaat nach den ebenfalls von österreichischen Truppen niedergeworfenen Aufständen von 1831/32. Aber die Druckmittel fehlten. Es wußten ja alle italienischen Fürsten und Regierungen, daß ihnen Österreich im Falle der nächsten Revolution wieder würde zu Hilfe kommen müssen, um seine Machtinteressen zu wahren. Und sie wußten, daß die öffentliche Meinung auf der Halbinsel und in ganz Europa Österreich viel mehr als jede einzelne von ihnen für Stagnation, Repression, Mißwirtschaft verantwortlich machte. In demokratischer und weithin ebenso in liberaler Sicht galt das Österreich der Kaiser Franz, dann Ferdinand und des Staatskanzlers Metternich als das »böse Prinzip Europas« (L. Börne) schlechthin. Zur Korrektur dieses Bildes in der italienischen Meinung reichten dann die an sich vorzügliche Verwaltung und Wirtschaftspolitik im habsburgischen Lombardo-Veneto nicht mehr aus, zumal dort ein penibles polizeiliches Überwachungs- und Spitzelsystem sagenhaften Ausmaßes installiert war, das mit Oppositionellen zwar nicht so furchtbar wie etwa in Neapel und Piemont, aber hart genug und zum Entsetzen Europas verfuhr. Einer der zur Festungshaft verurteilten Gefangenen aus den oberitalienischen Verschwörungen des Jahres 1820/21, Silvio Pellico, hat in den 1830ern einen europäischen Bestseller, *Le mie prigioni* (*Meine Gefängnisse*) veröffentlicht, der Österreich mit Sicherheit viel mehr geschadet hat als diese und andere Verschwörungen selbst.

Bedingungen und Anfänge der italienischen Nationalbewegung

1831	Mitte des Jahres: Gründung der *Giovine Italia* durch Giuseppe Mazzini. Publizistische Unternehmungen und Mitgliederzustrom, aber Scheitern von Verschwörungen und der versuchten Invasion Piemonts (1. Februar 1834).
1834	Gründung des *Jungen Europa* durch Mazzini in Bern.
1839	3. Oktober: Erste Eisenbahn in Italien: Neapel – Portici; wirtschaftlich wichtige Strecken in den 1840er und 1850er Jahren in der Lombardei und in Piemont.
	Erster der bis 1847 alljährlich stattfindenden italienischen Wissenschaftlerkongresse in Pisa.
1840	Wiederbelebung des *Giovine Italia*.
1843/44	Etliche Aufstandsversuche in Süditalien und im Kirchenstaat.
	In Auseinandersetzung mit revolutionären Demokraten allmähliche Ausprägung einer gemäßigt liberalen einzelstaatlichen und gesamtitalienischen Alternative, so in Schriften Giobertis (1843), Balbos (1844), D'Azeglios (1846).
1846–1878	Pius IX.: Amnestie, Ansätze zu wirtschaftlichen Reformen, Modifikationen des politischen Systems, Zensurerleichterungen, Aufbau einer Bürgerwehr.

1847 Juli: Besetzung Ferraras durch österreichische Truppen gegen den Protest des Papstes.
November: Päpstliche Initiative zur Gründung eines Italienischen Bundes.

In Italien herrschte bis in die Mitte der 1840er Jahre generelle Repression in bezug auf sämtliche Artikulationen sämtlicher moderner politischer Ideen und alle Versuche, oppositionelle Politik wie auch immer zu organisieren. Im Königreich beider Sizilien, im Kirchenstaat, in Piemont, in den kleinen mittelitalienischen Fürstentümern, überall funktionierte ein allgegenwärtiges Unterdrückungs- und häufig barbarisches Strafsystem, und es wirkte dort noch viel erstickender als im österreichischen Lombardo-Veneto, wo es schon nicht zimperlich zugegangen ist. Einzig und allein die Toskana mit ihren aufklärerischen Traditionen aus dem 18. Jahrhundert bot phasenweise einen gewissen Freiraum für eine halböffentliche Debatte großbürgerlicher, eigentlich: patrizischer liberaler Ideen. Deshalb waren in Italien zunächst geheime Gesellschaften, entstanden in französischer Zeit mit teils jakobinischen, teils freimaurerischen Wurzeln, die einzigen oppositionellen Bewegungen: *Philadelphi* und *Adelfi* und *Veri Italiani* und andere mehr in Ober- und Mittelitalien, am berühmtesten die süditalienischen *Carbonari*, die Köhler, welche großen Anteil an der neapolitanischen Revolution von 1820/21 hatten. Nationalstaatliche Ideen spielten dabei insgesamt nur eine kleine Rolle, im Vordergrund standen die Probleme des jeweiligen Staates zwischen restaurativer Realität und erwachenden Modernisierungsforderungen. In all diesen Geheimgesellschaften erwarteten die Teilnehmer ausgeklügelte Initiationsriten, rituelle Versammlungen, die Androhung und der gelegentliche Vollzug der Todesstrafe bei Verrat, umgekehrt die Unterstützung ihrer Karrieren; sie waren in etliche Grade unterteilt, im Aufrücken von Stufe zu Stufe erfuhr das Mitglied jeweils etwas mehr über das Ausmaß der Organisation, ihre Struktur, die langfristigen Zielsetzungen, aber nur selten etwas über die Gruppe oder Persönlichkeit an der Spitze – so selten, daß nicht einmal lang anhaltende polizeiliche Nachforschungen und Prozesse Klarheit bringen konnten.

Von 1815 bis 1830 organisierten solche Geheimgesellschaften viele jener Unzufriedenen, die Karrieren zur Zeit der französischen Herrschaft gemacht, Land geflüchteter Aristokraten erworben, an Modernisierungen teilgenommen hatten – und die nun zurückgesetzt, pensioniert, überwacht wurden und die Rückkehr ineffektiver Regierung, bigotter Monarchen, intriganter Pfaffen, revanchelüsterner aristokratischer Emigranten erleben mußten: Beamte, Wissenschaftler und Schriftsteller, zahlreiche Offiziere und Generäle der großen napoleonischen Feldzüge, liberale Adlige wie Federico Confalonieri in Mailand, in Süditalien kleine Landbesitzer. Ihre Taktik war zunächst so etwas wie ein Marsch durch die Institutionen, wenngleich etliche Mitglieder in diesen Institutionen schon saßen und es nun darum ging, die Positionen an den Schaltstellen lange genug zu behaupten, um Revolution machen zu können. Persönliche und politische Motive verschmolzen so in eins, und weil Angehörige von Geheimgesellschaften bis dahin noch wichtige Posten zumal im Militär behaupteten, gelangen die Revolutionen von 1820 in Süditalien und teils auch von 1821 in Piemont auf Anhieb. Aber diese Revolutionen wurden dann von österreichischem Militär niedergeworfen, und nachdem Militär und Beamtenschaften von Oppositionellen gereinigt, die geheimgesellschaftlichen Netze in den Verfolgungen der 1820er Jahre in Fetzen gerissen worden waren, reduzierten sich die Erfolgsaussichten solcher elitärer geheimgesellschaftlicher Oppositionen alsbald gegen Null.

Einen gewissen Neuansatz demgegenüber bedeutete die *Giovine Italia*, das Junge Italien. Die Bewegung ist 1831, also im Zusammenhang mit den europäischen Auswirkungen der französischen Julirevolution, durch den damals 26jährigen Giuseppe Mazzini gegründet worden, der neben Garibaldi der berühmteste italienische Nationalrevolutionär werden sollte. Sie bedeutete den Versuch zu einem organisatorischen Neuanfang, indem sie die elitäre hierarchische Geheimbündelei durch den Appell an die junge Generation Italiens, an die Massen, ersetzt hat, vorgetragen von Scharen von Emissären, verbreitet auf Flugblättern, in Zeitschriften und Broschüren – also durch eine Art Untergrund-Gegenöffentlichkeit. So hat die *Giovine Italia* auch die Strategie aufgegeben, die Revolution über hochrangige Mitglieder in den bestehenden Institutionen der Verwaltung und des Militärs zu inszenieren, sie wollte den massenhaften Aufstand von unten gegen das bestehende System vorbereiten. Bis 1848 wurde daraus eine Geschichte etlicher Versuche, an diesem und jenem Punkt der Halbinsel einen Aufstand auszulösen, der als Initialzündung eines gesamtitalienischen Aufstandes gedacht war; aber es war eine Geschichte des Scheiterns schon im Ansatz, vor allem auch eine Geschichte immer neuer Opfer und unerhörter Opferbereitschaft.

Die gescheiterten Revolutionen von 1820/21, 1830/31, dann die mazzinianischen Erhebungsversuche der 1830er und 1840er Jahre spülten Scharen von wirklich Belasteten und sich gefährdet Fühlenden über Europa bis hin nach Südamerika, wo der noch junge Anhänger Mazzinis, Giuseppe Garibaldi, in den 1840er Jahren genügend Anhänger der *Giovine Italia* fand, um ein eigenes italienisches Freikorps in den Unabhängigkeitskampf Uruguays zu führen. Viele Geflohene warteten in den Asylländern Europas auf die Chance zur Heimkehr, in der Schweiz, in Frankreich, in England. In England hat Mazzini sein Hauptdomizil aufgeschlagen: ein Star der liberalen Salons, umschwärmt von Damen, unterstützt von deren Gatten, eine rastlos arbeitende und organisierende, geheimnisvolle asketische Figur, Verkörperung des leidenden Italiens. Rastlos war Mazzini auch darin, die italienische und europäische demokratische

Emigration als Vorstufe zu einer Internationale der Völker zu vereinen, weshalb er dem *Jungen Italien* 1834 die Organisation des *Jungen Europa* an die Seite zu stellen versuchte.

Der Nationalismus ist im Grundsatz demokratisch, insofern der Nationalismus das Politische vom Volk her und gegen die etablierten feudal-ständischen und dynastischen Machtverhältnisse (oder auch gegen volksfremde Herrschaft) neu, so gesehen: revolutionär aufbauen und legitimieren will. Die erste umfassende Nationalbewegung Italiens ist zugleich zum Sammelbecken des italienischen Demokratismus überhaupt geworden, auch wenn angesichts des ausgeprägten Regionalismus und Lokalismus nicht alle demokratischen Gruppierungen sich darin haben vereinigen lassen: eben die *Giovine Italia* Giuseppe Mazzinis und seine nachfolgenden Gründungen, welche insgesamt mit einem Begriff der 1850er Jahre erfaßt werden: *partito d'azione* (Aktionspartei). Niemand hat diesen Nationaldemokratismus mit höherem Schwung zum Ausdruck gebracht als Mazzini selbst – so schon in den Aufrufen von 1831: »Die *Giovine Italia* ist die Verbrüderung der Italiener, die an das Gesetz des Fortschritts und der Pflicht glauben, die überzeugt sind, daß Italien dazu berufen ist, eine Nation zu sein, und mit eigener Kraft sich dazu erheben kann […], die daran glauben, daß das Geheimnis der Macht in der Standhaftigkeit und Einheit der Kräfte liegt, die sich also in einer Vereinigung sammeln und ihr Sinnen und Trachten dem großen Unternehmen widmen, Italien als eine *Nation von Freien und Gleichen* wiederherzustellen, vereint, unabhängig und souverän.«

Solche Nationaldemokratie ging zweimal aufs Ganze: Das demokratische Motiv stand in äußerstem Gegensatz zu der 1815 eingerichteten inneren politisch-gesellschaftlichen Ordnung der einzelnen italienischen Staaten, das nationale Motiv in fundamentalem Gegensatz zur 1815 in Wien bestimmten internationalen Staatenordnung. Und beide Radikalismen begründeten sich wechselseitig. Die 1820, 1821 und 1831/32 erwiesene Unmöglichkeit, den Einzelstaat im Zusammenhang des konservativen Sicherheitssystems zu reformieren oder gar zu revolutionieren, verwies darauf, den demokratischen Durchbruch auf der höheren Ebene der Nation, oberhalb der bestehenden Staaten, zu unternehmen. Die nationale Ebene indessen verwies zurück auf die Notwendigkeit, alle Kräfte des gesamten Volkes überall zu mobilisieren – und dies wiederum begründete und verstärkte das demokratische Motiv. Grundsätzlich trat der solcherart radikale Nationaldemokratismus für die Republik als Staatsform des dereinstigen Nationalstaats ein. Und in Italien war dieser nationaldemokratische Republikanismus besonders intensiv mit unitarischen und zentralistischen Staatskonzepten verbunden: Der Nationalstaat sollte mit allem Alten brechen und so auch mit den vorgefundenen Geschichtslandschaften und regionalistischen Mentalitäten aufräumen; unterließe er dies, könnte er gar nicht existieren, so Mazzini im erwähnten Aufruf.

Der Liberalismus in Italien hat sich verspätet, aber wegen der Rolle der fremden Macht Österreich dann genauso entschieden mit dem Nationalismus verbunden, als in den 1840er Jahren einige Staaten wie die Toskana und Piemont, ab 1846 sogar der Kirchenstaat unter dem neuen Papst Pius IX. Perspektiven zukünftiger Reformpolitik eröffneten und damit dem Liberalismus überhaupt erst eine Grundlage boten, sozusagen eine kleine Freiheit zur öffentlichen Diskussion anstehender inner- und überstaatlicher Probleme in Wirtschaft, Technik und Gesellschaft, in der Verwaltung, im Nationalpolitischen. Bis dahin hatten italienische Liberale entweder die innere Emigration oder das Exil wählen müssen – oder sie hatten sich zeit- und teilweise dem nationaldemokratischen Radikalismus angeschlossen. Jetzt nutzten sie die sich partiell abzeichnenden einzelstaatlichen Reformperspektiven und distanzierten sich vom radikalen Nationaldemokratismus: zunächst weil die wiederholten Revolutionsversuche der Aktionspartei Mazzinis

Reformaussichten in den Einzelstaaten zunichte zu machen drohten, vor allem aber weil sie den Republikanismus mit dem Appell an die Massen ablehnten.

In den 1840er Jahren begannen Liberale die Idee zu propagieren, Piemont-Sardinien unter König Karl Albert als einzige wirklich italienische Macht auf der Halbinsel, in sich vergleichsweise geordnet, diszipliniert und einigermaßen militärmächtig, an die Spitze der italienischen Nationalbewegung zu stellen, um überhaupt der fremden Macht Österreich entgegentreten zu können. Dazu gehörten jene Persönlichkeiten, die ab 1848 tatsächlich Piemont an die Spitze der Nationalbewegung von 1859 geführt haben: Vincenzo Gioberti, Massimo Taparelli D'Azeglio, Graf Cesare Balbo, Graf Camillo Benso Di Cavour mit ihren Italien aufrüttelnden Schriften und mit der von Balbo und Cavour ab Dezember 1847 herausgegebenen, später dem ganzen Prozeß den Namen gebenden Zeitschrift *Il Risorgimento*. Sie vertraten abweichende Konzeptionen, aber Übereinstimmung bestand darin, daß Italien nicht einig und frei werden konnte ohne die Machtmittel Piemonts, und zugleich darin, daß sich das Königreich zu diesem Zweck an die Spitze des politischen Fortschritts in Italien stellen mußte.

Im Vierteljahrhundert zwischen 1815 und 1848 haben sich so in Italien eigentlich zwei Nationalbewegungen ausgeprägt, zuerst eine nationaldemokratische und später eine nationalliberale, wobei letztere die Anknüpfungspunkte für die Entwicklung eines mehr konservativen, schließlich offiziellen Nationalismus geboten hat, der den Kompromiß mit wenigstens einer vornationalen Dynastie, mit Adel und patrizischem Bürgertum suchte. Dabei hat sich in den oft schweren Auseinandersetzungen dieses Vierteljahrhunderts in beiden nationalen Strömungen das Personal ausgebildet, welches 1848 die nationale und verfassungspolitische Revolution versuchen sollte. Es handelte sich um Honoratioren, Demokraten oder Liberale mit hohem Bekanntheitsgrad, die kaum organisatorisch, wohl aber gesinnungsmäßig verbunden waren. Was indessen auch wichtig war: In diesem Vierteljahrhundert hatten die Nationalisten nun selbst Geschichte gemacht und eigene kollektive Erinnerungen, Denkmale, Mythen produziert. Diese wurden selbst neue Bezugspunkte nationalen Denkens, nationaler Identitätsstiftung und damit Ausgangspunkte der Nationswerdung überhaupt. Dies waren noch nicht, wie nach der gelungenen Nationalstaatsgründung, feste Standbilder, Erinnerungstafeln, eigens geschaffene Bauwerke. Es handelte sich vielmehr um Ereignisse, menschliche Denkmale, aufrüttelnde Schriften, Gedichte und Lieder, Symbole. Dazu gehörte die Erinnerung an italienische militärische Leistungen in den Armeen Napoleons, an die Aufstandsversuche der *Giovine Italia*, die Feldzüge der Garibaldiner am Rio de la Plata. Dazu gehörten die lebenden und toten Propheten und Märtyrer der nationalen Bewegung: Giuseppe Mazzini oder die Brüder Bandiera, Söhne eines Admirals, die aus der österreichischen Adria-Marine desertiert waren, um eine Erhebung im Sinne Mazzinis zu wagen, und dafür im Juli 1844 erschossen wurden. Und dazu zählten der Schriftsteller Silvio Pellico in der Festungshaft des Spielberg und sein Bericht *Le mie prigioni* ebenso wie Manzoni und sein die Hochsprache mitprägender Roman *I promessi sposi* (1827/40). Und natürlich ist Giuseppe Verdi nicht zu vergessen, dessen Name selbst Programmkürzel (VERDI = Vittorio Emanuele Re d'Italia in den 1850er Jahren) geworden ist, mit *Nabucco*, darin der *Gefangenenchor* (1842), und *I Lombardi* (1843), von den Österreichern verboten, als sie den aktuellen politischen Gehalt dieses historischen Themas begriffen. Symbole hatten sich eingeprägt, so natürlich die Trikolore nach revolutionärem französischem Vorbild: Grün-Rot-Weiß, getragen z. B. als Uniformkombination oder an den Baretten der *Giovine Italia*.

Die soziale Basis der Nationalbewegung war indessen immer noch recht schwach und sie blieb es bis zur Nationalstaatsgründung. In weiten Teilen des Landes erfaßte der Nationalismus lediglich Gruppen in den besitzenden und gebildeten oberen Schichten; untere Mittelschichten, Handwerker, Tagelöhner, die ersten Arbeiter konnten von der nationaldemokratischen Richtung dauerhaft nur in wenigen aufstrebenden Zentren Nord- und Mittelitaliens erreicht werden. Die ländliche Bevölkerung, die große Mehrheit der Italiener mithin bis weit in die ersten Jahrzehnte des italienischen Nationalstaats hinein, stand überhaupt abseits.

Der Grund hierfür liegt vor allem in der wirtschaftlichen Rückständigkeit der Halbinsel insgesamt, abgesehen von einigen Regionen Oberitaliens, namentlich der Lombardei und Piemont. Bis ans Ende der 1880er Jahre waren mehr als 50% aller Beschäftigten in der Landwirtschaft tätig, und von einem industriellen Take-off kann vor den 1870er Jahren keine Rede sein. Gewiß, die Zahl einigermaßen kapitalintensiver, modern mechanisierter Fabriken nahm, wiederum fast ausnahmslos im Norden, allmählich zu, aber 1861 konnte man auf der Halbinsel immer noch nicht mehr als 200 000 Arbeiter zählen, beschäftigt vor allem mit der Produktion schon traditioneller Halbfertigprodukte wie etwa Seide. Bezeichnend war, daß von den von 1839 bis 1860 gebrauchten 426 Lokomotiven nur 40 in Italien selbst hergestellt wurden, oder auch, daß von den 1500 zwischen 1824 und 1859 in einer norditalienischen Großstadt neu registrierten Firmen bestenfalls zwei Dutzend als wenigstens kleinindustrielle Betriebe aufgefaßt werden konnten, 500 waren Kleinhandwerksbetriebe mit höchstens drei Beschäftigten. Bis 1859 kam der Eisenbahnbau, in der europäischen Geschichte gemeinhin als Indikator für den Eintritt einer Gesellschaft in das industriewirtschaftliche Zeitalter betrachtet, nur langsam auf schließlich insgesamt rund 1600 Streckenkilometer voran, konzentriert auf Norditalien (etwa 75%) mit einem deutlichen Vorsprung Piemonts, weil sich hier der Staat der Entwicklung angenommen hatte. Dabei mangelte es durchaus nicht an finanziellen Ressourcen in privater Hand, aber sie wurden weiterhin eher in Rentenpapiere und in den Kauf von Ländereien gelenkt als in riskante industrielle Unternehmungen – riskant wegen erkennbar niedriger Binnennachfrage und zunächst nur geringen Absatzchancen auf dem internationalen Markt. Wo der Staat nicht als Schlüsselakteur auftrat, fand industriewirtschaftliche Modernisierung nicht statt, eher Modernisierung der Landwirtschaft, und dies auch in erheblichem Umfang nur in Oberitalien und kaum im Süden oder auf den Inseln.

Der wirtschaftlichen Rückständigkeit entsprach vielfältige soziale Rückständigkeit, wiederum in den schon skizzierten Abstufungen von Nord nach Süd. Dabei wuchs die Gesamtbevölkerung immer rascher von 18,5 Millionen Einwohnern im Jahre 1816 auf rund 23 Millionen 1850, rund 25 Millionen im Jahre 1860. Bei fallenden landwirtschaftlichen Preisen setzte Landflucht ein, welche in den halbwegs modernen urbanen Zentren ankam (z. B. in Mailand, dessen Einwohnerzahl von 140000 im Jahre 1814 auf 240000 im Jahre 1861 stieg), während stagnierende alte Großstädte durchaus verlieren konnten, so etwa Venedig. Da neue Arbeitsplätze kaum zur Verfügung standen, waren die Folgen generelle strukturelle Arbeitslosigkeit, das Anschwellen der Tagelöhnerei sowohl auf dem Land wie in den Städten, ein sehr niedriges Lohnniveau, phasenweise ein deutlich sinkendes Pro-Kopf-Einkommen. Das bedeutete für die Mehrheit der Italiener ein Leben am Rande des Existenzminimums und führte zu einer Häufung von Ausbrüchen massiven sozialen Protests, was gelegentlich der demokratischen Nationalbewegung zugute kommen konnte, sich nach 1861 aber auch gegen die Wirklichkeit des bürgerlichen Einheitsstaates wenden sollte. Erwähnt sei des weiteren nur der nationalismusgeschichtlich überaus bedeutsame Umstand, daß im Augenblick der Nationalstaatsgründung nur ein Viertel der Italiener für alphabetisiert galt, also von nationalen Botschaften direkt erreicht werden konnte, das hochsprachliche Italienisch vielleicht gar nur von 2% der

Bevölkerung beherrscht wurde. Begreift man Nation als Kommunikationsraum, in welchem einander ferne, einander unbekannte Individuen durch dieselben Symbole und Inhalte verbunden sind, in welchem eine gemeinschaftliche Sprache und sonstige gemeinschaftliche zivilisatorische Fertigkeiten individuelle Mobilität ermöglichen, dann wird die Beschwerlichkeit der vorausliegenden modernen italienischen Nationswerdung verständlicher.

Die Revolution von 1848/49

1848 1. Januar: Zigarren- und Lotteriestreik im Lombardo-Venezianischen Königreich.
12. Januar: Aufstand in Palermo; monarchisch-repräsentative Verfassung im Königreich beider Sizilien am 10. Februar.
4. März: *Statuto Albertino.*
17.–22./23. März: Aufstände in Mailand und Venedig; provisorische Regierungen; Anschlußbegehren an Piemont.
24. März: Kriegserklärung Karl Alberts von Sardinien-Piemont gegen Österreich.
15. Mai: Niederwerfung eines Aufstands in Neapel; Beginn der Reaktion im Königreich beider Sizilien.
25. Juli: Niederlage Karl Alberts gegen die Armee Radetzkys bei Custoza; Waffenstillstand am 9. August.

1849 8. Februar: Ausrufung der Römischen Republik.
18. Februar: Hilfeersuchen Pius' IX. an die katholischen Mächte Österreich, Frankreich, Spanien, Neapel.
23. März: Niederlage Karl Alberts bei Novara; Abdankung zugunsten seines Sohnes Viktor Emanuel (II.); Friedensvertrag von Mailand am 6. August.
30. April – 1. Juli: Verteidigung der Römischen Republik, politisch geleitet von Mazzini an der Spitze eines Triumvirats, durch Milizen Garibaldis gegen eine französische Armee; Verabschiedung einer modernen Verfassung noch am 3. Juli.
24. August: Kapitulation des seit einem Jahr belagerten Venedigs.

1848 hatte die nationale Revolution in Deutschland ein nationales Zentrum: Frankfurt mit der Nationalversammlung und der von ihr inaugurierten provisorischen Zentralgewalt. In Italien sah das anders aus: Hier wurden die in den einzelnen Staaten ausbrechenden Revolutionen zwar national motiviert, manchmal lauter, manchmal leiser, aber gesamtnational entwickelte sich das Geschehen tatsächlich nur in einer ganz kurzen Phase, vom April bis zum Juli 1848, als Piemont in die antiösterreichische Bewegung in der Lombardei und in Venedig eingriff und anfänglich Truppen aus dem Kirchenstaat und aus Neapel ebenfalls gegen die *tedeschi*, die Österreicher, aufmarschierten. Mit dem Sieg der österreichischen Italienarmee unter Radetzky im Juli 1848 war das vorbei. Zu solchen nationalen Institutionalisierungen wie in Frankfurt ist es eigentlich nicht gekommen, auch wenn Mazzini und Demokraten aus ganz Italien – weshalb hier auch von einem gesamtnationalen zweiten, wiewohl nurmehr partikularen Ansatz geredet werden kann – dem römischen Parlament in der kirchenstaatlichen Revolution vom Januar bis Juli 1849 eine solche Bedeutung zuzuschreiben versuchten. Daß es in Italien überhaupt zu übergreifendem Miteinander gekommen ist, das hatte hauptsächlich mit jenem schon erwähnten negativen Faktor zu tun, mit der fremden Herrschaft der Wiener Habsburger in Ober- und, durch Nebenlinien, in Mittelitalien, mit der negativen Rolle Österreichs als konservativer Interventionsmacht.

Andererseits gab es für die italienische Nationalbewegung und alle Kräfte, die sich mit ihr verbunden haben, einen vergleichsweisen Vorteil: Italien, genauer gesagt, Italiens staatliche Aufteilung, war für die europäische Machtverteilung wohl wichtig, aber eben doch weniger wichtig als die des deutschen Raums für die Bewahrung des großen europäischen Gleichgewichts. Ja, in britischer Sicht erschien die Lösung eines nationalstaatlich geeinten, unabhängigen Italiens dem bisherigen Zustand sogar vorziehbar, weil die bestehenden verfassungspolitischen Ordnungen immer neue Revolutionen und Reaktionen und wieder Revolutionen, also tatsächlich dauernde Unordnung produzierten, damit immer wieder fremde Interventionen und problematische Konfrontationen europäischer Mächte, vorab Frankreichs und Österreichs, herausfordern konnten. Im Sommer 1849 standen österreichische Truppen wieder weit in Mittelitalien, und einige ihrer Verbände drangsalierten die Zivilbevölkerung derartig, daß es europaweiten Skandal machte. Französische Einheiten okkupierten Rom, gesandt vom machtversessenen neuen Präsidenten Frankreichs, Louis Bonaparte: bald sollte er sich zum Kaiser erheben und Napoleon III. nennen und damit bewußt an die ja auch über Italien führenden Wege des großen Onkels erinnern. Das waren keine stabilen, sondern gefährliche internationale Zustände um und in Italien.

Im Januar 1848 hatte auf der Insel Sizilien eine zunächst erfolgreiche Revolution stattgefunden und den König beider Sizilien, Ferdinand II., gezwungen, eine Verfassung zu gewähren und zu einer liberalen Regierung überzugehen. Dieses Exempel hatte schon angefangene liberalisierende und modernisierende Entwicklungen anderswo in Italien beschleunigt, so daß u. a. in Piemont, im Kirchenstaat und in der Toskana bis zum März 1848 liberal-repräsentative Verfassungen gegeben oder versprochen und gemäßigt-liberale Regierungen eingesetzt waren. Damit ist zugleich die Spannung innerhalb der nationalen Bewegung gewachsen, insbesondere in ihrem demokratischen Flügel, dem gemäßigt-liberale Errungenschaften im einzelnen nicht genügen konnten, aber genauso der Gegensatz zur fremden, konterrevolutionären Macht Österreich. Diese Spannung griff ins österreichische Oberitalien und namentlich nach Mailand und Venedig hinüber: Zu erwähnen sind der Zigarrenstreik seit Januar (um die Einnahmen des Fiskus zu reduzieren) und die damit einhergehenden Zusammenstöße zwischen italienischen Zivilisten und österreichischem Militär.

Die zweite Phase des italienischen Revolutionsgeschehens war dann mit der ersten Phase der deutschen Revolution verbunden: durch das Übergreifen der deutschen Märzrevolution auf Österreich und Wien, den Sturz Metternichs am 14. März 1848 und den Antritt einer liberalen Regierung ist die Entwicklung im Lombardo-Veneto direkt beschleunigt worden. Mailand zwang in fünftägigen harten Straßen- und Barrikadenkämpfen, in den mythisierten *cinque giornate* vom 17. bis 22. März, die österreichischen Truppen zum Abzug. Venedig gelang dies bis zum 23. März 1848. An der Spitze standen dabei Demokraten, in Mailand Carlo Cattaneo, in Venedig Daniele Manin, die sich beide von Mazzini dadurch unterschieden, daß sie in ihren provisorischen Regierungen den Kompromiß mit den starken liberalen Kräften suchten und ihnen im wichtigsten Punkt nachgaben: im Votum für den Anschluß an das Königreich Sardinien-Piemont. Diesen Anschluß wollte das liberale lombardische und venezianische Bürgertum zwecks Beseitigung des Menetekels einer demokratischen Republik und deshalb, weil man die piemontesische Armee gegen die ins sogenannte Festungsviereck (Mantua, Peschiera, Verona, Legnano) zurückgezogenen Österreicher des Feldmarschalls Graf Johann Joseph Radetzky brauchte. Piemonts König Karl Albert entschloß sich am 23. März 1848 zum Krieg gegen Österreich, ein paar Tage später begann der Vormarsch, begleitet von schönen nationalistischen Aufrufen. Indessen ist es Karl Albert weniger um die Sache Italiens als solche gegangen – eben nur insoweit, als sie mit seinen und den Interessen Piemonts bzw. der piemontesischen konservativliberalen Eliten zur Deckung gebracht werden konnte. Ihm ging es erstens um die Nutzung der machtpolitischen Chance, Piemont-Sardinien in Oberitalien auszudehnen, ja, es als einzige Macht mittels teilweiser oder völliger Vertreibung der Österreicher durchzusetzen; zweitens – wie den lombardo-venezianischen liberalen Eliten – darum, die Entstehung demokratischer Republiken (in der Ferne: die demokratische Republikanisierung Italiens à la Mazzini überhaupt) zu verhindern. Von April bis Ende Mai 1848 errang die piemontesische Armee einige Gefechtserfolge, teils unterstützt von lombardischen Verbänden, zudem von heranziehenden Einheiten aus anderen italienischen Staaten. Diese Anfangserfolge wurden begünstigt durch Reorganisationsprobleme der österreichischen Italienarmee, hervorgerufen durch massive Desertionen italienischer Soldaten und durch die Unruhe von ungarischen oder tschechischen Truppenteilen, begünstigt auch durch die Konzessionsbereitschaft der jetzt liberalen Wiener Regierung, welche darin wiederum durch die britische Diplomatie gezielt bestärkt wurde.

Die gegenläufigen Tendenzen verfestigten sich indessen ab Ende April 1848. Zunächst wandte sich Pius IX. öffentlich gegen den antiösterreichischen Nationalkrieg und die Beteiligung kirchenstaatlicher Truppen an ihm: Das Oberhaupt der universalen Kirche konnte sich unmöglich als Galionsfigur dieses Krieges darstellen lassen und die Teilnahme von Soldaten, welche ihm als regierendem Oberhaupt eines italienischen Staates unterstanden, verantworten. Das war jetzt ein für allemal klargestellt, ein kurzer neoguelfischer Traum eines vom Papst geeinten Italien ausgeträumt. Sodann gelang es Ferdinand II. Mitte Mai 1848, mit seinen Schweizer Söldnern in Neapel eine Gegenrevolution in Gang zu setzen und Zug um Zug liberale Verfassung und Regierung zu beseitigen. Am wichtigsten aber war, daß sich das alte Österreich gerade in den Auseinandersetzungen an den Peripherien des Vielvölkerstaats, im Kampf mit den nationalen Autonomie- und Freiheitsbewegungen der Tschechen, Ungarn und Italiener regenerierte und die konservativen Militärs und Politiker den Konsens durchaus liberal gesonnener Schichten im Zeichen österreichischen Patriotismus von hier aus mobilisiert haben. Feldmarschall Windischgrätz machte den Anfang mit der Niederschlagung des nationalrevolutionären Aufstands in Prag, ihm folgten Radetzky in Oberitalien, dann Jellačić in Ungarn. Die schwierigste Aufgabe hatte zunächst der alte Feldmarschall Radetzky, um so höher strahlte dann sein Ruhm. »In Deinem Lager ist Österreich«, dichtete ihn Grillparzer an. Radetzky hat monatelang defensiv abgewartet, bis der Nachschub gesichert und die desertierten Italiener von neuen deutsch-österreichischen und kroatischen Soldaten ersetzt waren. Im Juni 1848 ging er zum Angriff über, mit dem Schlachtensieg von Custoza am 25. Juli 1848 war dieser Krieg gegen Piemont und die nationale Bewegung Italiens entschieden, waren die Lombardei und das Veneto mit Ausnahme der Lagunenstadt Venedig zurückerobert, war Karl Albert gezwungen, um Waffenstillstand zu bitten.

Die andere Phase von gesamtnationaler Bedeutung in der Revolution von 1848/49 spielte, wie gesagt, vom Januar bis Anfang Juli 1849 in Rom, im Kirchenstaat, in Mittelitalien – und sie war allein von den demokratischen Kräften, besonders von den Mazzinianern bestimmt. Das gilt, obwohl Karl Albert und Piemont den Krieg nochmals aufgenommen haben, um binnen einer Woche von Radetzky erneut geschlagen zu werden, diesmal bei Novara am 23. März 1849. Danach dankte Karl Albert zugunsten seines Sohnes Viktor Emanuel ab, Piemont wurde u. a. eine gewaltige Kriegsentschädigung auferlegt, um es dauerhaft zu lähmen.

Vom Sommer zum Winter 1848 hatten sich in allen Staaten Mittelitaliens dieselben schrittweisen Radikalisierungen abgespielt: Die Entwicklung war gegangen von der Verdrängung gemäßigt-liberaler zur Verdrängung liberaler und gemäßigt-demokratischer Regierung, nicht selten in gewalttätigen Ausbrüchen wie denen, die in der Ermordung des römischen Regierungschefs Graf Pellegrino Rossi am 15. November 1848 gipfelten. Die legitimen, bis dahin reformbereiten Herrscher flohen ins Exil, so Pius IX. im November 1848 und der Erzherzog der Toskana im Februar 1849. Indessen strömten die Demokraten von überall her in den mittelitalienischen Hauptstädten und vor allem in Rom zusammen. Dort in Rom riefen die kirchenstaatlichen Abgeordneten am 16. Januar 1849 zur Beschickung einer verfassunggebenden italienischen Nationalversammlung auf. Gewählt wurde aufgrund des allgemeinen (Männer-)Wahlrechts, zu den Gewählten gehörten u. a. Mazzini und Giuseppe Garibaldi, der im Juni 1848 an der Spitze seiner Legion aus Südamerika zurückgekehrt war und nach der Niederlage von Custoza in Oberitalien eine Guerilla geführt hatte. Die im Februar proklamierte Römische Republik, deren Führung bald Mazzini in einem Triumvirat übernommen hat, unternahm etliche sozialpolitische, in konservativer und liberaler Sicht: sozialistische Schritte zugunsten der Unterschichten. Im April allerdings marschierten schon österreichische, französische, spanische und neapolitanische Truppen zu ihrer Niederwerfung auf. Im Mai besetzten die Österreicher die Toskana. Rom aber wurde von Milizionären unter dem Oberbefehl Garibaldis bis zum 3. Juli 1849 verteidigt.

Garibaldi ist 1807 in Nizza geboren worden. Wie sein Vater hat er zunächst als Seemann und Offizier in der Handelsschiffahrt gearbeitet. 1833 wurde er Mitglied in Mazzinis *Giovine Italia*. Im selben Jahr nahm er an einem ihrer Aufstandsversuche teil, dafür wurde er von der piemontesischen Justiz in absentia zum Tode verurteilt. 1836 bis 1847/48 lebte und kämpfte er dann an der Spitze einer italienischen Legion in Brasilien und Uruguay. Garibaldi war zäh, leidens- und widerstandsfähig, zumal nach westlichen heutigen Maßstäben, karg und anspruchslos. Bald beschrieb man ihn als *Cincinnatus*, als jenen Typ altrömischer Konsuln, die vom Pflug weg an der Spitze der Bürgerlegion in die Schlacht gezogen sind. Er war kein sonderlich guter Militärstratege, gelegentlich aber ein akzeptabler Taktiker. In der Guerilla in Südamerika, 1848 in Oberitalien, 1849 in Rom, 1859 wieder in Oberitalien, 1860 auf Sizilien und vor Neapel, 1866 gegen Österreich, 1867 wieder gegen das päpstliche Rom, 1870/71 gegen die Deutschen in Mittelfrankreich griff er, wenn nur irgend möglich, stets an und verteidigte ohne Rücksicht auf Verluste, auch ohne Rücksicht auf das eigene Leben. Man muß daran denken, daß er das Kriegshandwerk nur als Praktiker gelernt hatte und daß er nie reguläre, sondern immer nur Verbände von Freiwilligen geführt hat, die begeistert, aber ohne Ausbildung und schlecht bewaffnet waren. Begeistert waren sie vor allem von Garibaldi: Er hatte das, was man nicht lernen kann: Charisma, sich steigernd von Kampf zu Kampf, wenigstens bis 1867. Wo er auftrat, so auch in westlichen Städten wie London, löste er Massenaufläufe und fast religiösen Enthusiasmus aus. In Italien zählte es bald zur höchsten Ehre, Garibaldiner gewesen zu sein. Politisch war Garibaldi ein eher simpler Mensch, er wußte es selbst. Er war ein glühender Feind der katholischen Kirche und des Papstes, ein ebenso glühender Republikaner; aber über allem war er italienischer Nationalist, später bereit, den Republikanismus dem Nationalismus zu opfern, und er blieb dabei doch der verehrte Held des italienischen Demokratismus und frühen Sozialismus.

Garibaldi und andere Milizenführer schlugen also die gelandeten 20000 Franzosen mit 6000 Freiwilligen (darunter auch ehemalige päpstliche Soldaten) um Rom am 30. April ab; sie erwehrten sich der Neapolitaner bei Velletri, gelegentlich in bloßen Bajonettangriffen, mit äußerst hohen Verlusten, darunter der 22jährige Dichter Goffredo Mameli, von dem die spätere italienische Nationalhymne stammt. Trotz dieser Verluste meldeten sich immer mehr Freiwillige: gut 15000 Mann waren es auf dem Höhepunkt. Aber sie standen gegen schließlich 35000 bestgerüstete Franzosen, die zur Ehre Louis Bonapartes die erste Niederlage auswetzen wollten. Deren Angriff auf Rom Anfang Juni ist in einer zweitägigen Schlacht nochmals abgewiesen worden. Dann gingen die Kämpfe wochenlang weiter, bis kapituliert werden mußte – mit dem Höhepunkt des mörderischen Kampfes um den die Urbs nach Westen abschließenden Gianicolo, auf dem 1895 das große Garibaldi-Denkmal errichtet werden sollte. Ein Teil der demokratischen Politiker konnte flüchten, geschützt von amerikanischen Pässen. Andere wurden ergriffen und erschossen. Garibaldi versammelte die überlebenden Milizionäre am 2. Juli auf der Piazza S. Pietro: »Ich verlasse Rom. Wer den Krieg gegen die Fremdherrschaft fortführen will, der kann mit mir kommen. Ich biete weder Bezahlung noch Quartier, noch Verpflegung: ich biete Hunger, Durst, Gewaltmärsche, Schlachten und Tod. Wer den Namen Italiens nicht nur auf den Lippen, sondern auch im Herzen trägt, der folge mir.«

4000–5000 Mann brachen mit ihm aus. Ziel war Venedig, seit einem Jahr von den Österreichern belagert, nun letzter Rest der europäischen Revolutionen vom Frühjahr 1848. Venedig kapitulierte am 24. August 1849. Etwas später entließ Garibaldi nach fast zweimonatigem langen Marsch in der Gegend von Rimini die restliche Truppe: »Wo immer wir sind, ist Rom!« lautete seine letzte Tagesparole.

Rom, Venedig, Mazzini, Garibaldi, die Freiwilligen, das war der eine Stoff, aus dem die nationalistische Geschichte und, natürlich mit anderen Stoffen, die Nation geworden sind. Diese heroische Geschichte der italienischen Demokratie bedeutete andererseits eine schwere Hypothek für die Politik all jener, die das Königreich Piemont-Sardinien an der Spitze der italienischen Nationalbewegung und seine Dynastie als Herrscherfamilie eines dereinstigen italienischen Nationalstaats etablieren und damit den verfassungs- und sozialpolitischen Vorstellungen der radikalen Nationaldemokratie entgegentreten wollten: also besonders für die gemäßigten Nationalliberalen in und außerhalb Piemonts. Für sie mußten die Niederlagen der piemontesischen Armee gegen Radetzky im Vergleich zu den Kämpfen um Rom doch ziemlich blamabel wirken. Indessen erwiesen sich diese Niederlagen in einer Beziehung auch als Ausgangspunkte einer Entwicklung, an deren Ende die Nationalliberalen die Demokraten im Einigungsprozeß zwar nicht gänzlich ausschalten, jedoch noch dominieren konnten. Es geht um die Verfassung, um das *Statuto Albertino*, erlassen, oktroyiert am 4. März 1848 vom König Karl Albert, und um die Behauptung dieser Verfassung über das Ende der europäischen und italienischen Revolutionen von 1848/49 hinaus. Sie ist dann noch zur Verfassung des geeinten Italiens geworden und erst zusammen mit der Monarchie nach dem Zweiten Weltkrieg gefallen.

Das *Statuto Albertino* war als solches nur mäßig liberal. Auch hat der neue König Viktor Emanuel anfangs der 1850er Jahre durchaus daran gedacht, die Verfassung überhaupt wieder aufzuheben und zur neoabsolutistischen Monarchie zurückzukehren. Man hat das *Statuto* mit der ebenso gnädig gewährten preußischen Verfassung von 1850 verglichen: Letztere gilt als bedeutsames Zeichen der Niederlage der Liberalen, als Ausgangspunkt illiberaler Machtkonservierung der Monarchie und der ihr sich zuordnenden alten adligen sozialen und politischen Eliten. Indessen fällt es schwer, einen wesentlichen Unterschied zwischen den beiden Verfassungen festzustellen; es ist fast unmöglich in bezug auf die Regierungsrechte und legislativen Befugnisse des Monarchen, also auch in bezug auf die Berufung und Verantwortlichkeit von Regierung und einzelnen Ministern sowie in bezug auf die legislativen Mitwirkungsrechte des Parlaments (bzw. der Kammer oder Kammern). Beide Verfassungen waren gleich weit von der Konstituierung eines parlamentarischen Systems entfernt. Ihre Ähnlichkeit hat einen einfachen Grund: Beide vereinigten Elemente derselben europäischen Verfassungsmodelle des früheren 19. Jahrhunderts zwischen sehr beschränkten parlamentarischen Mitwirkungsrechten und monarchisch-exekutiver Machtfülle.

Aber zwischen geschriebener Verfassung und Verfassungswirklichkeit können bekanntlich gewaltige Unterschiede bestehen. Hier bestanden sie, und die Gründe dafür waren, daß die sardinisch-piemontesische Monarchie wegen der militärischen Niederlagen in ihrem Prestige angeschlagen war, daß die Monarchie gegenüber der in ihrem Ansehen gesteigerten republikanischen Nationaldemokratie auf das Bündnis mit den Liberalen angewiesen blieb, daß sie der Mitwirkung der liberal-bürgerlich-adligen Schichten bei der Bewältigung der Kriegsfolgen bedurfte. Anders gesagt: Das parlamentarisch-monarchisch-konstitutionelle System Sardinien-Piemonts etablierte sich auf der Basis des *Statuto Albertino* und zugleich über dessen ursprünglichen Sinn hinaus. Allerdings hatte diese Entwicklung der Verfassungswirklichkeit in Piemont nicht zuletzt mit einer besonderen Leistung Cavours zu tun, der im Herbst 1852 eine breite Front von liberalen und demokratisch-gemäßigten Abgeordneten zusammenbrachte: eine Mehrheit, später genannt die *destra storica*, die historische Rechte, aufgrund derer ihn der König zum Ministerpräsidenten berufen mußte! Dies bedeutete den Durchbruch zum faktischen parlamentarischen Regierungssystem, dessen Attraktivität Piemont bald so sehr zugute gekommen ist. Zeitgenossen nannten dieses von den Notwendigkeiten und von Cavour zustande gebrachte Miteinander *connubio*, was »Ehe« oder, im übertragenen Sinne mit einem familiären Unterton, »Bund« bedeutet. Möglich wurde dieses Bündnis von Liberalen und gemäßigten Demokraten, letztere geführt von Urbano Rattazzi, in einer reinen, sozial sehr homogenen Kammer, unter Honoratioren, gewählt aufgrund eines extremen Zensuswahlrechts klassisch-liberalen Zuschnitts von knapp 2,5% der Wahlberechtigten in der Gesamtbevölkerung.

Cavour, Piemont und die Nationalbewegung bis 1860

1850 März: Aufhebung etlicher Privilegien der katholischen Kirche in Sardinien-Piemont unter der Ministerpräsidentschaft D'Azeglios.

1852 4. November: Ernennung Cavours zum Ministerpräsidenten durch Viktor Emanuel aufgrund einer Mitte-Links-Mehrheit in der Turiner Kammer.

1853 6. Februar: Im Ansatz gescheiterter Aufstand von Anhängern Mazzinis in Mailand.

1855 10. Januar: Bündnis Piemonts mit England und Frankreich; Eintritt in den Krimkrieg mit eigenem Expeditionskorps.
Mai: Klöstersäkularisation.

1856 Februar/März: Cavours Teilnahme am Pariser Friedenskongreß.

1857 Juli: Gründung des für Piemont werbenden Nationalvereins.

1858 14. Januar: Attentat Orsinis auf Napoleon III.
20. Juli: Geheimverhandlungen Napoleons und Cavours in Plombières, Grundlegung eines Geheimvertrags vom 18. Januar 1859 zur Vertreibung der Österreicher aus Oberitalien.

1859 27. April: Kriegsbeginn mit dem Einmarsch der österreichischen Italienarmee in Piemont; nach Eintreffen der französischen Truppen österreichische Niederlage bei Magenta (4. Juni 1859) und Verlust Mailands.
24. Juni: Schlachten bei Solferino und San Martino; Vertreibung der Fürsten in Mittelitalien, provisorische Regierungen für den Anschluß an Piemont.
11. Juli: Vorfrieden von Villafranca; Rücktritt Cavours.
10. November: Friedensschluß von Zürich.

1860 20. Januar: Cavour wieder Ministerpräsident.
24. März: Vertragsgemäße Abtretung Nizzas und Savoyens an Frankreich; zuvor Plebiszite in den mittelitalienischen Staaten und im nördlichen Kirchenstaat für den Anschluß an Piemont.

Anfang September 1849 waren die letzten Funken der italienischen Revolution mit der Kapitulation Daniele Manins in Venedig und der Flucht Giuseppe Garibaldis aus Mittelitalien ausgetreten. Die geflüchteten oder vertriebenen Fürsten kehrten unter dem Schutz österreichischer und französischer Truppen zurück. Beseitigt waren, mit nur einer Ausnahme, die vor kurzem gegebenen oder errungenen, vergessen die einst angekündigten Verfassungen. Regiert wurde nun fast überall und für etliche Jahre unter Ausnahmerecht, und die Reaktion konnte auch schieren Terror bedeuten, wobei es am allerschlimmsten während des ganzen kommenden Jahrzehnts im Königreich beider Sizilien unter der Verantwortung des Bourbonen Ferdinand II. zugegangen ist. Aber auch anderswo sollte die wiederhergestellte vorrevolutionäre Ordnung vornehmlich durch präventive polizeiliche Repression und Militärgewalt gesichert werden, so im habsburgischen Königreich Lombardo-Veneto, wo Radetzky den bis 1854 aufrechterhaltenen Ausnahmezustand gegen wirkliche Aktivisten und bloße Sympathisanten der Idee eines italienischen Nationalstaats rigoros umsetzte. Standrechtliche Erschießungen, Todesurteile und elende Haft trafen jene Vorkämpfer der Sache Italiens, welche nicht rechtzeitig aus diesem Italien der Gegenrevolution hatten entkommen können; viele andere erlitten in den folgenden Jahren Verbannung, Exil und Vermögenskonfiskation.

Zehntausende verloren unter solchen Umständen ihre Heimat Mailand oder Venedig, Rom oder Bologna, Neapel oder Palermo: Um so entschiedener verbreiteten diese Entwurzelten die Idee der größeren Heimat aller Italiener, die Idee Italiens. 30000 Flüchtlinge und Vertriebene fanden in den fünfziger Jahren Asyl im Königreich Sardinien-Piemont. Allerdings war dessen König Viktor Emanuel II. vorerst nicht bereit, Nationaldemokraten und gar Anhänger Mazzinis aufzunehmen. Deshalb und wegen der Verhältnisse auf dem europäischen Kontinent überhaupt blieb ihnen zunächst nur die Wahl zwischen einem Exil in England und einer fernen Zuflucht in Nord- oder Südamerika. Noch andere schlugen sich ähnlich ruhelos durch wie der »Held zweier Welten«, Garibaldi, der nun auf Handelsschiffen die Weltmeere befuhr und zwischenzeitlich als Fabrikarbeiter den Lebensunterhalt verdiente, bevor ihm der Aufenthalt im Königreich Sardinien-Piemont gestattet wurde, er das Inselchen Caprera mit dem Geld einer reichen englischen Bewunderin vor der Küste Sardiniens erwerben und sich dort als Bauer versuchen konnte.

Die meisten Verbannten von 1849 warteten auf das Wiederaufflammen des Kampfes um die Freiheit und Einheit Italiens, und resignierten nach weiteren Enttäuschungen auch manche, so traten opferbereite Jüngere an deren Stelle. Unter der Asche der Niederlagen von 1848 und 1849 glühten doch die Schwelbrände der nationalen Bewegung fort. In ihr waren Tausende für die Idee der Nation gestorben, Abertausende hatten sich für sie politisch engagiert, Hunderttausenden war »Italien« in der Presse, in Versammlungen und Kundgebungen nahegebracht worden: Danach war die Idee nationaler Freiheit und Einheit kein Elitenphänomen mehr, sondern Grund und Zweck beginnender Massenpolitisierung in den Städten Ober- und Mittelitaliens. Solche Ausfüllungen des abstrakten Begriffs Nation trugen zum Werden eines nationalen Erfahrungsraumes über den althergebrachten lokalen Verhaftungen politischen Bewußtseins bei. Die außerhalb Piemonts lastende nachrevolutionäre Wirklichkeit der Unterdrückung, in den meisten Staaten die Wirklichkeit blanker Mißwirtschaft, die Wirklichkeit wirtschaftlicher Stagnation und kultureller Rückständigkeit, schürte diese bloß oberflächlich auszulöschenden nationalen Gluten erst recht. Solche Wirklichkeiten bedeuteten eine zweite, sozusagen im Negativen einende nationale Erfahrungsebene, und das um so nachhaltiger, als nach der gescheiterten Revolution die fremde Macht Österreich erst recht als Verursacherin jedweder Unterdrückung angesehen worden ist. Ihr gegenüber konnten die gegensätzlichen Lager der italienischen Nationalbewegung einen Vereinigungspunkt im Haß auf den fremden Unterdrücker finden.

Mazzini hat nicht aufgehört, für die nationale Erhebung in Italien zu planen und zu handeln. Zwei größere Versuche in den 1850er Jahren ragen heraus, von einer dritten Sache weiß man nicht, ob Mazzini an ihr beteiligt war oder ob sie allein von außer Kontrolle geratenen Mazzinianern unternommen wurde. Im Februar 1853 wurde ein Aufstand in Mailand ausgelöst, gedacht als Zündung einer allgemeinen Erhebung wenigstens in der Lombardei. Die wenigen hundert Insurgenten wurden am ersten Tag von Kräften des Gouverneurs Radetzky ausgeschaltet. Es folgte ein hartes Strafgericht. Das hätte Europa wenig aufgeregt, denn die große Mehrheit der Verurteilten stammte aus den Unterschichten. Aber Radetzky nahm den Aufstand zum Vorwand, eine von ihm schon 1849 verfolgte Linie auf den Höhepunkt zu treiben: nämlich die besitzenden Schichten für den revolutionären Nationalismus verantwortlich zu machen. So ließ er jetzt den Besitz sämtlicher seit 1849 im Ausland, vor allem in Piemont lebenden lombardischen großbürgerlichen und adligen Emigranten beschlagnahmen, auch wenn sie mittlerweile piemontesische Bürger geworden waren. Das betraf zahlreiche Angehörige der Upperclasses, und die piemontesische Regierung konnte ein großes Wehklagen über das barbarische Regime der Österreicher im benachbarten Lombardo-Veneto anstimmen. Danach setzte Mazzini noch stärker auf das Potential der Unterschichten. Daraus resultierte ein Erhebungsversuch im Juni 1857. Er wollte unter den Arbeitern Genuas und Livornos (des Haupthafens der Toskana) Aufstände auslösen; doch haben das die Polizeien schon im Ansatz verhindert. Sein Mitstreiter Carlo Pisacane aber kaperte mit zwei Dutzend Leuten einen Dampfer, fuhr an die Küste Süditaliens, befreite und rekrutierte aus einem Gefängnis an die dreihundert Männer: Seine Idee war, die Landbevölkerung Süditaliens mit dem

Versprechen einer Verteilung der großen Landgüter zu revolutionieren. Im ersten Gefecht mit königlich-neapolitanischen Truppen wurde die kleine Schar zerschlagen, Pisacane wählte angesichts drohender Gefangennahme den Freitod. Drei Jahre später würde kaum jemand glauben, daß es dem ähnlich verfahrenden Garibaldi besser ergehen würde.

Im Januar 1858 schließlich benachrichtigte die britische die französische Sicherheitspolizei, daß von London aus vier Italiener, mögliche Attentäter, nach Paris unterwegs seien. Die Franzosen bewachten alle Straßen, die vier kamen aber mit der Eisenbahn, geführt von Felice Orsini, der öfters in Unternehmungen Mazzinis verwickelt gewesen war. Ihr Ziel war, den französischen Kaiser Napoleon III. zu ermorden: aus Rache für die Zerstörung der Römischen Republik 1849, außerdem in der Hoffnung, daß Frankreich nach dem Tod des Kaisers zur Republik werden und dann Italiens Freiheitskampf zum Sieg führen würde. Orsini warf die Bombe auf den Kaiser und die Kaiserin Eugenie am 14. Januar 1858 vor der Pariser Oper: Sie blieben unverletzt, aber acht Menschen wurden getötet, rund 150 verletzt. Vor seiner Hinrichtung schrieb Orsini einen sogleich veröffentlichten Brief an Napoleon: Wenn der Kaiser dem Freiheitsschrei Italiens folgen würde, wollte er ihn mit 25 Millionen Italienern bis in alle Ewigkeit segnen. Tatsächlich begannen wenige Wochen danach die Geheimverhandlungen zwischen Napoleon III. und Cavour. Natürlich müssen wir nicht glauben, was 1859 viele Zeitgenossen geglaubt haben, daß nämlich der französische Kaiser aus Rührung über Orsinis Brief oder aus Angst vor weiteren Anschlägen italienischer Fanatiker auf diesen Kurs eingeschwenkt ist. Vielmehr war Italien der Raum Europas, wo der Nachfolger des großen Napoleon nach dem Krimkrieg am ehesten ansetzen konnte, um Frankreich zur eindeutigen Vormacht in Kontinentaleuropa zu machen und nebenher noch territoriale Gewinne einzustreichen – und außenpolitische und militärische Erfolge wiederum glaubte er zu brauchen, um sein autoritäres Regime im Innern Frankreichs zu sichern.

Graf Camillo Benso di Cavour entstammte einer alten piemontesischen Adelsfamilie mit Wurzeln in Savoyen und in der Schweiz. Als zweiter Sohn war der 1810 Geborene für die Offizierslaufbahn bestimmt, aber schon 1831, im Nachhall der französischen Julirevolution, ist er in Opposition zum damaligen klerikalen Absolutismus König Karl Alberts aus dem Militärdienst ausgeschieden. 1834/35 hat er auf einer westeuropäischen Auslandsreise das politische System, die Industrialisierung, das Eisenbahnwesen besonders in England studiert. Seither war er ein überzeugter Anhänger des britischen Liberalismus, eines parlamentarischen Regierungssystems, des Freihandels, des zivilen Fortschritts durch Technisierung. 1847 trat Cavour ins öffentliche Leben: als Mitbegründer und Mitherausgeber der Zeitschrift *Il Risorgimento*, Organ der gemäßigt-liberalen, auf Piemont bezogenen Strömung in der italienischen Nationalbewegung. 1848 ist der Achtunddreißigjährige als Abgeordneter in die zweite Kammer des Königreichs zu Turin gewählt worden. Wenngleich seine politischen Anfänge im Zeichen eines publizistischen Unternehmens standen, so hatte Cavour doch gar nichts von einem Theoretiker und Schriftsteller an sich. Er war ein praktischer Mensch, aber das mit einigen fundamentalen politischen, eben liberalen Prinzipien, er war also kein Machiavellist, wohl aber ein Politiker, der zu machiavellistischen Methoden um der Sache willen greifen konnte. Ein Realpolitiker war Cavour sicherlich, ein Opportunist insofern, als er mit günstigen Gelegenheiten umzugehen verstand. Das erinnerte deutsche Nationalliberale später an Bismarck, und besonders Heinrich von Treitschke hat in seinem Buch über Cavour von 1869 solche Parallelität hervorgehoben. Aber sie täuschten sich und ihr Publikum, wenn sie die Parallelen noch weiter auszogen, denn der Piemontese war ein Liberaler, er stand nicht allein für die Einigung Italiens durch Piemont, sondern für deren freiheitliche Parlamentarisierung, während Bismarck die Möglichkeit eines Bündnisses auf Zeit mit dem Nationalliberalismus ergriffen hat, um die preußische Macht in Deutschland und dahinter die Macht alter illiberaler Eliten zu sichern.

Im Sommer 1850 ist Cavour zuerst als Landwirtschaftsminister, bald zugleich als Finanzminister in die Regierung Massimo D'Azeglios eingetreten. Am 4. November 1852 mußte ihn König Viktor Emanuel an der Spitze einer parlamentarischen Mehrheit zum Ministerpräsidenten berufen; er ist es bis zu seinem plötzlichen Tod am 6. Juni 1861 mit einer kurzen, politisch-taktischen Unterbrechung geblieben. Bezeichnend war, daß sein Aufstieg zum Ministerpräsidenten Piemonts über Cavours Eintreten für genuin liberale Positionen sich vollzogen hat: 1. mit der Durchsetzung liberaler Freihandelspolitik, zunächst in Verträgen mit Frankreich, England und Belgien, also mit jenen westeuropäischen Ländern, bei denen sowohl die prinzipiell liberalen wie die außenpolitischen Präferenzen Cavours lagen; 2. im Kampf gegen den in Piemont besonders großen politischen und gesellschaftlichen Einfluß der katholischen Kirche und für die Trennung von Staat und Kirche seit 1850 mit dem vorläufigen Höhepunkt der Klöstersäkularisierung 1855; 3. in Abwehr königlicher und konservativ-parlamentarischer Versuche 1851/52, die Pressefreiheit wieder einzuschränken.

Cavour hat von Anfang an keinen Zweifel daran gelassen, daß für ihn und Piemont die italienische Nationalfrage trotz der Niederlagen von 1848/49 auf der Tagesordnung stand. Die große Chance, die italienischen Probleme international vorzustellen, hat dann der Krimkrieg eröffnet, der im Oktober 1853 als russisch-türkischer Krieg begonnen hatte und im März 1854 mit dem Eingreifen Englands und Frankreichs gegen Rußlands Vordringen ins Mittelmeer zum europäischen Krieg geworden war. Für den Rest des Jahres 1854 versuchten die Westmächte, die Habsburgermonarchie zum Kriegseintritt gegen Rußland zu bewegen;

Wien vermied das – teils in Erinnerung an die 1849 vom russischen Zaren empfangene militärische Hilfe bei der Niederschlagung der ungarischen Nationalrevolution und an Rußlands politische Unterstützung bei der Zurechtstutzung der preußischen Deutschlandpolitik, teils in der Besorgnis, Piemont könnte gerade dann das Lombardo-Veneto angreifen, wenn ein Großteil der österreichischen Truppen gegen Rußland eingesetzt sein würde. Die beiden Westmächte nun drängten aus diesem letzteren Grund Piemont, sich ebenfalls am Krieg gegen Rußland zu beteiligen, und genau aus diesem Grund hatte Cavour zunächst gar keine Ambitionen, dabei mitzumachen. Die zeigte er erst, als klar war, daß Österreich nicht marschieren würde – und er zugleich dem kriegsbegeisterten König Viktor Emanuel für die Truppenentsendung die Klöstersäkularisation abhandeln konnte: nämlich zur Finanzierung des Kriegszuges auf die Krim. Im Januar 1855 erklärte Piemont Rußland den Krieg, ab dem Frühjahr kämpften 15000 Piemontesen unter General La Marmora neben 20000 Engländern und 90000 Franzosen. Der Lohn bestand in Piemonts Teilnahme am großen Pariser Friedenskongreß zur Beendigung dieses europäischen Krieges im Februar und März 1856. Cavour fand hier heraus, daß Großbritannien Österreichs Position in Italien als Gegengewicht gegen Frankreich erhalten wollte, andererseits konnte er den neue Betätigungsfelder suchenden Napoleon III. für die italienische Frage interessieren. Die Piemontesen nutzten die Pariser Bühne, um die repressiven und deshalb revolutionären Zustände im Kirchenstaat, in Neapel, im Lombardo-Veneto anzuprangern; und sie erreichten eine Kongreß-Resolution, in der Italien als internationales Problem definiert worden ist.

Cavour und seine Regierung verfuhren nach diesem kleinen Erfolg zweigleisig. Zum einen wurde von Freunden Cavours 1857 die *Società Nazionale*, zwei Jahre später Vorbild des Deutschen Nationalvereins, mit dem Zweck gegründet, in ganz Italien für Piemont zu werben. Sie war besonders in Mittelitalien erfolgreich; erfolgreich war sie aber auch in bezug auf viele Nationaldemokraten, die sich jetzt für die Priorität der nationalen Befreiung und deshalb für das liberale Piemont entschieden, beispielgebend der alte Demokrat Giorgio Pallavicino als Gründer der *Società Nazionale* selbst, dazu Daniele Manin – auch Garibaldi löste sich jetzt von Mazzini. Zum anderen bearbeitete Cavour auf allen Wegen Napoleon III. Im Juli 1858 kam es bei einem Geheimtreffen in Plombières zu einer Vorverständigung. Napoleon versprach militärische Hilfe gegen Österreich, sofern der Krieg keine revolutionären Ursachen haben würde und vor der Öffentlichkeit als gerecht dargestellt werden könnte. Ziel sollte die Vertreibung Österreichs und der mittelitalienischen habsburgischen Fürsten aus Italien sein, Piemont sollte das Lombardo-Veneto, Modena und den nördlichen Kirchenstaat bekommen; daneben sollten drei unabhängige Staaten bestehen bleiben: das Königreich beider Sizilien, eine um kirchenstaatliche Territorien erweiterte Toskana und der restliche Kirchenstaat; Piemont würde die angeblich alten französischen Gebiete Nizza und Savoyen an Frankreich abtreten. Das alles ist mit dem zusätzlichen französischen Verlangen, Piemont müsse die Kriegskosten tragen, im Januar 1859 in einem Geheimvertrag fixiert worden.

Noch im Sommer hatten Frankreich und Piemont damit begonnen, Österreich zum Krieg zu provozieren, um es dann als Friedensbrecher vorführen zu können. Napoleon ließ die offizielle und offiziöse französische Presse von der Leine, Cavour rüstete die piemontesische Armee auf und stattete Tausende von Flüchtlingen als Freiwillige mit Waffen aus. Um ein Haar wäre Napoleon doch noch zurückgeschreckt – belagert von konservativen und katholischen Kräften in seiner Umgebung und weil Großbritannien aufgrund des Konflikregelungsparagraphen im Pariser Friedensvertrag Mitte April 1859 seine Vermittlung anbot. Allerdings beging die Wiener Regierung genau in dieser Situation einen großen Fehler. Sie glaubte, aus Prestigegründen, wegen der überspannten Finanzlage, wegen der zunehmenden Unruhe in den italienischen Besitzungen nicht länger warten zu können, und verlangte am 23. April 1859 von Piemont, binnen drei Tagen die neuaufgestellten Truppen zu entlassen und die Freiwilligenverbände, darunter jetzt auch Garibaldiner, aufzulösen. Dabei war Cavour in seiner Verzweiflung schon bereit gewesen, alles auf die Karte revolutionärer Erhebungen zu setzen! Das österreichische Ultimatum aber zwang Napoleon, nun doch noch an die Seite Piemonts zu treten: Hätte der Schützling vor dem Ultimatum kapitulieren müssen, wären Frankreichs Großmachtprestige und -ambitionen schwer getroffen worden. Im Mai begannen die Kampfhandlungen eines Krieges, den Napoleon und, vordergründig, Cavour als klassischen Kabinettskrieg geplant hatten, der sich aber unaufhaltsam zum nationalrevolutionären Einheitskrieg entwickeln mußte, indem er zum regulären Krieg die spontane *action directe* sowohl der Liberalen wie der demokratischen Kräfte entfesselte. Übrigens war es der erste Krieg, in dem die Eisenbahn bei den Aufmärschen großer Truppenkörper eine wichtige Rolle gespielt hat.

Ende April überschritt die österreichische Italienarmee, etwa 100 000 Mann stark, unter dem Nachfolger Radetzkys, Feldzeugmeister Graf Gyulai, die Grenze nach Piemont. Dort stand ihm zunächst nur die piemontesische Armee mit 60 000 Mann gegenüber; deren Oberbefehl hatte der König selbst übernommen, was weiter nicht geschadet hat, weil Gyulai ängstlich taktierte und den Gegner nicht zur Entscheidungsschlacht zu zwingen wagte. Im Mai traf die französische Armee unter dem Oberbefehl Napoleons III., tatsächlich geleitet von Marschall MacMahon, gut 110 000 Mann stark, ausgerüstet mit modernen Gewehren, auf dem oberitalienischen Kriegsschauplatz ein, um gleich gegen Mailand vorzugehen. Das zwang Gyulai zurück und zur Annahme der großen Schlacht, die er bis zum Eintreffen von Verstärkungen eigentlich hatte vermeiden wollen. Aber schließlich konnte er die Hauptstadt des Lombardo-Venezianischen Königreichs seines Kaisers nicht kampflos preisgeben. Am 4. Juni 1859 kam es zur ersten der beiden »Monsterschlachten« dieses Krieges, zur Schlacht von Magenta etwas östlich von Mailand, allein zwischen Österreichern und Franzosen ausgefochten. Am Ende des Tages waren 5000 Österreicher tot, ungefähr 12000 verwundet; dazu waren 8000 Mann gefangen; die Franzosen hatten wenigstens 6000 Kampfverluste, Tote und Verwundete. Am 8. Juni zogen Napoleon und Viktor Emanuel in Mailand ein, begleitet von ungekannten Freudenfesten und Huldigungen der Bevölkerung.

Indessen übernahm Kaiser Franz Joseph selbst den Oberbefehl über die österreichische Italienarmee, die nach Verstärkungen zum Angriff überging. Gleich am nächsten Tag, am 24. Juni 1859, kam es zur zweiten »Monsterschlacht«, zur Doppelschlacht von Solferino und San Martino, ungefähr zwanzig Kilometer südlich des Gardasees, in der 120000 Österreicher etwa genauso vielen Franzosen und Piemontesen gegenüberstanden. Am Ende des Tages mußte die österreichische Italienarmee abziehen. Auf dem Kampfplatz lagen 5000 Tote und an die 25000 Verwundete, von denen Abertausende noch nach Tagen nicht geborgen waren und Tausende an un- oder schlecht versorgten Verletzungen und am medizinisch noch lange nicht zu bewältigenden Wundbrand starben. Augen- und Ohrenzeuge war ein junger Schweizer Kaufmann: Henri Dunant, der in Erinnerung an diesen Horror Idee und Organisation von nationalen, aber nicht kampfbeteiligten waffenlosen Sanitätsdiensten entwickeln sollte – Idee und Organisation des Roten Kreuzes.

Knapp zehn Tage später herrschte Waffenstillstand, keine drei Wochen nach Solferino, am 11. Juli 1859, schlossen die beiden Kaiser Napoleon III. und Franz Joseph also den Vorfrieden zu Villafranca – und das wesentlich auf Betreiben

Napoleons und zur Verzweiflung Cavours, der am 13. Juli zurücktrat. Die Verabredungen von Plombières sind hier von Napoleon gebrochen worden; die Österreicher überließen lediglich die militärisch ohnehin gerade verlorene Lombardei dem französischen Kaiser zwecks Weitergabe an den König von Sardinien-Piemont. Ansonsten sollte der Status quo gewahrt bzw. wiederhergestellt werden, gegebenenfalls ein italienischer Staatenbund unter Vorsitz des Papstes entstehen. Es gab auf französischer wie auf österreichischer Seite allerdings etliche gute Gründe für eine solche rasche Beendigung des Krieges. Die Österreicher waren wohl zweimal schwer angeschlagen worden, aber die österreichische Italienarmee war immer noch intakt. Die französischen Verluste waren kaum geringer gewesen. Also war es keineswegs sicher, daß Franzosen und Piemontesen weiterhin siegen würden. Beide, Napoleon und Franz Joseph, standen zudem unter dem Druck internationaler Entwicklungen, besonders von Entwicklungen im Deutschen Bund und in der Politik Preußens. Die unbedingte Mehrheit der deutschen öffentlichen Meinung und die Mehrheit der deutschen Regierungen waren für ein Eingreifen des Deutschen Bundes in den Krieg auf seiten Österreichs – am ehesten durch einen direkten Angriff über den Rhein auf Frankreich, wenn die bloße Angriffsandrohung nicht genügen sollte. Dieses Eingreifen war nach der Bundesakte von 1815 wohl nicht vorgesehen. Aber allgemein zog die Argumentation, daß der Verlust Oberitaliens an Frankreich oder an das frankreichfixierte Piemont eine Gefährdung des Deutschen Bundes bedeuten würde. Es galt, Deutschland in Italien, in den Worten der Zeit: »den Rhein am Po«, zu verteidigen. Bloß, dazu wurde die andere deutsche Großmacht gebraucht: Preußen! Preußen indessen fuhr einen Schlingerkurs zwischen dem Wunsch, sich jedenfalls herauszuhalten, und der Idee, Österreichs Not zum Ausbau der eigenen Machtposition in Deutschland zu nutzen. Das konnte mit Beginn der preußischen Mobilisierung Anfang Juli für Frankreich direkt, für Österreich im Hinblick auf seine Stellung in Deutschland gefährlich werden. Vor allem aber hatte der Krieg in Mittelitalien die nationale Bewegung entfesselt, teils spontan, teils gesteuert von der *Società Nazionale* und dahinter von Cavour. In den mittelitalienischen Herzogtümern trieben Demonstrationen und drohende Erhebungen die habsburgischen Fürsten mitsamt ihren Regierungen in die Flucht, ähnlich ging es im Norden des Kirchenstaates, in den Legationen zu, wo die päpstlichen Behörden und Ordnungskräfte vertrieben wurden, all das meistens ganz oder fast unblutig, aber überall entschieden: Auf Nimmerwiedersehen. Die Führung übernahmen entschlossene Nationalliberale – Bettino Ricasoli in der Toskana, Cavours Vertraute Luigi Farini in Parma und Modena, Massimo D'Azeglio in den Legationen. Sie sorgten für die Wahl gleich entschlossener Repräsentanten, die dann für den Anschluß an Piemont votierten. Mit diesen Vorgängen hatte indessen Napoleon III. die vorgestellte Kontrolle über die italienischen Entwicklungen verloren, was ihn um so mehr zum Abbruch des Krieges beeinflussen mußte, je kräftiger sich daheim die konservativ-katholische Opposition gegen die französische Unterstützung nationalrevolutionärer Umwälzungen rührte.

Die italienischen Entwicklungen ließen sich jedoch nicht mehr umkehren. Es spielte keine Rolle mehr, daß im vorläufigen Friedensschluß von Zürich (10. November 1859) neben der Regelung der Abtretung der Lombardei jene Bestimmungen des Vorfriedens wiederholt wurden. Denn nunmehr machte die britische Regierung klar, daß sie weitere ausländische Interventionen gegen den ober- und mittelitalienischen Einigungsprozeß nicht mehr akzeptieren wollte. Mit britischer Unterstützung kehrte Cavour im Januar 1860 an die Spitze der Turiner Regierung zurück, betrieb dann im Frühjahr aber eine Politik, mit der er sowohl die britische Regierung wie Teile der piemontesischen Eliten und der italienischen Nationalbewegung gegen sich aufbrachte. Um den Anschluß der genannten mittelitalienischen Staaten bzw. Regionen abzusichern, glaubte er nämlich, die in Plombières fixierte Abtretung von Savoyen und Nizza an Frankreich durchführen zu müssen. Der Abtretungsvertrag wurde am 24. März 1860 unterzeichnet. Darin war dasselbe politisch-moralische Instrument zur nationalen und internationalen Legitimation der Abtretungen an Frankreich vorgesehen, dessen sich Cavour und die Anhänger Piemonts im Laufe des März in Mittelitalien bedient hatten: die Durchführung von Anschlußplebisziten. In den mittelitalienischen Gebieten hatten die Wähler, beeinflußt vom Enthusiasmus des Jahres 1859 und von massiven Steuerungen durch die propiemontesischen regierenden Liberalen, mit regelmäßigen 98 oder 99% die schon im Jahr zuvor von den provisorischen parlamentarischen Organen ausgesprochene Anschlußentscheidung bestätigt. Das wiederholte sich in den profranzösischen Anschlußplebisziten Nizzas und Savoyens im Mai 1860, die noch mehr von den anwesenden französischen Militärs und Beamten beeinflußt wurden als jene Abstimmungen in Mittelitalien von den Vertretern Piemonts.

Die von Cavour durchgesetzten Abtretungen bedeuteten in der Sicht der britischen Regierung einen deutlichen machtpolitischen Gewinn für Frankreich, weshalb sie in der Folge partiell gegen die Turiner Politik arbeitete. Und zu Hause handelte sich Cavour eine Regierungskrise ein, indem sich einige Minister, Militärs, Abgeordnete des im April 1860 in Turin zusammentretenden ersten italienischen Parlaments plötzlich um ihre Heimat gebracht sahen: darunter auch Garibaldi, der aus Nizza stammte und derzeit eines von zwei Mandaten der Stadt in der Turiner zweiten Kammer vertrat. Garibaldis Empörung über dieses Stück Cavourscher Realpolitik war sicher der entscheidende Anlaß zu seinem allergrößten Unternehmen: Italien sollte nicht durch Anschlüsse, Annexionen oder Abtretungen hier und da entstehen; es sollte vielmehr nun ganz und gar geschaffen werden.

Garibaldi gegen Cavour: Triumph und Niederlagen der Nationaldemokratie (1860–1867)

1860	6. Mai: Aufbruch der *Tausend* Garibaldis.
	11. Mai: Landung auf Sizilien; erste erfolgreiche Gefechte; Selbsternennung Garibaldis zum Diktator im Namen Viktor Emanuels.
	6. Juni: Eroberung Palermos.
	18. August: Angriff auf den festländischen Teil des bourbonischen Königreichs über die Straße von Messina.
	7. September: Einzug Garibaldis in Neapel.
	11. September: Piemontesische Truppen im Kirchenstaat; Okkupationen, Plebiszite und Vormarsch in den Süden.
	7. November: Nach Anschlußplebiszit Viktor Emanuel mit Garibaldi in Neapel; Niederlegung der Diktatur am 8. November.
1861	Februar: Zusammentritt des ersten italienischen Parlaments in Turin.
	17. März: Ausrufung des Königreichs Italien; Viktor Emanuel II. König von Italien.
	6. Juni: Tod Cavours.
1862	29. August: Gefecht am Aspromonte zwischen italienischen Truppen und Garibaldinern.
1864	15. September: Französisch-italienische Garantie des restlichen Kirchenstaates. Verlegung der Hauptstadt nach Florenz.
1864/65	Höhepunkt des 1860 begonnenen Brigantenkrieges in Süditalien.
1867	3. November: Niederlage der Garibaldiner bei Mentana; Rückkehr der 1866 abgezogenen französischen Schutztruppe nach Rom.

Bis zum Ausbruch des Krieges von 1859 hatte Cavour dafür gesorgt, daß Garibaldi mit dem Kommando über 3000 schlecht bewaffnete Soldaten und Freiwillige abgespeist wurde. Tatsächlich haben diese Alpenjäger kleinere Gefechte bravourös bestanden, Garibaldis Stern strahlte so hell wie immer seit 1849, und im Frühjahr 1860 strömten ihm aus ganz Italien junge Leute und entschlossene demokratische Nationalisten zu. Die Mittel reichten indessen nur zur Ausrüstung von rund 1000 Mann, der größere Rest mußte weggeschickt werden.

Die Parole der italienischen Demokratie lautete wie 1849: »Rom!« Das Rom des Papstes sollte erobert werden, um Italien seine wahre Hauptstadt und die Tradition des großen republikanischen Roms der Antike zu geben. Aber das Rom des Papstes wurde seit 1849 von einer französischen Garnison und der Politik Napoleons III. geschützt. Und so bedeutete die Parole »Rom!« zugleich auch die entschiedenste Kampfansage an die Politik Cavours, an sein Taktieren im Bündnis mit dem kaiserlichen Frankreich. Sie bedeutete nicht unbedingt eine Absage an die Monarchie. Mazzini blieb mit seinen Anhängern unbeugsam republikanisch, aber Garibaldi und die meisten Garibaldiner waren durchaus bereit, einen Volkskönig zu küren – zumal sich Garibaldi und Viktor Emanuel in ihrer Abneigung gegen Cavour und in einigen ähnlichen Charakterzügen eine Zeitlang womöglich gut verstanden haben.

Aber nicht Rom wurde erstes Ziel. Anfang April waren auf Sizilien in einigen Städten und ländlichen Regionen sozial motivierte Unruhen ausgebrochen. Sizilianische Boten erreichten Garibaldi in Genua und interpretierten diese Erhebungen als national, nach kurzem Zögern kaperte eine Abteilung Garibaldis zwei Dampfer – möglicherweise unterstützt von Zuwendungen britischer Repräsentanten, so wie ihm später einige englische Marinekommandanten indirekte Hilfe gewähren sollten. Am 6. Mai 1860 schifften sich die berühmten Tausend in Genua ein, genau 1006 »Rothemden«, so genannt nach ihrem einzigen gemeinsamen Uniformstück, lauter Freiwillige, darunter auch ein paar Engländer, Franzosen und Deutsche, Polen und Ungarn.

Der Älteste war gut siebzig und hatte schon unter Napoleon Bonaparte gekämpft, der Jüngste zählte gerade elf Jahre. Die meisten Teilnehmer waren um die zwanzig Jahre alt. Unter den Italienern waren zahlreiche Studenten, aber es kamen auch viele Handwerker und Arbeiter. Am 11. Mai landeten sie bei Marsala, riefen Garibaldi zum Diktator im Namen Viktor Emanuels aus, schlugen am 15. Mai bei Calatafimi (nahe Trapani) erstmals überlegene reguläre Truppen des neuen Königs beider Sizilien, Franz' II. Dabei soll, als das Gefecht verlorenzugehen drohte, Garibaldi wieder eine jener Parolen ausgegeben haben, die lange im Volksschulbuch zu lesen waren: »Hier schaffen wir Italien oder wir sterben.« Der Tod im Kampf stand den Garibaldinern hier wie sonst näher vor Augen als anderen Soldaten jener Zeit. Da sie nur über veraltete Gewehre verfügten, vermied Garibaldi längere Schußwechsel in Gefechtslinie, sondern ließ die Rothemden auf den Gegner losstürmen und Mann gegen Mann angreifen. Freiwillige aus den Städten und rebellierende Bauern schlossen sich nun an: Anfang Juni 1860 schon wurde Palermo, die Hauptstadt der Insel, erobert. Die Erfolge Garibaldis verweisen darauf, daß der Herrschaftswille der militärischen und administrativen Eliten des bourbonischen Königreichs schon äußerst geschwächt war; sie sahen, daß das alte Regime nicht mehr dazu taugte, ihre Interessen zu wahren, sie suchten nach einem funktionsfähigeren Regime. Garibaldi installierte eine provisorische Regierung. Im Bündnis mit städtischen Demokraten und Liberalen, allzu ausschließlich auf das nationalrevolutionäre Ziel ausgerichtet, zudem, wie schon gesagt, mit nur begrenzten politischen Fähigkeiten gesegnet, hat Garibaldi die Möglichkeit, das älteste und schlimmste Sozial- und Wirtschaftsproblem Siziliens und ganz Süditaliens durch eine Agrarreform, also durch Landverteilung, in Angriff zu nehmen, wohl gar nicht gesehen. Damit aber wurde auch die Chance vertan, der italienischen Demokratie hier in Sizilien eine breite soziale Basis zu schaffen und darüber vom Süden her dem elitären großbürgerlichen und adligen Liberalismus, wie er sich gerade von Piemont aus in der Lombardei und in Mittelitalien durchgesetzt hatte, entgegenzutreten. Tatsächlich ließ der Diktator Garibaldi bäuerlichen Sozialprotest gegen Rekrutierungen und Kontributionen für seinen nächsten nationalitalienischen Feldzug niederschlagen – zur Erleichterung der besitzenden Schichten. Solcher Widerstand galt ihm als nichtswürdiger Widerstand gegen Italien. Warum aber sollten sich die armen Massen für so etwas Unbekanntes und Abstraktes wie Italien schlagen und opfern, wenn ihnen im Namen Italiens nichts geboten wurde?

Historiker streiten darüber, ob 1860 im Süden, im Mezzogiorno, wirklich die Möglichkeit einer sozialen Umwälzung gegeben war und ob daraus tatsächlich eine Alternative zur liberalen Nationalstaatsgründung Cavours hätte entstehen können. Wichtig ist, daß Cavour und sein Anhang daran geglaubt haben. Cavour schickte Garibaldi den getreuen La Farina nach, um die Dinge in Sizilien in die Hand zu bekommen. Aber La Farina wurde von Garibaldi ausgewiesen. Noch weniger ließ sich Garibaldi von Turin her Vorschriften über seine weitere Kriegführung im Süden Italiens machen. Mitte August 1860 setzten die Garibaldiner über die Straße von Messina aufs Festland über, und es ging mit diesem Teil des Königreichs aus denselben Gründen genauso wie auf Sizilien: Bereits am 7. September 1860 zog Garibaldi in Neapel ein, so umjubelt wie Kaiser und König im Jahr zuvor in Mailand. Ende des Monats stellten sich die bourbonischen Truppen doch noch. In der Schlacht am Flüßchen Volturno wurden ihre 30 000 Mann von 20 000 Garibaldinern im gewohnt verlustreichen Angriff geschlagen. Franz II. blieb bis zum Februar 1861 noch die Festung Gaeta, danach ging er ins römische Exil.

Indessen sammelten sich die Mazzinianer und heimatlose Demokraten aus ganz Europa in Neapel. Cavour und das liberale Italien mußten jetzt nicht allein die demokratische

Nationalrevolution, sondern obendrein den Vormarsch der Garibaldiner auf den Kirchenstaat und auf Rom fürchten. Damit wäre Napoleon entweder zur Intervention zugunsten des Papstes oder zur Hinnahme des Endes der weltlichen Herrschaft des Papstes gezwungen gewesen. Deshalb stimmte der französische Kaiser zu, als ihm Cavour vorschlug, durch den nördlichen und östlichen Kirchenstaat piemontesische Truppen gegen Garibaldis Herrschaft vorgehen zu lassen, die kirchenstaatlichen Provinzen Umbrien und die Marken (mit den schon üblichen Plebisziten) und dann den ganzen Mezzogiorno zu annektieren – und nötigenfalls einen Bürgerkrieg gegen die Garibaldiner und die Demokraten zu führen. Garibaldi gab nach; er legte zur Verzweiflung Mazzinis in einem Treffen bei Teano alles in die Hände des piemontesischen Königs: den Bürgerkrieg wollte Garibaldi als Patriot eben nicht. Am 7. November zog Viktor Emanuel in Neapel ein, Garibaldi zog sich auf seine Insel Caprera zurück.

Italien entstand als bürgerlich-liberaler Nationalstaat, aber daß dieser Nationalstaat am Ende des Jahres 1860 nahezu die gesamte Halbinsel mit Sizilien umfaßte, abgesehen von einigen kleineren Gebieten nur noch das österreichische Veneto und einen stark verkleinerten Kirchenstaat ausließ, das verdankte es demokratischer *action directe* garibaldinischen Stils. Ja, man muß bezweifeln, daß Cavour vor Garibaldis Zug gegen Sizilien überhaupt daran gedacht hat, die Nationalstaatsgründung über Mittelitalien hinaus voranzutreiben: Wie vielen anderen Kennern schien ihm die Verschiedenheit des Südens vom Norden viel zu groß! Und das sicher mit Recht, wie jeder weiß, der sich ein wenig für das Italien von damals und heute interessiert. So ist in Cavours Perspektive Italien 1860 gleichsam wider Willen entstanden, sozusagen aus eher negativen Motiven: aus dem Grund, eine denkbare demokratische Alternative zu zerstören und die bürgerlich-liberale, politisch-soziale Hegemonie sicherzustellen, sowie aus dem Grund, internationale

Verwicklungen und neue ausländische Interventionen zu verhindern.

Zugleich läßt sich sagen, daß dieses 1859/60 entstehende Italien zunächst eine Art Großpiemont gewesen ist, insofern die Vereinigung stets durch Anschluß, in piemontesischer Perspektive: durch Annexion, zustande gekommen war. Konsequent lehnten Cavour und die ihn tragende Parlamentsmehrheit, die staatsgründende liberale *destra storica* (historische Rechte), daher den eigentlich vernünftigen Vorschlag einiger linker Abgeordneter strikt ab, die im Februar 1861 in Turin erstmals zusammentretende, (nahezu) gesamtitalienische Abgeordnetenkammer als verfassunggebende Nationalversammlung zu konstituieren. Piemonts Verfassung, das *Statuto Albertino*, und Piemonts Verfassungswirklichkeit wurden zur Verfassung und Verfassungswirklichkeit Italiens. Die Wählerschaft blieb so eng begrenzt wie die Piemonts seit 1848; jenes erste Parlament vom Februar 1861 war aufgrund des extremen Zensuswahlrechts die Repräsentation von nicht einmal 2% der Wahlberechtigten in der Gesamtbevölkerung. So konnten Wahlen, das Parlament und alles, was dazugehört, keine politisierende und nationsbildende Kraft entfalten – anders als in Deutschland nach Bismarcks Durchsetzung des allgemeinen, gleichen Männerwahlrechts auf Reichsebene. Folge der italienischen Nationalstaatsgründung durch Annexion, Anschluß, politische Piemontisierung und in Konkurrenz mit der Nationaldemokratie war des weiteren, daß Italien als zentralistischer Einheitsstaat entstanden ist – auch das war anders als im Deutschland von 1871, wo trotz des eindeutigen Übergewichts Preußens die übriggebliebenen Staaten mit föderativen Strukturen in den neuen Nationalstaat einziehen konnten. Der Zentralismus war in Italien aber ein ungleich größeres Problem, weil dort die Regionalismen, die mentalen und kulturellen Unterschiede, die sozialen und wirtschaftlichen Verschiedenartigkeiten tiefer eingegraben waren. Die Demokraten hatten immer für den nationalen Zentralismus plädiert, um diese Verschiedenartigkeiten einfach zu zerstören. Nun hatten dieses Konzept die Liberalen wider älteres, besseres Wissen verwirklicht. Dieses Konstruktionsproblem betraf zuerst den von Garibaldi für dieses Italien eroberten Süden mit furchtbarer Härte. Nach einer Generation aber sollte es umgekehrt die Piemontisierung oder, allgemeiner, die Norditalianisierung des italienischen Nationalstaats auf politischer Ebene begrenzen, gerade umgekehrt Moral und Verhalten der politischen Klasse allmählich versüdlichen – und das so sehr, daß heute antinationalstaatliche Bewegungen in Norditalien gelegentlich ein rundes Drittel der norditalienischen Wählerschaft hinter sich haben.

Herzöge und Könige des Hauses Savoyen(-Carignan) 1416–1946

1416–1440	Herzog Amadeus VIII. (seit 1391 Graf von Savoyen; 1439–1449 als Felix V. Gegenpapst).
1440–1465	Herzog Ludwig I.
1465–1472	Herzog Amadeus IX.
1472–1482	Herzog Philibert I.
1482–1490	Herzog Karl I.
1490–1496	Herzog Karl II. Johann Amadeus.
1496–1497	Herzog Philipp I., Graf von Bresse.
1497–1504	Herzog Philibert II.
1504–1553	Herzog Karl III.
1553–1580	Herzog Emanuel Philibert.
1580–1630	Herzog Karl Emanuel I.
1630–1637	Herzog Viktor Amadeus I.
1637–1638	Herzog Franz Hyazinth.
1638–1675	Herzog Karl Emanuel II.
1675–1730	Herzog Viktor Amadeus II., 1713–1720 König von Sizilien, 1720–1730 König von Sardinien.
1730–1773	König Karl Emanuel III.

1773–1796	König Viktor Amadeus III.
1796–1802	König Karl Emanuel IV. (beschränkt auf Sardinien, Abdankung zugunsten seines Bruders).
1802–1821	König Viktor Emanuel I. (1814 Wiedergewinnung Savoyen-Piemonts, Abdankung während der gescheiterten Revolution von 1821 zugunsten seines Bruders).
1821–1831	König Karl Felix.
1831–1849	König Karl Albert (aus der Linie Carignan, Abdankung zugunsten seines Sohnes).
1849–1878	König Viktor Emanuel II., 1861–1878 König von Italien unter Preisgabe Savoyens.
1878–1900	König Umberto I. (Opfer eines Attentats).
1900–1946	König Viktor Emanuel III. (Abdankung zugunsten seines Sohnes).
1946	Umberto II. (1944–1946 Statthalter, expatriiert nach dem Referendum über die Staatsform vom 2. Juni 1946).

Am 17. März 1861 bestätigte das Turiner Parlament Viktor Emanuel als König Italiens. Bezeichnenderweise behielt er die piemontesische Namenszählung bei, Italien fing sogleich mit dem zweiten Viktor Emanuel an. Das verdeutlichte die dynastische Kontinuität und piemontesische Herstellung Italiens, während der Titel »König von Italien« (nicht: »der Italiener«) das konservative Element in diesem dynastischen Transfer zum Ausdruck brachte. Immerhin lautete die weitere Königsformel: »durch Gottes Gnade und durch den Willen des Volkes«. Jedoch war dieser neue Nationalstaat innerlich keineswegs schon auf sicheren Kurs gebracht. Mag sein, daß der plötzlich und inmitten von Verhandlungen um eine politische Lösung der offenen Romfrage am 6. Juni 1861 verstorbene Cavour einige Dinge besser gemacht hätte als seine schwächeren, sich wegen geringer parlamentarischer Unterstützung schnell abwechselnden Nachfolger. Jedenfalls bedeutete sein Tod einen

heftigen Kontinuitätsbruch ausgerechnet im Augenblick der schwierigen innen- und außenpolitischen Anfänge Italiens, und noch klarer bedeutete er eine ziemliche Ermutigung für sämtliche Gegner der Nationalstaatsgründung.

Viele von ihnen warteten in Rom, als Vertriebene aus den italienischen Umbrüchen von 1859 und 1860, am prominentesten Franz II. Zu ihm stand Pius IX., der seine Regierung im Kirchenstaat einmal liberal begonnen hatte, seit der Revolution aber im unauflöslichen Ineinander von religiösen, weltanschaulichen und italienisch-politischen Motiven den Katholizismus immer schärfer gegen die großen bürgerlichen Ideologien des Jahrhunderts und besonders gegen Liberalismus, Demokratismus und Nationalismus ausgerichtet hat. 1864 wurde der *Syllabus errorum* veröffentlicht, eine umfangreiche Aufzählung liberaler, demokratischer Überzeugungen und Forderungen, denen gläubige Katholiken nicht folgen sollten. Und 1870 sollte Pius IX. auf derselben Linie gegen den aufgeklärten bürgerlichen Zeitgeist während des ersten Vatikanischen Konzils die Lehre von der »Unfehlbarkeit des Papstes« verkünden lassen. Derartig eingreifend und selbst weltanschaulich, in ersten Kulturkämpfen und konkret von liberalem wie demokratischem Nationalismus direkt angegriffen, wurden Papsttum und katholische Kirche zum Sammelpunkt all jener katholischen Schichten, welche von bürgerlicher Fortschrittspolitik betroffen waren – sowohl in ihrem Glauben wie in ihrer sozialen Existenz. Wurde das einerseits zu einem Ausgangspunkt teils mächtiger moderner katholisch-politischer Bewegungen gegen säkularistische bürgerliche Kirchen- und Sozialpolitik in vielen europäischen Staaten, so wurden andererseits Rom und die Bewahrung der politischen Freiheit des Papsttums in einem eigenen souveränen Staat zur Parole des katholischen Europa. Von überall her strömten Gelder nach Rom, gedacht zur Abwehr der Versuche der italienischen Nationalisten, Rom und den restlichen Kirchenstaat Italien einzuverleiben. Viele Freiwillige aus vielen europäischen Ländern, nicht zuletzt aus Deutschland, kamen nach Rom, um die Souveränität des Papstes mit der Waffe in der Hand zu verteidigen, so wie auf der anderen Seite europäische Freiwillige unter den Fahnen Garibaldis dabeigewesen sind. Denn die italienische Nationaldemokratie nahm die ungelöste römische Frage zum Thema, um die liberale Nationalstaatlichkeit weiterhin herauszufordern und vielleicht doch noch zur demokratischen Nationalrevolution durchzustoßen.

Neben etlichen Verschwörungen hat Garibaldi noch zweimal den direkten Kampf um Rom aufgenommen: im Sommer 1862 und im Sommer 1867. Beim ersten Mal gaben er und seine Freischaren nach einem Gefecht am Aspromonte in Kalabrien auf, in dem ihnen reguläre italienische Truppen auf Druck Frankreichs entgegengetreten sind. Beim zweiten Mal unterlagen sie in längeren blutigen Kämpfen päpstlichen Truppen unter dem deutschen General Kanzler und französischen Einheiten. Das größte dieser Gefechte fand bei Mentana statt. 1866 war die französische Schutztruppe aus Rom abgezogen worden, hatte aber das päpstliche Militär modern ausgerüstet; jetzt kehrten die französischen Bataillone zurück. Jedesmal stürzten die gerade amtierenden Regierungen Italiens in der Zange zwischen nationaldemokratischer Aktion und außenpolitischen Unmöglichkeiten.

Viel mehr Kräfte bei fehlender Einsicht von Regierung und politischer Elite in die Sachlage kostete jedoch der jahrelange Brigantenkrieg, der *brigantaggio*, in Süditalien. Getragen wurde er von Tausenden Aufständischen, organisiert in etlichen Banden unter wohl analphabetischen, aber befähigten Guerrilleros, unterstützt von der großen armen Masse in den Berglandschaften Süditaliens. Ausgelöst hatten ihn die wirren Verhältnisse des Jahres 1860, als die Hoffnungen der Armen des Südens auf soziale Verbesserungen enttäuscht und sie statt dessen mit der Auferlegung neuer Steuern konfrontiert wurden. Im *brigantaggio* explodierten Jahrhunderte des Elends einer Landbevölkerung ohne Land. Anfangs steckten Waffenlieferungen und einzelne Offiziere aus dem bourbonischen Exil in Rom in diesem Krieg; auch die päpstlichen Behörden im Grenzgebiet unterstützten die Briganten unter der Hand. Aber Kern des Brigantenkrieges waren Sozialprotest und Sozialrebellentum, und deshalb dauerte er auch an, als Bourbonen und päpstliche Beamte 1862/63 unter französischem Einfluß ihre Unterstützung beendeten. Nun kämpften die Briganten um so heftiger, weil der neue italienische Staat noch viel mehr Staat war als der beseitigte bourbonische Staat und weil er so vollkommen bruchlos als Vertreter der Besitzenden auftrat. Sie griffen die Kataster- und Steuerämter an und zerstörten, was sie zerstören konnten. Sie entführten, töteten und beraubten die Reichen, verbrannten Villen der Großgrundbesitzer. Sie attackierten mit Erfolg selbst größere Polizei- und Truppenaufgebote. Gelegentlich kontrollierten sie Landstädte und ganze Regionen.

In den Augen der italienischen Eliten handelte es sich dabei freilich nicht nur um Widerstand gegen den neuen Nationalstaat, von dem die Briganten tatsächlich gar nicht wußten, was das sein sollte. Es handelte sich in ihrer Sicht vielmehr um den Widerstand von Wilden gegen die Zivilisation überhaupt – von Wilden, denen die liberale Presse und Rhetorik jede Unmenschlichkeit und selbst Kannibalismus zuschrieb. In diesem Verständnis hat das liberale Italien den Krieg nicht bloß gegen die aktiven Briganten, sondern gegen die ländliche Bevölkerung in Süditalien überhaupt geführt. Phasenweise standen an die 100000 Mann der regulären italienischen Armee im Süden, dazu Polizei und Nationalgardisten. Sie kämpften unter Ausnahme- und Kriegsrecht, sie führten tatsächlich eine Art Kolonialkrieg mit standrechtlichen Erschießungen, Zerstörungen von Dörfern, tödlichen Kollektivinhaftierungen. 1865 schien dieser Kolonialkrieg gewonnen, aber als 1866 ein Großteil der Truppen in den Norden zum nächsten Krieg gegen

Österreich abgezogen werden mußte, schwoll der Brigantenkrieg nochmals an. Als er um 1870 ausbrannte, hatte er mit fast 130000 Toten mehr Italiener das Leben gekostet als alle offiziellen und halboffiziellen Kriege in Italien seit 1848 zusammen.

Es ist schon etwas Merkwürdiges um den Nationalismus: Seine Vorkämpfer forderten den Nationalstaat im Namen und für eine angeblich schon immer bestehende Nation; als sie den Nationalstaat hatten, stellten sie fest, daß es mit der *einen* Nation nichts war, und sie begannen, die vorausgesetzte Nation zwangsweise herzustellen. Die italienischen Nationalisten wußten das wenigstens und sagten es, so 1861 Massimo D'Azeglio im Turiner Parlament: »Italien haben wir geschaffen, jetzt müssen wir die Italiener schaffen.«

Die Anfänge italienischer Nationalstaatlichkeit bis 1876

1865 Vereinheitlichung des Zivil- und Wirtschaftsrechts sowie der Strafprozeßordnung; Strafrechtsvereinheitlichung erst 1889.

Dezember: Handelsvertrag mit dem Deutschen Zollverein.

1866 6. April: Geheimer Bündnisvertrag mit Preußen; Sondierungen dazu seit Anfang 1865.

15. Juni: Beginn des italienischen Krieges gegen Österreich; Niederlagen bei Custoza (24. Juni) und zur See bei Lissa (20. Juli).

25. Juli: Vorfrieden von Nikolsburg: Abtretung Venetiens an Italien; Bestätigung im italienisch-österreichischen Frieden vom 3. Oktober 1866: Weitergabe durch Napoleon III.

Im Zeichen des Krieges und eines Haushaltsdefizits von 60% Einführung des *Corso forzoso*: Staatlich festgelegter Wechselkurs der Lira, auch zur Stützung der noch spärlichen industriellen Ansätze.

1868/69 Zur Sanierung der maroden Staatsfinanzen massive Steuererhöhungen, Verkauf staatlicher Monopole, weitere Säkularisationen; heftiger Sozialprotest in etlichen Städten und Regionen.

1869/70 Dezember 1869 – Juli 1870: Erstes Vatikanisches Konzil; Dogma päpstlicher Unfehlbarkeit (18. Juli 1870).

1870 20. September: Einnahme Roms durch italienische Truppen; Hauptstadt Italiens am 26. Januar 1871: Beginn der großflächigen Umgestaltung.

1871 Garibaldis letzte Aktion zugunsten der neuen französischen Republik.

1873 15. Mai: Garantiegesetze zur Anerkennung der Souveränität des Papstes.

1874 Mai: Gesetz zur Aufhebung und Enteignung der geistlichen Orden.
Päpstliches Verbot der Mitwirkung an der nationalstaatlichen Politik (»Non expedit«).

1876 18. März: Rücktritt der Regierung Minghetti nach Abstimmungsniederlage in der Frage der Verstaatlichung der italienischen Eisenbahnen; Machtwechsel von der *destra storica* zu Kombinationen weiter linksstehender Gruppierungen.

Cavour hatte die Fundamente des neuen nationalstaatlichen Gebäudes legen, die architektonischen Hauptlinien zeichnen können, aber in den wenigen Monaten als erster Ministerpräsident Italiens konnte er keines der mannigfachen, schier überwältigenden äußeren und vor allem inneren Probleme des Nationalstaats mehr bewältigen. Dazu gehörten das in vielschichtigen Teilproblemen sich darbietende Problem der nationalen Integration des Südens, das politische Problem einer qua Wahlrecht äußerst schmalen besitzenden und gebildeten Aktivbürgerschaft im Hinblick auf die von den Demokraten in den größeren Städten Nord- und Mittelitaliens mobilisierten unteren Mittelschichten, die langfristigen Probleme mangelhafter Verkehrs- und Bildungsstrukturen als Hemmnisse durchgreifender Nationalisierung der Massen in den zahlreichen regionalen und lokalen Kulturen der Halbinsel, schließlich das Problem der Entwicklung einer italienischen Nationalarmee. Zur Lösung gerade der allerschwersten Probleme hätte es vor allem hinreichender finanzieller Mittel bedurft. Die Staatskassen erst Piemonts, nunmehr des Königreichs Italien waren nicht nur leer, sondern wegen der Kosten des piemontesisch-französischen Krieges von 1859, dann wegen der in allen Umbrüchen von 1859 bis 1861 in desolate Unordnung geratenen Steuersysteme und wegen der Belastungen des Brigantenkrieges im Süden geradezu hoffnungslos überschuldet.

Gelang der innere Aufbau des neuen italienischen Nationalstaats in den 1860er Jahren folglich nur sehr zögerlich und rudimentär, in manchen Gegenden sogar für ein ganzes Jahrhundert nur in Ansätzen, so mußte dies natürlicherweise auch die außenpolitischen Handlungsmöglichkeiten des jungen Nationalstaats begrenzen. Aus enger Abhängigkeit von Frankreich und von Napoleon III. konnte sich Italien so erst 1870 mit dem Untergang des zweiten französischen Kaiserreichs befreien, erst dann den restlichen Kirchenstaat und Rom einnehmen; der Kaiser aber stand in den 1860er Jahren unverrückbar für die Existenz des restlichen Kirchenstaats und päpstlichen Roms ein. 1864 hatten die Nachfolger Cavours dies sogar in einem förmlichen Vertrag mit ihm akzeptieren müssen, um dafür wiederum unter heftigsten politischen Beschuß radikaler demokratischer Nationalisten zu geraten. Schon um diesem lauten, innenpolitisch gefährlichen Vorwurf nationaler Lauheit der Demokraten entkommen zu können, nahm die mittlerweile von Turin nach Florenz umgezogene Regierung im Frühjahr 1866 die Chance eines schon länger sondierten Bündnisses mit Preußen gegen Österreich wahr.

Im Juni und Juli 1866 führten Italien und Preußen ihren unkoordinierten Parallelkrieg gegen Österreich. Die italienische Armee, unzureichend organisiert, geführt und bewaffnet, erlitt am 24. Juni eine demütigende Niederlage gegen die österreichische Südarmee unter dem Kommando Erzherzog Albrechts. Und am 20. Juli 1866 wurde die von den Italienern selbst maßlos überschätzte Flotte des jungen Königreichs in der nördlichen Adria bei der Insel Lissa (Vis) durch einen militärtechnikgeschichtlich sehr merkwürdigen Rammspornangriff der österreichischen Schiffe des Admirals Tegetthoff besiegt, was in der italienischen Öffentlichkeit der Regierung als genauso schlimme Blamage angelastet worden ist. Trotzdem, und dieses Trotzdem ist von manchen Italienern damals als dritte Demütigung der jungen unfertigen Nation empfunden worden, erhielt Italien in den nachfolgenden Vorfriedens- bzw. Friedensschlüssen mit Österreich das Veneto, weil der österreichische Kaiser Franz Joseph infolge seiner Niederlage gegen die Preußen bei Königgrätz Napoleon III. um Friedensvermittlung bitten mußte, dieser aber wie auch Bismarck auf der Auslieferung des Veneto bestanden hat, um die inneren Verhältnisse des Königreichs Italien und die Stellung der dort herrschenden liberalen politischen Klasse halbwegs zu stabilisieren. Der nochmalige Aufmarsch der Garibaldiner zur Eroberung Roms im folgenden Jahr 1867 verdeutlichte aller Welt die gleichwohl andauernde Instabilität des neuen Nationalstaats.

Zwischen dem Tod Cavours im Juni 1861 und der Einnahme Roms am 20. September 1870, also in bloß neun Jahren, erlebte Italien ein rundes Dutzend Regierungen, was sich deshalb nicht systemzerstörerisch ausgewirkt hat, weil die Ministerpräsidenten und Minister immer aus derselben weltanschaulich geschlossenen, seit den frühen fünfziger Jahren politisch zusammengeschweißten kleinen politischen Elite der historischen Rechten kamen, Regierungswechsel folglich nur im Detail Politikwechsel bedeutete, und weil die Demokraten verhältnismäßig noch schwächer als diese rechten Liberalen waren. Rom und mit ihm in etwa die einst anvisierte äußere Gestalt italienischer Nationalstaatlichkeit war 1870 gewonnen. Aber überschäumende nationalistische Begeisterung wollte sich nun nicht mehr recht einstellen, zumal dieser Abschluß wieder fremden Siegen zu verdanken war – denen der Deutschen im Krieg gegen das Frankreich Napoleons III., wobei sich Italien, hierin wesentlich bestimmt vom Außenminister Visconti-Venosta gegen die Ansichten des Königs, trotz kaiserlichen Drängens für neutral erklärt und dann die Chance des Abzugs der französischen Schutztruppe aus dem Kirchenstaat genutzt hatte. Seit dem Abgang Garibaldis im November 1860 und dem Tod Cavours waren die schwungvollen, oft abenteuerlichen Zeiten der italienischen Nationalbewegung offensichtlich vorbei. Italien wurde eingeholt von der nüchternen Prosa alltäglicher und zunächst wenig erfolgreicher Nationalstaatlichkeit.

Das Problem des Brigantenkrieges wurde schon betrachtet. Hinzuzufügen ist noch, daß er auch als Teil ungelöster und wegen der bürgerlich-liberalistischen Verhaftung der herrschenden politischen Klasse einerseits, andererseits wegen des ruinösen Zustands der Staatsfinanzen vorerst auch kaum lösbarer sozialer Probleme gesehen werden muß, daß er sich also einordnet in wiederholte Eruptionen sozialen Protests in den ländlichen und städtischen Unterschichten. Verschärft wurde die Situation durch den bis zur Ablösung der *destra storica* 1876 währenden Versuch, das Haushaltsdefizit (bis zu 80%!) abzubauen und zugleich den Staat als Schlüsselagentur in der Grundlegung wirtschaftlicher Modernisierung fungieren zu lassen – so namentlich im Eisenbahnbau, dessen Resultate tatsächlich beeindruckend wirkten (von rund 1600 auf etwa 8000 Streckenkilometer in den beiden Jahrzehnten seit 1859), während in die volksschulische Bildung allzu wenige Mittel geflossen sind. Indem sich Industrialisierungsfortschritte aber viel zu langsam einstellten, weil die privaten Investitionen weiterhin zu gering ausfielen, wurden diese wirtschaftspolitischen Ausgaben nicht kompensiert. So blieb es dabei, die Steuerschraube insbesondere im Konsumbereich anzuziehen – und damit das Realeinkommen in den Unterschichten staatlicherseits zu verringern. Bei einem weiterhin bestehenden massiven Überangebot an Arbeitskräften waren aber die Löhne ohnehin schon sehr niedrig: Italien war damals das Land mit den höchsten Verbrauchssteuern und den niedrigsten Löhnen in Mittel- und Westeuropa. Zugleich verschlechterte sich die Gesamtsituation der Landwirtschaft schon drastisch, weil sie gegenüber den durch den Freihandel in zunehmendem Maße einströmenden ausländischen Agrarprodukten nur partiell konkurrenzfähig war: Abertausende Bauernstellen gingen verloren, Landflucht und Auswanderungen nach Übersee nahmen zu.

Auf der politischen Ebene sah die Bilanz der *destra storica* aber wenigstens in einiger Hinsicht günstiger aus. Die Angleichung der Rechtssysteme ist schon in den 1860er Jahren weitgehend gelungen. Auch vermied sie es, den Konflikt mit der katholischen Kirche im Lande unter dem Eindruck des äußerst konfliktträchtigen Nichtverhältnisses zum Papst auf jene kulturkämpferischen Höhepunkte zu treiben, welche Bismarck und die Nationalliberalen im neuen Deutschen Reich erstiegen haben und zu denen der Reichskanzler auch die italienische Regierung zu bewegen suchte. Am Ende stürzte die Regierung Minghetti im März 1876 wegen einer Abstimmungsniederlage in der Frage der Verstaatlichung der italienischen Eisenbahnen, nachdem der Rückhalt des von Cavour einst zusammengebrachten Bündnisses in der Wählerschaft schon seit etlichen Jahren abgeschmolzen war. Die nun an die Regierung tretenden Kräfte wollten nicht zuletzt einen weniger piemontesischen Staat.

Literaturhinweise

Birke, Adolf M. / Heydemann, Günther (Hrsg.): Die Herausforderung des europäischen Staatensystems. Nationale Ideologie und staatliches Interesse zwischen Restauration und Imperialismus. Göttingen 1989.

Blumberg, Arnold: A Carefully Planned Accident. The Italian War of 1859. London 1990.

Chotjewitz, Peter O. / De Jaco, Aldo: Die Briganten. Aus dem Leben süditalienischer Rebellen. Berlin 1976.

Davis, John A.: Conflict and Control. Law and Order in Nineteenth-Century Italy. London 1988.

Della Peruta, Franco: Democrazia e socialismo nel Risorgimento. Rom 1965.

Ghisalberti, Carlo: Storia costituzionale d'Italia 1849–1948. Bari 1974.

Greenfield, Kent Roberts: Economics and Liberalism in the Risorgimento. A Study of Nationalism in Lombardy. Baltimore [2]1965.

Grew, Raymond: A Sterner Plan for Italian Unity. The Italian National Society in the Risorgimento. Princeton 1963.

Gruner, Wolf D. / Trautmann, Günter (Hrsg.): Italien in Geschichte und Gegenwart. Hamburg 1991.

Hausmann, Friederike: Garibaldi. Die Geschichte eines Abenteurers, der Italien zur Einheit verhalf. Berlin [2]1999.

Hearder, Harry: Italy in the Age of the Risorgimento 1790–1870. London 1983.

Herde, Peter: Guelfen und Neoguelfen. Zur Geschichte einer nationalen Ideologie vom Mittelalter zum Risorgimento. Stuttgart 1986.

Heydemann, Günther: Konstitution gegen Revolution. Die britische Deutschland- und Italienpolitik 1815–1848. Göttingen 1991.

Klemensberger, Peter: Die Westmächte und Sardinien während des Krimkrieges. Zürich 1972.

Kroll, Thomas: Die Revolte des Patriziats. Der toskanische Adelsliberalismus im Risorgimento. Tübingen 1999.

Lepre, Aurelio: La rivoluzione napoletana del 1820–1821. Rom 1967

Lill, Rudolf: Die Vorgeschichte der preußisch-italienischen Allianz (1866) / Beobachtungen zur preußisch-italienischen Allianz. In Quellen und Forschungen aus italienischen Archiven und Bibliotheken 42/43 (1963) S. 505–570 und 44 (1964) S. 467–527.

Lovett, Clara M.: The Democratic Movement in Italy 1830–1876. Cambridge (Mass.) 1982.
Meriggi, Marco: Il regno Lombardo-Veneto. Turin 1987.
Miko, Norbert (Hrsg.): Das Ende des Kirchenstaates. 4 Bde. Wien/München 1962–70.
Morelli, Emilia: Giuseppe Mazzini. Rom 1984.
Nada, Narciso: Dallo Stato assoluto allo Stato costituzionale. Storia del Regno di Carlo Alberto dal 1831 al 1848. Turin 1980.
Reinerman, Alan J.: Austria and the Papacy in the Age of Metternich. 2 Bde. Washington 1979–1989.
Riall, Lucy: Sicily and the Unification of Italy. Liberal Policy and Local Power, 1859–1866. Oxford 1998.
Romani, Mario: Storia economica d'Italia nel secolo XIX. 2 Bde. Mailand 1970–76.
Romeo, Rosario: Cavour e il suo tempo. 4 Bde. Bari 1969–84.
Sarti, Roland: Mazzini. A life for the Religion of Politics. Westport 1997.
Scott, Ivan: The Roman Question and the Powers 1848–1865. Den Haag 1969.
Seibt, Gustav: »Rom oder Tod«. Der Kampf um die italienische Hauptstadt. Berlin 2001.
Sked, Alan: The Survival of the Habsburg Empire. Radetzky, the Imperial Army and the Class War, 1848. London 1979.
Stadler, Peter: Cavour. Italiens liberaler Reichsgründer. München 2001.
Stiles, Andrina: The Unification of Italy 1815–1870. London 1989.
Strauss, Hannah A.: The Attitude of the Congress of Vienna toward Nationalism in Germany, Italy and Poland. New York 1949.
Tobia, Bruno: Una patria per gli italiani. Spazi, itinerari, monumenti nell'Italia unita (1870–1900). Rom 1991.
Ullrich, Hartmut: Bürgertum und nationale Bewegung im Italien des Risorgimento. In: Otto Dann (Hrsg.): Nationalismus und sozialer Wandel. Hamburg 1978. S. 129–156.
– The Statuto Albertino. In: Horst Dippel (Hrsg.): Executive and Legislative Powers in the Constitutions of 1848–49. Berlin 1999. S. 129–161.

Integrationspolitik oder Imperialismus? Von der Nation zum radikalen Nationalismus und zur Teilnahme am Ersten Weltkrieg

(1876–1918)

Von Rudolf Lill

Epochenüberblick

Die Integrationsprobleme im jungen Nationalstaat waren ungelöst, als 1876 die parlamentarische Linke an die Regierung kam; ihr Führer Agostino Depretis konnte nur schrittweise reformieren. Er verstand es, durch den *trasformismo*, der dann gängige italienische Regierungspraxis geworden ist, Teile der Oppositionen an sich zu ziehen und dadurch seine Mehrheit zu stabilisieren.

Die Agrarkrise der 1880er Jahre ruinierte den Süden. Die direkt miteinander zusammenhängenden Probleme des Mezzogiorno, Arbeitslosigkeit und Emigration, belasteten seitdem Staat und Gesellschaft. Doch die damaligen Regierungen forcierten den Ausbau der Schwerindustrie vor allem im Norden; sie wollten am Imperialismus teilhaben. Auch darum wurde 1882 der Dreibund mit Deutschland und Österreich geschlossen. Francesco Crispi versuchte, den Staat zu stärken. Im Sinne Mazzinis förderte er die Mythisierung der Nation zur »Zivilreligion« und betrieb die Eroberung Ostafrikas, die aber 1896 in Äthiopien scheiterte; immerhin behielt Italien Eritrea und Somalia. Seit den 1890er Jahren verschlechterte sich das Verhältnis zu Österreich infolge des Irredentismus, auch verschärften sich innere Krisen zwischen (links)liberaler *classe dirigente* und

Industriearbeiterschaft. Seit 1892 bestand eine kämpferische Sozialistische Partei, die katholische Opposition trat erst schrittweise ins Parlament ein.

Seit der Jahrhundertwende setzte Giovanni Giolitti endlich eine konsequente Politik der Demokratisierung und der Reformen durch. Dagegen schufen radikale Nationalisten und Imperialisten eine Rechtsfront, welche wiederum Expansionspolitik postulierte und Giolitti in den Krieg gegen die Türkei (1911/12) drängte. 1913 erreichte sie zudem mit Hilfe des von Giolitti eingeführten fast allgemeinen Wahlrechtes (der Männer) eine Rechtsverschiebung. Giolitti verlor die Mehrheit.

1914/15 sahen sich Italiens Politiker vor dieselben Fragen gestellt wie 1870 und dann wieder 1939/40. Sollte die schwächste der europäischen Mächte in den Konflikt zwischen den größeren eintreten? War für Italien mehr zu gewinnen durch baldigen Kriegseintritt oder durch Neutralität?

1870 hatte Außenminister Visconti-Venosta gegen den König die Neutralität durchgesetzt und darüber viel, nämlich Rom, gewonnen; und ähnliches wollte 1914/15 Giolitti, dem es zugleich um die Wiederaufnahme seiner Reformpolitik ging. Aber die Rechtsliberalen Salandra und Sonnino, die ihn 1914 ablösten, dachten an eine *Grande Italia*, setzten auf vermeintlich schnelle Gewinne und beschritten den imperialistischen Weg, auf dem ihnen 25 Jahre später der Duce gefolgt ist. Da die verbündeten Mittelmächte ihnen nicht so großen territorialen Gewinn versprachen wie die Entente, gingen sie auf deren Seite über. Schon 1914/15 bedienten Salandra und Sonnino sich der Hilfe radikalerer Nationalisten wie D'Annunzio und Mussolini; letzterer hat aus seinem Weltkriegserlebnis die faschistische Initiative geformt.

Der Weltkrieg, den die italienische Armee dreieinhalb Jahre lang in den Dolomiten, am Isonzo und am Piave führen mußte, ist über die Kräfte des Landes gegangen, weil dessen junge Industrie die notwendigen Ressourcen nur mit größter Mühe erbringen konnte und weil die Italiener insgesamt noch weitaus weniger nationalisiert waren als die Deutschen und die Franzosen. Zwar gehörte Italien 1919 zu den Siegern, aber es war bankrott. Daraus entstand die schwerste Krise des liberalen Systems, von der Mussolini profitierte.

Die »Linke« an der Macht
(1876–1887)

1876	März: Die Linksliberalen übernehmen die Regierung; Agostino Depretis Ministerpräsident 1876–1878, 1878–1879, 1881–1887.
1877	Gründung der Vereinigung *Italia irredenta*: für Anschluß des Trentino, Triests, Friauls, Istriens und Dalmatiens.
1878–1900	König Umberto I.
1878–1903	Papst Leo XIII.
1882	20. Mai: Dreibund mit Deutschland und Österreich.
1882–1885	Beginn der Landnahme in Ostafrika, zunächst in Eritrea, dann in Somalia.

Die 1876 zur Regierung gekommene Linke war ebenso wenig wie die Rechte eine geschlossene Partei. Doch kam es nun zu einer klareren Scheidung der parlamentarischen Gruppen: regierende *sinistra*, oppositionelle *destra* sowie radikale Demokraten (*estrema sinistra*), der sich diejenigen aus der *sinistra* anschlossen (so Benedetto Cairoli), die mit deren Regierung nicht einverstanden waren.

Agostino Depretis, 1812 in Pavia geboren, war Mazzinianer gewesen, seit 1859 jedoch Mitglied der gemäßigten Opposition und seit Rattazzis Tod deren Führer, administrativ sehr erfahren. Er begann eine Politik höherer Staatsleistungen, doch bald gab es Differenzen in der neuen Führungsschicht, vor allem mit dem 13 Jahre jüngeren radikaleren

Cairoli, der ebenfalls aus Pavia stammte und Mitkämpfer Garibaldis gewesen war. Von elf Kabinetten zwischen 1876 und 1887 wurden acht von Depretis geleitet, drei von Cairoli, welcher 1881 wegen der Besetzung von Tunis durch Frankreich (gegen italienische Aspirationen) stürzte und seinem Rivalen weichen mußte. Insgesamt begann eine relative Stabilisierung, infolge des *trasformismo* auch eine partielle Rückwendung zur Mitte. Etliche Reformen gelangen, so die Einführung der wenigstens zweijährigen Volksschulpflicht (1877), Ermäßigung und Abschaffung der verhaßten Mahlsteuer (1880 und 1884), Aufhebung des Zwangskurses der Lira (1883); vor allem die Wahlrechtsreform, die nach leidenschaftlichen Diskussionen (1881/82) die Zahl der Wahlberechtigten von 2,2 auf knapp 7% der Bevölkerung anhob. Konsequente Progressisten wie Cairoli und Giuseppe Zanardelli hatten mehr gewollt. Doch Depretis sicherte sich eine Mehrheit des *juste milieu*, auch durch geschicktes Lavieren und klientelistischen Stimmenfang, eben durch jene »transformistische« Regierungstechnik. Ein echtes Zweiparteiensystem kam so nicht zustande, zumal eine systemimmanente (konservative oder katholische) Alternative noch nicht bestand; da die *sinistra* ihren Frieden mit Staat und Monarchie gemacht hatte, wurden republikanische und internationalistische Gruppen nun ebenso unterdrückt wie vor 1876. Der heftige Antiklerikalismus der Linken verschärfte den Gegensatz zwischen der Regierung einerseits und dem Papst und den Katholiken andererseits. Erst recht bekämpfte man den seit Ende der siebziger Jahre am linken Rand der neuen Mehrheit und links davon entstandenen Irredentismus (um Matteo Renato Imbriani-Poerio), der sich auf Mazzini berief und nicht nur gegen Österreich, sondern gegen die Monarchie als solche auftrat. Die unbedingte Absage an diese Bewegung und an ihre anfänglichen radikaldemokratischen und republikanischen Ideale schien gerade für eine Linke, die konstitutionell und Regierungspartei geworden war, unerläßlich.

Außenpolitisch stand Italien nach 1870 zunächst allein. Die Sympathie der Rechten für Frankreich war dort seit der Annexion Roms nicht mehr erwidert worden. Die Linke verübelte den Pariser Regierungen die Unterstützung des Papstes, und in Nordafrika konkurrierten beide Staaten miteinander. Andererseits wollten gerade in der linken Führungsschicht nicht wenige ein international gewichtigeres und aktiveres Italien, allen voran Francesco Crispi (geb. 1819 bei Agrigent, lange ein Mazzinianer), der 1876 Präsident der Kammer geworden war. Trotz der Abneigung gegen das konservative und übernationale Österreich wandte man sich an die mitteleuropäischen Kaisermächte, welche ihrerseits eine festere Einbindung des innerlich labilen Italien ins monarchische Europa nur wünschen konnten. Crispi bewunderte Bismarck, und der ging schon deshalb auf solche Avancen ein, weil er eine italienisch-französische Annäherung verhindern und zugleich Konflikten zwischen Italien und Österreich vorbeugen wollte. Daß Italien 1878 zwar am Berliner Kongreß teilnehmen konnte, aber leer ausging, und daß Frankreich sich 1881 Tunis nahm, bestärkte die römischen Bündniswünsche, die auch König Umberto teilte; er dachte überhaupt konservativer als sein Vater.

1882 kam der Dreibund zustande, welcher Italiens Außenpolitik für die nächsten zwei Jahrzehnte bestimmen sollte. Italien wurde dabei für den Fall eines unprovozierten französischen Angriffs die Hilfe Deutschlands und Österreichs zugesagt, entsprechende Hilfe versprach Italien bei einem französischen Angriff auf Deutschland (Art. 2). Die drei Partner sicherten einander wohlwollende Neutralität zu, falls einer von ihnen Krieg führte (Art. 4); geriet eine der drei Mächte in einen Krieg mit mehreren Gegnern, waren die anderen zur Unterstützung verpflichtet (Art. 3). Ein von Italien angeregtes Zusatzprotokoll legte fest, daß der Vertrag sich nicht gegen England richten durfte. Am wichtigsten für Italien waren der Schutz vor Frankreich und die Überwindung der Isolation. Insgesamt wurden durch den Dreibund das monarchische Prinzip gestärkt und Frankreich samt dem Republikanismus weiter isoliert; Österreich wurde vor italienischen Ansprüchen gesichert und damit ein Krisenherd im Herzen Europas (vorläufig) gelöscht. Roms verschärfte Absage an den Irredentismus war eine direkte Konsequenz aus dem Vertrag.

Italiens Aufwertung ermöglichte erste Schritte in die Kolonialpolitik. Mit dem Kauf der Häfen Assab und Massaua am Roten Meer begann die Landnahme in Eritrea, die ersten Handelsstützpunkte in Somalia folgten; eine Basis für Vorstöße nach Abessinien war damit gewonnen. Im Mittelmeer wollte die Regierung Depretis sich einstweilen mit dem Status quo begnügen, schon wegen neuer und heftiger sozialer Spannungen im eigenen Lande scheute sie Risiken. Die Enttäuschung über diese Vorsicht wurde vor allem von Crispi geschürt, der die inneren Probleme durch »große« Außenpolitik auffangen wollte. Immerhin erreichten Depretis und sein zeitweiliger Außenminister de Robilant 1886/87 eine Stärkung Italiens im Dreibund: Bei dessen Erneuerung (1887) wurden Zusatzabkommen geschlossen, in denen Österreich für jede Veränderung auf dem Balkan Italien Kompensation zusicherte; Deutschland sagte für den Fall weiteren französischen Ausgreifens in Nordafrika die Unterstützung italienischer Gegenaktionen zu. Die damit geschaffene Grundlage für eine gewisse Großmachtpolitik wurde durch die fast gleichzeitige Mittelmeer-Entente zwischen England, Italien und Österreich noch verfestigt.

Am Freihandel, der Italiens Einstieg in die Weltwirtschaft ermöglicht hatte, wollte die Mehrzahl der italienischen Politiker auch in den späten siebziger Jahren noch festhalten, obwohl reformistische Nationalökonomen wie Luigi Luzzatti staatliche Eingriffe in den Wirtschaftsprozeß vorschlugen. Doch langsam verbreitete sich die Einsicht, daß Italiens Konkurrenzfähigkeit den Aufbau einer Schwerindustrie voraussetzte, der ohne Protektionismus nicht möglich war. Der Zolltarif von 1878, welcher die Einfuhr von Rohstoffen gegenüber der von Fertigprodukten erleichterte, zog erste Konsequenzen. Entscheidend für die wirtschaftliche Entwicklung Italiens in den achtziger Jahren aber wurden die große Agrarkrise und die nun forcierte Industrialisierung.

Italiens Landwirtschaft war nur in einigen nördlichen Regionen seit dem 18. Jahrhundert strukturell modernisiert worden. Die rückständigen Gebiete überwogen, sie umfaßten den ganzen Süden (mit seinem extensiven Getreideanbau), dazu den größten Teil Venetiens. Diese Zonen gerieten in den 1880er Jahren in eine ausweglose Krise, weil sie der Konkurrenz billigen amerikanischen Getreides, welches seitdem auf die europäischen Märkte gelangte, in keiner Weise gewachsen waren. Italiens Jahresproduktion an Weizen und Mais ging zwischen 1880 und 1890 um ein Fünftel zurück, die Preise dafür sanken um ein Drittel bzw. um die Hälfte, der Getreideimport wurde fast verdreifacht! Die extensive Getreideproduktion des Südens, von der die Masse der dortigen Bevölkerung lebte, brach zusammen, und damit begann jene bis zur Gegenwart anhaltende Depression, aus der bis zum Ersten Weltkrieg rund 3,6 Millionen Italiener keinen anderen Ausweg als die Emigration gefunden haben. Diese Abwanderung von Arbeitskräften ist im Norden, wo sie auch stattfand, aber weniger massiv war, zu weiterer Rationalisierung genutzt worden, im Süden nur zur Verfestigung der anachronistischen Latifundienwirtschaft.

Modernisierungsvorschläge, wie sie von einer 1877 eingesetzten Parlamentskommission unter Stefano Jacini 1884 vorgelegt wurden, wurden nicht befolgt; Depretis' Regierungen hatten seit den außenpolitischen Enttäuschungen der Jahre 1878–1881 damit begonnen, alle verfügbaren Mittel in die Vergrößerung von Heer und Marine und in die afrikanischen Unternehmungen zu investieren, dazu in weiteren Eisenbahnbau und die Schaffung einer Schwerindustrie. Letztere verband sich mit der Option für Großbetriebe und Monopole, die Initiativen kamen meist von expansiv denkenden Unternehmen, die sich in dieser Hinsicht besser mit der ausgabenfreudigen Linken als mit der sparsamen Rechten einigen konnten. Wegen der rückständigen Ausgangslage und wegen des Mangels an Rohstoffen und Kapital war ein schneller Aufschwung nur mit staatlicher Hilfe möglich, und darüber kam es sogleich zu einer engen Allianz von politischer Macht und organisiertem Kapitalismus, an die in sehr verschiedener Weise sowohl der Faschismus wie in der zweiten Nachkriegszeit die *Democrazia Cristiana* angeknüpft haben.

Schon die auf dem Höhepunkt der Tunis-Krise erfolgte Fusion der beiden größten Reedereien zur *Navigazione generale italiana* wurde von der Regierung durch hohe Subventionen unterstützt; eine vergleichbare Monopolstellung und staatliche Kreditgarantien erhielten die großen Eisenbahngesellschaften. 1884 gründete Stefano Breda mit direkter Unterstützung der Regierung die Stahlwerke in Terni (Umbrien); der Konzern konnte die Kontrolle über die Großwerften in Genua und Livorno gewinnen und blieb bis zum Ersten Weltkrieg Hauptlieferant der Kriegsmarine. Die Eisenproduktion stieg von 95000 Tonnen (1881) auf 176000 Tonnen (1888), die Stahlproduktion von 3600 Tonnen auf fast 158000 Tonnen.

Ein unsolider Bauboom in Rom und Neapel begleitete diesen Aufschwung, dessen Profite nur einer kleinen Schicht zugute kamen; ohne flankierende Sozialpolitik wurden die Klassengegensätze nur verschärft. Der vollends protektionistische Zolltarif von 1887 löste einen zehnjährigen Zollkrieg mit Frankreich aus. Die Krise der Landwirtschaft, welche große Märkte verlor und fortan die teuren einheimischen Maschinen kaufen mußte, ging über in eine gesamtwirtschaftliche Rezession, welche neue Staatsinterventionen notwendig machte; zu den Folgen gehörte weitere Staatsverschuldung.

Die forcierte Industrialisierung im Norden und die Agrarkrise im Süden haben dessen Abstand vom übrigen Land vertieft. Die *questione meridionale* ist daher schon in jenen Jahren Gegenstand einer heftigen Diskussion geworden, die bis heute andauert. Unter den ersten *Meridionalisti* sind hervorzuheben der Historiker Pasquale Villari und der Nationalökonom Giustino Fortunato.

Die »Ära Crispi« und die Krise der Jahrhundertwende (1887–1903)

1887–1896	»Ära Crispi« (Ministerpräsident Francesco Crispi 1887–1891, 1893–1896): Autoritarismus, Imperialismus, Reformen.
1889	Eroberung äthiopischer Gebiete.
1890	Konstituierung der Kolonie Eritrea.
1891	Päpstliche Sozial-Enzyklika *Rerum Novarum*: Programm der katholischen Bewegung.
1892	Gründung des *Partito Socialista Italiano* (PSI).
1895/96	Wiederaufnahme des Krieges in Äthiopien, Niederlage bei Adua (1. März 1896).
1896–1900	Rechte Regierungen (unter Antonio di Rudinì und Luigi Pelloux).
1898	7. Mai: Niederschlagung von Arbeiterunruhen in Mailand.
1900	29. Juli: Ermordung des Königs: Höhepunkt einer Periode von Unruhen und Repression.
1900–1946	König Viktor Emanuel III.
1900	14. Dezember: Abkommen mit Frankreich: Marokko wird als französisches, Tripolis als italienisches Einflußgebiet anerkannt.
1902	1. November: Geheimes Neutralitätsabkommen mit Frankreich.
1903–1914	Papst Pius X.

Die innere Krise und die allgemeine Erregung über die Niederlage italienischer Truppen bei einem ersten Vorstoß nach Äthiopien (Dogali, 1887) ebneten dem inzwischen 68jährigen Crispi den Weg zur Macht. Er stand für Autoritarismus, Imperialismus und Kolonialismus, aber auch für den Willen zu effizienter Staatlichkeit wie zu inneren Reformen. Sein Charisma und seine Demagogie blieben ein Jahrzehnt lang bestimmend, denn die Regierung des Marchese Antonio Starabba di Rudinì (1891/92) und die erste Regierung Giovanni Giolittis (1892/93), von denen erstere nach rechts, letztere zur Mitte tendierte, blieben Episoden. Immerhin wurde unter Rudinì 1891 der Dreibund vorzeitig erneuert. Die Zusatzabmachungen von 1887 wurden nunmehr in den Vertrag eingefügt, dessen neuer Artikel 7 Italiens Anrecht auf Kompensation im Falle österreichischer Gewinne auf dem Balkan bestätigte und dessen ebenfalls neuer Artikel 9 generell deutsche Unterstützung für eine italienische Festsetzung in Nordafrika zusicherte.

Crispi benutzte und schürte die nationalistische Stimmung, die sich in Italien ähnlich wie in Deutschland auch als Reflex der verspäteten Nationalstaatsbildung ausbreitete; er personifizierte den Übergang vom emanzipatorischen Nationalismus des Risorgimento zum integralen Nationalismus der Jahrhundertwende. Sowohl die Nationalisten, die sich wenig später auf der Rechten formierten, wie die Faschisten haben sich daher auf ihn berufen und damit eine Tradition skizziert, die tatsächlich Italiens Außenpolitik von 1880 bis 1940 immer stärker geprägt hat – eine Tradition, zu der auch die stete Überschätzung der eigenen Kräfte gehörte. Ihren hypertrophen Ausdruck hat die nationalistische Stimmung im römischen Nationaldenkmal (*Altare della patria*) gefunden, dem größten seiner Art in Europa, welches zwischen 1885 und 1911 im Zentrum Roms errichtet worden ist und die wichtigsten Zeugnisse der *lunga durata* Roms, Kapitol und Forum, zurückdrängt.

Crispis Nationalismus entsprach den Interessen der Schwerindustrie; um mit ihrer Hilfe »große« Politik machen zu können, wurde er der entschiedenste Protektionist und verschärfte den Konflikt mit Frankreich, der 1889/90 bis an die Schwelle eines Krieges führte. Aber sein Aktivismus brachte keine raschen Erfolge ein, denn Frankreich vermied es, ihm durch weitere Expansion einen Vorwand für die schon damals gewünschte Besetzung Libyens zu liefern; und der Zollkrieg schädigte Italien weitaus mehr als Frankreich.

Schneller setzten die inneren Reformen ein, bei denen Crispis Leitmotiv nicht demokratisch, sondern plebiszitär war. Bereits 1887 erhielt der Innenminister das Recht zur Absetzung der Präfekten. Wenig später wurden die Kompetenzen des Ministerpräsidenten erheblich erweitert und in den Ministerien parlamentarische Unterstaatssekretäre berufen, welche den politischen Charakter der Regierung verstärken sollten. 1889 wurde das Wahlrecht in Kommunen und Provinzen erweitert, mit der die städtischen Bürger weiterhin bevorzugenden Bestimmung, daß fortan in den Gemeinden mit mehr als 10000 Einwohnern die Gemeinderäte die Bürgermeister zu wählen hatten. Gesetze von 1889 und 1890 führten Verwaltungsgerichte ein.

Auch das Strafrecht wurde 1889 endlich vereinfacht. Der nach dem damaligen Justizminister Zanardelli benannte Kodex beruhte auf dem piemontesischen Strafrecht von 1859, milderte aber dessen Klassencharakter, indem er Eigentumsdelikte weniger hart bestrafte und auf Sanktionen gegen Streiks verzichtete; aus dem moderneren Recht der Toskana wurde der Verzicht auf die Todesstrafe übernommen. Strafandrohungen gegen regierungsfeindliche Äußerungen des Klerus bezeugten den Antiklerikalismus Crispis und Zanardellis. Um die (noch sehr bescheidene) soziale Fürsorge von chronischer Finanznot zu befreien und das staatliche Monopol auf diesem Gebiet zu erzwingen, wurden 1890 alle »frommen Stiftungen« konfisziert. Die Radikalität dieser Maßnahme hat die Mehrheit der italienischen Katholiken in ihrer Abwehrhaltung gegen den Staat bestärkt. Immerhin begann fast gleichzeitig (Gesetz von 1888) eine staatliche Gesundheits- und Hygienepolitik.

Crispi blieb davon überzeugt, die Probleme des Landes durch seine »demokratische Diktatur« lösen zu können, und bekämpfte jede Grundsatzopposition mit gleicher Härte, die katholische ebenso wie die sozialistische und die irredentistische; deshalb ließ er auch gegen die zahlreichen Streiks hart vorgehen. Kein italienischer Regierungschef vor Mussolini hat so heftig und so lange gegen die liberalen Grundsätze des Staates verstoßen wie er! Aber die Welle von Verhaftungen und Verurteilungen, die seit 1889 die Aktivisten des 1886 verbotenen, aber im Untergrund weiter tätigen *Partito Operaio* betraf, hat den Widerstandswillen bestärkt und das Klima geschaffen, in dem 1892 die Sozialistische Partei entstanden ist. Ebenso unterdrückte Crispi seit 1893 die von Giolitti mehr oder weniger geduldete Aufstandsbewegung der ersten *Fasci siciliani*, zu denen sich Arbeiter aus Landwirtschaft und Schwefelgruben zusammenschlossen. Auf der Insel wurde der Ausnahmezustand erklärt.

Im selben Jahr 1893 nahm Crispi auch die Sanierung der überstrapazierten Staatsfinanzen und des Bankwesens in Angriff, unterstützt vom neuen Schatzminister Sidney Sonnino. Der Bilanzausgleich konnte aber nur über unpopuläre Steuererhöhungen angegangen werden und ist erst 1898/99 voll gelungen; wegen der Bankenkrise wurde zeitweise der *corso forzoso* wieder eingeführt; die Kompetenzen der *Banca d'Italia* wurden erweitert. Gesamtwirtschaftlich noch wichtiger war die Reorganisation des Kreditwesens durch die Einführung der *Banca mista* nach dem Vorbild der deutschen Universalbanken.

Crispis Außen- und Militärpolitik bezeugte den engen Zusammenhang politischer, ökonomischer und sozialer Motive und Faktoren. Mit der angestrebten Beteiligung an der Aufteilung der Welt in nationale Einflußsphären betrieb er eine Politik des nationalen Prestiges. Er wollte die Schwerindustrie ausbauen und wirkte daher für ökonomische Modernisierung und Expansion; er wollte zugleich von inneren Konflikten und massiven Integrationsproblemen ablenken und sie durch die Schaffung von Siedlungskolonien mildern, insofern war er Sozialimperialist. Schon 1888/89 konzentrierte Crispi alle verfügbaren Kräfte auf Ostafrika. Ein Teil Äthiopiens wurde erobert, ein Protektorat über das ganze Reich angestrebt, zu welchem aber der Negus Menelik II. sich nicht bereit fand. Nach der Rückkehr zur Regierung (1893) nahm Crispi die Aggressionspolitik sofort wieder auf; im März 1895 eroberten die Italiener Adua und annektierten den Tigre, eine Kernlandschaft Äthiopiens; die daraufhin überschäumende koloniale Begeisterung im italienischen Bürgertum brachte Crispi einen letzten hohen Wahlsieg ein. Seitdem setzte er, auch gegen Warnungen aus seiner direkten Umgebung, auf die totale Eroberung Äthiopiens. Die italienischen Truppen wurden jedoch im November 1895 am Amba Alagi und dann bei Adua (1. März 1896) vernichtend geschlagen. Kaiser Menelik hatte die in Schwarzafrika singuläre Unabhängigkeit seines Reiches gerettet und den italienischen Träumen vom großen ostafrikanischen Kolonialreich ein jähes Ende bereitet. Die Niederlage begründete ein nationales Trauma, welches Mussolini dann auf seine Weise überwunden hat. Zunächst aber entschied Adua über das politische Schicksal Crispis. Der ist unter leidenschaftlichen Angriffen am 5. März 1896 zurückgetreten.

In den 1890er Jahren konsolidierten sich die beiden großen Oppositionen gegen das liberale Klassensystem, aus denen sich die beiden Massenparteien Italiens entwickelt haben. Auf der sozialistischen Seite kam es schon damals zur Parteibildung, auf der katholischen infolge des päpstlichen »Non expedit« zunächst nur zu einer Vereinsbewegung.

Während der 1889 einsetzenden Repressionswelle gegen den *Partito Operaio* hatte zunächst Filippo Turati, ein Advokat bürgerlicher Herkunft, den Zusammenschluß aller sozialistischen Gruppen zu einer Partei vorangetrieben, vor allem in seiner Zeitschrift *Critica sociale* (seit 1891). Dabei zog er einen klaren Trennungsstrich zu dem in Italien weit verbreiteten Anarchismus. Turati war stark beeinflußt von der deutschen Sozialdemokratie, welche überhaupt in Ideologie und Organisation das lange wirkende Vorbild gewesen ist. Der zweite »Gründungsvater« war der Hegelianer Antonio Labriola, seit 1873 Professor der Philosophie in Rom, welcher sich als eigenständiger Interpret des Marxismus internationales Ansehen erwarb.

In den Arbeitskämpfen der späten 1880er Jahre fanden Turati und Labriola zusammen, wenngleich eine grundsätzliche Differenz und Ursache vieler späterer Spaltungen nie ganz ausgeräumt worden ist: Turati wollte begrenzte Zusammenarbeit mit der bürgerlichen Demokratie, Labriola hielt die Gegensätze zwischen Bürgertum und Proletariat für unüberwindlich. Auf dem Gründungskongreß in Genua (August 1892) wurde ein mehr marxistisches Programm vorgelegt, welches Labriolas Zustimmung fand. Ein weiterer Kongreß in Reggio Emilia (September 1893) beschloß den Namen *Partito Socialista Italiano* (PSI). In einer Zeit krisenhafter Zuspitzung der sozialen Gegensätze trat somit eine kämpferische Arbeiterpartei auf, der der bürgerliche Staat, welcher selbst keine effiziente Partei hervorbrachte, ein knappes Jahrzehnt lang nur repressiv zu begegnen wußte. Die von Crispi schon 1894 durchgesetzten Ausnahmegesetze sind in der auf seinen Sturz folgenden kurzen Reaktionsperiode erst recht angewendet worden, haben aber die Partei nicht zerschlagen können. 1896 wurde das Parteiorgan *Avanti* (Vorwärts) gegründet und zunächst vom Reformisten Leonida Bissolati geleitet. 1900 gewann der PSI 32 Sitze in der Kammer. 1901 und 1906 folgten die Gründungen der beiden der Partei eng verbundenen Gewerkschaften: *Federterra* und *Confederazione generale del lavoro*.

Nachdem erste Versuche einer Verständigung zwischen Staat und Vatikan 1887 gescheitert waren, gewannen die von Leo XIII. ermutigten Intransigenten die Führung des italienischen Katholizismus und seiner sozialpolitischen Dachorganisation, der *Opera dei congressi*. Sie war 1874 nach dem Vorbild der deutschen Katholikentage gegründet, dann 1884 organisatorisch gestrafft worden; der damals errichteten Sektion für christliche Soziallehre wuchs die größte Bedeutung zu. In voller Unterordnung unter den Papst und gemäß dessen Sozial-Enzyklika von 1891 lehnten die Führer der Bewegung, darunter Giuseppe Toniolo und Filippo Meda, die liberale Klassenordnung und den Kapitalismus fast noch entschiedener ab als den Sozialismus, in dem sie mehr eine Folge des regierenden Liberalismus erblickten. Auf die neuen sozialen Probleme gaben sie »katholische« Antworten, welche die traditionelle Ordnung erhalten, dabei die Interessen aller Gruppen und vor allem der Unterschichten berücksichtigen und dadurch dem Sozialismus entgegenwirken sollten. Auf der Grundlage der thomistischen Naturrechtslehre wurde dabei einerseits gegen den Sozialismus die Legitimität des Privateigentums betont, andererseits gegen die kapitalistische Praxis das Recht der Arbeiter auf ausreichenden Lohn und auf Eigentumsbildung. An diesen Grundsätzen orientierten sich die katholischen Organisationen. In den 1890er Jahren entstanden vor allem in der Lombardei und im Veneto zahlreiche Volksbanken und Genossenschaften, welche Bauern und Arbeiter von den liberalen Großbanken unabhängig machen sollten, dazu Berufsschulen und seit der Jahrhundertwende auch Gewerkvereine. Die katholische Vereinsbewegung war numerisch schwächer, aber stabiler als die sozialistische. Unter der Landbevölkerung der nördlichen Regionen blieb sie am weitesten verbreitet, während sie den Patriarchalismus des Südens nicht aufzubrechen vermochte.

In sehr unterschiedlicher Weise haben die sozialistische und die katholische Bewegung Anstöße zur Humanisierung der Arbeitswelt und zur Partizipation der Unterschichten gegeben. Dabei blieben die Katholiken, bei denen überhaupt neben den modernisierenden die traditionalen Elemente stark waren, unter den besonderen Bedingungen Italiens noch an der Schwelle zum Parlament stehen. Beide Oppositionen haben zudem breite Subkulturen entwickelt, von denen die katholische wegen der Indienstnahme der traditionellen kirchlichen Lebensformen die umfassendere war; den Zugang zur bürgerlich-liberalen Nationalkultur der Zeit haben sie bis zum Ende des Ersten Weltkrieges nicht gefunden und auch danach nur partiell gesucht, die Sozialisten mehr als die Katholiken.

Nach Crispis Sturz berief der König erneut den konservativeren Rudinì, der bis zum Sommer 1898 Ministerpräsident geblieben ist. Er hatte zunächst den ostafrikanischen Krieg zu liquidieren: Im Frieden von Addis Abeba (25. Oktober 1896) wurde einerseits die Unabhängigkeit Äthiopiens, andererseits der Besitz der Küstenkolonie Eritrea anerkannt.

Mit der Kolonialpolitik, die fortan wieder Nordafrika in den Blick nahm, erfuhr 1896 die gesamte italienische Außenpolitik Veränderungen, die erstmals auf die Konstellationen von 1914/15 verwiesen. Das lag vor allem daran, daß Rudinì und der ins Außenministerium zurückkehrende Visconti-Venosta frankreichfreundlicher eingestellt waren und daß nach Crispis Sturz die französische Diplomatie wieder um Italien warb. In Ostafrika hatte Italien ja auch verloren, weil es von seinen Dreibund-Partnern keine Unterstützung erhalten hatte! Doch inzwischen wandte sich das Deutschland Wilhelms II. obendrein gegen England, und eine Bündnispolitik gegen England und gegen Frankreich konnte und wollte Italien sich nicht erlauben. Davor warnten auch gesellschaftliche Kontraste: Nur die Konservativen hielten zum Dreibund, während diejenigen, welche aus liberaler Überzeugung gegen Crispi gestanden hatten, sowohl deshalb wie wegen zunehmender irredentischer Neigungen antiösterreichisch, und das hieß meist profranzösisch, eingestellt waren. Die Regierung Rudinì schloß daher noch 1896 einen Handelsvertrag mit Tunis, in dem sie entgegen den Interessen der dortigen italienischen Siedler das französische Protektorat anerkannte; 1898 folgte ein Handelsvertrag mit Frankreich.

In der Innenpolitik versuchte Rudinì zunächst auszugleichen, dabei eine staatliche Dezentralisierung einzuleiten, die aber wurde von der Kammer-Mehrheit verworfen. Anfang 1897 plädierte Sonnino für die Rückkehr vom parlamentarischen zum konstitutionellen Regime nach dem Vorbild des Deutschen Reiches, auch die Forderung nach Rückkehr zum Repressionskurs Crispis breitete sich aus. Nur so glaubte die bürgerliche Elite, welche Sozialpolitik versäumt hatte, den Unruhen beikommen zu können, die tatsächlich noch zunahmen. Die Revolutionsfurcht im Bürgertum wurde gesteigert durch die verstärkte Aktivität der Anarchisten, die im April 1897 ein erstes Attentat auf den König versuchten; 1894 hatten sie den französischen Staatspräsidenten Carnot ermordet, 1898 fiel ihnen Österreichs Kaiserin Elisabeth zum Opfer.

In Mailand mit seiner schon gut organisierten Arbeiterschaft erreichte die Krise 1898 ihren Höhepunkt. Nach ersten Massendemonstrationen beim Begräbnis des linksradikalen Abgeordneten Felice Cavallotti, der im Duell mit einem Konservativen ums Leben gekommen war, wurde Anfang Mai der Generalstreik proklamiert. Er ging in offenen Aufstand über, der heftiger wurde als der, welcher sich einst gegen Radetzky gerichtet hatte. Schneller und schärfer reagierte auch die Regierung. Der General Bava Beccaris warf den Aufstand mit regulären Truppen nieder. Etwa 100 Personen wurden getötet, rund 500 verletzt! Es folgte eine großangelegte Verhaftungswelle.

Wegen Differenzen über den weiteren Kurs zerfiel Rudinis Regierung, die Nachfolge erhielt 1898 der General Luigi Girolamo Pelloux, der seine einzigen Aufgaben in der vollen Wiederherstellung der Ordnung und der Verteidigung der staatlichen Institutionen sah. 1899 erreichte er eine gesetzliche Beschränkung der Presse-, Vereins- und Versammlungsfreiheit. Zanardelli und Giolitti entzogen ihm aber ihre anfängliche Unterstützung, seit er konsequent auf ein autoritäres Regime hinarbeitete, von dem allein er und wohl auch der König die Sicherung des Einheitsstaates erwarteten; der Widerstand der konstitutionellen und der radikalen Linken nahm zu. Bei den Wahlen im Juni 1900 verbesserte sich die radikale Opposition – Republikaner, Radikale und Sozialisten – von 67 auf 96 Mandate, auch die Linksliberalen um Zanardelli blieben stark. Daraufhin ist Pelloux zurückgetreten; und das bedeutete das Eingeständnis, daß die von Crispi begonnenen und seit 1898 überzogenen Versuche, Italiens Integrationsprobleme mit repressiven Mitteln zu lösen, gescheitert waren.

Einen Monat nach Pelloux' Rücktritt wurde König Umberto von Anarchisten ermordet, welche ihre Tat als Rache für das »Blutbad« von Mailand verstanden; aber selbst der Königsmord löste keine Reaktion im Stil von 1898 aus. Die Regierung des 80jährigen Senators Giuseppe Saracco bemühte sich vielmehr um Normalisierung des politischen Lebens, für die nun am überzeugendsten Giolitti auftrat. Seine Plädoyers zugunsten der Arbeiterorganisationen und deren Einbindung ins System verwiesen bereits auf das Integrations- und Reformprogramm, dessen Realisierung er bald einleiten konnte. Der junge König Viktor Emanuel III., der eher zur liberaleren Ausrichtung seines Großvaters als zur konservativeren seines Vaters tendierte, sich in seiner langen Regierungszeit freilich auch als äußerst anpassungsfähig erwies, trug dem Reformwillen Rechnung, indem er im Februar 1901 Zanardelli, den alten Vorkämpfer des

Linksliberalismus, zum Ministerpräsidenten ernannte. Giolitti, inzwischen fast 60jährig, wurde Innenminister und der eigentliche Kopf des Kabinetts.

Die »Ära Giolitti« (1903–1914)

1903–1914	»Ära Giolitti« (Ministerpräsident Giovanni Giolitti 1903–1905, 1906–1909, 1911–1914): Politik politischer und sozialer Integration.
1909	24. Oktober: Abkommen mit Rußland: Abstimmung der Interessen auf dem Balkan und im Mittelmeer.
1910	Dezember: Gründung der *Associazione Nazionalista Italiana.*
1911/12	Annexion von Tripolis und der Cyrenaika; Krieg gegen die Türkei; Besetzung von Rhodos und des Dodekanes.
1912	18. Oktober: Friede von Lausanne: Die Türkei tritt Tripolis und die Cyrenaika ab. Einführung des fast allgemeinen Wahlrechts.
1914	März: Opposition von rechts und links erzwingt Giolittis Rücktritt.

Die Regierung Zanardelli/Giolitti (bis November 1903) hat eine tendenziell demokratische Evolution eingeleitet. Dabei wurden sogleich die beiden gegensätzlichen Positionen innerhalb des immer noch allein als staatstragend auftretenden liberalen Lagers deutlich, deren Exponenten der rechtere Sonnino und der linkere Giolitti waren. Beide gingen davon aus, daß der Staat soliderer Grundlegung bedurfte; aber zur Erreichung dieses Ziels wollten sie sehr verschiedene Wege gehen. Sonnino forderte die Zusammenfassung aller staatstragenden Kräfte zu einem konservativen *fascio* (Bund), sodann eine vom Staat ausgehende, dabei den Arbeitern durchaus weit entgegenkommende Sozialpolitik; eine Modernisierung von oben also, die teils wiederum am deutschen Vorbild orientiert war und Elemente enthielt, auf denen dann auch die faschistische Ordnungspolitik aufbauen konnte. Der Realist und Pragmatiker Giolitti hingegen wollte eine integrierende Sozialpolitik der kleinen Schritte, welche die Arbeiter davon überzeugen sollte, daß gerade unter einer liberalen Monarchie die Vertretung ihrer Interessen und sozialer Fortschritt möglich wären. Reformen sollten nicht vom Staat allein, sondern von allen gesellschaftlichen Gruppen getragen und verantwortet werden; nachdem die Sozialistische Partei so schnell erstarkt war, sollte sie als Sprecherin der Arbeiter akzeptiert werden. Die für Giolitti zeitlebens charakteristische, erst gegenüber dem aufsteigenden Faschismus überstrapazierte Fähigkeit geduldigen Taktierens verband sich also mit einem modernen, auf breitere Partizipation zielenden Gesamtkonzept. Es war das einzige realistische Konzept zur Überwindung des Gegensatzes zwischen bürgerlicher Oberschicht und oppositionellen Volksbewegungen, welches der italienische Liberalismus hervorgebracht hat; es sollte am Nationalismus und am Faschismus scheitern.

Giolitti wollte für seine Reformpolitik vor allem die Mitwirkung der Sozialisten, mit der Zeit auch des bürgerlichen Radikalismus und von Teilen der katholischen Bewegung. Einen Teilerfolg in dieser Richtung erzielten er und Zanardelli schon 1901, als die Sozialisten sich zum ersten Mal bereit erklärten, von Fall zu Fall mit der Regierung zu stimmen. Aber schon zwei Jahre später setzte sich erneut die maximalistische Richtung gegen Turati durch. Die Regierung Zanardelli hat das Streikrecht garantiert; im übrigen mußte sie sich wegen der unsicheren Mehrheitsverhältnisse mit Ansätzen begnügen, so mit der Ausdehnung der Unfallversicherung auf alle Arbeiter in der Industrie, aber noch nicht in der Landwirtschaft. Die Südfrage, zu der Francesco Saverio Nitti, Gaetano Salvemini und Sonnino neue Lösungsvorschläge machten, wurde angegangen; doch blieb es bei Maßnahmen zugunsten besonders problemreicher Zonen wie Neapel, welche die Gesamtlage nicht verbessern konnten.

Die innenpolitische Entspannung wurde durch eine positive Entwicklung der Wirtschaft erleichtert. Nach fast zehnjähriger Krise hatte im Rahmen eines weltwirtschaftlichen Aufschwungs um 1895/96 die »industrielle Revolution« Norditaliens eingesetzt, die bis 1912/13 gedauert hat. 1897 entstanden die Stahlwerke in Piombino, 1898 die in Elba. 1899 gründete Giovanni Agnelli das FIAT-Werk. Die 1900 von Terni aus gegründeten Stahlwerke in Savona fusionierten 1902 mit denen in Elba zum ILVA-Konzern, der mit Hilfe staatlicher Mittel für Neapel (1904) das einzige Stahlwerk des Südens in Bagnoli bei Neapel errichtete. Die Tatsache, daß die Hochindustrialisierung im wesentlichen auf den Norden beschränkt blieb, und der Vergleich mit den wesentlich früheren »Take-off«-Perioden anderer europäischer Länder verweisen erneut auf die Rückständigkeit des Landes, welcher Giolitti sich stets bewußt blieb.

In der Außenpolitik war der 1896 eingeschlagene Kurs fortgesetzt worden. Im Dezember 1900 verständigten sich Frankreich und Italien über die Ansprüche auf Marokko und Tripolis, die Grenzen der künftigen italienischen Kolonie wurden skizziert. Zwar wurde der Dreibund im Juni 1902 verlängert, aber schon im November desselben Jahres erfolgte eine weitere geheime Vereinbarung mit Frankreich über beiderseitige Neutralität. Die Absprachen mit Frankreich paßten insoweit zu den innenpolitischen Veränderungen, als die Bindung an die Kaisermächte Konservatismus impliziert hatte, der nun durch erneute Annäherung an das liberalere Westeuropa abgelöst wurde.

Italien, welches in seiner Staatsgründungsperiode ein Satellit Frankreichs, unter Crispi ein ungestümer Verbündeter Deutschlands gewesen war, rückte faktisch in eine Mittelstellung zwischen den beiden Machtgruppierungen, die sich inzwischen in Europa formiert hatten.

Auch Giolitti hat als Ministerpräsident vorübergehende Ablösungen hinnehmen müssen. In die Intervalle fielen Regierungen unter Alessandro Fortis (1905/06) und Luigi Luzzatti (1910/11), die sich als Platzhalter Giolittis verstanden, aber auch zwei kurzlebige Kabinette seines Gegenspielers Sonnino (1906, 1909/10).

Giolittis Integrationspolitik beruhte auf der Überzeugung, daß der Übergang vom Staat einer Elite zum Staat des Volkes historisch notwendig sei; gegenüber den Angriffen der Rechten verwies er auch auf Cavours *connubio*. Dabei wollte er stets von den »Verhältnissen im Lande« ausgehen. Unter dem Überbau des Parlaments gab es politisches Leben immer noch nur auf den traditionellen Ebenen der Gemeinden und Provinzen, allein die Sozialisten besaßen eine effiziente Parteiorganisation. Die Bevölkerung war weiter gewachsen (1871: 26,8 Millionen, 1901: 32,4 Millionen), aber wahlberechtigt waren weiterhin nur 7%. Trotz der Industrialisierung war Italien ein vorwiegend agrarisches Land mit traditionellen Lebensformen geblieben. 1911 waren noch 55,4% der Bevölkerung in der Landwirtschaft, 26,9% in der Industrie tätig.

Giolitti war davon überzeugt, daß das Land am besten durch ein von ihm persönlich beherrschtes Parlament und durch die von Rom gesteuerten Präfekten zu regieren sei. Es gelang ihm, sich eine zweifache Basis zu schaffen: im Norden eine seiner Konzeption entsprechende Koalition mit einem Teil der Unternehmer und der Arbeiterschaft; im Süden eine Masse gouvernementaler, zumeist agrarischer Abgeordneter, deren Wahl durch Pressionen der Präfekten und deren Wohlverhalten durch Berücksichtigung ihrer Interessen gesichert wurden. Diese Regierungsweise ist von Giolittis Gegnern heftig kritisiert worden – nicht nur von der Rechten, sondern auch von grundsatzfesten Liberalen wie Gaetano Salvemini und Lugi Albertini, dem Herausgeber des *Corriere della Sera*, oder von tendenziell demokratischen Katholiken wie Don Luigi Sturzo.

Giolittis Zusammenarbeit mit den Sozialisten erwies sich als schwierig. Sowohl 1903 wie 1911 scheiterten seine Versuche, sie direkt an der Regierung zu beteiligen, weil Turati dafür keinen Rückhalt in der Partei fand. Auf dem Kongreß in Florenz (1908) setzten sich dann die Revisionisten durch, und 1911 wurde zwischen Giolittis Linksliberalen, den Sozialisten und den Radikalen organische Zusammenarbeit verabredet. Doch diese dauerte nicht lange; im Zusammenhang mit dem von ihnen verworfenen Krieg um Libyen gewannen die sozialistischen Maximalisten erneut die Mehrheit (Kongreß in Reggio Emilia, 1912). Eine führende Rolle dabei spielte Benito Mussolini, der wenig später die Redaktion des *Avanti* übernahm. Turati fügte sich, aber Bissolati, der insgesamt Giolitti am weitesten entgegengekommen war, wurde aus der Partei ausgeschlossen und gründete den *Partito Socialista Riformista* (PSR). Damit begann die lange Geschichte der Spaltungen unter Italiens Sozialisten.

Eine umfassende Verständigung mit den Katholiken hielt Giolitti schon wegen des kulturellen Antimodernismus Papst Pius' X. für unmöglich. Aber er wußte, daß die meisten Katholiken trotz der »Römischen Frage« loyale Bürger waren, und er benutzte daher die sozialistischen Rückfälle in die Opposition, um die Katholiken als Gegenpol einzusetzen und ebenfalls in sein System einzubeziehen. Der Papst kam auf der praktischen Ebene entgegen. Er milderte das »Non expedit«, so daß sich eine katholische Wählerorganisation um den Grafen Ottorino Gentiloni bilden und 1904 wie 1909 einige Kandidaten ins Parlament senden konnte. Im *Patto Gentiloni* (1913) wurden dann die Stimmen der Katholiken denjenigen liberalen Kandidaten zugesagt, die sich auf katholische Grundforderungen, so in der Schul- und Familienpolitik, festlegten. Darüber entstand eine Allianz von katholischer und liberaler Bourgeoisie, die aber auf Dauer mehr der Rechten als Giolitti genutzt hat. Zu ihren Gegnern gehörte Don Sturzo, der den Klerus im Süden sozialpolitisch zu mobilisieren und gerade mit Hilfe des »Non expedit« die Eigenständigkeit der Katholiken zu wahren suchte. Giolittis Angebote sollten zurückgewiesen, statt dessen demokratische Partizipationen angestrebt werden.

Trotz des ständigen Zwangs zum Taktieren hat Giolitti viel erreicht. Der Staatshaushalt wurde saniert, die Verwaltung funktionierte besser denn je. Der Staat war endlich imstande, die öffentlichen Dienste von nationaler Bedeutung privaten Interessengruppen zu entziehen und die Sozialgesetzgebung fortzuführen. Telefonbetrieb und Eisenbahnen wurden verstaatlicht. Die Nachtarbeit sowie die Arbeitszeit für Frauen und Kinder wurden beschränkt. Der Ausbau der Sozialversicherung führte zur Gründung des nationalen Versicherungsinstituts (1912) und zu einem Staatsmonopol für Lebensversicherungen, dessen Realisierung aber von Giolittis rechten Nachfolgern verhindert worden ist. Der Unterrichtsminister Luigi Credaro begann mit der überfälligen Reform der Volksschulen. Den Höhepunkt bildete das Wahlgesetz von 1912, welches alle Männer, die älter als 30 Jahre waren oder Militärdienst geleistet hatten, zu den Wahlen zuließ. Die Zahl der Wahlberechtigten stieg von 3,3 auf 8,6 Millionen und damit auf rund 24% der Gesamtbevölkerung; auch wurden Diäten eingeführt. Dieses Wahlrecht war freilich für Italiens oligarchisches Regierungssystem nicht unproblematisch. Denn es gab immer noch keine bürgerliche Partei, welche die vielen neuen Wähler hätte integrieren können; und das Subproletariat im Mezzogiorno war unpolitisch. Für den Süden, wo schlimme Erdbeben 1905 und 1908 zusätzliche Probleme schufen, waren nämlich auch nach 1903 nur Maßnahmen zugunsten besonders bedürftiger Zonen erfolgt (u. a. großer Aquädukt für Apulien), aber zu struktureller Modernisierung kam es wiederum nicht. Giolitti nahm Rücksicht auf die Landbesitzer; auch setzte er wie so manche seiner Vorgänger und Nachfolger vor allem auf den industriellen Aufschwung, der weiterhin von den Großbanken mit gesteuert wurde. Die kurze Krise von 1907 begünstigte die Entwicklung zum »organisierten Kapitalismus«, die staatlichen Eingriffe nahmen noch zu.

In der Außenpolitik war Giolitti sehr vorsichtig. Das verübelten ihm seine rechten und zunehmend nationalistischen Gegner besonders, weil sie die Stärke eines Staates vorwiegend über dessen äußere Machtstellung definierten; daß Österreich 1908 Bosnien annektierte und Italien leer ausging, gab ihnen weiteren Auftrieb. Dabei hatten Giolitti und sein Außenminister Tittoni (bis 1909) durchaus konsequent gehandelt. Durch die englisch-französische *Entente cordiale* (1904) sahen sie die Richtigkeit ihres Kurses bestätigt; auf der Konferenz von Algeciras (1906) unterstützten sie die französischen Ansprüche auf Marokko, vor allem, um den eigenen Ausgriff nach Libyen zu erleichtern. Dem selben Ziel diente das geheime Abkommen mit Rußland (1909), dessen antiösterreichische Tendenz (direkte Reaktion auf die Annexion Bosniens) symptomatisch war für die fortschreitende Entfremdung. Dennoch wollte Giolitti am Dreibund festhalten, welcher 1912 wieder erneuert wurde.

Trotz des Drucks von rechts hat die Regierung Giolitti die Okkupation Libyens konkret erst geplant, nachdem Frankreich 1911 Marokko auch militärisch besetzt hatte. Eine weitere, gut organisierte Welle des Nationalismus erfaßte seitdem Italien. Zur Aktion drängten die meisten bürgerlichen Gruppen, die Mehrzahl der Presse und ein Teil des Finanzkapitals, namentlich der *Banco di Roma*, welcher ultimativ die Sicherung seiner Investitionen in Libyen forderte. Mit deren Schutz begründete die Regierung im September 1911 ein Ultimatum an die Türkei, nach dessen Ablehnung im Oktober die Okkupation Libyens begann. Zudem besetzte die italienische Marine Rhodos und die Inseln des Dodekanes. Die Türkei, die wenig später in den ersten Balkankrieg verwickelt wurde, mußte nachgeben und willigte im Oktober 1912 in die Abtretung Tripolitaniens und der Cyrenaika ein. Die dafür zugesagte Räumung der besetzten Inseln führte Italien, welches sich in der stärkeren Position befand, nicht aus; als Mitglied der Siegerkoalition von 1918/19 bekam es sie 1923 (Friede von Lausanne) auch völkerrechtlich zugesichert. Mit der Eroberung Libyens errang der italienische Imperialismus seinen ersten großen Erfolg. Zwar war sie auch ein Erfolg Giolittis, aber schnell stellte sich heraus, daß dieser sein Hauptanliegen, die Integrationspolitik, gefährdete. Denn einerseits erstarkte die Rechte, andererseits bedeutete die Spaltung der Sozialisten eine erhebliche Schwächung seiner informellen Koalition.

Die aus dem Risorgimento erwachsene liberale Kultur erlebte in der Ära Giolitti ihre letzte Blüte. Ihr wichtigster Denker war der Philosoph, Historiker und Zeitkritiker Benedetto Croce, der von 1903 bis 1944 die das gesamte kulturelle Leben beeinflussende Zeitschrift *La Critica* herausgab und großenteils selbst schrieb. Croce ist über seine Auseinandersetzung mit dem historischen Materialismus und seine Hegel-Studien zum Überwinder des Positivismus in Italien geworden. Er interpretierte Aktivität und Freiheit als Leben des Geistes und jeden historischen Fortschritt als Ergebnis der ganzen früheren Geschichte. Aus der Überzeugung, daß der Geist vernünftig handelt, kam er zu einem optimistischen Fortschrittsglauben; im ethisch begriffenen liberalen Staat erblickte er die dazu allein passende politische Ordnung.

Croces Philosophie war jedoch zu idealistisch, Giolittis Politik zu prosaisch für eine Zeit, in der die Industrie auf Expansion setzte, in der die Massen ins politische Leben eintraten und in der andere Intellektuelle die Maßlosigkeit predigten: wie in ganz Europa so gerade in Italien, dessen Anfälligkeit für den Nationalismus schon erwähnt wurde. Mehr und mehr beherrschten die Szene Schriftsteller wie Gabriele D'Annunzio und Giovanni Papini, die Futuristen um Filippo Tommaso Marinetti und die Nationalisten um Enrico Corradini (*Il Regno*) und Giuseppe Prezzolini (*La Voce*). Sie waren stark geprägt durch den französischen integralen Nationalismus, ihr Dynamismus und ihre Polemik gegen das Bürgertum beeindruckten die Jugend.

D'Annunzio, egozentrischer Künder eines heidnischen Sinnenkults und eklektischer Deuter von Zeitströmungen, pries sein Vaterland als »auserwählte Nation«, die sich aktiv am Imperialismus beteiligen sollte; im Kampf erblickte er das eigentliche, der Elite zum Sieg verhelfende Lebenselement. Dem Faschismus hat er die Methoden irrationaler Massenführung und die Rituale vermittelt. Auch Papini, der mit Hilfe seiner Lebensphilosophie aufrütteln wollte, pries den Krieg als Reinigungsbad der dekadent gewordenen Menschheit. Marinettis *Manifesto futurista* (1909) forderte die radikale Erneuerung aller Kunstgattungen und den Bruch mit allen Traditionen. So breitete sich ein Romantizismus aus, der sich gleichermaßen gegen Rationalismus und bürgerliche Ordnung wandte und die als langweilig oder bescheiden empfundene Politik Giolittis durch Kampf und Expansion ersetzen wollte.

1910 fand der erste Kongreß aller nationalistischen Gruppen statt, die sich zur *Associazione Nazionalista Italiana* vereinigten. Ihr Theoretiker und Führer Corradini und seine Mitstreiter Luigi Federzoni und Alfred Rocco, die gleich ihm unter Mussolini Minister werden sollten, polemisierten heftig gegen Giolittis Integrationspolitik. Sie gingen nicht vom Individuum, sondern vom Staat aus; wiewohl sie ihren Nationalismus auch als proletarische Gegenkraft gegen den Sozialismus verstanden (und insofern eine antibürgerliche Unterströmung begründeten, die in den Faschismus hineinwirken sollte), fanden sie ihre Anhänger meist im Bürgertum. Die Lösung der italienischen Probleme erwarteten auch sie nicht von demokratisierenden Reformen, sondern von Autoritarismus, kämpferischer Moral und Expansion. Lauthals beriefen ihre Führer sich aufs Risorgimento, obwohl sie dessen liberalen und demokratischen Kern eliminierten. Die Nationalisten forderten den Kampf der jungen, proletarischen gegen die alten, plutokratischen Nationen; durch Expansion nach Afrika wollten sie mit den Großmächten gleichziehen und zugleich der Emigration beikommen; ihr Programm hat sich wenige Jahre später Mussolini zu eigen gemacht. Aber dieser Nationalismus hatte auch linke Wurzeln, die auf Mazzini und Crispi zurückgingen.

Corradini hat auch den Irredentismus in den Dienst des Nationalismus gestellt, und mit äußerster Konsequenz tat dies der aus Rovereto stammende Ettore Tolomei. In seinem *Archivio per l'Alto Adige* (seit 1905) versuchte er den italienischen Charakter Südtirols zu erweisen und Italiens öffentliche Meinung zur Forderung der Brennergrenze zu bewegen – mit wachsendem Erfolg. Seine Demagogie übertönte die wenigen Irredentisten, die den Idealen des Risorgimento treu blieben. Unter letzteren waren zwei bedeutende Trentiner: der Soziologe Scipio Sighele und der Reformsozialist Cesare Battisti. Letzterer hat, obwohl österreichischer Reserveoffizier, im Weltkrieg in der italienischen Armee gekämpft; im Sommer 1916 gefangengenommen, wurde er zusammen mit seinem Gefährten Fabio Filzi wegen Hochverrats zum Tode verurteilt und hingerichtet. Die Faschisten haben ihn als nationalen Märtyrer zu vereinnahmen versucht.

Die Wahlen im Oktober 1913 erbrachten eine erhebliche Rechtsverschiebung und zugleich eine Stärkung der wieder oppositionellen Sozialisten. Zwar erhielt das liberale Lager insgesamt 304 Sitze, aber dabei erstarkten die rechten, mit dem Nationalismus paktierenden Gruppen um Sonnino und Salandra. Andererseits verdankten viele der neuen liberalen Abgeordneten ihre Wahl katholischen Stimmen und waren an den *Patto Gentiloni* gebunden; sie waren daher den progressiven Liberalen ebenso suspekt wie den Linksparteien. Über diesen Gegensätzen zerbrach Giolittis geschwächte Regierungsmehrheit schon im Februar 1914. Er selbst empfahl dem König für die Nachfolge Salandra, in der für seinen Stil charakteristischen Hoffnung, daß er gerade gegenüber einem Exponenten der Rechten erneut eine progressive Mehrheit zusammenbringen und ähnlich wie 1906 und 1910 die Macht zurückgewinnen könnte.

Aber die liberale Oberschicht hatte sich insgesamt isoliert; und Giolittis Programmatik war, weil sehr integrativ, auch unscharf geblieben. Die sozialen und politischen Widersprüche hatten zu einer latenten Systemkrise geführt, über die auch Giolitti mehr und mehr hinweglaviert hatte. Immerhin hat er weitaus realistischer und verantwortlicher regiert als seine rechtsliberalen und nationalistischen Nachfolger, die alsbald durch den Weltkriegseintritt Italiens den Umschlag in die akute Krise heraufgeführt haben.

Italiens Weg in den Krieg
(1914/15)

1914–1916	Ministerpräsident Antonio Salandra, Außenminister Antonio di San Giuliano (März – Oktober 1914) und Sidney Sonnino (November 1914 – Juni 1916).
1915	26. April: Geheimvertrag in London mit Großbritannien, Frankreich und Rußland: Verpflichtung Italiens zum Kriegseintritt gegen die Zusage erheblicher Gebietsgewinne. 23. Mai: Kriegserklärung an Österreich-Ungarn.

Antonio Salandra aus Foggia, renommierter Professor des Finanz- und Verwaltungsrechts in Rom, lange rechtsliberal, hatte seit 1911 eine die *destra storica* beschwörende *politica nazionale* proklamiert, mit der er sich für eine Nachfolge Giolittis aufzubauen suchte. Ganz im Gegensatz zu diesem gab er sich der Illusion hin, daß die bürgerliche Oberschicht weiterhin allein regieren könnte. Er wollte wieder einen autoritären, nur in der Wirtschaftspolitik liberal bleibenden Kurs einschlagen; aus Giolittis Kabinett übernahm er nur den Außenminister San Giuliano. Tatsächlich hat Salandra, der infolge des Ausbruchs des Weltkrieges seine Position verfestigen konnte und bis zum Juli 1916 Ministerpräsident und Innenminister geblieben ist, die Integrationspolitik Giolittis abgeblockt.

Es hatte ihm durchaus gepaßt, daß im Juni 1914 aus antimilitaristischen Kundgebungen in Ancona eine Aufstands- und Streikbewegung hervorging, die an die Tumulte von 1898 erinnerte und auf ganz Mittel- und Oberitalien übergriff. Am heftigsten verlief diese *settimana rossa* in der Romagna; sie bewies ein weiteres Mal, daß das liberale Italien die Unterschichten weitaus weniger integriert hatte als die konservativen Staaten Europas. Aber viele Bürger glaubten seitdem an die Richtigkeit von Salandras Kurs; die Regierung und die nationalistische Presse begründeten ihn auch damit, daß Giolitti keine wirkliche Versöhnung von *paese legale* und *paese reale* erzielt hätte und daß der Staat darum wieder ernsthafter an seine Sicherheit denken müsse. Auf den Aufstand selbst reagierte Salandra mit einer erfolgreichen Mischung aus Härte und Mäßigung.

Doch alle inneren Probleme traten seit der Ermordung des österreichischen Thronfolgers Franz Ferdinand und seiner Gattin durch serbisch-bosnische Nationalisten am 28. Juni 1914 in den Hintergrund. Der Mord in Sarajewo, bei dem eine indirekte Mitverantwortung des von Rußland gestützten Serbiens leicht erkennbar war, traf die übernationale Monarchie als solche. Österreich mußte darum alles tun, um den großserbischen Nationalismus abzudrängen. Aber mehr als auf Verhandlungen setzte man in Wien alsbald auf Krieg, und das tat noch mehr der deutsche

Reichskanzler von Bethmann-Hollweg. Die deutsche Führung, die sich durch permanente Überschätzung der eigenen Kraft den Weg zur politischen Lösung von Konflikten längst verbaut hatte, ermutigte Wien zu schnellem Losschlagen in der Hoffnung, den Konflikt noch lokalisieren zu können: Aber den großen Krieg kalkulierte man ein. Insofern haben Salandra und Sonnino sich nur an einem bösen Spiel beteiligt, in dem andere führten. Immerhin empfahl Berlin, den italienischen Bündnispartner zu informieren, doch das tat die österreichische Regierung nicht, weil sie Weitergabe an Serbien fürchtete. Am Ende der »Julikrise« stand der Ausbruch des Weltkriegs, mit dem die antagonistischen Imperialismen das alte Europa zerstört haben.

Die Regierung Salandra vermied zunächst jede Festlegung. Drei Tage nach Österreichs Kriegserklärung an Serbien bekundete sie ihre Neutralität mit der Begründung, daß Österreich der Angreifer sei und darum der Bündnisfall nicht vorliege; sie forderte sofortige Verhandlungen um Kompensationen für Österreichs Eindringen nach Serbien und ließ keinen Zweifel daran, daß jedenfalls Trient und Triest gemeint waren; der Kriegsausbruch schien die Vollendung der nationalen Einheit endlich zu ermöglichen! Italiens Neutralitätserklärung war, entgegen den in Deutschland und Österreich alsbald beginnenden antiitalienischen Kampagnen, im Hinblick auf die Bestimmungen der Artikel 1, 3, 4 und 7 des Dreibundvertrages korrekt; mit dem Hinweis darauf und auch mit der Kompensationsforderung erkannte die Regierung Salandra den Fortbestand des Dreibunds an. Das Doppelspiel Salandras und Sonninos bestand aber darin, daß sie nicht an wohlwollende Neutralität dachten, sondern nur an eigene Gewinne; schon im August 1914 hat San Giuliano den Kriegseintritt gegen Österreich erwogen. Nach seinem Tod im Oktober wurde Sonnino Außenminister. Er ist neben Salandra der Hauptverantwortliche dafür geworden, daß Italien tatsächlich im Mai 1915 in den

Krieg gegen Österreich eintrat, mit dem es seit über 30 Jahren verbündet war.

Seit dem August 1914 zerfiel das politische Italien in Neutralisten und Interventionisten. Für die Neutralität trat vor allem Giolitti ein; von Verhandlungen mit Österreich erwartete er »ziemlich viel« (*parecchio*), nämlich im wesentlichen die Erfüllung der italienischen Ansprüche. Die Mehrzahl der Abgeordneten billigte seinen Standpunkt. Auch Papst Benedikt XV. (seit September 1914) ist unermüdlich für die Begrenzung des Konflikts und für die Erhaltung der italienischen Neutralität eingetreten. Viele Katholiken sind ihm gefolgt. Auch die Sozialisten blieben pazifistisch und ebenso Giolittis liberale Anhänger. Lange waren die Neutralisten also in der Mehrheit, aber die Vernunft ihrer Argumente kam nicht an gegen die wachsende Kriegsbegeisterung, von der sie sich in die Defensive drängen ließen.

Für den Kriegseintritt an der Seite der Entente plädierte zunächst nur die numerisch schwache demokratische Linke, d. h. Radikale, Republikaner und einige Reformsozialisten. Alter Irredentismus verband sich bei ihnen mit der Überzeugung, daß Österreich und Deutschland die Angreifer wären und daß ihr Sieg im Interesse der demokratischen Entwicklung Europas verhindert werden müßte. Unbeschwert von solchem Moralismus waren die Nationalisten, die in der Front der Kriegsbefürworter bald den Ton angaben. Männer wie Prezzolini und Papini, noch radikaler Corradini und D'Annunzio predigten den Mythos vom großen Krieg, der Italien endgültig zur Großmacht erheben sollte. Die Interventionisten sprachen vor allem die Jugend an, zogen aber darüber hinaus eine wachsende Zahl aus anderen Gruppierungen zu sich herüber, vor allem im Norden mit den dort lebendig gebliebenen Risorgimento-Erinnerungen. Am spektakulärsten war der Übertritt Mussolinis. Aus dem Chefredakteur des *Avanti* wurde im Herbst 1914 der Herausgeber des *Popolo d'Italia*, in dem er den Krieg als die eigentliche Revolution propagierte; das Geld für das neue Blatt kam großenteils aus der Schwerindustrie, einiges auch aus Frankreich.

Salandra und Sonnino wollten durch Italiens Aufstieg in den Kreis der Großmächte auch ihre *politica nazionale* und damit das politische Monopol der bürgerlichen Klasse konsolidieren. Als die Regierung die Kompensationsverhandlungen mit Österreich und wenig später auch Verhandlungen mit der Italien umwerbenden Entente aufnahm, schloß sie den Verbleib in der Neutralität für den Fall erheblicher österreichischer Konzessionen noch nicht aus. Andererseits erhoben Salandra und San Giuliano schon im September 1914 gegenüber der Entente Forderungen, wie sie Österreich niemals bewilligen konnte: gemäß Tolomeis Programm die Grenze an der Wasserscheide in den Alpen und das dalmatinische Küstenland, dazu eine Vergrößerung des ostafrikanischen Kolonialbesitzes. Das war einstweilen auch der Entente zuviel.

Die zunehmenden öffentlichen Erfolge der Interventionisten entwickelten aber seit der Jahreswende Eigenwirkungen, Druck von der Straße wurde mitbestimmend. Salandra und Sonnino glaubten seitdem anscheinend, daß sie auch für die Systemerhaltung den Krieg gegen Österreich brauchten. Nun kamen auch neue Angebote der Entente, denn nach dem Festlaufen der Fronten in West und Ost war Italien für beide Kriegsparteien durchaus wichtig geworden. Salandra und Sonnino versuchten seitdem, die Angebote beider Seiten gegeneinander auszuspielen. Diese Politik wäre nur noch zu unterlaufen gewesen, wenn Österreich-Ungarn die Kernforderungen Italiens schnell erfüllt und dadurch Giolitti in die Lage versetzt hätte, das Land von der Richtigkeit seiner Thesen zu überzeugen. Aber die österreichischen Politiker, welche den Krieg riskiert hatten, um die übernationale Monarchie zu verteidigen, waren schwer dazu zu bewegen, nun sogleich an deren Hauptgegner, das nationale Prinzip, eine substantielle Konzession zu machen. Erst angesichts zunehmender Kriegsgefahr im Süden rang der kaiserliche Kronrat sich am 8. März 1915 zur Abtretung des Trentino durch, welche Italien sofort bindend zugesagt wurde, aber erst bei Kriegsende ausgeführt werden sollte. Dieses Angebot hätte wohl drei Monate früher seinen Zweck erfüllt. Aber inzwischen, seit Februar, waren in London formelle Geheimverhandlungen im Gange, an deren Ende am 26. April ein ebenso geheimer Vertrag stand. Italien versprach darin der Entente seinen Kriegseintritt an ihrer Seite binnen eines Monats und bekam dafür umfangreiche Erwerbungen zugesichert: das Trentino und Tirol bis zum Brenner, Triest, Görz und Gradisca, Istrien bis zum Quarnero samt den vorgelagerten Inseln, den größten Teil Dalmatiens (ohne Fiume) und Valona, dazu ein Protektorat über Albanien und die volle Souveränität über den Dodekanes. Für den Fall französischer oder englischer Landgewinne in Afrika auf Kosten Deutschlands wurden darüber hinaus Kompensationen in Aussicht gestellt.

Die Aspirationen des Risorgimento waren damit zu einem imperialistischen Expansionsprogramm ausgeweitet; seiner Verwirklichung nun sicher, kündigte die italienische Regierung am 4. Mai den Dreibund. Einer späten Gegenaktion Giolittis, die von der deutschen und österreichischen Diplomatie durch eine gemeinsame Zusage weiterer Gebietsabtretungen (9. Mai) unterstützt worden ist, wußten Salandra und Sonnino durch eine geschickte Kombination konservativer und plebiszitärer Methoden zu begegnen. Sie appellierten gleichzeitig an den König, der hinter ihnen stand, und an das Volk, d. h. an die Straße, wo D'Annunzio und Mussolini den Ton angaben und die nationalisierten Gruppen mobilisierten. In Rom war der Hauptredner D'Annunzio, der gar dazu aufrief, Giolitti zu erschlagen; in Mailand drohte Mussolini mit der Revolution. So wurde eine Bürgerkriegsatmosphäre verbreitet, welche die Vertreter traditioneller Legalität einschüchterte. Am 20. und 21. Mai gewährten daraufhin Kammer und Senat die von Salandra beantragten außerordentlichen Vollmachten für den Kriegsfall, eine mutige Rede dagegen hielt nur noch der Reformsozialist Turati. Am 23. Mai wurde in Wien die Kriegserklärung überbracht. Das darauf reagierende Kriegsmanifest Kaiser Franz Josephs erinnerte an die Siege von Custoza und Lissa; es beschuldigte Italien beispiellosen Verrats und gab damit den Ton an, auf den die meisten deutschen und österreichischen Urteile über Italien lange eingestimmt geblieben sind.

Italien im Großen Krieg
(1915–1918)

1915–1917	Juni 1915 – September 1917: In insgesamt elf Schlachten am Isonzo bei schweren Verlusten nur kleinere Geländegewinne der Italiener.
1916/17	Juni 1916 – Oktober 1917: Ministerpräsident Paolo Boselli, Sonnino Außenminister.
1916	28. August: Kriegserklärung an Deutschland.
1917	1. August: Friedensnote Papst Benedikts XV.
	24. Oktober: Durchbruch österreichischer und deutscher Truppen bei Caporetto (Karfreit).
1917–1919	Oktober 1917 – Juni 1919: Ministerpräsident Vittorio Emanuele Orlando, Sonnino Außenminister.
1917	Mitte November: Stabilisierung einer italienischen Abwehrfront am Piave.
1918	24. Oktober: Italienische Offensive gegen die (inzwischen in Auflösung begriffene) österreichische Armee, Sieg bei Vittorio Veneto.
	3. November: Waffenstillstand (Villa Giusti bei Padua).

Der Weltkrieg hat Italien keineswegs geradlinig nach Vittorio Veneto geführt. Er wurde als »vierter Unabhängigkeitskrieg« deklariert; auch Italien versteckte seinen Imperialismus hinter patriotischen Phrasen. Nach einem halben Jahrhundert staatlicher Einheit, allgemeiner Wehrpflicht und patriotischer Erziehung wie auch aufgrund des industriellen Aufschwungs waren die Italiener auf diesen Krieg immerhin besser vorbereitet als auf den des Jahres 1866, aber wirtschaftliche Rückständigkeit und Rohstoffmangel, dabei insbesondere die Angewiesenheit auf wachsende Kohleimporte, mußten bei längerer Kriegsdauer ebenso schwere Probleme schaffen wie das nationalpolitische Desinteresse der Bauern und der Landarbeiter aus dem Süden und von den Inseln, welchen die blutige Last des Kriegs aufgebürdet wurde. Aber Salandra und Sonnino hielten an ihrer kurzsichtigen Kriegskonzeption fest, obwohl im Mai 1915 schon deutlich war, daß sich dieser Krieg nicht begrenzen ließ. Sie hofften auf schnelle Siege über das damals stark im Osten engagierte Österreich, welches erheblich geschwächt, aber nicht zerstört werden sollte; gegenüber den neuen Verbündeten pochten sie auf ihre Unabhängigkeit. Doch die dazu erforderlichen militärischen Erfolge blieben aus; Italiens Kriegseintritt hat zwar den Mittelmächten die von ihnen gefürchtete dritte Front aufgezwungen, ist aber keineswegs kriegsentscheidend geworden. Der rücksichtslose Einsatz von Menschen und Material, mit dem der Generalstabschef Cadorna Durchbrüche zu erzwingen suchte, hat wachsende Verbitterung hervorgerufen und ging eben über die Kräfte der Nation.

Der Krieg in Oberitalien war wohl der sinnloseste des ganzen Weltkrieges; wegen einiger nach dem Krieg dann wirklich zugesprochener Provinzen wurden Hunderttausende in Verstümmelung und Tod geschickt. Obwohl im Frühjahr 1915 das Gros der österreichisch-ungarischen Armee gegen Rußland kämpfte, mißlang den Italienern der Vorstoß nach Villach und Laibach. Das lag sowohl an der Langsamkeit des italienischen Aufmarschs wie auch daran, daß der italienische Angriff bei den Angehörigen der meisten Völker Österreichs entschlossenen Widerstand hervorrief. Cadornas Truppen konnten in den ersten fünf Isonzo-Schlachten (bis März 1916) die österreichische Front nicht durchbrechen. Diese verlief von den südlichen Dolomiten zum Gardasee und von dort über die Adamellogruppe zum Ortler und ist den ganzen Krieg hindurch gehalten worden. Bis heute zeugen zahlreiche Bunker, Schützengräben und Sprengstollen in den Bergen von den dreijährigen Stellungskämpfen. Auch in Albanien kamen die Italiener kaum voran, und ihre an Zahl überlegene Kriegsflotte erzielte nur geringe Erfolge, Österreichs Schiffe kontrollierten den größten Teil der Adria. Schon die ersten Isonzo-Schlachten waren brutale Abnutzungsschlachten, welche die aus der Ebene angreifenden Italiener weitaus mehr schwächten als die auf den Bergen angegriffenen Österreicher. Aber sie banden erhebliche österreichische Kräfte, deren Kommandeure zudem einen italienischen Durchbruch nach Triest fürchten mußten. Sie leiteten daher im Mai 1916 eine Entlastungsoffensive mit der in Italien unvergessenen Bezeichnung »Strafexpedition« ein, welche vom Trentino nach Venetien vorstoßen und die italienische Armee von ihrem Hinterland abschneiden sollte. Doch diese Offensive, bei der strategisch wichtige Orte wie Asiago erobert wurden, lief sich auf der letzten Gebirgslinie fest. Cadorna begann daraufhin im August 1916 die sechste Isonzo-Schlacht, die zur Eroberung von Görz führte. Ein solcher Erfolg ließ sich aber in drei weiteren Großangriffen (bis November 1916) nicht wiederholen, und so blieb der Raumgewinn nach neun blutigen Schlachten äußerst gering.

Im Inneren war es bei dem Gegensatz zwischen *Interventisti* und *Neutralisti* geblieben, wobei die ersteren die öffentliche Meinung beherrschten. Die Anfangserfolge der österreichischen »Strafexpedition« riefen jedoch große Unruhen hervor, denen Salandra nicht gewachsen war. Im Juni 1916 berief der König zu seinem Nachfolger den 78jährigen Paolo Boselli, der schon unter Crispi Minister gewesen war und offenbar nun als Symbolfigur nationaler Tradition wirken sollte. Ihm gelang die Bildung einer Regierung nationaler Konzentration, in die auch die beiden Reformsozialisten Bissolati und Bonomi eintraten. Bissolati vertrat weiterhin den demokratischen Interventionismus, der die Rechte anderer Nationen respektieren wollte und geriet darüber in unlösbaren Gegensatz zu Sonnino, der das Außenministerium behalten konnte und damals wie später auf die volle Erfüllung des Londoner Vertrages vom April 1915 pochte. Boselli versprach eine Intensivierung des Krieges, die dann weithin auf eine Abdankung vor den Militärs hinauslief; ein Jahr lang hat Cadorna mitregiert! Das liberale Regierungssystem wurde de facto abgebaut und durch autoritäre Mechanismen ersetzt. Ein schon 1915 errichtetes Staatssekretariat für Kriegswirtschaft wurde 1917 zum Ministerium »für Waffen und Munition« ausgeweitet. Die Eisen- und Stahlindustrie wurde zu größtmöglicher Kapazitätssteigerung angehalten, ihre Kooperation mit der Schiffahrtsindustrie und damit die Konzentration insgesamt forciert. Staatliche Stellen entschieden über die Zuweisung von Krediten, Rohstoffen und Arbeitskräften, viele Werke wurden zu Kriegshilfsindustrien erklärt und damit direkt dem Staat unterstellt. Die Zunahme staatlicher Aufträge hat auch die Korruption gefördert, welche zu einem vom Faschismus nur verbal unterdrückten Dauerproblem Italiens geworden ist. Auch mußte die beständige Steigerung der Geldzirkulation, mit der allein die Kriegskosten bestritten werden konnten, massive inflatorische Prozesse auslösen, welche ebenfalls ein zentrales Problem der Kriegs- und Nachkriegszeit geworden sind.

Der neunten Isonzo-Schlacht war eine längere Kampfpause gefolgt, auch aus Mißtrauen gegenüber den Verbündeten, welche mittlerweile einen Separatfrieden mit Österreich erwogen. Erst nachdem dank englischer Vermittlung Italien in Verabredungen der Alliierten vom April und August 1917 eine Annexionszone im Südwesten Kleinasiens und Mitsprache bei der Neuordnung des arabischen Raumes zugesagt worden war, wurde Cadorna zu erneuten Angriffen ermächtigt. Aber auch die zehnte und elfte Isonzo-Schlacht (Mai und September 1917) brachten trotz großer Anstrengungen und Verluste wiederum nur kleinere Gewinne. Deswegen breiteten sich Entmutigung und Kriegsmüdigkeit aus, Giolitti übte im Sommer 1917 wieder heftige Kritik an Krieg und Kriegsführung. Die Note, mit der Papst Benedikt XV. am 1. August 1917 die Kriegsparteien zu einem Verhandlungsfrieden aufforderte, hat denn gerade auch unter den Italienern große Zustimmung gefunden. Die den meisten Politikern so unangenehme Feststellung des Papstes, daß der Weltkrieg ein »sinnloses Blutbad« (*inutile strage*) geworden sei, schien genau auf die Schlachten am Isonzo zuzutreffen. Nun wirkte sich auch wieder aus, daß die Arbeiter zu wenig integriert waren; die Nachrichten von den Umwälzungen in Rußland wirkten stimulierend. Unter den Arbeitermassen, die unter den Versorgungsschwierigkeiten am meisten zu leiden hatten, breitete sich Unruhe aus, die noch im August 1917 in Turin in einen Aufstand überging. Er wurde ebenso hart unterdrückt wie die um sich greifenden Desertionen; auch in der italienischen Armee wurden grausame Dezimierungen durchgeführt. Trotzdem hat ausgerechnet Cadorna, dessen Kriegsführung für die Verbitterung verantwortlich war, von der Regierung noch größere Härte gefordert.

Der Zeitpunkt war also gut geeignet für eine österreichische Offensive. Kaiser Karl und sein Generalstabschef Conrad von Hötzendorf konnten aus dem Osten abgezogene Truppen einsetzen. Auch erhielten sie nun erhebliche deutsche Hilfe, die in der Absicht gewährt wurde, den Verbündeten enger an sich zu binden und ihm den Weg zum Sonderfrieden abzuschneiden, der in Wien nach dem Thronwechsel erwogen worden war. Am 24. Oktober begann bei Tolmein (ital. Tolmino) am Isonzo der Angriff nach einem neuen, von den Deutschen mitentworfenen Konzept. Von gepanzerten Fahrzeugen vorbereitet, wurde an einer Stelle der Durchbruch umfangreicher Infanterieverbände erzwungen: noch am ersten Angriffstag oberhalb von Görz bei Karfreit (ital. Caporetto). Seine schnelle Ausnutzung hat die gesamte italienische Front erschüttert und in wenigen Tagen zur Besetzung von ganz Julisch-Venetien geführt. Ganze italienische Truppenteile lösten sich auf, mehr als hunderttausend Soldaten gerieten in Gefangenschaft. Doch die gleichzeitig aus dem Trentino angreifenden Kräfte waren nicht stark genug, um auch dort den Durchbruch zu erzwingen und dem gegnerischen Heer in den Rücken zu fallen; deshalb blieb den Italienern ein Cannae erspart. Cadorna wurde sogleich abgelöst; seinem Nachfolger Armando Diaz gelang wenigstens die schnelle Errichtung einer Abwehrfront am Piave, keine vierzig Kilometer vor Venedig. Auch der Ministerpräsident hatte inzwischen wegen der Niederlage seinen Rücktritt erklärt, und ausgerechnet der zuvor von den Scharfmachern kritisierte Innenminister Orlando konnte dank seiner breiten parlamentarischen Beziehungen die Nachfolge antreten. England und Frankreich, die zu schneller Waffenhilfe nicht imstande waren, legten Italien den Kriegsaustritt nahe. Tatsächlich hat Orlando zu Beginn des Jahres 1918 Sondierungen in Wien eingeleitet, aber sie kamen nicht voran, weil Kaiser Karl und sein Außenminister Graf Czernin, obwohl beide friedenswillig, Italien für besiegt hielten und daher über die Angebote von 1915 nicht hinausgehen wollten.

Ganz unterschiedliche Faktoren haben bewirkt, daß Italien dennoch innerhalb eines knappen Jahres die Rolle des beinahe Besiegten mit der des Siegers vertauschen konnte. Den Anfang setzten erhebliche eigene Leistungen, die aber allein nicht ausgereicht hätten. Die Katastrophe von Caporetto rief bei vielen Italienern einen unerwartet starken Widerstandswillen hervor; und die Industrie hat durch äußerste Anstrengungen das verlorene Kriegsmaterial durch neues und besseres ersetzt. Im Dezember 1917 schlossen sich die Interventionisten von rechts und links zum *Fascio parlamentare di difesa nazionale* zusammen, der fast ein Drittel der Abgeordneten umfaßte. Er hat den Kriegswillen aktiviert und Initiativen zur Versorgung der Hinterbliebenen von Frontkämpfern durchgesetzt, die bis dahin gefehlt hatten. Auch die meisten sozialistischen Abgeordneten übten nun nationale Solidarität, während die Parteispitze bei der Verurteilung des Krieges blieb. Giolittianer und etliche Katholiken waren weiterhin für einen Verhandlungsfrieden, wollten aber dem König nicht in den Rücken fallen.

Gestützt auf den neuen Kriegswillen im Lande, versuchte Orlando die militärische Niederlage durch politische Initiativen aufzufangen. Im Inneren betonten er und der Schatzminister Nitti den Primat der Politik gegenüber den Militärs. Die wichtigste Initiative der Regierung bestand darin, daß sie sich nun zur Solidarität mit den angeblich unterdrückten Völkern Österreichs und mit deren Forderungen nach Selbstbestimmung bekannte. Das sah nach einer Abkehr vom Imperialismus aus, an dessen Stelle vorübergehend eine Außenpolitik im Sinne Mazzinis trat, wie sie Bissolati, Salvemini und Luigi Albertini seit langem gefordert hatten. Dies bedeutete auch eine geschickte Anpassung an das am 8. Januar 1918 proklamierte Friedensprogramm des amerikanischen Präsidenten Wilson. Die Westmächte entsandten im Frühjahr 1918 bis zu elf Divisionen nach Italien, seit dem April wurde auch die vereinbarte monatliche Lieferung von 600000 Tonnen Kohle voll erreicht.

Günstig wirkte sich für Italien auch die zunehmende Uneinigkeit zwischen Berlin und Wien aus; die deutsche Führung konzentrierte sich ganz auf den Westen und begann dort im März 1918 die große Offensive, deren Scheitern in die Niederlage der Mittelmächte geführt hat. Orlando ließ im März die Sondierungen in Wien einstellen und statt dessen im April in Rom einen »Kongreß der unterdrückten Völker« abhalten, an dem Vertreter von Tschechen, Polen, Rumänen und Südslaven teilnahmen. Der abschließende *patto di Roma* bekräftigte die neue Außenpolitik; doch wurde deren Gegensatz zum Londoner Vertrag, der inzwischen von Rußlands neuer Regierung veröffentlicht worden war, nie ausgeräumt. Schon die Tatsache, daß Sonnino weiterhin auf seinem Posten blieb, zeugte von Ambivalenz, und der neue Kurs ist nur so lange gehalten worden, wie der Sieg der Entente nicht entschieden war.

Die bis in den Sommer 1918 von der deutschen Offensive in Frankreich hart bedrängten Alliierten hatten die Italiener zu einem Großangriff zu bewegen versucht. Die italienischen Generäle warteten aber den österreichischen Angriff ab, der erst Mitte Juni begann. Er wurde auf großer Breite vorgetragen und erreichte daher nicht die Stoßkraft von Caporetto, so daß die Italiener samt ihren englischen und französischen Verbündeten widerstehen konnten. Für einen Gegenangriff, auf den der König, Orlando und Sonnino drängten, hielt Diaz seine Truppen aber noch nicht für stark genug. Erst angesichts der späten, aber dann raschen Auflösung der multinationalen österreichisch-ungarischen Armee begann Diaz am 24. Oktober, dem Jahrestag von Caporetto, jene Offensive, die ihren Namen von dem am Monatsende erreichten Städtchen Vittorio Veneto erhalten hat. Das österreichische Oberkommando ersuchte nunmehr um Waffenstillstand, der am 3. November unterzeichnet wurde und am folgenden Tag in Kraft getreten ist.

Erst am Tag der Kapitulation erreichten Vorhuten der italienischen Armee und Marine Trient und Triest. Doch in der Folgezeit ist der Sieg bei Vittorio Veneto, der einzige, den Italien gegen Österreich je erzielt hat, von Nationalisten und Faschisten mythisiert worden. Selbstüberschätzung war die Folge. Dabei war die eigentliche Leistung der italienischen Soldaten im Ersten Weltkrieg nicht der schließliche Sieg über »die Reste eines der mächtigsten Heere« (so Diaz' Tagesbefehl vom 4. November 1918), sondern das dreieinhalbjährige Durchhalten im Abnutzungs- und Stellungskrieg.

Literaturhinweise

Are, Giuseppe: Economia e politica nell'Italia liberale 1890–1915. Bologna 1974.

Bauer, Ernest: Der »Löwe vom Isonzo«. Feldmarschall Svetozar Bororević de Bojna. Graz 1985.

Cardoza, Anthony L.: Aristocrats in Bourgeois Italy. The Piedmontese Nobility 1861–1930. Cambridge 1997.

Carocci, Giampiero: Giolitti e l'età giolittiana. Turin 1961.

Chabod, Federico: Storia della politica estera italiana dal 1870 al 1896. Bd. 1: Le premesse. Bari [2]1961.

Coppa, Frank J.: Planning, Protectionism, and Politics in Liberal Italy. Economics and Politics in the Giolittian Age. Washington 1971.

De Felice, Renzo: Mussolini il rivoluzionario 1883–1920. Turin 1965.

De Grand, Alexander J.: The Italian Nationalist Association and the Rise of Fascism in Italy. Lincoln/London 1978.

De Rosa, Gabriele: Luigi Sturzo. Turin 1977.

Duggan, Christopher: Francesco Crispi. From Nation to Nationalism. Oxford 2002.

Fabi, Lucio: Gente di trincea. La grande guerra sul Corso e sull'Isonzo. Mailand 1994.

Fumian, Carlo: Possidenti. Les élites agrarie tra Otto e Novecento. Rom 1996.

Gaeta, Franco: La crisi di fine secolo e l'età giolittiana. Turin 1982.

Gentile, Emilio: L'età giolittiana 1898–1914. Neapel 1977. (Storia dell'Italia contemporanea. Bd. 2.)

– Il mito dello stato nuovo. Rom 1982.

Hunecke, Volker: Arbeiterschaft und industrielle Revolution in Mailand 1853–1892. Zur Entstehungsgeschichte der italienischen Industrie und Arbeiterbewegung. Göttingen 1978.

Isnenghi, Mario: Il mito della grande guerra. Bologna 1970.

Italicus: Italiens Dreibundpolitik 1870–1896. München 1928.

Keller, Katharina: Modell SPD? Italienische Sozialisten und deutsche Sozialdemokratie bis zum Ersten Weltkrieg. Bonn 1994.

Lönne, Karl-Egon: Die Entwicklung des italienischen Nationalismus. In: Heiner Timmermann (Hrsg.): Nationalismus und Nationalbewegungen in Europa 1914–1945. Berlin 1999. S. 387–411.

Malgeri, Francesco: La guerra libica 1911–1912. Rom 1970.
Melograni, Piero: Storia politica della grande guerra 1915–1918. Mailand [2]1998.
Mola, Aldo A.: Giolitti. Lo statista della nuova Italia. Mailand 2004.
Monticone, Alberto: Deutschland und die Neutralität Italiens 1914–1915. Wiesbaden 1982.
– / Forcella, Enzo: Plotone di esecuzione. I processi della prima guerra mondiale. Bari 1968.
Mori, Renato: La politica estera di Francesco Crispi 1887–1891. Rom [2]1974.
Muhr, Josef: Die deutsch-italienischen Beziehungen in der Ära des Ersten Weltkrieges 1914–1922. Göttingen 1977.
Pastorelli, Pietro: Dalla prima alla seconda guerra mondiale: momenti e problemi della politica estera italiana 1914–1943. Mailand 1997.
Perfetti, Francesco: Il nazionalismo italiano dalle origini alla fusione col fascismo. Bologna 1977.
Procacci, Giovanna: Soldati e prigionieri italiani nella grande guerra. Rom 1993.
Romano, Sergio: Crispi. Progetto per una dittatura. Mailand 1973.
Rosen, Edgar R.: Giovanni Giolitti. Der Staatsmann und seine Epoche. In: Quellen und Forschungen aus italienischen Archiven und Bibliotheken 48 (1968) S. 260–281.
Rumi, Giorgio: Benedetto XV e la pace. Brescia 1990.
Salomone, William A.: Italy in the Giolittian Era. Italian Democracy in the Making 1900–1914. Philadelphia 1960.
Spadolini, Giovanni: Giolitti e i cattolici 1901–1914. Florenz [2]1990.
– L'opposizione cattolica da Porta Pia al '98. Florenz 1966.
Tobia, Bruno: L'Altare della patria. Bologna 1998. (L'identità italiana. Bd. 7.)
Tomassini, Luigi: L'Italia nella grande guerra 1915–1918. Mailand 1995.
Ullrich, Hartmut: Le elezioni del 1913 a Roma. I liberali fra massoneria e Vaticano. Mailand 1972.
Valiani, Leo: La dissoluzione dell'Austria-Ungheria. Mailand [2]1985.
Vigezzi, Brunello: L'Italia di fronte alla prima guerra mondiale. Bd. 1. Mailand/Neapel 1966.
– L'Italia unita e le sfide della politica estera. Mailand 1997.
Widrich, Thomas: Propaganda- und Kriegsliteratur im neutralen Italien (August 1914 – Mai 1915). Frankfurt am Main 1998.

Das faschistische Italien
(1919/22–1945)

Von Rudolf Lill

Epochenüberblick

Die von Benito Mussolini 1919 gegründete faschistische Bewegung und das von ihm 1922 errichtete und bis 1943 geführte Regime haben Italien epochal geprägt und den rechten Kräften in ganz Europa ein Modell des autoritären Staates und des nationalen Sozialismus präsentiert. Fünf Phasen sind zu unterscheiden: 1. die Anfänge der Bewegung, seit Ende 1921 Partei, und ihr Kampf um die Macht (1919–1922); 2. die Errichtung des Regierungssystems (1922–1925/26); 3. die relativ lange Phase der »Normalisierung« und der breiten Zustimmung, die auch internationale Reputation einbrachte (1926–1936); 4. die zunehmende Ideologisierung im Bündnis mit NS-Deutschland, die imperialistische Expansion, mit deren Scheitern das Regime zerfiel (1936–1943); 5. der radikalfaschistische Überlebensversuch in der nur mehr von einer Minderheit der Italiener bejahten *Repubblica Sociale Italiana* (1943–1945).

Direkte Voraussetzungen für den Aufstieg des Faschismus waren die durch den Ersten Weltkrieg ausgelösten wirtschaftlichen, sozialen und politischen Erschütterungen sowie die Kompromißunfähigkeit der liberalen Regierungen wie der neuen (sozialistischen und katholischen) Massenparteien zur Meisterung dieser fundamentalen Krise. Den Hintergrund bildete die bolschewistische Revolution, zu der der Faschismus sich als national-solidarische Alternative präsentierte. Seine Grundzüge waren extremer Nationalismus, auch aufgrund einer auf Mazzini rekurrierenden Reflexion des Risorgimento, und aktivistische Lebens- und Politikauffassung mit den Mythen des Führers, der Jugend und des Kampfes; antiliberaler Autoritarismus mit Einheitspartei, Partei-Miliz und Militarisierung des Staates; das Postulat eines dritten Weges zwischen Kapitalismus und Sozialismus, welcher jedoch schnell in ein Bündnis mit den vorfaschistischen Eliten führte; die Verbindung von kapitalistischer Wirtschaft mit staatlichen Lenkungsfunktionen, konkret einem staatlichen Vermittlungsmonopol in sozialen Konflikten (Korporativismus), verbunden mit vergleichsweise effektiver Sozialpolitik. Im Gegensatz zu konservativen Diktaturen wollte der Faschismus mittels der Einheitspartei und deren ebenfalls neuartigen Subsidiär-Organisationen die mittleren und die unteren Schichten zu einer politischen Bewegung formen, dies mit einigen Zügen einer patriotischen Zivilreligion. Wie die anderen Ideologien des 20. Jahrhunderts verbreitete der Faschismus, die neuen Kommunikationsmittel meisterhaft nutzend, eine Illusion: die der hierarchisch gegliederten nationalen Gemeinschaft, welche ein Imperium und eine neue, zentrale Elemente aus Italiens Traditionen neu interpretierende Kultur sowie soziale Gerechtigkeit zu schaffen vorgab. Aus dieser Illusion, aber ebenso aufgrund tatsächlicher Stabilität erwuchs der Konsens; die Gewaltbereitschaft und die nicht selten geübte Gewalttätigkeit des Regimes fielen in dieser Hinsicht weniger ins Gewicht.

In den 1920er Jahren wurde der Faschismus von den meisten Beobachtern als spezifisch italienische Erscheinung verstanden; man verwies auf die dortige Schwäche liberaldemokratischer Traditionen und eben auf die Nachkriegskrise. Unter den frühen kritischen Interpreten mit internationaler Wirkung ist Don Luigi Sturzo hervorzuheben. Daß die Krise nicht nach links, sondern nach rechts geführt hatte, beunruhigte freilich besonders die Kommunisten, welche darum als erste sowohl in Italien wie auf der Ebene der Komintern nach einer allgemeineren Erklärung suchten, welche ganz funktionalistisch ausfiel. Trotz einiger Differenzierungen, u. a. durch Antonio Gramsci und Palmiro Togliatti, wurde der Faschismus darin definiert als Instrument des in die Defensive gedrängten Kapitalismus im Klassenkampf oder allgemeiner als Form bürgerlicher Herrschaft in Krisenzeiten, jedenfalls als Produkt der kapitalistischen Gesellschaft. Diese schematische Definition ließ sich dann auch auf den Nationalsozialismus als »deutschen Faschismus« anwenden.

Außerhalb der kommunistischen Welt verbreitete sich die Annahme eines faschistischen Gesamtphänomens besonders seit der Machtergreifung des Nationalsozialismus in Deutschland und infolge der Ausbreitung von mehr oder weniger am faschistischen Modell orientierten Parteien in Ländern, in denen die Demokratie noch nicht gefestigt oder infolge der großen Wirtschaftskrise um 1930 geschwächt war. Im Anschluß an Mussolinis Wort von der Totalität des Staates (1925) hatte u. a. Carl Schmitt den »totalen Staat« proklamiert; liberale Kritiker prägten dagegen den Begriff des Totalitarismus, um die Gemeinsamkeiten der neuartigen Diktaturen von links und rechts aufzuzeigen.

Die Faschismus-Diskussion ist vor allem seit den 1960er Jahren weitergeführt worden, zunächst durch Ernst Noltes phänomenologische Betrachtungen über den »Faschismus in seiner Epoche«, dann durch Sozialhistoriker, welche die marxistische Interpretation mehr oder minder kopiert haben. In Italien hat der bedeutendste Erforscher des Faschismus, Renzo De Felice, an Maßstäben politischer Geschichtsschreibung festhaltend, den übernationalen Faschismusbegriff abgelehnt und gerade auch die Unterschiede zwischen Faschismus und Nationalsozialismus betont. Er sieht sie vor allem darin, daß die Diktatur Mussolinis mehr autoritär blieb als totalitär wurde und daß sie weder den rassischen Vernichtungswillen noch den täglichen Terror Hitlers hervorbrachte. Von marxistischen Historikern wie Enzo Collotti und Nicola Tranfaglia ist De Felice daher heftig kritisiert, aber nie aus den Quellen widerlegt worden.

Die Anfänge und der Kampf um die Macht (1919–1922)

1919	Januar: Gründung des *Partito Popolare Italiano* (PPI) durch Luigi Sturzo. 18. Januar: Beginn der Friedenskonferenz in Paris: Italien unter den »großen Vier« (neben den USA, Großbritannien und Frankreich). 23. März: Gründung der *Fasci di Combattimento* durch Benito Mussolini; erstes Programm mit sozialistischen Zügen.
1919–1920	Juni 1919 – Juni 1920: Ministerpräsident Francesco Saverio Nitti.
1919	10. September: Friedensvertrag mit Österreich in Saint-Germain-en-Laye. 12. September: Besetzung von Fiume (Rijeka) durch Gabriele D'Annunzio. November: Erste Wahlen nach dem Verhältniswahlrecht.
1920–1921	Juni 1920 – Juni 1921: Ministerpräsident Giovanni Giolitti.
1920	Herbst: Zuspitzung des Arbeits- und Klassenkampfes; viele Streiks und Fabrikbesetzungen, Unruhen unter den Landarbeitern in der Po-Ebene, der Toskana und Apulien.
1921	Januar: Nach Abspaltung vom PSI Gründung des *Partito Comunista Italiano* (PCI); Sekretär: Amadeo Bordiga. November: Umwandlung der *Fasci* zum *Partito Nazionale Fascista* (PNF).

1922 Februar – Oktober: Ministerpräsident Luigi Facta.
24. Oktober: Faschistischer »Marsch auf Rom«.
31. Oktober: Ernennung Mussolinis zum Ministerpräsidenten (bis 1943), außerdem zum Außenminister (bis 1929) und Innenminister (bis 1924).

Italiens Teilnahme am Sieg im Weltkrieg war mit rund 680000 Gefallenen, mit wirtschaftlichem wie finanziellem Bankrott und mit maßlosem Nationalismus allzu teuer bezahlt. Über 60% der Handelsflotte waren verloren. Das staatliche Defizit war 1918 wieder so groß, daß nur 30% der Ausgaben aus Einnahmen bestritten werden konnten. Die Regierung griff zu enormen Steuererhöhungen, zu neuen Monopolen (so auf Kaffee, Zucker und Kohle) und zu weiterer Vermehrung der Noten-Emission; die Lira sank bis 1921 auf ein Fünftel ihres Wertes von 1913. Die Eisen- und Stahlindustrie wußte mit den im Krieg geschaffenen Überkapazitäten nichts mehr anzufangen; die Hoffnungen auf gerechtere Landverteilung, die man den vielen Soldaten gemacht hatte, blieben unerfüllt. In der Sozialistischen Partei standen wie vor dem Krieg Reformismus und revolutionäre Haltung neben- und gegeneinander, die bolschewistische Propaganda fiel auf fruchtbaren Boden. In den Jahren 1919 und 1920 wurde das Land von einer außergewöhnlich breiten Welle von Streiks, dann auch von Fabrik- und Landbesetzungen überzogen. Die Mobilisierung der unteren Schichten ging Hand in Hand mit den Forderungen nach politischer Partizipation. Während die Linke den Arbeits- und Klassenkampf in die großen Städte des Nordens trug, agitierte die Rechte mit nationalistischen Forderungen und Parolen; zwischen den extremen Formationen, von denen erst die linke, dann die rechte erstarkte, hatten die Regierungen einen immer schwereren Stand.

Mit den Wahlen vom November 1919, den ersten nach Einführung des allgemeinen Verhältniswahlrechts, begann auch die akute politische Krise. Die liberalen Honoratioren-Gruppen verloren ihre traditionelle Mehrheit; die neuen Massenparteien der Sozialisten und der Katholiken errangen zusammen mehr als die Hälfte der 508 Mandate. Aber beide Parteien waren sowohl einer Koalition untereinander wie mit den Liberalen zunächst ebenso abgeneigt wie diese einer Koalition mit ihnen; als sie dann in Anbetracht der faschistischen Gefahr 1921/22 aufeinander zugingen, war es dafür zu spät. Auch hatten die Wahlen von 1919 gezeigt, wie wenig die Masse der Bevölkerung sich in den Staat integriert fühlte: Die Wahlbeteiligung lag nur knapp über 50%.

1919 stellte sich heraus, daß der »große Sieg« viel weniger einbrachte, als gehofft und versprochen worden war. Italien war in den Pariser Verhandlungen der schwächste unter den Siegerstaaten, und die mächtigeren Alliierten, die Italiens Beitrag zum Sieg weitaus geringer einschätzten als die Italiener selbst, setzten sich über die meisten seiner Wünsche hinweg. Die ärgsten Gegensätze ergaben sich aus der Unvereinbarkeit mancher italienischer Ansprüche aus dem Londoner Vertrag (1915) mit dem vom amerikanischen Präsidenten Wilson prinzipiell noch verfochtenen Selbstbestimmungsrecht und aus dem daraus resultierenden Konflikt zwischen Italien und dem neuen, serbisch dominierten Jugoslawien, welches von Wilson wie von Clemenceau unterstützt wurde. Besonders erbittert wurde um die größtenteils von Italienern bewohnte Hafenstadt Fiume (heute Rijeka) gestritten, deren Erwerb von der gesamten Rechten Italiens zur Sache des nationalen Prestiges hochgespielt worden ist. Wilson ist schließlich den Italienern hauptsächlich dort entgegengekommen, wo dies auf Kosten der Besiegten ging: Im Friedensvertrag von Saint-Germain erhielt Italien das Trentino und Südtirol, Triest, Julisch-Venetien, Teile Istriens und Dalmatiens. Entgegen der oft beschworenen Risorgimento-Tradition wurden also auch Gebiete mit geschlossener deutscher, ladinischer, kroatischer und slowenischer Bevölkerung annektiert. Italien bekam aber weder Fiume noch ganz Dalmatien; über den nun von Griechenland geforderten Dodekanes wurde noch nicht entschieden, 1923 (im Frieden von Lausanne, 23. Juli) ist er definitiv von der Türkei an Italien abgetreten worden. Insgesamt waren die hochgespannten Expansionsziele der italienischen Rechten weder im östlichen Mittelmeer noch in Afrika erreicht worden. Aus der Enttäuschung darüber erstanden das Ressentiment der *vittoria mutilata* (verstümmelter Sieg), die heftige Aversion gegen die dafür verantwortlich gemachten Alliierten und darüber jener Revisionismus, der wenige Jahre später die Außenpolitik Mussolinis bestimmt hat. 1919 war noch Mussolinis zeitweiliger Kampfgefährte Gabriele D'Annunzio der Protagonist dieses Revisionismus gegen die Pariser Entscheidungen gewesen; er hat unmittelbar nach der enttäuschenden Entscheidung in Saint-Germain mit einem Freikorps Fiume besetzt und dort für 15 Monate einen korporativistisch organisierten, mit seiner *Carta del Carnaro* an Mazzini orientierten Freistaat errichtet, in dem er mit manchen Elementen des späteren faschistischen Politikstils experimentieren konnte.

Von den vier Ministerpräsidenten, welche zwischen dem Sommer 1919 und dem Herbst 1922 amtierten, haben der Liberaldemokrat Nitti und der Altliberale Giolitti den Ernst der Lage erkannt und reformistische Auswege gesucht. Nitti setzte das demokratische Wahlrecht durch. Aber dann hielt er die neuen Parteien hin, weil er am früheren Regierungsstil der kleinen Zirkel festhalten wollte. Kraftproben mit der Rechten schob er hinaus. Ohne verläßliche Mehrheit konnte man aber gerade unter den neuen Verhältnissen im Parlament nicht effektiv regieren; und fortschreitende Autoritätsverluste der Regierung ergaben sich sowohl aus den sozialistischen Kampfaktionen wie dann aus D'Annunzios Handstreich. Zum Nachfolger berief der König den fast 80jährigen Giolitti, der freilich erst recht auf die Mittel überlebter parlamentarischer Taktik zurückgriff, immerhin nun auch mit tastender Bereitschaft zur Koalition. Im November/Dezember 1920 erreichte Giolitti eine Normalisierung der Beziehungen zu Jugoslawien aufgrund einer beiderseitig annehmbaren Grenzziehung und zwang D'Annunzio zum Abzug aus Fiume; aber seine Versuche, die Faschisten zu »konstitutionalisieren«, machten diese letztlich nur stärker. Der Reformsozialist Bonomi dann und erst recht Giolittis Gefolgsmann Facta reagierten zunehmend hilflos auf den Streit der Parteien und besonders der extremen Bewegungen. So entstand ein Machtvakuum, welches die Bürger immer mehr beunruhigte und welches die Faschisten zu füllen verstanden.

Mussolini, der seit 1918 die nationalistische und annektionistische Propaganda von 1915 wieder aufgenommen hatte und der bolschewistischen Revolution sein eigenes, national-sozialistisches Programm entgegenstellte, gründete im März 1919 in Mailand die *Fasci di Combattimento* (Kampfbünde). Sie waren zunächst eine kleine Gruppierung, in der sich frühere revolutionäre Syndikalisten, radikale Nationalisten und einige Futuristen zusammenfanden, geeint durch Frontkämpfererlebnis und diffuse Revolutionsstimmung, durch Feindschaft sowohl gegen die Sozialisten wie gegen die liberale, in ihren Augen zu schwache Regierung. Ihr erstes Programm zielte auf eine weithin sozialistische Gesellschaft, doch die spektakuläre Besetzung der sozialistischen Zeitung *Avanti* (15. April 1919), deren Chefredakteur noch fünf Jahre zuvor Mussolini selbst gewesen war, blieb noch ohne mobilisierende Folgen. Nur in Mailand stellten sich die *Fasci* im November 1919 zur Wahl und erreichten 4650 von 270000 Stimmen. Sie blieben einstweilen nur in einigen Städten präsent; ihre Kombination linker und rechter Forderungen überzeugte noch kaum, so daß sich die Nationalisten an D'Annunzio, die Mehrzahl der Arbeiter an die Sozialistische, seit Anfang 1921 auch an die Kommunistische Partei hielten. Aber Mussolini knüpfte Kontakte zu den Nationalisten; überhaupt war seine Konsequenz aus den ersten Niederlagen die Wendung nach rechts, mit der er freilich weiterhin die Vertretung von Arbeiterforderungen verband. Dank dieser Kombination und in der konkreten politisch-sozialen Situation von Ende 1920 / Anfang 1921 gelang ihm ein ganz unerwarteter Aufstieg, nunmehr auch auf dem Land, nämlich in der Po-Ebene, in der Toskana und in Apulien. In diesen Regionen hatte inzwischen ebenso wie in den großen Städten des Nordens die Mobilisierung der Arbeitermassen den Höhepunkt erreicht: Zeitweise waren über 500000 Industriearbeiter im Ausstand, in Mailand und Turin die großen Fabriken besetzt; und entsprechend verbreitete sich die Furcht vor bolschewistischer Machtergreifung, ja vor der Zerstörung aller bürgerlichen Strukturen. Die Regierung erwies sich als zu schwach, obwohl Giolitti durch Druck auf die Arbeitgeber das Ende der Fabrikbesetzungen erzielte. In dieser Situation bot sich die faschistische Bewegung an. Ihre Sturmtrupps (*squadre*), mit Unterführern wie Italo Balbo (Ferrara), Roberto Farinacci (Cremona), Dino Grandi (Bologna), wiesen die »Roten« in die Schranken; ihr Gegenterror sicherte die bürgerliche Ordnung. So gewannen sie Sympathien in Armee und Bürokratie, nicht selten auch bei der Kirche, obwohl die eigentlich auf den PPI und die von den Faschisten ebenfalls bekämpften christlichen Gewerkschaften gesetzt hatte. Die *Fasci* erhielten Zulauf aus allen Schichten, besonders aus dem mittleren und unteren Bürgertum, und dort, wo sie sich als stärker erwiesen hatten als die »Roten«, auch aus der Arbeiterschaft. Zwischen Ende 1920 und Mai 1922 stieg die Zahl der Mitglieder von rund 21000 auf rund 320000.

Giolitti nahm die Faschisten im Frühjahr 1921 in seine *Blocchi nazionali* auf, dadurch kamen bei den Wahlen im Mai 35 von ihnen ins Parlament. Ein halbes Jahr später, im November 1921, setzte Mussolini gegen den Willen radikalerer Unterführer die Umwandlung der *Fasci* in den *Partito Nazionale Fascista* durch. In der Kammer verkündete er sein Credo ebenso wie auf den Straßen: daß der Weltkrieg in Italien ein vertieftes Nationalbewußtsein geschaffen habe, welches nun einen neuartig starken und zugleich solidarischen Staat fordere; daß allein der Faschismus diese Forderung erfüllen und damit das Risorgimento erst eigentlich vollenden werde.

Auch Giolitti brachte keine solide Mehrheit zustande. Zu den inzwischen vollends nationalistisch gewordenen Rechtsliberalen um Salandra waren seit 1914/15 die Brükken abgebrochen; der eigentlich zur Zusammenarbeit bereite Sozialistenführer Turati versagte sich, um weitere Abspaltungen nach links zu vermeiden; mit dem Führer der katholischen *Popolari*, Don Sturzo, wollte der Ministerpräsident nicht verhandeln. Sein Rücktritt im Sommer 1921 ließ erkennen, daß die liberale Führungskraft erschöpft war; ein Versuch Giolittis, im Februar 1922 erneut die Regierung zu bilden, scheiterte am Veto Sturzos. Um diese Zeit waren König Viktor Emanuel III. und seine Berater zu der Einsicht gekommen, daß auf Dauer eine Regierung mit den Faschisten nötig wäre, an deren Spitze aber ein Exponent der Tradition stehen sollte: Giolitti oder Orlando oder eben Facta, welchem Reformsozialisten und *Popolari* im Juni 1922 endlich das Angebot des Eintritts in seine Regierung machten. Aber Mussolini ließ seit dem Sommer 1922 keinen Zweifel mehr daran, daß er die ungeteilte Macht wollte. Einerseits mobilisierte er nun erst recht die Straße und organisierte eine massive Kampagne gegen die Sozialisten, welche den Generalstreik ausgerufen hatten; die »roten« Rathäuser wurden besetzt. Andererseits verstand er es, die nun mehr defensiv agierenden politischen Gegner und die verschiedenen Gruppierungen innerhalb der Führungseliten gegeneinander auszuspielen. Einerseits versprach er lautstark der Jugend politische Partizipation, den Arbeitern soziale Gerechtigkeit; andererseits sicherte er den alten Eliten die Erhaltung sozialer Besitzstände zu. Als sie immer noch zögerten, inszenierte er den »Marsch auf Rom«, d. h.

die Besetzung der Hauptstadt durch faschistische Freischaren in der letzten Oktoberwoche; sie war zwar militärisch ein Bluff, brachte aber politisch den durchschlagenden Erfolg.

Mussolini demonstrierte Gewalt und signalisierte zugleich, daß er legal an die Macht wollte und daß er die revolutionären Attitüden seiner Unterführer unter Kontrolle hielt. Der König, die Regierung und die hinter ihr stehenden Kreise gaben ihm nach, weil sie einen Bürgerkrieg vermeiden wollten und weil sie sich der Illusion hingaben, daß Mussolini auf Dauer ein konstitutioneller Ministerpräsident bleiben würde.

Die Errichtung des Regierungssystems
(1922–1925/26)

1922	Dezember: Gründung des Faschistischen Großrats und der Miliz.
1923	März: Anschluß der *Associazione Nazionalista Italiana* an den PNF.
	14. November: Neues Wahlgesetz.
1924	6. April: Wahlen zur Kammer: 65% für den PNF.
	10. Juni: Entführung, später Ermordung des sozialistischen Abgeordneten Matteotti.
1925	3. Januar: Mussolinis Ankündigung der Unterdrückung der Opposition.
	24. Dezember: Gesetz über die wesentlich erweiterten Befugnisse des Regierungschefs.
1926	31. Januar: Gesetz über die Befugnis der Regierung, Dekrete mit Gesetzeskraft zu erlassen.
	3. April: Gesetz über die kollektiven Arbeitsbeziehungen.
	6. April: Gesetz zur Stärkung der Präfekten.
	3. September: Gesetz über die Ablösung der gewählten Bürgermeister durch die ernannten Podestà.

Die Regierungsübernahme durch Mussolini war das Ergebnis eines Kompromisses zwischen dem Faschismus und den alten politischen und administrativen Eliten. Gegenüber seinen Parteimitgliedern stellte der Duce die »nationale Revolution« heraus, gegenüber den neuen *fiancheggiatori* seinen Willen zur Stabilität. Er akzentuierte also seine frühere Doppelstrategie, so in seiner ersten Kammer-Rede am 16. November 1922. Darin betonte er, daß der Faschismus den Staat aus den Gefahren von links gerettet habe, daß er aber fortan den Staat gegen jede illegale Aktion verteidigen werde. Zur Sanierung des Staates und besonders seiner Finanzen forderte er außergewöhnliche Vollmachten, die ihm mit 306 gegen 106 Stimmen gewährt wurden; auch die früheren Ministerpräsidenten Bonomi, Giolitti, Orlando und Salandra stimmten zu.

In seine erste Regierung hatte Mussolini auch einige Nationalisten und Rechtsliberale, sogar zwei *Popolari* berufen, dazu den Philosophen Giovanni Gentile sowie die beiden populärsten Heerführer des Weltkrieges, Armando Diaz und Paolo Thaon de Revel. Er ging also eine informelle Koalition mit maßgeblichen Kräften des »alten Staates« ein, dessen Machtzentren und Parteien er allmählich schwächen wollte. Seine neuen Verbündeten hingegen wollten mit Hilfe des Königs die Macht der staatlichen Institutionen, besonders der Armee, als Gegengewicht gegen den politisch siegreichen Faschismus ungeschmälert erhalten, mit deren Hilfe die Exekutive stärken und zu einem bloß konstitutionellen, vordemokratischen Staat zurückkehren. Hingegen setzten die faschistischen Unterführer und Parteigenossen auf eine »zweite Welle« der Revolution, welche die Herrschaft des PNF begründen sollte.

Mussolini mußte daher zweiseitig vorgehen. Das Parlament wurde nicht aufgelöst, die Verfassung blieb in Kraft. Aber sehr bald erfolgten erste Schritte zur Schaffung des »faschistischen Staates«. Noch im Dezember 1922 wurde der Faschistische Großrat (*Gran Consiglio del Fascismo*) geschaffen. Der als oberstes Parteigremium und als Bindeglied zwischen Partei und Staat gedachte Großrat war bis 1928 formell bloß ein Konsultativorgan, jedoch wurden in ihm alle wichtigen Entscheidungen vorbereitet. Unter Mussolinis Vorsitz tagte er mindestens monatlich; alle faschistischen Minister, alle Mitglieder der Direktion des PNF, der Sekretär der faschistischen Gewerkschaften, der Chef der Polizei und einige hohe Beamte gehörten ihm an. Auf seiner ersten Sitzung wurde die Miliz (*Milizia volontaria per la sicurezza nazionale*) gegründet und wenig später durch königliches Dekret sanktioniert. Sie faßte alle Kampfgruppen der Partei zusammen und unterstellte sie der zentralen Parteileitung; das anarchisch-spontane Element wurde damit diszipliniert und zugleich eine Parteitruppe geschaffen, die direkt dem Ministerpräsidenten unterstand.

Faschistische Übergriffe wurden seitdem seltener. Die Linke hielt sich zurück, so daß eine allgemeine Beruhigung eintrat, welche in der Bevölkerung lebhaft begrüßt wurde. Zusätzlich konsolidierend wirkte, daß der PNF sehr bald die Nationalisten integrierte. Diese rechtsbürgerliche Elite konnte aufgrund ihrer Qualifikationen einen über ihre numerische Stärke weit hinausgehenden Einfluß gewinnen, welcher die eher konservativen Elemente des entstehenden Regimes mit begründet hat, so durch Luigi Federzoni (Innenminister 1924–1926) und noch mehr durch Alfredo Rocco (Justizminister 1925–1932). Von den Nationalisten kam auch Ettore Tolomei, der sich die Italianisierung Südtirols zur Lebensaufgabe gestellt hatte und dazu vom Duce sogleich besondere Vollmachten erhielt. Überhaupt begann schon 1923 die Benachteiligung der sprachlichen Minderheiten, der im nationalistischen Gesamtklima nur noch die Sozialisten, dazu einige *Popolari* und Liberale widersprachen. Die Aufzwingung der italienischen Schulsprache in den »neuen Provinzen« stand freilich auch im Zusammenhang mit der längst fälligen Schulreform, die der Unterrichtsminister Gentile 1923 durchführte. Auch sie folgte dem Konzept der Nation als kultureller Gemeinschaft, festigte aber auch humanistische Grundlagen und führte (zum ersten Mal seit der Gründung des Nationalstaates) den katholischen Religionsunterricht in den staatlichen Schulen ein.

Die gewonnene Macht sollte vor allem auch durch eine schnelle Wahlreform konsolidiert werden. Der im Frühjahr 1923 von Mussolinis Unterstaatssekretär Acerbo vorgelegte Entwurf sah für die Liste mit der relativen Mehrheit von 25% zwei Drittel der Mandate vor (356 von 535). Um ihn durchzubringen, operierte der Duce mit Drohungen wie mit Versprechungen. Da die Linke nicht zu gewinnen war, konzentrierte sich sein Druck auf die *Popolari*, die sich schließlich zur Stimmenthaltung bereit fanden, auch weil Papst Pius XI. (seit 1922) die Ordnungspolitik und erste Verständigungsgesten des Duce deutlich höher schätzte als die parlamentarische Politik der katholischen Partei. Im Juli wurde das Wahlgesetz mit den Stimmen der Faschisten und der Rechtsliberalen verabschiedet; der König äußerte zwar Bedenken, stimmte aber wieder zu. Im Mai 1924 erfolgten die Neuwahlen, welche freilich erwiesen, daß es der *legge Acerbo* nicht mehr bedurfte. Bei einer Wahlbeteiligung von 64% erhielt die *lista nazionale* der Faschisten und der Rechtsliberalen 65% und eben 356 Mandate. Die Opposition kam immerhin auf 147 Sitze, die sich auf Sozialisten (in verschiedenen Gruppierungen), *Popolari* (um Sturzo und De Gasperi), Kommunisten (um Bordiga und Gramsci) und Liberale (darunter Giolitti und Giovanni Amendola) verteilten. Doch unmittelbar nach dem hohen Wahlsieg ist die für fast zwei Jahrzehnte tiefste Krise der Regierung Mussolinis ausgebrochen.

Am 10. Juni 1924 wurde der sozialistische Abgeordnete Giacomo Matteotti, der in der neuen Kammer faschistische Wahlübergriffe angeprangert und die Opposition zu gemeinsamer Aktion aufgerufen hatte, von einem faschistischen Kommando entführt und später ermordet; die genauen Umstände sind nie geklärt worden. Alle Umstände ließen und lassen bis heute darauf schließen, daß die Aktion auf Mussolinis direkte Umgebung zurückging. Nun erwies es sich jedoch, daß in den italienischen Eliten das traditionelle Rechtsbewußtsein noch vorhanden war. Es erhob sich eine überaus heftige, monatelange Reaktion, der Duce wurde als Komplize von Verbrechern angegriffen. Indem er sogleich das Innenministerium an Federzoni abtrat, tat er einen geschickten Gegenzug zur Beruhigung der Krone und der *fiancheggiatori*. Die Führung des PNF war aber zutiefst verunsichert, ihr Kalkül der Stabilität durchkreuzt. Ende Juni verließ die Opposition geschlossen die Kammer; doch dieser Schritt, der auch Selbstausschaltung bedeutete, fand nicht die Billigung des Königs. Hinzu kam, daß Pius XI. nun Don Sturzo offen desavouierte. Im Sommer/Herbst 1924 hätten der König und die konservativen Eliten Mussolini stürzen können, aber das Risiko eines »Sprungs ins Dunkle« erschien ihnen zu groß. Zwar hatte Mussolini ihnen nicht soviel Macht belassen, wie sie zwei Jahre zuvor erwartet hatten. Aber inzwischen waren sie davon überzeugt, daß sie nur mit ihm wenigstens wesentliche Elemente ihres Systems erhalten, daß sie dieses jedenfalls nicht allein gegen die Kräfte verteidigen konnten, welche es insgesamt abschaffen wollten: einerseits die radikalen Faschisten und andererseits die radikale Linke, wo die Kommunisten bereits wieder zu direkten Aktionen aufriefen. Nicht wenige Liberale setzten auch darauf, daß der verunsicherte Faschismus sich mäßigen müßte.

Mussolini gewann also Zeit und führte eine Regeneration seiner Partei herbei mit Hilfe von Radikalen wie Balbo, Farinacci und Grandi, auf die allein er sich nun noch verlassen konnte und die, unterstützt von Intellektuellen wie Malaparte, die Ausnutzung der Lage zur Vollendung der faschistischen Revolution forderten. So weit wollte der Duce zwar nicht gehen, aber ebenso wenig der oppositionellen

Forderung nach voller Rückkehr zur Verfassung nachgeben. Er entschloß sich zur Stabilisierung unter Anwendung aller verfügbaren Mittel und versicherte sich der Zustimmung von Armee und Polizei. Mit seiner Kammer-Rede am 3. Januar 1925 leitete er die eigentliche Faschisierung des Staates ein, die dann innerhalb zweier Jahre erfolgte. Pathetisch übernahm der Duce die Verantwortung für »alle Aktionen und angeblichen Verbrechen« des Faschismus, er machte die Opposition verantwortlich für die derzeitige Krise und kündigte deren gewaltsame Lösung an. Sogleich setzte die Repression ein: mit der Auflösung antifaschistischer Gruppen, mit Verhaftungen und Beschlagnahme von Zeitungen. Einige Minister, die zurücktraten, wurden auf der Stelle durch unbedingte Anhänger Mussolinis ersetzt, unter ihnen Rocco, der sogleich mit der Ausarbeitung der »faschistischen Gesetzgebung« begann; Farinacci wurde Sekretär des PNF.

Im Laufe eines guten Jahres entstanden nun nicht nur die Organisationen zur Disziplinierung der Massen, denen dadurch freilich auch Vorteile eröffnet wurden – von der *Opera Nazionale Dopolavoro* für die Arbeiter bis zur *Opera Nazionale Balilla* für die Jugend. Der Attentatsplan eines früheren sozialistischen Abgeordneten gegen Mussolini, von der Geheimpolizei früh entdeckt, aber effektvoll erst im letzten Moment mitgeteilt, bot Anfang November den Anlaß für eine weitere Repressionswelle, für die Gründung der politischen Geheimpolizei OVRA und für die Einführung der inzwischen fertigen Gesetze. Die Sozialistische und die Kommunistische Partei wurden aufgelöst. Für alle Vereine wurde polizeiliche Kontrolle verordnet, den Journalisten eine einheitliche Berufsorganisation aufgezwungen. Nachdem führende Oppositionelle – so Amendola, Nitti, Salvemini, Sforza, Sturzo, Togliatti – emigriert waren, drohte ihnen ein Gesetz für den Fall weiterer antifaschistischer Tätigkeit den Verlust der Staatsbürgerschaft, gar des Vermögens an.

Die eigentlichen Verfassungsänderungen wurden inzwischen von Rocco und dessen Juristen ausgearbeitet. Das Gesetz über die Befugnisse des Regierungschefs (24. Dezember 1925) gab diesem weitestgehende Führungskompetenz und stellte ihn gleichsam neben den König; am 31. Januar 1926 folgte das Gesetz über die Befugnisse der Regierung zum Erlaß von Rechtsnormen. Mussolini konnte das damit begonnene Jahr 1926 als »anno napoleonico della rivoluzione fascista« rühmen: seine Diktatur war institutionalisiert, die staatliche mit der faschistischen Hierarchie an der Spitze zusammengefaßt. Von ihr wurde Macht nur delegiert und in den jeweiligen Bereichen ganz auf die Zentrale ausgerichtet; nicht nur die neuen Podestà wurden von der Regierung ernannt, sondern seit 1925 auch die Gemeindesekretäre; die Aufsichts- und Eingriffsrechte der Präfekten wurden erheblich erweitert. Die geringen Reste früherer Autonomien, die der liberale Staat belassen hatte, waren damit aufgehoben.

Im Oktober 1925 kam es unter maßgeblicher Einwirkung der Regierung zu einer Vereinbarung zwischen dem Industriellenverband und den faschistischen Gewerkschaften, wonach künftig nur noch diese beiden Organisationen die Arbeitgeber bzw. die Arbeitnehmer zu vertreten hatten. Damit wurde auf ein zentrales Anliegen des Faschismus hingewirkt, den Korporativismus, der dann durch das Gesetz über die rechtliche Ordnung der kollektiven Arbeitsbeziehungen (3. April 1926) definitiv eingeführt wurde. Es wurden Berufsverbände (*confederazioni*) der Arbeitgeber und der Arbeitnehmer errichtet, die allein Arbeitsverträge schließen durften; ihre Führer mußten politisch zuverlässig sein und von der Regierung bestätigt werden. Arbeitgeber und Arbeitnehmer derselben Branche wurden in einer *corporazione* zusammengefaßt, Streik und Aussperrung verboten. Zur Koordinierung dieses mit der *Carta del lavoro* im April 1927 abschließend sanktionierten Systems wurde das *Ministero delle Corporazioni* errichtet, dem Mussolini selbst bis 1929 sowie von 1932 bis 1936 vorstand; die faktische Leitung übernahm Giuseppe Bottai (1926 Unterstaatssekretär, 1929–1932 Minister). Damit war die faschistische Verfassungsgesetzgebung im wesentlichen fertig, 1928 sind nur noch ein neues Wahlgesetz und das Gesetz über den Großrat gefolgt. Ende 1926 erging aber nach einem weiteren Attentat auf Mussolini noch das Gesetz zum Schutz des Staates, welches für Attentate auf Königshaus und Regierungschef sowie für Aufstände die seit 1889 abgeschaffte Todesstrafe wieder einführte; für die Aburteilung solcher Delikte wurde ein Sondergerichtshof geschaffen, welcher bis 1943 42 Todesurteile verhängt hat; Antonio Gramsci wurde 1928 zu 20 Jahren Gefängnis verurteilt. Ebenfalls noch 1926 wurde 122 oppositionellen Abgeordneten das Mandat aberkannt. In der Kammer saßen seitdem (bis 1928) nur noch wenige Nicht-Faschisten, während es im Senat bei der auf königlichen Ernennungen beruhenden Besetzung blieb, so daß dort weiterhin einige authentische Konservative und Liberale, unter letzteren Benedetto Croce, reden und abstimmen konnten. Tatsächlich war Italien aber schon seit 1926 ein faschistischer Einparteienstaat. Zu Jahresende wurde der *fascio* auch Staatssymbol, auf staatlichen Dokumenten wurde fortan bei jeder Jahresangabe in lateinischen Lettern die der faschistischen Ära E. F. hinzugefügt.

Die Gesetze über Präfekten, Podestà und Korporationen hatten freilich den faschisierten Staat und nicht die faschistische Partei gestärkt, deren radikaler Flügel wieder ausgebootet wurde, als der Duce seiner nicht mehr bedurfte. Es war symptomatisch für die nun beginnende Entwicklung, daß Farinacci, der auf dem Primat der Partei bestand und die Revolution wie den Squadrismus fortsetzen wollte, nach heftigem Streit mit dem Duce schon im April 1926 das Amt des Parteisekretärs wieder abgeben mußte.

Nach den führenden Gegnern des Faschismus haben auch manche Aktivisten unter ihren Anhängern 1926/27 Italien verlassen, meist auf geheimen Wegen. 1927 wurde in Paris die *Concentrazione Antifascista* gegründet, welche mit Ausnahme der Kommunisten Mitglieder aller nichtfaschistischen Parteien umfaßte und die publizistische Auseinandersetzung fortsetzte, um die internationale Öffentlichkeit, welche sich mehr und mehr von Mussolini beeindrucken ließ, über Wesen und Methoden des Faschismus aufzuklären. Salvemini war ihr wirkungsvollster Publizist, der Sozialist Pietro Nenni ihr Generalsekretär. 1927 war auch Togliatti in Paris. Doch meist lebte er als Mitarbeiter der Komintern in Moskau. Die Antifaschisten warnten auch vor den imperialen Aspirationen des Faschismus; und das war wichtig, weil Mussolini sich lange friedlich gab. Im Januar 1924 hatte er einer scheinbar definitiven Verständigung mit Jugoslawien um Fiume zugestimmt; im Oktober 1925 nahm er an der Konferenz in Locarno teil, deren Ziel ein europäisches Sicherheitssystem war. Am Vertrag von Locarno beteiligte er sich, weil darin Italien zusammen mit England die Grenzen zwischen Deutschland und seinen westlichen Nachbarn garantierte und er damit erstmals einen größeren internationalen Auftritt hatte; inhaltlich war er weniger zufrieden, weil er keine gleichrangige Garantie für die Brennergrenze erhielt. Die Entnationalisierungspolitik in Südtirol und Slowenien, mit der die Faschisten schon 1923 begonnen hatten, wurde noch intensiviert.

»Normalisierung« und Konsens
(1926–1936)

1927	21. April: *Carta del lavoro.*
1928	12. Mai: Neues Wahlgesetz mit Einheitsliste.
	9. Dezember: Gesetz über den Faschistischen Großrat.
1929	11. Februar: Lateranverträge mit dem Heiligen Stuhl.
1930	6. Februar: Freundschaftsvertrag mit Österreich.
1930/31	Erfolgreiche Bekämpfung der Wirtschaftskrise.

1934	17. März: »Römische Protokolle« mit Österreich und Ungarn.
	14./15. Juni: Erstes Treffen Mussolinis mit Hitler in Venedig.
	25. Juli: Gegenüber dem NS-Putsch in Wien tritt Italien als Garant der Unabhängigkeit Österreichs auf.
1935	7. Januar: Abkommen mit Frankreich über koloniale Kompensationen.
	3. Oktober: Beginn des Krieges gegen Äthiopien.
1936	9. Mai: Annexion Äthiopiens, Viktor Emanuel III. »Kaiser von Äthiopien«.

Nachdem die Macht gesichert und das Regime errichtet war, hat Mussolini erneut zu einer »Normalisierung« übergeleitet, welche das Land beruhigte und 1929 in der *conciliazione* mit dem Heiligen Stuhl ihren ersten Höhepunkt gefunden hat. Mindestens ein weiteres Jahrzehnt lang ist der Duce nämlich weithin Realist geblieben, der Rücksicht auf die Stimmung im Lande wie außerhalb nahm. Darum wollte er nicht mit Farinaccis *squadre*, sondern mit der inzwischen von (wenigen!) Oppositionellen gereinigten Bürokratie den *stato totalitario* nur insofern verwirklichen, als dieser fortan alle relevanten Lebensbereiche lenken und durch den Korporativismus ein soziales Gleichgewicht durchsetzen sollte; davon abgesehen blieben die früheren administrativen Strukturen und auch gesellschaftliche Freiräume bestehen. Dieses Konzept wurde mitgeformt von den drei damals einflußreichsten Ministern: Federzoni, Rocco und Giuseppe Volpi di Misurata (Finanzminister 1925–1928). Die Form des Staates war inzwischen faschistisch, aber substantiell blieb er einstweilen der alte, denn die traditionellen Eliten, deren Angehörige inzwischen größtenteils dem PNF beigetreten waren, behielten ihre Positionen in Verwaltung, Armee und Wirtschaft. Die Partei wurde dem Staat untergeordnet, sie hatte ihn der Gesellschaft zu vermitteln und jene

Organisation und Mobilisierung der Massen zu besorgen, welche den Faschismus von einem traditionell autoritären Regime unterschieden. Der ursprüngliche Faschismus mit seinen revolutionären Zielen war damit liquidiert; aber gerade über die gezähmte Partei und deren Subsidiär-Organisationen wurde eine wachsende Zahl von Italienern auf den Duce ausgerichtet, der angeblich in ihrem Interesse für Italiens Größe wirkte und der tatsächlich allein das Gleichgewicht zwischen alten Eliten und neuer Massenbewegung garantierte. Zudem war der Partei die Formung der Jugend zugedacht, welche Mussolini auf Dauer allen anderen Einflüssen, gerade auch (und trotz der Lateranverträge!) dem der Kirche entziehen wollte. Mit der Zeit hat auch die so reduzierte Partei eine eigene Dynamik zur populistisch-faschistischen Umgestaltung des Staates entwickelt.

Liberale Wirtschaftspolitik und Disziplinierung der Gewerkschaften hatten seit 1923 zunächst die Steigerung von Investitionen und Profiten ermöglicht, dazu einen wirtschaftlichen Modernisierungsprozeß eingeleitet; die Zahl der Arbeitslosen war erheblich gesunken. Den Nutzen zogen aber mehr die Unternehmer als die breiten Kreise aus Mittelstand und Kleinbürgertum, welche die eigentliche soziale Basis des Faschismus bildeten. Preissteigerungen erregten Unzufriedenheit, welche den Kurswechsel zum staatlichen Interventionismus seit 1926 mit verursachte. Der Hauptgrund dafür war allerdings das Defizit in der Zahlungsbilanz mit Abschwächung des Lira-Kurses, ein ebenso wichtiges Motiv der Wille zur Autarkie. Seit 1926 wurde die *battaglia per la lira* geführt, eine als solche massenwirksam propagierte Politik der Deflation und darüber der Aufwertung der Lira (1927), welche eine deutliche gesamtwirtschaftliche Verbesserung erbrachte. Über die Einsprüche der Industrie hatte der Duce sich hinweggesetzt. Er wollte nicht, daß sie zu stark würde, und erwiderte, daß auch die Masse der Bevölkerung Opfer hatte bringen müssen. Die schon 1925 begonnene *battaglia del grano* (Getreideschlacht, d. h. höchstmögliche Steigerung von Produktion und Ernte) sowie die nun hinzukommenden großräumigen Bonifizierungen (seit 1928 Trockenlegung der Pontinischen Sümpfe), unter demonstrativer Beteiligung des Duce und seiner Minister, sollten Landwirtschaft und Kleinbetriebe, aber noch mehr ein neues Lebensgefühl nationaler Gemeinschaft bestärken, zugleich weitgehende Autarkie erreichen. Hand in Hand damit gingen Siedlungspolitik und Förderung des Kinderreichtums; gleichzeitig wurde die Sozialversicherung ausgebaut. Schnellbahnstrecken Bologna – Florenz und Rom – Neapel wurden in Angriff genommen, welche den Norden und den Süden endlich effektiv miteinander verbunden haben; um Mailand entstand ein erstes Autobahnnetz. Zwar hatte der Faschismus politische Meinungsfreiheit und Opposition unterdrückt; aber nun schuf er zivilisatorische Strukturen, um die frühere Regierungen sich gar nicht oder vergeblich bemüht hatten.

Der Korporativismus bildete die Grundlage und den Rahmen dieser Innen- und Gesellschaftspolitik. Mit ihm waren herkömmliche politische Wahlen selbst mit den 1923/24 auferlegten Beschränkungen nicht zu vereinbaren. Daher erging im Mai 1928 ein neues Wahlgesetz (in der Kammer mit 216 gegen 15, im Senat mit 128 gegen 46 Stimmen verabschiedet), wonach nur mehr die *confederazioni* insgesamt 1000 Kandidaten für die Kammer zu benennen hatten, aus denen der Großrat 400 auf eine Einheitsliste setzte, welche die »Wähler« nur insgesamt annehmen oder ablehnen konnten. Eine logische Konsequenz bildete Ende 1928 das Gesetz über den Faschistischen Großrat, welches diesen zu einem obersten Staatsorgan machte und ihn mit der Koordination von Staat und Regime betraute. Damit war die faschistische Verfassungsgesetzgebung mit ihrer Mischung aus autoritären, korporativen und plebiszitären Elementen abgeschlossen; die fortbestehende alte Verfassung war ausgehöhlt.

Wenig später haben die Lateranverträge auch die Politik der Kompromisse mit den alten Eliten zum Höhepunkt gebracht. Die seit 1870 offene »Römische Frage« ist darin gelöst, darüber hinaus der vom Liberalismus eingeschränkte Handlungsraum der katholischen Kirche wiederhergestellt und sogar staatlich garantiert worden. So kam eine *conciliazione* der *Italia cattolica* mit dem faschistischen Staat, nicht aber mit der *Italia laica* im eigentlichen Sinne zustande, denn an den illiberalen Bestimmungen der Verträge haben überzeugte Laizisten wie Croce sogleich Kritik geübt.

Die Brisanz der »Römischen Frage« hatte allerdings schon seit der Jahrhundertwende abgenommen. Die Katholiken hatten sich weitgehend in den Staat integriert; Papst Benedikt XV. hatte einen Kompromißwillen bekundet, auf den die letzten liberalen Regierungen positiv reagierten. Mussolini, der 1921 seinem früheren Antiklerikalismus abgesagt hatte und die katholische Kirche als stärkste »römische Kraft« der Ordnung und der Tradition für sein Regime gewinnen wollte, ist ihr dann alsbald, auch weil er stärker war als seine Vorgänger, weiter entgegengekommen als diese. 1925 berief er eine Kommission zur Revision des liberalen Staatskirchenrechts, 1926 begannen geheime Verhandlungen um eine Gesamtregelung. Dabei bestand der Duce auf der Endgültigkeit der Lösung, der Papst auf seiner für die Kirchenregierung als notwendig erachteten Souveränität; territorial wollte er nur so viel, wie dazu unerläßlich war. Es ging Pius XI. vor allem um das völkerrechtliche Vertragswerk als solches und darin um ein Konkordat mit Zusicherungen der Freiheit von Seelsorge und Verkündigung, möglichst mit Garantien institutioneller Christlichkeit unter päpstlicher Führung.

Mussolini war zu solchen Garantien bereit. Am 11. Februar 1929 haben er und Kardinalstaatssekretär Gasparri im Lateran den eigentlichen Vertrag, das Konkordat und die Finanzkonvention unterzeichnet. Im Vertrag wurden die katholische Religion als die einzige Religion des Staates anerkannt und die Souveränität des Heiligen Stuhles bestätigt; dem Papst wurde das volle Eigentum und die Staatsgewalt über den Vatikan garantiert, der dadurch zum *Stato della Città del Vaticano* wurde. Dafür verpflichtete sich der Papst zu strikter Neutralität, erklärte die »Römische Frage« für unwiderruflich beigelegt und anerkannte das Königreich Italien mit Rom als Hauptstadt. Das Konkordat garantierte der katholischen Kirche die freie Ausübung ihrer Jurisdiktion und ihrer Verkündigung, die freie Besetzung aller geistlichen Ämter, die freie, sofern nicht politische Tätigkeit der Katholischen Aktion, dazu das Recht, in den Randgebieten Italiens auch in deren Sprache Gottesdienste zu halten. Weitere Artikel begründeten eine mit der modernen Konzeption vom Verhältnis Staat – Kirche unvereinbare Monopolstellung der katholischen Hierarchie: Kein Geistlicher konnte fortan ohne Zustimmung seines Bischofs eine öffentliche Anstellung erhalten, die gesamte Ehegesetzgebung wurde dem kanonischen Recht angepaßt, die Scheidung damit unmöglich gemacht; der katholische Religionsunterricht wurde als »Grundlage und Krönung« des gesamten öffentlichen Unterrichts bezeichnet und darum auch wieder für die höheren Schulen vorgesehen. Der Papst räumte dem Staat das Recht ein, vor der Ernennung von Bischöfen politische Einwände zu äußern; den Geistlichen wurde parteipolitische Tätigkeit verboten. In der Finanzkonvention sagte Italien dem Heiligen Stuhl eine hohe Entschädigung für den Verlust des alten Kirchenstaates zu: 1,75 Milliarden Lire, von denen 750 Millionen in bar, eine Milliarde in Staatsanleihen bezahlt worden sind.

Die Lateranverträge haben zwar weder die von Pius XI. erhoffte Rekatholisierung des italienischen Staates noch die von der Gegenseite behauptete Allianz von Papsttum und Faschismus erbracht. Der Papst verständigte sich ja mit dem Staat nur insoweit, als dieser die Freiheit der Kirche respektierte. Als die Regierung zwei Jahre später gegen die infolge der Verträge erstarkte Katholische Aktion und besonders gegen deren Jugendverbände einschritt, kam es zu einer ernsten Krise, da der Papst auf der Mitverantwortung von Familie und Kirche für die Jugend bestand. Pius XI., der am Faschismus die hierarchische Ordnung, nicht aber die allmählich hervortretenden Tendenzen zum Totalitarismus billigte, hat Mussolini in den dreißiger Jahren noch öfter widersprochen. Aber mit den Lateranverträgen waren bei den meisten Katholiken die letzten Bedenken gegen den Faschismus gefallen, nahezu geschlossen sind sie im nächsten Jahrzehnt hinter dem Duce gestanden. Den schlüssigen Beweis für die Integrationskraft der in den Jahren 1926–1929 geführten Politik lieferten dann die »Wahlen« am 24. März 1929, bei denen die faschistische Einheitsliste mit sehr großer Mehrheit angenommen wurde.

Eine ernste Belastungsprobe bedeutete die große Wirtschaftskrise, deren Auswirkungen Italien 1930 erreichten. Mussolini reagierte mit Intensivierung der öffentlichen Arbeiten und Bonifizierungen, mit Forcierung der Autarkiepolitik, dann mit gelenkter Produktionssteigerung und mit Zollerhöhungen. Auch verstärkte er nun die Verflechtung von Staat und Kapitalismus, die in Italien schon eine 50jährige Tradition hatte; und die Industriellen nahmen wegen des Preisverfalls und des Produktionsrückgangs staatliche Hilfe gern an. Mussolini und sein neuer, aus der Bürokratie hervorgegangener Finanzminister Antonio Mosconi haben diese Hilfe geschickt auf alle Branchen verteilt und ebenso geschickt benutzt, um die Rüstung zu beschleunigen und um die Großbanken sowie etliche große Industriebetriebe unter staatliche Kontrolle zu bringen. Es wurden staatliche Holding-Gesellschaften gegründet, von denen der IRI (*Istituto per la ricostruzione industriale*, 1933) die wichtigste geworden ist. Mussolinis damalige Politik hat den Staat gegenüber der Industrie gestärkt, dabei die Bürokratie vergrößert, aber die Krise aufgefangen; ihre relativ gute Meisterung verstärkte in Italien wie im Ausland den Eindruck, daß der Faschismus Stabilität bedeutete.

So begannen mit den Lateranverträgen vollends »gli anni del consenso« (R. De Felice). Beim aufwendig gefeierten *Decennale* konnte das Regime 1932 sogar eine größere Amnestie riskieren und über 1200 Gegner aus den Gefängnissen und aus dem *confino* (Verbannung) entlassen. Zu den nicht Amnestierten gehörte Gramsci, der bis zu seinem Tode 1937 in Haft blieb. Im Gefängnis verfaßte er seine wichtigsten Schriften zur marxistischen Interpretation der Geschichte und besonders der Geschichte Italiens, die vor der Polizei verborgen werden konnten (*Quaderni del carcere*, veröffentlicht 1948–1951). Weniger schlimm war es dem christdemokratischen Hauptgegner De Gasperi ergangen, der 1927/28 im Gefängnis war, danach aber eine Anstellung in der Vatikanischen Bibliothek fand.

Die großen gesellschaftlichen Gruppen waren entweder für Mussolini oder doch nicht offen gegen ihn, die intellektuelle Opposition im Lande war minimal und vermied die Konfrontation. Als 1932 auf Anregung Gentiles auch den Universitätsprofessoren ein Eid auf den Faschismus abgefordert wurde, haben sich von rund 1200 Professoren nur 13 geweigert, die daraufhin ausscheiden mußten. Als »Bewegung« hatte sich der Faschismus dem Erneuerungswillen der Futuristen geöffnet, als »System« verfolgte er eine sehr konservative, am Rom-Gedanken orientierte, dabei effiziente Kulturpolitik, die bereits seit 1925 vom *Istituto Fascista di Cultura* unter Gentile koordiniert wurde. 1929 wurde die *Reale Accademia d'Italia* eröffnet, seit demselben Jahr erschien die *Enciclopedia Italiana*, deren 35 Bände schon sechs Jahre später vorlagen. Ausgerechnet an diesem Vorzeige-Unternehmen waren auch Nicht-Faschisten beteiligt. Die architektonische und urbanistische Selbstdarstellung des Regimes nahm in den dreißiger Jahren größere, oft bewußt monumentale Ausmaße an und bediente sich eines an der römischen Kaiserzeit orientierten Klassizismus, jedoch nicht selten verbunden mit modernem Rationalismus. Überhaupt wurden künstlerischer Individualismus und Pluralismus einigermaßen respektiert.

In dieser Gesamtlage hat der Duce seit Beginn der dreißiger Jahre, offenkundig seit der Regierungsumbildung im Juli 1932, bei der er die Ministerien des Äußeren und der Korporationen wieder an sich zog, einen ausgesprochen cäsaristischen Regierungsstil kreiert. In der Beschäftigung mit Theorien Gentiles und Spenglers gewann er die Überzeugung, daß Liberalismus und Sozialismus überholt seien und daß Europa in eine Spätphase trete, deren adäquate politische Form eben die des Führerstaates mit korporativen Strukturen sein müßte. Daraus folgte das Bemühen, seinem System Dauer zu verschaffen und die in seinen Augen immer noch der früheren Dekadenz verhafteten Italiener zu kämpferischen Faschisten zu erziehen. Auch daher suchte er seinen noch jungen und einstweilen leicht beeinflußbaren Schwiegersohn Graf Galeazzo Ciano (1935 Minister für Presse und Propaganda, 1936 Außenminister) als seinen »Kronprinzen« aufzubauen und darüber eine Art von Dynastie zu errichten. Die Partei, die seit 1931 von Mussolinis übereifrigem Gefolgsmann Achille Starace geführt wurde, blieb in ihrer untergeordneten Stellung. Sie arbeitete jedoch insofern, wie schon angedeutet, der neuerlichen Gewichtsverschiebung vor, als sie im Interesse der von Mussolini gewünschten Stabilisierung für eine fortschreitende Faschisierung der Gesellschaft plädierte, die dann seit dem äthiopischen Krieg versucht worden ist.

Seit der Machtverfestigung 1926 hatte Mussolini sich stärker der Außenpolitik zugewandt und aus seinen vorher nur proklamierten Zielen einen konsequenten Revisionismus gegenüber den Friedensverträgen von 1919 entwickelt. Dieser war auch die Konsequenz daraus, daß Mussolini insgesamt kein neuartiges Programm hatte, sondern die Ziele des vorfaschistischen Imperialismus additiv zusammenfaßte. Italien, Mitsieger des Weltkrieges, wurde dadurch attraktiv für jene europäischen Staaten, die als Verlierer erst recht nach Erweiterung des ihnen 1919 beschränkten Aktionsraumes trachteten. Mussolini selbst entschied auch in diesem Bereich; seine engsten Mitarbeiter dabei waren bis 1936 Dino Grandi (Unterstaatssekretär seit 1925, Außenminister 1929–1932) und Fulvio Suvich (Unterstaatssekretär 1932–1936). Der Altfaschist Grandi hatte ein Gegengewicht zur traditionellen Diplomatie bilden sollen, aber er hat eine Politik geführt, die von dieser mitgetragen wurde. Stets folgte er den traditionellen Maximen, daß Italien nicht gegen England handeln dürfte und daß es für Italien am günstigsten wäre, zwischen den Blöcken zu stehen. So hat er die Formel vom »entscheidenden Gewicht auf der Waagschale« (*peso determinante*) geprägt, welches Italien zwischen den Westmächten und dem allmählich wiedererstarkenden Deutschland bilden sollte. Mussolini hat lange an dieser Formel festgehalten. Erhaltung des europäischen Staatensystems und vergleichbare Distanz zu seinen beiden Polen waren notwendige Voraussetzungen dafür.

In der Tradition des früheren Imperialismus und unter Berufung auf die erneuerte Rom-Idee hielten der Duce und Grandi die mittelmeerische Region für Italiens natürliche Einflußzone. Nachdem sie 1927 faktisch ein Protektorat über Albanien durchgesetzt hatten, dachten sie an die Schaffung eines von Italien abhängigen Kroatien; die dortige Opposition gegen den serbisch-jugoslawischen Zentralismus haben sie daher konsequent unterstützt. Überhaupt suchte Mussolini in die durch die Auflösung des Habsburgerreiches entstandenen Vakuen einzudringen. 1926 und 1927 wurden Freundschaftsverträge mit Rumänien und mit Ungarn geschlossen; in Österreich unterstützte Mussolini die damals noch zur rechten Opposition gehörenden »Heimwehren«, die sich ihm auch ideologisch annäherten. Und es verstand sich von selbst, daß der Faschismus die alten afrikanischen Aspirationen des italienischen Nationalismus aufgegriffen hat. In Libyen wurde die Herrschaft zwischen 1924 und 1930 durch den General Rodolfo Graziani mit brutalen Methoden gesichert. Wegen

Äthiopien wollte der Duce abwarten und arbeitete zunächst mehr auf die ökonomische Durchdringung hin (Freundschaftsvertrag von 1928). Erst seit 1930 ging er auf härteren Kurs, auch unter dem Eindruck der Konsolidierung der Regierung des Kaisers Haile Selassie (seit 1930). Der Kolonialminister General De Bono plante im Winter 1932/33 ein handstreichartiges Unternehmen, während der Generalstab unter Pietro Badoglio für gründliche Vorbereitung und danach für einen begrenzten Krieg mit einigen Divisionen plädierte. 1933 übernahm Mussolini auch das Kriegsministerium. Sobald die internationale Lage ihm günstig genug erschien, entschied er sich 1935 für einen »großen« Krieg.

1930 war ein Freundschaftsvertrag mit Österreich gefolgt, wo dann seit 1932 Bundeskanzler Engelbert Dollfuß für seinen autoritären, gegen die Linke wie gegen die Nationalsozialisten gerichteten Kurs die volle Unterstützung Mussolinis fand und dafür seine Politik der des faschistischen Italien anpaßte; zur Bedrängnis der Südtiroler mußte er schweigen. In den »Römischen Protokollen« (März 1934) konnte Italien sowohl Österreich wie Ungarn noch enger an sich binden und französische Donau-Pläne durchkreuzen. Zugleich wollte Mussolini deutschen Expansionsabsichten im Donauraum zuvorkommen.

Der Niedergang der französischen Hegemonie und der Wiederaufstieg Deutschlands wirkten nun vollends in die von Mussolini und Grandi erhoffte Richtung. Auf Distanz blieb der Duce gegenüber den heftigen Freundschaftswerbungen Hitlers; er erkannte aber schnell, daß dessen radikaler Revisionismus ihm wichtige Trümpfe zuspielte. Schon im März 1933 schaltete er sich in die schwierige Abrüstungsdiskussion zwischen den beiden Westmächten und Deutschland ein und schlug einen Viererpakt zur friedlichen Zusammenarbeit vor, der im Juni in Rom unterzeichnet, dann jedoch nicht ratifiziert worden ist. Aber momentan hatte Italien seine Handlungsfreiheit bewiesen, welche im September 1933 durch einen Freundschaftsvertrag mit der Sowjetunion noch unterstrichen wurde. Nach dem nationalsozialistischen Putschversuch in Wien mit der Ermordung Dollfuß' im Juli 1934 ist dann allein Italien, u. a. mit Truppenaufmärschen am Brenner und an der Grenze nach Kärnten, für die österreichische Eigenstaatlichkeit eingetreten. Damit erwies Mussolini auch den Westmächten einen großen Dienst, für den er bald Gegenleistungen forderte und erhielt. Von Englands konservativer Regierung, welche die »Beruhigung« Italiens ohnehin mit wachsendem Wohlwollen begleitet hatte, war nach Hitlers Machtergreifung kein energisches Eingreifen gegen Italien zu befürchten; aber nun entschloß sich auch die französische Regierung unter Pierre Laval zur Annäherung an das bis dahin gemiedene faschistische Italien. Im Januar 1935 unterzeichneten er und Mussolini ein Abkommen über koloniale Kompensationen, in dem Äthiopien den italienischen Interessen überantwortet worden ist. Mussolini erließ wenig später die Weisung für einen modernen Materialkrieg; erklärte Ziele waren die Vernichtung der äthiopischen Armee, die Eroberung des ganzen Landes und die Schaffung des *Impero*. Die »Größe« des neuen Italien sollte durch höchsten technischen und propagandistischen Aufwand demonstriert werden. Den Bruch mit England und Frankreich, der eine Annäherung an Hitler notwendig gemacht hätte, wollte der Duce jedoch verhindern und deswegen deren ostafrikanische Interessen respektieren. Auch gab ihm im März 1935 Hitlers Aufkündigung der Rüstungsbeschränkungen des Versailler Vertrages mit der Einführung der allgemeinen Wehrpflicht die in diesem Zusammenhang höchst willkommene Gelegenheit, Italien erneut als Faktor der europäischen Stabilität zu erweisen. Gemeinsam mit England und Frankreich widersprach er dem deutschen Schritt und überhaupt jeder einseitigen Aufkündigung von Verträgen (Konferenz in Stresa, April 1935).

Am 3. Oktober 1935 begann der Einfall der italienischen Truppen in Äthiopien. Die Eroberung des ostafrikanischen Kaiserreichs betrachtete Mussolini als logische Konsequenz seiner bisherigen Außenpolitik, als großen Schritt in der Kontinuität des italienischen Imperialismus und als Demonstration der neuen Kraft, welche der Faschismus Italien eingeprägt hatte, nicht zuletzt als Revanche für die 50 Jahre zuvor erlittene Niederlage bei Adua. Um eine schnelle Entscheidung zu erzwingen und damit Interventionen dritter Staaten zuvorzukommen, wurde der Krieg, wie geplant, mit allen Mitteln geführt, auch mit Giftgas. Durch schlimme Repressalien dezimierte General Graziani die amharische Führungsschicht. Die Italiener kumulierten in diesem anachronistischen Kolonialkrieg alle Verbrechen, welche die älteren Kolonialmächte bei ihren Eroberungen begangen hatten; aber sie begaben sich nicht auf die wesentlich schlimmere Ebene des nationalsozialistischen Völkermords. Sobald Äthiopien unterworfen war, erfuhren die Bewohner eine durchaus erträgliche Behandlung, sie sollten ja ins *Impero*, ins Reich, integriert werden. Der seit 1937 amtierende Vizekönig, der Herzog Amedeo von Savoyen-Aosta, dem eine dauerhafte Regierung zugedacht war, hat sehr viel für das Land geleistet, mit dessen Modernisierung nun italienische Beamte und Ingenieure, Ärzte und Lehrer begannen. Kaiser Haile Selassie, der 1936 ins Exil gehen mußte, aber schon 1941 zurückkehren konnte, hat denn auch alle Italiener in seinem Reich belassen, die unter Anerkennung seiner Souveränität dort weiterhin leben und arbeiten wollten. Im November 1935 hatte der Völkerbund auf Antrag Englands gegen den Angreifer Italien wirtschaftliche Sanktionen beschlossen, die jedoch umgangen wurden, so vor allem von Österreich und Ungarn. Die nicht an den Sanktionen beteiligten Vereinigten Staaten lieferten Öl, Deutschland Kohle. Im Inneren benutzten Mussolini und Ciano, der damals das im Juni 1935 errichtete Ministerium für Presse und Propaganda leitete, die Sanktionen, um die opferbereite Solidarisierung der Bevölkerung zu erzielen und Ressentiments gegen das »plutokratische« England zu schüren, welches das »junge« Italien am Aufstieg zur Großmacht hindern wollte. Nach etlichen Rückschlägen haben die Italiener am 5. Mai 1936 Addis Abeba erobert, vier Tage später wurde das *Impero* proklamiert. Am 1. Juni 1936 wurde Äthiopien mit Eritrea und Somalia zu *Africa Orientale Italiana* (AOI) zusammengefaßt; Mussolini gab die Ministerien des Äußeren, der Kolonien und auch der Korporationen wieder ab, ersteres an Ciano. Die Sanktionen gegen Italien wurden bald aufgehoben; auch Großbritannien, welches dem Negus Asyl gewährte, fand sich mit dem *fait accompli* ab, um Mussolini nicht in die offenen Arme Hitlers zu treiben.

Der afrikanische Sieg hat den Konsens der Italiener auf den Höhepunkt gebracht; im Sommer 1936 äußerte er sich wie ein kollektives Delirium, welches die Partei inszenierte und welches Starace im Sinne der weiteren Faschisierung der Gesellschaft zu steuern suchte. Mussolini hat seitdem die militärische wie auch die organisatorische und finanzielle Leistungskraft Italiens permanent überschätzt. Der daraus erwachsende Wille zu weiteren Eroberungen wurde einer der Hauptgründe dafür, daß er sich auf den Weg begab, der in den Krieg an Hitlers Seite führen konnte und 1940 geführt hat. Trotzdem hat der äthiopische Krieg als solcher noch nicht die Achse Berlin–Rom begründet.

Zunehmende Ideologisierung und Bündnis mit NS-Deutschland: Vom äthiopischen Krieg zum Zweiten Weltkrieg (1936–1943)

1936 Juli: Italiens Intervention in Spanien.
1. November: Proklamierung der »Achse« Rom – Berlin.

1937 2. Januar: Abkommen mit Großbritannien: Status quo im Mittelmeer.
25. September: Staatsbesuch Mussolinis in Berlin.
11. Dezember: Italiens Austritt aus dem Völkerbund.

1938 29./30. September: Mussolinis Vermittlerrolle auf der Münchener Konferenz.
17. November: Antisemitisches Gesetzesdekret.

1939 19. Januar: Bildung der *Camera dei Fasci e delle Corporazioni.*
April: Besetzung Albaniens, Viktor Emanuel III. »König von Albanien«.
22. Mai: »Stahlpakt« mit Deutschland.
23. Juni: Vereinbarung mit Deutschland über die Aussiedlung der Südtiroler.

1940 10. Juni: Italien erklärt Frankreich und Großbritannien den Krieg.
27. September: Dreimächtepakt Deutschland – Italien – Japan.
28. Oktober: Ultimatum an Griechenland, nach dessen Ablehnung Angriff Italiens.

1941 Sommer: Verlust von Äthiopien.

1943 10. Juli: Landung alliierter Truppen in Sizilien.
24./25. Juli: Votum des Faschistischen Großrats gegen Mussolini.
26. Juli: Ernennung des Marschalls Badoglio zum Regierungschef.
3./8. September: Kapitulation Italiens.
8./9. September: Flucht des Königs und der Regierung Badoglio in den von Alliierten besetzten Süden. Bari provisorischer Regierungssitz.

Mit dem äthiopischen Krieg hatte die imperiale Expansion Italiens begonnen, die im Zweiten Weltkrieg ihren Höhepunkt gesucht und ihre Katastrophe gefunden hat. Trotzdem ist die Entwicklung von 1936 bis 1940 nicht geradlinig verlaufen, und Mussolinis schließliche Entscheidung zum Kriegseintritt an Hitlers Seite beruhte nicht auf einem gemeinsamen Konzept für diesen Krieg. Sie war freilich auch ideologisch bestimmt, aber dies nicht im Sinne des nationalsozialistischen Rassenkrieges, sondern nach der Geschichtsauffassung des Duce, derzufolge die Zeit reif war für die Ablösung der alten Demokratien durch die jungen autoritären Staaten. Auch hatte der Faschismus den Mythos von Kampf und Sieg inzwischen immer intensiver verbreitet und konnte daher nach Ausbruch des großen Krieges nicht lange abseits stehen, ohne sich selbst aufzugeben. Aber wohl ebenso stark haben sich konkrete Machtfragen, dazu Fehlkalkulationen Mussolinis und Cianos sowie unvorhergesehene Veränderungen in den internationalen Konstellationen ausgewirkt.

1935/36 hatte Mussolini gehofft, den afrikanischen Krieg ohne Minderung der italienischen Position in Europa durchzustehen, mit der Deutschlands Ausgriff nach Österreich nicht vereinbar war; in der Frage der Remilitarisierung des Rheinlandes, die Hitler im März 1936 auch im Windschatten des äthiopischen Krieges erzwang, versuchte der Duce, Frankreich und Deutschland gegeneinander auszuspielen. Im römischen Außenministerium warnte Suvich vor jeglicher Annäherung an Deutschland, weil darüber Österreich geopfert werden müßte und Italien an Handlungsfreiheit verlieren würde. Mussolini, der im März 1936 weitere Vereinbarungen mit Österreich und Ungarn schloß, war für diese Erwägungen noch zugänglich, nicht dagegen sein neuer Außenminister Ciano. Zudem haben andere Ergebnisse und Entwicklungen des Jahres 1936 wesentliche Voraussetzungen für die »Achse« geschaffen. In Frankreich setzte sich die Volksfront unter Léon Blum durch, welche die Zusammenarbeit mit dem faschistischen Italien abrupt beendete; auch erwies sich der 1935 aufgerissene Gegensatz zu England als tiefer, als der Duce vorausgesehen hatte. Obwohl Grandi, seit 1932 Botschafter in London, für eine neue Verständigung warb, war man dort inzwischen skeptisch, weil Englands Position am Roten Meer geschwächt worden war und weil der Ausbau der italienischen Flotte insgesamt eine durchaus nicht ungefährliche Konkurrenz im Mittelmeer bedeutete.

Indem durch den Ausgang des äthiopischen Krieges das Mittelmeer definitiv zur Hauptinteressenzone Italiens wurde, verlor Österreich für Mussolini an Bedeutung. Auch kam Hitler ihm momentan in dieser Frage sehr entgegen. Das deutsch-österreichische Abkommen vom 11. Juli 1936 normalisierte die Beziehungen, wobei die österreichische Regierung zusagte, ihre Außenpolitik der Berlins anzupassen. Österreich wurde also ein Satellit Deutschlands, und damit fand Mussolini sich ab; doch weiter wollte er nicht gehen. Das Abkommen betrachtete er als definitiv, während Hitler es als Hebel für den Anschluß benutzen wollte.

Erheblich wurde Italiens Annäherung an NS-Deutschland durch den Spanischen Bürgerkrieg gefördert, der ebenfalls im Sommer 1936 ausbrach. Mussolini und Ciano griffen alsbald zugunsten Francos ein; es ging ihnen um den Anspruch der permanenten faschistischen Revolution und mehr noch um die italienische Hegemonie im Mittelmeerraum, die Ambitionen in dessen westlichem Teil einschloß. Der Duce hat allerdings die Dimensionen und die Folgen unterschätzt. Bei dem langen und massiven Einsatz in Spanien (bis Anfang 1939!) mußte Italien nämlich erhebliche Verluste einstecken und verlor im Verhältnis zum massiv aufrüstenden Deutschland daher noch weiter an Machtpotential, als dies ohnehin unvermeidlich war. Doch der Spanische Bürgerkrieg hat eine italienisch-deutsche Waffengemeinschaft und die propagandistisch beschworene Frontstellung der autoritären Staaten gegen die der spanischen

Republik zur Hilfe kommenden kommunistischen und sozialistischen Kräfte Europas gebracht. In diesem Klima lag eine italienisch-deutsche Übereinkunft nahe, für die in Rom besonders Ciano gegen Widerstände aus seinem Ministerium eintrat. Bei dessen erstem Besuch in Berlin wurde am 25. Oktober 1936 diese Übereinkunft unterzeichnet: Deutschland erkannte die Annexion Äthiopiens an, beide Regierungen vereinbarten ein einheitliches Vorgehen in Spanien und die Anerkennung der Regierung Francos. Sie bekräftigten ihren Antikommunismus und verabredeten Konsultationen in allen wichtigen Fragen. Noch wichtiger war die Abgrenzung der Interessenzonen: Für Deutschland wurde Handlungsfreiheit im Osten postuliert, das Mittelmeer als Italiens Weltregion anerkannt. Am 1. November 1936 bekannte Mussolini sich in einer großen Mailänder Rede zur Freundschaft mit Deutschland und bezeichnete die neue Verbindung als eine »Achse«, um die sich alle europäischen Staaten sammeln könnten. Konstanten der italienischen Außenpolitik blieben gleichwohl der weitere Einsatz für Österreichs Staatlichkeit und das Bemühen um Verständigungen mit England – vom Gentleman's Agreement im Januar 1937 über Grandis Bemühungen um eine gemeinsame Aktion zugunsten Österreichs in letzter Minute (Februar 1938) bis hin zum »Osterabkommen« im April 1938. Unter dem Schock des österreichischen Anschlusses hatte Mussolini auf dieses Abkommen gedrängt, zu dem nun auch die britische Regierung bereit war, um Italien von Hitler zu trennen. Man einigte sich erneut auf den Status quo und die freie Schiffahrt im Mittelmeer. Feindselig blieb dagegen Italiens Verhältnis zu Frankreich.

Innenpolitische Grundzüge der Jahre 1936–1940 waren Ideologisierung und weitere Gleichschaltung. Die Instrumente dazu waren, wie schon ausgeführt, der PNF, dessen Sekretär Starace 1937 Ministerrang erhielt, das im Mai 1937 gegründete *Ministero della Cultura Popolare* unter Dino

Alfieri (bis 1939) und Alessandro Pavolini (bis 1943) sowie das *Ministero dell'Educazione Nazionale* unter Giuseppe Bottai.

Der neue Kurs respektierte immerhin manche rechtsstaatlichen Normen und war somit generell weniger radikal als die gleichzeitige Innenpolitik Hitlers oder Stalins. Unter Totalisierung verstanden Mussolini und Ciano, Alfieri und Bottai die weitere Faschisierung der Gesellschaft und besonders der Jugend. Bottai reformierte in diesem Sinne das Schulwesen (*Carta della scuola*, 1939). Seit 1936 gab es den »Faschistischen Samstag« (der Sonntag gehörte der Kirche!) mit Veranstaltungen zur Erfassung aller Bevölkerungskreise, im Herbst 1937 wurden alle Jugendorganisationen in der *Gioventù Italiana del Littorio* (GIL) zusammengefaßt. Zur Schwächung der Monarchie beschloß der Großrat im März 1938 die Proklamation des Königs und Mussolinis zu »Ersten Marschällen des Reiches«, aber dagegen wehrte sich Viktor Emanuel III. Im Januar 1939 wurde aus der Kammer die *Camera dei Fasci e delle Corporazioni.* Starace wollte alle Italiener zu Parteigenossen machen, wurde aber wegen seiner Übertreibungen selbst in den offiziellen Kreisen belächelt. Auf Totalisierung drängte auch die faschistische Linke um Tullio Cianetti (1943 Minister für die Korporationen), welche sich mit ihrer untergeordneten Rolle im Korporativsystem nicht abgefunden hatte und nun für einen neuen Faschismus »der Arbeit« und der Arbeiter plädierte.

Mussolini und Bottai gedachten, der Jugend eine kämpferische und imperiale Gesinnung zu vermitteln und darüber einen neuen italienischen Menschentyp zu bilden. Davon erhoffte der Duce sich die Realisierung seiner geheimen Fernziele: im Inneren ein eigenständig italienisches, von den »dekadenten« Demokratien ebenso wie von den Regimen Hitlers und Stalins unterschiedenes autoritäres System, nach außen die Beherrschung des Mittelmeeres und über Gibraltar oder Suez den Zugang zu den Weltmeeren.

Die Projektion solcher Ziele auf eine ferne Zukunft war auch eine Konsequenz aus der Einsicht, daß die meisten Italiener der weiteren Faschisierung widerstrebten, vielmehr Normalisierung wünschten. Sie hatten sich mit dem Faschismus arrangiert, ja ihm zugestimmt, weil der frühere Pluralismus ins Chaos geführt hatte. Nach 15 Jahren einer inzwischen tendenziell totalitären Stabilität wuchs jedoch die Zahl derer, die sich den Pluralismus zurück wünschten und über das hohle Pathos des Regimes spotteten.

Schon der Sieg »Roms« über die afrikanischen »Barbaren« hatte der Ideologisierung Vorschub geleistet, durch die Frontstellungen in Spanien wurde sie vertieft. Aus ihren Zusammenhängen gerissene historische Reminiszenzen, so besonders an das römische Imperium, verbanden sich mit dem Mythos einer *civiltà nuova*, wobei die von Mazzini entlehnte, nun imperialistisch umgedeutete Idee eines »dritten Roms« die Brücke in die Zukunft bilden sollte. Nationalismus und Imperialismus blieben aber die Grundlagen dieser Ideologisierung, welche anders als in NS-Deutschland nicht auf biologistischem Rassismus beruhte. Mussolini hatte vielmehr auch die jüdische Minderheit mit Erfolg zu gewinnen versucht und noch 1931 ein Gesetzesdekret durchgesetzt, welches ihre Gemeinden zu Körperschaften des öffentlichen Rechtes erhob.

Eine jüdische Publizistin, Margherita G. Sarfatti, die lange eng mit Mussolini befreundet war, hatte seine erste Biographie geschrieben (*DUX*, [13]1932) und den Kulturteil des *Popolo d'Italia* gestaltet. Jüdische Italiener bekleideten etliche wichtige Positionen in Partei und Staat. Aber 1937/38 hat der »Dux« gegen Warnungen des Königs den Antisemitismus in sein Programm aufgenommen, wohl um in dieser in Deutschland zentralen Frage nicht hinter Hitler zurückzustehen.

In den Beschlüssen des *Gran Consiglio* vom 6. Oktober und im Gesetzesdekret vom 17. November 1938 wurde der Antisemitismus verordnet, jedoch mit nationaler, nicht mit rassischer Begründung. Weil die Juden sich angeblich nicht hinreichend assimiliert hätten, wurden sie aus der nationalen Gemeinschaft ausgestoßen; verschont blieben Kriegsteilnehmer, »alte Kämpfer« für den Faschismus und deren Familien. Das Dekret schloß die italienischen Juden aus allen öffentlichen Einrichtungen, auch aus den Schulen aus, verwies sie also ins Ghetto zurück. Den ausländischen Juden, die vor Hitler nach Italien geflohen waren, wurde die Ausweisung angekündigt. Überzeugte Helfer bei den nun einsetzenden Maßnahmen waren jedoch nur wenige Radikale wie Farinacci. Opportunismus ließ die meisten Italiener schweigen; aber viele haben die Diskriminierung der Juden, welche italienischer Mentalität widersprach, weder gebilligt noch verstanden. Einwände kamen aus liberalen, humanistischen und katholischen Motiven; Papst Pius XI. widersprach öffentlich und mit Schärfe, besonders gegen Eingriffe des Judendekrets ins Eherecht. So hat eine Maßnahme, welche als Annäherung an das nationalsozialistische Deutschland gesehen wurde, den Konsens im Lande gemindert; viele Anhänger Mussolinis begannen zu fürchten, daß Italien dabei war, seine Eigenständigkeit zu verlieren. Auch nach 1938 haben aber die italienischen Juden innerhalb der ihnen auferlegten Beschränkungen überleben können, und Italiens Armee und Diplomatie haben während des Krieges in den von ihnen besetzten Gebieten die deutscherseits geforderten Deportationen verhindert.

Ähnliche Befürchtungen wie das Judendekret hatte der Anschluß Österreichs bewirkt, bei dem Mussolini und Ciano erstmals erlebten, daß der stärkere Verbündete sie vor vollendete Tatsachen stellte. Daß Hitler dabei immerhin die Brennergrenze garantierte, erleichterte es Mussolini, trotzdem noch am 12. März 1938 im *Gran Consiglio* deutschfreundlich aufzutreten. Doch er blieb mehr als zuvor bestrebt, der von Deutschland geplanten Penetration des Donauraums zu widerstehen. Auch verstärkte er den Einsatz in Spanien, welcher Italiens Ansehen vergrößern und den

Krieg verkürzen sollte. Dem deutschen Drängen nach einer politisch-militärischen Konkretisierung der Achse haben Mussolini und Ciano sich in den folgenden Monaten versagt, nur Hitlers Brenner-Garantie suchten sie in einen Vertrag zu überführen. Daß sich die Verhandlungen darüber hinzogen, hat Mussolini äußerst irritiert; er machte die Verfestigung der Achse von der Liquidierung des Südtiroler Problems abhängig und erreichte im Zusammenhang des »Stahlpaktes« dieses Ziel: Am 23. Juni 1939 wurde die unselige Vereinbarung über die Option der Südtiroler und die Abwanderung der Optanten unterzeichnet, welche die Bevölkerungsverschiebungen der Zweiten Weltkriegszeit eingeleitet hat.

Der Herbst 1938 hat immerhin mit dem Münchener Abkommen Mussolini einen Triumph eingebracht, das Frühjahr 1939 hingegen mit der Zerschlagung der Rest-Tschechei den schwersten Rückschlag für seine Achsen-Politik. In München (29./30. September 1938) konnte der Duce als Vermittler zwischen den Westmächten und Deutschland und zugleich gegenüber Hitler in der moderierenden Rolle des großen europäischen Staatsmannes auftreten, die ihm stets vorgeschwebt hatte. Inhaltlich setzte er mit der Abtretung des Sudetenlandes an das Deutsche Reich freilich den Kompromiß durch, den Hitlers deutsche Gegner um den Staatssekretär von Weizsäcker erarbeitet und über Italiens Botschafter Attolico an ihn herangebracht hatten; die völlige Zerschlagung der ČSR wurde noch einmal vereitelt. Einen Monat später konnte Italien gemeinsam mit Deutschland im »1. Wiener Schiedsspruch« die neue Grenze zwischen Ungarn und der ČSR bestimmen, Mussolini ließ sich als Friedensretter und Schiedsrichter Europas feiern. Aber für Hitler war nach Österreichs Anschluß die Liquidierung der ČSR eine weitere Voraussetzung für den großen Expansionskrieg im Osten. Mitte März 1939 zwang er die Tschechei in seine Abhängigkeit, die Slowakei wurde abgetrennt und ein Satellitenstaat des Reiches. Wieder war der Duce erst im letzten Moment informiert worden; er war schockiert, und noch mehr Ciano, der daraufhin erstmals einen Übergang zu den Westmächten erwog. Doch Mussolini wußte, daß er die imperiale Politik, mit der er sein Regime identifiziert hatte, nicht außerhalb der Achse fortsetzen konnte, und so forderte er von Deutschland nur die sofortige Bestätigung der Verabredungen von 1936. Da sie unverzüglich gegeben wurde, hat er im *Gran Consiglio*, wo ähnliche Empörung aufkam wie nach dem Anschluß Österreichs, die Achse ein weiteres Mal verteidigt. Einen Monat später ließ er Albanien besetzen. Damit war die Adria weithin das seit langem proklamierte *mare nostro* geworden. Griechenland und Jugoslawien waren nun leichter unter Druck zu setzen, obwohl die sogleich gegebene englisch-französische Garantie für Griechenland vor weiteren Handstreichen warnte.

Mussolini hatte im März 1939 auch auf eine generelle Überprüfung der deutsch-italienischen Beziehungen gedrängt, erst auf Hitlers positive Reaktion hin beauftragte er Ciano mit formellen Verhandlungen (Mailand 6./7. Mai), welche aber zunächst noch nicht zu einem Militärbündnis führen, sondern weiter vorklären sollten: Der Duce wollte u. a. eine Festlegung auf eine für Italiens Aufrüstung unerläßliche Friedenszeit von etwa vier Jahren erreichen. Da Ribbentrop auch diese Zusicherung gab, erteilte Mussolini noch am 6. Mai die auch seine Umgebung überraschende Weisung, den Militärpakt mit Deutschland sofort zu schließen. Mussolini hielt diesen Pakt für ein wirkungsvolles Mittel, um an der Seite Deutschlands die eigene Stärke und konkret die Führungsposition im Mittelmeer zu demonstrieren; an einen baldigen Krieg, für den Italien nicht gerüstet war, dachte er nicht. Den den Italienern letztlich fremden Fanatismus Hitlers und seiner Paladine haben Mussolini und Ciano in diesem Moment offenbar noch nicht durchschaut. Schon am 22. Mai 1939 wurde in Berlin der »Stahlpakt« unterzeichnet, im wesentlichen nach deutschen

Entwürfen. Für den Fall, daß einer der beiden Staaten Krieg führte, sagte der andere volle militärische Unterstützung zu. Mussolini und Ciano verzichteten auf eine konkrete Abklärung der beiderseitigen Ziele, obwohl die Unterschiede enorm waren: während Hitler auf Rassenherrschaft und Weltaufteilung ausging, dachten sie an einen regionalen Krieg. Drei Monate später kam die tiefe Ernüchterung. Cianos Gespräche mit Ribbentrop und Hitler (11.–13. August), in denen er, wiederum sehr spät, vom bevorstehenden deutschen Einmarsch in Polen erfuhr, markierten die Wende und stellten Mussolini vor die unwiderrufliche Entscheidung, die er stets hatte vermeiden wollen. Vergeblich hat er nun zu bremsen versucht und, als Hitler trotzdem losschlug, die *non-belligeranza* (Nichtkriegsführung) Italiens erklärt und dies Berlin gegenüber mit der Notwendigkeit weiterer Rüstung begründet. Aber in den folgenden Monaten hat Mussolini durchaus nicht nur rüsten lassen (mit umfangreichen Befestigungen in Südtirol auch gegen Deutschland!), sondern sich bemüht, den Krieg zu begrenzen, Kompromisse zwischen Deutschland und den Westmächten anzuregen und somit noch einmal das »Gewicht auf der Waagschale« zu bilden. Anfang 1940 hat er ein letztes Mal versucht, Hitler zur Begrenzung seiner Ziele und zu Verhandlungen mit England und Frankreich zu bewegen.

Nach dem Scheitern dieser Versuche ergab sich in der faschistischen Führung erneut und zugespitzt die Konstellation vom Vorjahr. Ciano und einige andere Großrats-Mitglieder plädierten für den Absprung von der Achse und begannen damit jene Opposition, welche im Sommer 1943 Mussolini stürzen sollte. Der Duce aber wollte auch 1940, trotz gelegentlicher antideutscher Ausbrüche, keinen radikalen Kurswechsel und war stark genug, sich durchzusetzen. Keinesfalls wollte er als Verräter dastehen; die Wende von 1914/15, zu deren Protagonisten er gehört hatte, war unvergessen. Er schwankte aber noch einige Zeit zwischen dem Kriegseintritt und dem Verbleib in der Neutralität, der aber das Ende aller weiteren imperialen Ambitionen bedeutet hätte. Nach den deutschen Siegen im Westen seit dem Mai 1940 sah der Duce den letzten Moment gekommen, um an diesen Siegen partizipieren, die Beute mit verteilen und dabei der auch ihn inzwischen erschreckenden deutschen Hegemonie noch einige Grenzen setzen zu können. Aber er erlag einer fatalen Illusion, als er verkündete, daß das »proletarische und faschistische Italien« den Krieg gegen die »reaktionären und plutokratischen Demokratien«, in den es am 10. Juni 1940 eintrat, als einen Parallelkrieg zu dem Hitlers und nur für eigene Interessen führen würde. Die Nation stand, soweit sie sich artikulierte, noch hinter ihm und signalisierte begeisterte Zustimmung.

Es folgte eine Serie von Mißerfolgen: 1940/41 in Griechenland und vor Malta, 1941 in Ostafrika, 1942 und 1943 in Nordafrika. Sie beruhten zumeist auf strukturellen Schwächen der italienischen Armee und ihrer Versorgung. Die Besetzung Sloweniens und Kroatiens und von Teilen Griechenlands (1941) sowie mehrere italienisch-britische Luft- und Seeschlachten (1941 und 1942) konnten diese Mißerfolge nicht wettmachen, erst recht nicht die Entsendung eines ebenfalls unzureichend ausgerüsteten Korps nach Rußland.

In der Führung fanden Ciano und Grandi ihre Bedenken bestätigt; sie wie auch Balbo und Bottai fürchteten von Anfang an, daß der Weltkrieg die vom Faschismus erreichte gesellschaftliche Stabilität und damit die Grundlage des Regimes erschüttern würde. Der Kriegsverlauf hat diese Befürchtungen bestätigt und bestärkt. Unzufriedenheit breitete sich in der Bevölkerung aus, welche in den Großstädten seit 1941 unter Verknappung der Lebensmittel, seit Herbst 1942 auch unter alliierten Luftangriffen litt und sich auf die alte italienische Erfahrung besann, daß es Krisen zu überleben und darum verlorene Kriege rechtzeitig zu beenden gilt. Seit 1942 ging die Unzufriedenheit in Opposition über.

Die alten Oppositionsgruppen der Sozialisten, der Kommunisten und der Liberalen organisierten sich wieder; zwei neue kamen hinzu, einstweilen ebenfalls noch illegal: der demokratisch-republikanische *Partito d'Azione* und die *Democrazia Cristiana* aus früheren *Popolari* um De Gasperi, der aus dem Vatikan von Prälat Montini ermutigt wurde. Im März 1943 brachen in Turin und Mailand größere Streiks aus, die von den nie ganz unterdrückten sozialistisch-kommunistischen Betriebszellen organisiert waren; die Arbeiter forderten nicht nur Lohnerhöhung, sondern protestierten auch gegen den Krieg. So begann sich die *Resistenza* zu formieren, welche jedoch erst nach dem Umschwung im Sommer 1943 zu direktem politischen Einfluß gelangt ist. Nicht sie aber hat Mussolini gestürzt, sondern eine allmählich erstarkende Fronde von faschistischen Politikern um Grandi und von Vertretern der alten Eliten, welche die Sinnlosigkeit weiterer Verbündung mit dem Duce erkannten; ein letztes Mal erwies sich der Kompromißcharakter des Regimes. Dino Grandi hat seit dem Herbst 1942 auf das Ende der Herrschaft Mussolinis hingearbeitet. Er wurde die zentrale Figur der systemimmanenten Opposition und setzte dabei seine guten Beziehungen zum König ein. Auch zwischen Ciano und dem König wurde seit 1942 eine Annäherung an die Alliierten erörtert, für die sich auch vorfaschistische Politiker wie Orlando und Bonomi vorsichtig einsetzten. Gemeinsam waren den Frondeuren die Einsicht, daß der Krieg nicht gewonnen werden konnte, und der Wille, daraus die Konsequenz zu ziehen und Italien so schnell wie möglich von Hitlers Deutschland zu lösen, um eine totale Niederlage zu verhindern und um die Staatskontinuität zu erhalten.

Der Duce konzentrierte alle ihm verbliebenen Kräfte auf die Fortsetzung des Krieges, aber seit der alliierten Landung in Nordafrika (November 1942) glaubte auch er nicht mehr an einen Sieg über alle Gegner und suchte daher Hitler für einen Waffenstillstand im Osten zu gewinnen. Doch brachte er es nicht fertig, Hitler zu erklären, daß die italienische Armee am Ende war. Anfang Februar 1943 hatte er eine »letzte Wachablösung« erzwungen: fünf Minister, darunter Bottai, Ciano und Grandi, mußten zurücktreten, blieben aber Mitglieder des seit Kriegsbeginn nicht mehr einberufenen Großrats. Doch weder die Regierungsumbildung noch Lohnerhöhungen und Durchhalteappelle des Duce haben die Lage stabilisieren können, und weitere Niederlagen sowie Avancen der Alliierten an die Opposition beschleunigten deren Erstarken. Im Mai 1943 ging der letzte deutsch-italienische Brückenkopf in Tunesien verloren, am 10. Juli landeten die Anglo-Amerikaner in Sizilien, am 19. Juli wurde Rom zum ersten Mal von ihnen bombardiert.

Zwar hatten sich die Alliierten Anfang 1943 auf die Forderung nach bedingungsloser Kapitulation der Achsenmächte geeinigt. Aber seit dem Herbst 1942 ließen amerikanische und britische Politiker die italienischen Oppositionellen wissen, daß Italien, wenn es sich selbst vom Faschismus befreien und von Deutschland lösen würde, günstigere Bedingungen erhalten könnte. Churchill, der bereits an die Gestaltung des Friedens dachte und Italien unbedingt in den Westen einbinden wollte, wünschte darum den Sturz Mussolinis durch die Monarchie und durch diese die Wiederherstellung des vorfaschistischen Staates; ein Sieg der in der *Resistenza* dominierenden Linken sollte verhindert werden. Dahinter werden die italienischen Konstellationen des folgenden Jahrfünfts sichtbar: Konservative, Liberale und Christdemokraten wollten und verwirklichten Normalisierung und Kontinuität, während die heterogene Linke auf radikalen Neubeginn setzte.

Zur Durchführung seines Umsturzplans wählte Grandi einen legalen, freilich riskanten Weg und beantragte eine Sitzung des Großrats, die tatsächlich auf den 24. Juli anberaumt wurde. Mussolini glaubte offenbar, daß die Mehrheit wie auch der König noch auf seiner Seite stünden. Doch Grandi legte einen *ordine di giorno* vor, der die Wiedereinsetzung des Königs und aller anderen Staatsorgane in ihre volle, verfassungsgemäße Verantwortung forderte und den König ersuchte, den Oberbefehl über die Streitkräfte wieder zu übernehmen. Dies bedeutete die Entmachtung Mussolinis und die Abschaffung seines seit 1925 errichteten Systems; nach dramatischer Diskussion wurde Grandis Antrag mit 19 gegen 9 Stimmen bei einer Enthaltung angenommen. Der König empfing am folgenden Tag Mussolini und eröffnete ihm seine Entlassung. Der Duce wurde verhaftet und nachher an verschiedenen Orten festgehalten, bis Hitler, der sich ihm persönlich verbunden fühlte, ihn aber vor allem zur Regierung im deutsch kontrollierten Norditalien brauchte, ihn am 12. September durch ein Luftwaffenkommando aus seinem Zwangsdomizil auf dem Gran Sasso befreien ließ.

Zum Nachfolger Mussolinis hatte der König sogleich den Marschall Badoglio ernannt. Er bildete ein Kabinett aus Militärs und Beamten; um Zeit zu gewinnen, kündigte er die Fortsetzung des Krieges an.

Das Regime brach von einem Tag auf den anderen zusammen. Die breite Zustimmung für Badoglio bekundete auch die Hoffnung auf baldige Beendigung des Krieges; die Stimmung vom Juni 1940 war ins Gegenteil umgeschlagen! Badoglios erste Maßnahmen entsprachen den Erwartungen der Mehrheit: Noch am 26. Juli wurde die Integration der Miliz in die Armee verordnet, am 28. Juli die Auflösung der faschistischen Partei, des Großrats und des Sondergerichtshofes. Die Bildung von Parteien wurde für die Dauer des Krieges verboten, doch ließ dieses Verbot sich nur bis zur Bekanntgabe der Kapitulation am 8. September durchhalten.

Der König und die Regierung Badoglio haben ihre Hauptziele, die Lösung Italiens vom Schicksal Deutschlands und die Erhaltung der Staatskontinuität, erreicht. Es war jedoch eine Illusion anzunehmen, daß Italien sich im Sommer 1943 in seine anfängliche *non-belligeranza* zurückziehen könne. Denn beide Kriegsparteien betrachteten Italien als unerläßlich für die weitere Kriegsführung; beide bereiteten Invasionen großen Stils vor. In dieser Situation hat die Regierung Badoglio ein gefährliches und teils schwer verständliches Doppelspiel unternommen, dessen in Deutschland alsbald üblich gewordene Qualifikation als Verrat jedoch unberechtigt war; sie versuchte zu retten, was noch zu retten war. Den Deutschen wurde Bündnistreue versichert, zugleich mit den Alliierten wegen der Kapitulation verhandelt. Am 3. September wurde diese geheim unterzeichnet, doch behielten die ebenfalls sehr mißtrauischen Alliierten sich vor, den Termin des Inkrafttretens zu bestimmen. Badoglio hoffte, daß dem eine alliierte Landung bei Rom vorausgehen würde, aber General Eisenhower, der Oberkommandierende der alliierten Truppen im Mittelmeerraum, ließ bereits am 8. September den Waffenstillstand verkünden. Er war hart und verpflichtete Italien nicht zuletzt zur Auslieferung seiner hochqualifizierten Kriegsflotte. Der 8. September hat die italienische Staatsnation schockartig erschüttert.

Sofort liefen die deutschen Gegenmaßnahmen an, auf die die italienischen Kommandos nicht vorbereitet waren. Feldmarschall Kesselring ließ zwar in der Nacht zum 9. September die königliche Familie und die Regierung Badoglio nach Süden unter den Schutz der Alliierten fliehen; am nächsten Tag aber besetzten seine Truppen die Hauptstadt, deren Garnison bald kapitulierte. Im Norden besetzten deutsche Truppen Südtirol und das Trentino, in der darauffolgenden Woche Venetien, die Emilia-Romagna, Ligurien, die Lombardei und Piemont und dazu Teile der Marken und der Toskana. Das Gros der italienischen Truppen in Oberitalien und Südfrankreich wurde entwaffnet und interniert, gelegentlicher Widerstand mit äußerster, die Genfer Konvention verletzender Härte niedergeschlagen. Immerhin konnten viele italienische Soldaten untertauchen und nach Hause gehen. Ebenfalls am 9. September landeten amerikanische Truppen im Golf von Salerno, wo sie dank ihrer Überlegenheit die Deutschen abdrängen konnten; die in Tarent gelandeten Engländer besetzten bis Ende September Apulien und Kalabrien. Italien hatte also nicht nur den drei Jahre zuvor von Mussolini leichtfertig und großspurig begonnenen Krieg verloren. Es wurde im September 1943 ein weiteres Mal zum Schlachtfeld der Großmächte, zudem zweigeteilt.

Zweiteilung des Landes – *Repubblica Sociale Italiana – Resistenza* (1943–1945)

1943	9. September: Gründung des *Comitato di Liberazione Nazionale* (CLN).
	12. September: Mussolinis Befreiung. Errichtung der *Repubblica Sociale Italiana.*
	13. Oktober: Kriegserklärung der Regierung Badoglio an Deutschland.
1943/44	November 1943 bis März 1944: Erste Schlacht bei Montecassino.
1944	8.–11. Januar: Faschistischer Schauprozeß gegen Frondeure vom 25. Juli 1943, Todesurteile und Hinrichtungen.
	22. Januar: Landung der Alliierten bei Anzio und Nettuno.
	11.–20. Mai: Zweite Schlacht bei Montecassino.
	4. Juni: Eroberung Roms durch die Alliierten.
	9. Juni: Kronprinz Umberto »Generalstatthalter« des Königreichs, Ivanoe Bonomi Ministerpräsident.
1945	April: Generaloffensive der Alliierten, »Volksaufstand« der *Resistenza.*
	28. April: Erschießung des von Partisanen gefangengenommenen Mussolini.
	29. April: Kapitulation der deutschen Truppen in Italien, am 2. Mai in Kraft.

Die Jahre 1943 bis 1945 mit ihren Brüchen und Umbrüchen, mit Krieg, Bürgerkrieg und Partisanenkrieg, gehören zu den am meisten und äußerst kontrovers diskutierten Perioden der italienischen Zeitgeschichte. Die dem PCI nahestehende Historiographie und Publizistik hat der *Resistenza* entscheidenden Anteil an der schließlichen Niederwerfung des Faschismus zugeschrieben; erst nach dem Zerfall des linken Meinungsmonopols hat sich in den 1990er Jahren die wiederum am klarsten von De Felice behauptete Einsicht durchgesetzt, daß in den damaligen Kämpfen nur etwa 5% der Italiener aktiv bei der *Resistenza* und ebenfalls etwa 5% bei Mussolinis *Repubblica Sociale* standen. In *Rosso e Nero* (1995) hat De Felice seine Urteile zusammengefaßt, welche dann im postum erschienenen letzten Band seiner Mussolini-Biographie (1997) breit ausgeführt und belegt wurden: Italiens Führungsschicht habe 1943 versagt, die Nation aufgrund der damaligen Brüche ihre Identität verloren, mit Folgen bis heute! Die *Resistenza* sei zwar ein »fundamentaler Moment« in der Nationalgeschichte gewesen, aber ihre Bedeutung sei erheblich überschätzt worden. Die »Resistenza-Vulgata« habe nur der Legitimierung des PCI gedient. – Jedenfalls führten Alliierte und Deutsche den Krieg in und um Italien; die große Mehrheit der italienischen Bevölkerung hielt sich zurück, um zu überleben. Nach dem weitgehenden Zerfall der staatlichen Strukturen haben oft kirchliche Stellen, an der Spitze Papst Pius XII., zwischen den Parteien vermittelt und Exzesse zu verhindern oder zu mildern versucht; das daraus erwachsene Prestige des Papstes ist nach 1945 der von ihm favorisierten *Democrazia Cristiana* zugute gekommen.

Im Süden bestand, zunächst in sehr begrenztem Umfang, die Staatskontinuität weiter. Aber die Regierung unter Badoglio, der selbst wegen seiner langen Treue zu Mussolini kompromittiert war, brachte wenig zustande; nur langsam, entsprechend dem alliierten Vormarsch, wurde ihr Staatsgebiet größer. Ihr wichtigster Erfolg war die im März 1944 erfolgte Anerkennung durch die Sowjetunion. Immerhin brachten die im CLN locker verbundenen antifaschistischen Parteien eine demokratisierende Entwicklung in Gang, für die zunächst am überzeugendsten zwei liberale Antifaschisten eintraten: der inzwischen 77jährige Benedetto Croce und der 71jährige frühere Außenminister Graf Carlo Sforza. Im Januar 1944 hielten die Parteien in Bari einen Kongreß ab, der sich unter maßgeblicher Beteiligung Croces zum politischen Neubeginn bekannte. Aber über dessen Ausmaß war man sich nicht einig. Die liberale Partei unter Luigi Einaudi wollte die Wiederherstellung des vorfaschistischen Staates, die 1943 aus Kreisen des früheren PPI von Alcide De Gasperi neu gegründete *Democrazia Cristiana* dessen evolutionäre Entwicklung zur Demokratie. Dagegen behaupteten der ebenfalls neue, dabei heterogene *Partito d'Azione*, der sich in die Tradition Mazzinis stellte, die Sozialisten unter Pietro Nenni und die Kommunisten aus ihrem militanteren Antifaschismus die Legitimation zu einer radikaleren Neuordnung, auch zur Schaffung der Republik. Nur die Kommunisten boten bald Kompromisse an; der im März 1944 aus dem russischen Exil zurückgekehrte Palmiro Togliatti plädierte für die Vertagung der Verfassungsfrage auf die Nachkriegszeit und wurde Minister im letzten Kabinett Badoglio. Auf Stalins Geheiß zog er die Konsequenzen daraus, daß Italien in den interalliierten Absprachen von 1943 der westlichen Sphäre zugeteilt worden war und daß darum dort eine direkte kommunistische Machtergreifung nicht möglich war. Der PCI proklamierte deswegen in engster Absprache mit Moskau einen angeblich nationalen Weg zum Sozialismus in Zusammenarbeit mit den anderen Parteien, gerade auch mit der DC. Als Begründung dafür diente der Antifaschismus. Zudem präsentierte sich der PCI als demokratische Partei, welche das Erbe aller reformistischen Traditionen beanspruchte; viele Intellektuelle schlossen sich ihm an.

Die Anglo-Amerikaner mißtrauten dem gesamten linken Parteienspektrum. Erst nach der Eroberung Roms im Juni

1944 haben sie die Parteien zur Regierung zugelassen, aber darauf bestanden, daß an deren Spitze ein erprobter Demokrat trat, der nun 71jährige frühere Ministerpräsident Ivanoe Bonomi. Der kompromittierte König trat seine Befugnisse an seinen Sohn Umberto ab, welcher sich immerhin während des Krieges von Mussolini deutlicher distanziert hatte und nun *Luogotenente del Regno* wurde.

Mussolini scheint im Sommer 1943 innerlich resigniert zu haben, auf Drängen Hitlers trat er aber im September an die Spitze der *Repubblica Sociale Italiana*, die sich im Norden konstituierte; Regierungssitz wurde Salò am Gardasee. Hitler brauchte einen faschistischen Satellitenstaat, um die deutsche Präsenz in Ober- und Mittelitalien sowie die möglichst weitgehende Ausnutzung der besetzten Gebiete zu legitimieren und zu erleichtern. Mussolini stellte sich auch deswegen zur Verfügung, weil nur er imstande war, die von Hitler und Goebbels proklamierte Rache für den italienischen »Verrat« zu mildern. Im Norden und Nordosten ließ Hitler die bis 1918 österreichisch gewesenen Gebiete Italiens als Operationszonen »Alpenvorland« und »Adriatisches Küstenland« ausgliedern und provisorisch den Gauleitern von Tirol und Kärnten unterstellen.

Mussolini konnte genauso wenig selbständig regieren wie Badoglio. In Salò bestimmten letztlich die Deutschen, an ihrer Spitze der Botschafter Rahn und der SS-Obergruppenführer Wolff, im Süden die Generäle der alliierten Kontrollkommission. Doch die Alliierten milderten 1944 ihre Kontrolle, während die der Deutschen immer härter wurde.

Nurmehr unterstützt von Radikalen wie Farinacci, Pavolini und Buffarini-Guidi, ist Mussolini in Salò zum sozialen Republikanismus seiner frühen Jahre zurückgekehrt. Das »Manifest von Verona« proklamierte den »Produktivstaat« mit der Verstaatlichung von Großindustrien, einem Zentralausschuß für Sozialisierung und einer Zwangsgewerkschaft. Doch blieb diese linke Innen- und Sozialpolitik in ihren Anfängen stecken, weil die Mehrzahl der Arbeiter inzwischen wieder zu den Linksparteien hielt und weil überhaupt Mussolinis Macht zerfiel. Der Druck, den seine Regierung und noch mehr die Deutschen zur Einschüchterung der Bevölkerung ausgeübt haben, hat letztlich nur die *Resistenza* gestärkt. Aber die Macht der *Repubblica Sociale* reichte, um entsprechend deutschen Wünschen Rache zu üben: Diejenigen Mitglieder des Großrats, die am 25. Juli 1943 gegen den Duce gestimmt hatten und nachher in seine Hände gefallen waren, wurden in einem Schauprozeß in Verona im Januar 1944 zum Tode verurteilt und erschossen, darunter selbst Mussolinis Schwiegersohn Ciano.

Die deutsche Wehrmacht, bis Anfang März 1945 unter Kesselring, dann unter dem General von Vietinghoff, hat ausdauernd gekämpft, so in den verlustreichen Schlachten um Montecassino und im Kessel um Anzio; seit dem August 1944 kontrollierte sie nur noch die Gebiete nördlich der »Gotenlinie«. Viele Kommandeure haben sich an die Regeln des Kriegsrechtes gehalten, andere aber haben verbrecherische Befehle, besonders bei der Bekämpfung von Partisanen und deren Helfern, ausgeführt. Kesselring hat Zivilbevölkerung und Kunstwerke nach Kräften geschont, doch die Präsenz der Wehrmacht hat es seit dem Herbst 1943 der SS ermöglicht, auch den eliminatorischen Rassenantisemitismus nach Italien zu tragen: Mehrere tausend Juden, vor allem aus Rom und Triest, wurden in die Vernichtungslager deportiert. Viele aber überlebten, weil Italiener ihnen zu Hilfe kamen; geistliche Institute Roms, die Juden versteckten, gingen auf Wunsch des Papstes mit gutem Beispiel voran. Über 600000 italienische Soldaten, die sich weigerten, in Mussolinis Dienste zu treten, wurden als »Militärinternierte« nach Deutschland verbracht, wo sie unter sehr schweren Bedingungen Zwangsarbeit zu leisten hatten. Zudem erzwang die deutsche Militärverwaltung, daß auch viele Zivilisten entweder in Italien oder ebenfalls in Deutschland für das Dritte Reich arbeiten mußten. Ungefähr eine Million italienischer Arbeiter waren bei Kriegsende in Deutschland.

Diese Fakten und Entwicklungen ließen die Zahl der Italiener anwachsen, die sich seit 1944 dem bewaffneten Widerstand anschlossen; er wurde koordiniert vom radikaleren Flügel der CLN, der unter kommunistischer Führung aus dem Mailänder Untergrund agierte (CLNAI). Doch auf die Kampfaktionen der Partisanen reagierte die Wehrmacht mit Repressalien, deren schlimmste mit dem Namen der Fosse Ardeatine bei Rom und des Dorfes Marzabotto im Apennin nahe Bologna verbunden sind; für beide fällt freilich Mitverantwortung auf kommunistische Partisanengruppen: In Rom, welches die Deutschen als »offene Stadt« behandelten, hat ein kommunistisches Kommando am 23. März 1944 (also einige Wochen nach der alliierten Landung bei Anzio) in der Via Rasella ein Attentat auf eine Polizeikolonne verübt und dabei 33 Männer vom 1943 gebildeten Polizeiregiment Bozen getötet. Hitler und seine Gefolgsmänner haben so reagiert, wie die Kommunisten, welche die ruhig gebliebene Bevölkerung Roms aufrütteln wollten, kalkuliert hatten. Unter Anführung des SS-Obersturmbannführers Herbert Kappler wurden 335 Geiseln aus römischen Gefängnissen geholt und in den Fosse Ardeatine erschossen; darunter auch etliche nichtkommunistische Antifaschisten und viele jüdische Italiener. Auch im Apennin hatten kommunistische Partisanen seit dem Sommer 1944 den deutschen Truppen die Verbindungslinien abzuschneiden versucht. Sie sind jedoch geflohen, bevor die Deutschen entsprechend ihrer mehrfachen Ankündigung Ende September Marzabotto und einige benachbarte Weiler zerstörten; rund 900 Zivilisten wurden getötet.

Marzabotto und die Fosse Ardeatine verweisen auf die unkontrollierbare Dimension, welche der Krieg 1944 in Italien erhalten hat. Sie entlud sich auch in einem Bürgerkrieg, dem Tausende zum Opfer gefallen sind. Die Partisanen, besonders die kommunistischen, suchten nämlich nicht nur die Deutschen zu treffen. Sie gingen gnadenlos vor gegen wirkliche und vermeintliche Kollaborateure, mancherorts auch gegen nichtkommunistische Antifaschisten. Die faschistischen *Repubblichini* kämpften, solange sie konnten, mit entsprechender Härte.

Ministerpräsident Bonomi blieb auf der Linie der Kontinuität und der Evolution. An seiner ersten Regierung beteiligten sich die führenden Politiker aller Parteien: De Gasperi, Saragat, Sforza, Togliatti; in der zweiten (seit Dezember 1944) übernahm der allmählich nach vorn rückende De Gasperi das Außenministerium, immerhin wurde Togliatti stellvertretender Ministerpräsident. Aber eine geradlinige Entwicklung im Sinne Bonomis, De Gasperis und der anderen Gemäßigten wurde unterbrochen, weil der Einfluß der CLNAI infolge der Intensivierung ihrer Aktivitäten seit dem Herbst 1944 zunahm. Sie postulierten revolutionäre Leitlinien für Italiens politische Erneuerung und traten auf dem Gebiet der *Repubblica Sociale* als politische Gegenautorität auf, welche sich im *Corpo Volontario della Libertà* eine eigene, zeitweise wohl bis zu 100000 Partisanen zählende Armee schuf: unter Ferruccio Parri (*Partito d'Azione*), Luigi Longo (PCI) und dem General Cadorna. Seit dem Winter 1944/45 hat der Krieg der Partisanen größere Ausmaße angenommen, wider Willen mußten sowohl die Alliierten wie die Regierung Bonomi sie als eigenständige Kraft im Kampf gegen Faschisten und Deutsche akzeptieren.

Die CLN organisierten schließlich Ende April 1945 in ganz Norditalien einen großen Aufstand, der freilich militärisch nichts entscheiden konnte, was nicht schon entschieden war. Denn inzwischen hatten die Alliierten eine große Offensive begonnen, welcher die Wehrmacht nicht mehr gewachsen war. General Vietinghoff, der aus der Aussichtslosigkeit der Gesamtlage die Konsequenzen zog, erleichterte den Machtübergang, indem er (nach Absprache mit Rahn und Wolff) am 29. April kapitulierte. Am 2. Mai wurden die Kämpfe in Italien eingestellt.

Aber der Aufstand, an den der einzig verbliebene nationale Feiertag Italiens am 25. April erinnert, hatte gewichtige Fakten geschaffen und psychologische Wirkungen angestoßen: In den meisten Städten und Provinzen Norditaliens amtierten beim Einmarsch der Alliierten bereits neue, von den CLN eingesetzte Bürgermeister und Präfekten; die *Resistenza* präsentierte sich als Volksbewegung unter linker Führung. Die ihr momentan zugefallene Macht fand ihre dramatische Demonstration in der Erschießung Mussolinis, der mit einer deutschen Heereseinheit fliehen wollte, und seiner Freundin Clara Petacci am 28. April in Mezzegra bei Tremezzo; vorausgegangen war die Erschießung Farinaccis und anderer faschistischer Führer in Dongo, ebenfalls am Comer See. Die CLN wollten allein das faschistische Kapitel der italienischen Geschichte abschließen; wie stark der Wille zur Rache mitwirkte, zeigte die Ausstellung der Leichen auf der Piazza Loreto in Mailand. Insgesamt sind in den ersten Wochen nach dem 25. April um 10 000 Italiener von eigenen Landsleuten getötet worden, jedenfalls noch viel mehr als durch deutsche Repressalien im Partisanenkrieg. Bis zuletzt hat der Krieg auch über Italien nur Unglück gebracht.

Literaturhinweise

1. Zur Geschichte Italiens 1919–1945

Adler, Winfried: Die Minderheitenpolitik des italienischen Faschismus in Südtirol und im Aostatal. Diss. Trier 1979.
Aga Rossi, Elena: Una nazione allo sbando. L'armistizio italiano del settembre 1943. Bologna 1993.
Alatri, Paolo: L'antifascismo italiano. Rom 1965.
– Le origini del fascismo. Rom [5]1971.
Amendola, Giorgio: Der Antifaschismus in Italien. Ein Interview von Piero Melograni, Nachw. von Jens Petersen. Stuttgart 1977.
Andreola, Fabio: Mussolini anti-tedesco? Casale Monferrato 1997.
Aquarone, Alberto: L'organizzazione dello stato totalitario. 2 Bde. Turin 1965.
Benzoni, Alberto: Attentato e rappresaglia. Rom 1999.
Bertoldi, Silvio: Salò – Vita e morte della Repubblica sociale italiana. Mailand 1976.
– Contro Salò. Nascita e morte del regno del Sud. Mailand 1984.
Bianchi, Gianfranco: Perché e come cadde il fascismo. 25 Luglio: crollo di un regime. Mailand 1970.
Bocca, Giorgio: Storia dell'Italia partigiana: settembre 1943 – maggio 1945. Bari [4]1967.
Cassels, Alan: Fascist Italy. London 1969.
– Fascism. Arlington 1975.
Charnitzky, Jürgen: Die Schulpolitik des faschistischen Regimes in Italien 1922–1943. Tübingen 1994.
– Giovanni Gentile und der Faschismus. Frankfurt a. M. 1995.
Colarizzi, Simona (Hrsg.): L'Italia antifascista dal 1922–1940. 2 Bde. Bari 1976.
Collotti, Enzo: L'antifascismo in Italia e in Europa 1922–1939. Turin 1975.
– [u. a.]: Fascismo e politica di potenza. Politica estera 1922–1939. Mailand 2000.
Corsini, Umberto / Lill, Rudolf: Südtirol 1918–1946. Bozen 1988.
De Felice, Renzo: Mussolini. 8 Bde. Turin 1965–97.
– Storia degli ebrei italiani sotto il fascismo. Turin [4]1988.
– Rosso e Nero. Hrsg. von Pasquale Chessa. Mailand 1995.

De Felice, Renzo: Fascismo, antifascismo, nazione. Vorw. von Francesco Perfetti. Rom 1996.
– / Goglia Luigi: Mussolini. Il mito. Rom/Bari 1983.
De Grand, Alexander: Italian Fascism. Its Origins and Development. Lincoln 1982.
De Grazia, Victoria: Le donne nel regime fascista. Venedig 1993.
Del Boca, Angelo: I gas di Mussolini. Il fascismo e la guerra di Etiopia. Rom 1996.
Delzell, Charles F.: Mussolini's Ennemies. Princeton 1961.
Di Nolfo, Ennio: Von Mussolini zu De Gasperi. Italien zwischen Angst und Hoffnung 1943–1953. Paderborn 1993.
Di Porto, Valerio: Le leggi delle vergogna. Norme contro gli Ebrei in Italia e Germania. Florenz 2000.
– La via italiana al totalitarismo. Il partito e lo Stato nel regime fascista. Rom 2001.
Funke, Manfred: Sanktionen und Kanonen. Hitler, Mussolini und der internationale Abessinienkonflikt 1934–1936. Düsseldorf 1970.
Gagliani, Dianella: Brigate Nere. Mussolini e la militarizzazione del Partito fascista repubblicano. Turin 1999.
Gentile, Emilio: The Sacralization of Politics in Fascist Italy. Cambridge (Mass.) 1996.
Goetz, Helmut: Intellektuelle im faschistischen Italien (1922–1931). Hamburg 1996.
Gregor, A. James: Italian Fascism and Developmental Dictatorship. Princeton 1979.
Hoffend, Andrea: Zwischen Kultur-Achse und Kulturkampf. Die Beziehungen zwischen »Drittem Reich« und faschistischem Italien in den Bereichen Medien, Kunst, Wissenschaft und Rassenfragen. Frankfurt a. M. 1998.
Klinkhammer, Lutz: Zwischen Bündnis und Besatzung. Das nationalsozialistische Deutschland und die Republik von Salò. Tübingen 1993.
Kuby, Erich: Verrat auf Deutsch. Wie das Dritte Reich Italien ruinierte. Hamburg 1982.
Lill, Rudolf (Hrsg.): Deutschland – Italien 1943–1945. Aspekte einer Entzweiung. Tübingen 1992.
– Südtirol in der Zeit des Nationalismus. Konstanz 2002.
Mack Smith, Denis: Mussolinis Roman Empire. London 1976.
Mantelli, Brunello: Kurze Geschichte des italienischen Faschismus. Berlin 1997.

Michaelis, Meir: Mussolini and the Jews. German-Italian Relations and the Jewish Question in Italy 1922–1945. London 1975.
Milza, Pierre / Berstein, Serge: Le fascisme italien 1919–1945. Paris ²1980.
Münch, Ingo von: Geschichte vor Gericht. Hamburg 2004.
Pansa, Gianpaolo: Il sangue dei vinti. Quello che accadde in Italia dopo il 25 aprile. Mailand 2003.
Parlato, Giuseppe: La Sinistra fascista. Storia di un progetto mancato. Bologna 2000.
Pavone, Claudio: Una guerra civile. Saggio storico sulla moralità nella Resistenza. Turin 1991.
Peli, Santo: La Resistenza in Italia. Turin 2004.
Perfetti, Francesco: La camera dei fasci e delle corporazioni. Rom 1991.
Petersen, Jens: Hitler – Mussolini. Die Entstehung der Achse Berlin – Rom 1933–1936. Tübingen 1973.
Reichardt, Sven: Faschistische Kampfbünde. Gewalt und Gemeinschaft im italienischen Squadrismus und in der SA. Köln [u. a.] 2002.
Roberts, David D.: The Syndicalist Tradition and Italian Fascism. Manchester 1979.
Rusconi, Gian Enrico: Die italienische Resistenza auf dem Prüfstand. In: Vierteljahreshefte für Zeitgeschichte 42 (1994) S. 379–402.
Rusinow, Denis I.: Italy's Austrian Heritage 1919–1946. Oxford 1969.
Salvati, Mariucca: Il regime e gli impiegati. La nazionalizzazione piccolo-borghese nel ventennio fascista. Rom/Bari 1993.
Salvatorelli, Luigi / Mira, Giovanni: Storia d'Italia nel periodo fascista. Turin 1957 [u. ö.].
Santarelli, Enzo: Storia del movimento e del regime fascista. Rom 1967.
Sarti, Roland: Fascism and the Industrial Leadership in Italy 1919–1940. Berkeley 1971.
Schattenfroh, Sebastian: Die Staatsphilosophie Giovanni Gentiles und die Versuche ihrer Verwirklichung im faschistischen Italien. Frankfurt a. M. 1999.
Schieder, Wolfgang (Hrsg.): Faschismus als soziale Bewegung. Deutschland und Italien im Vergleich. Hamburg ²1983.
Schmidt-Bergmann, Hans-Georg: Futurismus. Reinbek bei Hamburg 1993.

Schreiber, Gerhard: Die italienischen Militärinternierten im deutschen Machtbereich 1943–1945. München 1990.
Scoppola, Pietro: 25 aprile. Liberazione. Turin 1995.
Staron, Joachim: Fosse Ardeatine und Marzabotto. Paderborn [u. a.] 2002.
Steinberg, Jonathan: Deutsche, Italiener und Juden. Der italienische Widerstand gegen den Holocaust. Göttingen 1992.
Steininger, Rolf: Südtirol im 20. Jahrhundert. Innsbruck/Wien 1997.
Stuhlpfarrer, Karl: Die Operationszonen »Alpenvorland« und »Adriatisches Küstenland« 1943–1945. Wien 1969.
Toscano, Mario: The Origins of the Pact of Steal. Baltimore 1967.
Tranfaglia, Nicola: La prima guerra mondiale e il fascismo. Turin 1995.
Vivarelli, Roberto: La fine di una stagione. Memoria 1943–1945. Bologna 2000.
Voigt, Klaus: Zuflucht auf Widerruf. Exil in Italien. 2 Bde. Stuttgart 1989–92.
Woller, Hans: Die Abrechnung mit dem Faschismus in Italien 1943 bis 1948. München 1996.
– Rom, 28. Oktober 1922. Die faschistische Herausforderung. München 1999.

2. Zur Faschismus-Diskussion

Bracher, Karl Dietrich: Zeitgeschichtliche Kontroversen. Um Faschismus, Totalitarismus, Demokratie. Müncchen [5]1984.
– Faschismus. In: Staatslexikon. Bd. 2. Freiburg [u. a.] [7]1986. S. 549–558.
Collotti, Enzo: Fascismo, fascismi. Florenz 1989.
De Felice, Renzo: Le interpretazioni del fascismo. Rom / Bari 1969. (Dt. Ausg. von Josef Schröder. Göttingen 1980.)
– Intervista sul fascismo. A cura di Michel A. Ledeen. Rom/Bari 1975. (Dt. Ausg. von Jens Petersen. Stuttgart 1977.)
– Fascismo, antifascismo, nazione. Rom 1996.
Erdmann, Karl Dietrich: Nationalsozialismus – Faschismus – Totalitarismus. In: Geschichte in Wissenschaft und Unterricht 27 (1976) S. 457–469.
Fondazione Ugo Spirito Annali IX: Democrazia, nazione e crisi delle ideologie. X: Renzo De Felice: la storia come ricerca. Rom/Mailand 1999, 2001.

Hildebrand, Klaus: Das Dritte Reich. München [6]2003. (Oldenbourg-Grundriß der Geschichte. Bd. 17.) Bes. Kap. 2: Grundprobleme und Tendenzen der Forschung. S. 123–155.
Nolte, Ernst: Vierzig Jahre Theorien über den Faschismus. In: E. N.: Theorien über den Faschismus. Köln/Berlin 1967. S. 1–75.
– (Hrsg.) Theorien über den Faschismus. Königstein i. Ts. [6]1984.
Wippermann, Wolfgang: Faschismustheorien. Zum Stand der gegenwärtigen Diskussion. Darmstadt [6]1995.

Italien als demokratische Republik

Von Rudolf Lill

Epochenüberblick

Der Krieg hatte Italiens Großmachtstellung zerstört und auch die innenpolitischen Gewichte völlig verändert. Die CLN-Parteien waren sich nur im Antifaschismus einig. Zwischen 1943 und 1946 formierten sich zwei antagonistische politische Blöcke: einerseits die *Democrazia Cristiana* (DC), welche unter Alcide De Gasperi klassenübergreifende Integrationspartei, seit 1946 auch stärkste Partei wurde und zusammen mit den Liberalen (PLI, geführt von Luigi Einaudi) Italien zur Demokratie westlichen Typs entwikkeln wollte; andererseits die Sozialisten (zunächst PSIUP, seit 1947 wieder PSI) unter Pietro Nenni sowie die Kommunisten (PCI) unter Palmiro Togliatti, welche eine sozialistische Republik anstrebten und ihren Führungsanspruch aus der *Resistenza* herleiteten; seit den fünfziger Jahren war der PCI zweitstärkste Partei. Neben dem PLI entstanden zwei weitere kleine Mittelparteien, die Republikanische (PRI) und, als rechtere Abspaltung von den Sozialisten, die Sozialdemokratische Partei (PSLI). Der *Partito d'Azione* löste sich 1946/47 auf. Aber am rechten Rand entstand 1947 der neofaschistische MSI. Das damals entwickelte Parteienspektrum hat fast fünfzig Jahre bestanden.

Das Plebiszit vom 2. Juni 1946 entschied mit etwa 12,7 gegen 10,7 Millionen Stimmen für die Republik. Die gleichzeitig gewählte Konstituante erarbeitete eine neue Verfassung, welche die parlamentarische Demokratie verankerte und reformistische Grundprinzipien formulierte. Sie trat am 1. Januar 1948 in Kraft, aber viele ihrer Postulate sind dann lange nicht verwirklicht worden. Bei der für die für die Gestaltung der Republik entscheidenden Wahl vom 18. April 1948 gewann die DC die absolute Mehrheit der Kammermandate.

Stabilisierend hatte auch der Friedensvertrag vom 10. Februar 1947 gewirkt, obwohl er Italien den Verlust sämtlicher Kolonien und zunächst den Verzicht auf Triest auferlegte. Sodann aber haben die USA Italien beim Wiederaufbau unterstützt, die dafür von ihnen geforderte Westintegration entsprach den Absichten der DC-Mehrheit unter De Gasperi und der Liberalen unter Luigi Einaudi. Seit 1947 regierte die DC mit den kleinen Mittelparteien (*Centrismo*), Einaudi wurde 1948 Präsident der Republik.

Es folgten fast zwei Jahrzehnte des Aufschwungs, der das noch weithin agrarische Land zur modernen Industrienation umformte. Er beruhte aber auf einseitiger Option für die Großindustrie, auf dem Bündnis von Regierungen, Staatsindustrien und Banken wie auf der Ausnutzung der noch billigen Arbeitskräfte. Es fehlte an sozialpolitischer Flankierung, die administrativen Strukturen wurden den neuen Verhältnissen zu wenig angepaßt. Die organisierte Hilfe für den Süden (seit 1950) schuf dort schwerindustrielle Zentren, welche das Land als solches nicht modernisierten. Die DC begnügte sich mit der Macht; die kulturelle Führung ging an die Linke, welche den Antifaschismus und die *Resistenza* mythisiert hat.

Seit der Mitte der fünfziger Jahre wandte Nenni sich allmählich von den Kommunisten ab und der politischen Mitte zu, in der DC warb deren linker Flügel, zunächst geführt von Giovanni Gronchi (Präsident der Republik 1955–1962), sodann von Amintore Fanfani und Aldo Moro, um eine reformistische Erweiterung der Regierungsbasis. 1962/63 trat die sozialistische Partei in die Regierung ein. Das damit begründete *Centro-sinistra* hat zwar etliche Reformen durchgeführt, aber die Hauptprobleme wie Inflation, Stagnation und Arbeitslosigkeit in weiten Teilen des Landes nicht gelöst. Die Folgen waren politische Polarisierung und – auch im Zuge des europäischen Umbruchs von 1968 – eine akute Systemkrise mit schnell wechselnden Regierungen und überhasteten Reformen im Sinne des Subventionsstaates. Die Krise, in der die seit 1972 von Enrico Berlinguer geführten Kommunisten den *Compromesso storico* zwischen PCI und DC propagierten, wurde durch rechten und noch mehr durch ultralinken Terrorismus verschärft; in deren Schatten erstarkten Mafia und Camorra. Für die Kontinuität der DC stand Giulio Andreotti (ursprünglich Mitarbeiter De Gasperis, Ministerpräsident 1972–1973, 1976–1979, dann wieder 1989–1992). Erst nach der Ermordung des DC-Präsidenten Moro durch die *Brigate Rosse* (1978) begann ein Umdenkungsprozeß, unterstützt durch erneuten wirtschaftlichen Aufschwung. Staatspräsident Sandro Pertini (PSI, 1978–1985) propagierte eine Mischung aus Patriotismus und Sozialismus. Eine breite Koalition aus DC, PSI, PRI, PSDI und PLI (seit 1981), in der das Amt des Ministerpräsidenten zunächst an Giovanni Spadolini (PRI), 1983 an Bettino Craxi (PSI), seit 1987 jedoch wieder an DC-Politiker ging, erreichte zeitweilige Stabilisierung, tat aber wiederum zu wenig zur Lösung der Grundprobleme, zu denen inzwischen noch die enorme Staatsverschuldung und das gefährliche Erstarken der organisierten Kriminalität gekommen waren.

Eine Alternative zur permanenten Regierungspartei DC hat es bis 1989 nicht gegeben, da der PCI letztlich immer noch außerhalb des Systems stand. Ein weiteres Grundproblem ergab sich aus der de facto beschränkten Souveränität Italiens. Einerseits übten die USA sehr starken Einfluß aus; andererseits war der PCI, die stärkste kommunistische Partei im Westen, von Moskau fern- oder doch mitgesteuert. Die wirtschaftliche Transformation ging weiter: Zwischen 1961 und 1987 ging der Beitrag der Landwirtschaft zum Bruttoinlandsprodukt von 17,4% auf 4,0% zurück, der der

Industrie, bei absoluter Zunahme (!), von 43,3% auf 34,0%; der Dienstleistungssektor wuchs von 39,3% auf 60,9%. Die Gesellschaft wurde moderner, der Staat rückständiger.

Die scheinbar unentbehrlichen Regierungsparteien, besonders DC und PSI, schufen sich ein System des Klientelismus und der Korruption. Infolge des Zusammenbruchs der Sowjetunion geriet dann der PCI in eine Identitätskrise, der eine entsprechende Krise der DC folgte. Zudem ist in den achtziger Jahren die *Lega*-Bewegung unter Umberto Bossi aufgestiegen: gegen den Zentralismus, für Föderalisierung mit größerer Selbständigkeit des Nordens, notfalls für dessen Sezession. Damit waren die Realität der Nation und die Existenz des bisherigen Nationalstaats überhaupt in Frage gestellt.

Die Wahlen vom April 1992 führten zu empfindlichen Niederlagen der herkömmlichen Parteien, an die Spitze der Regierung trat Giuliano Amato (PSI). Schon 1990/91 war aus dem PCI der *Partito Democratico della Sinistra* (PDS, seit 1994 Democratici di Sinistra: DS) geworden; nicht akzeptiert von einer linken Gruppe um Fausto Bertinotti, die sich als *Partito della Rifondazione Comunista* (PRC) neu konstituierte. 1993 mutierte die DC zum PPI (*Partito Popolare Italiano*), dem sich jedoch nicht alle Gruppierungen der früheren Sammelpartei anschlossen. Die seitherige Krise der Parteien beruht größtenteils auf Korruptionsskandalen, die seit 1992 publik wurden. Die von Mario Segni (bis 1993 DC) initiierten Referenden, so zum Mehrheitswahlrecht, wurden angenommen. Seit etwa 1990 wird endlich eine entideologisierte Diskussion um Faschismus und Antifaschismus geführt.

Bei der ersten Wahl nach dem neuen Wahlgesetz siegte im März 1994 ein Rechtsbündnis (*Polo della libertà*): die vom Medien-Unternehmer Silvio Berlusconi erst kurz zuvor gegründete *Forza Italia*, die aus dem MSI hervorgegangene *Alleanza Nazionale* unter Gianfranco Fini, die *Lega Nord* und eine rechtere Gruppierung (CCD) aus der früheren DC. Doch diese Koalition hielt nur ein gutes halbes Jahr, an ihre Stelle trat im Januar 1995 eine Regierung aus Fachministern unter Lamberto Dini.

Seit vorgezogenen Neuwahlen im Mai 1996 regierte eine neuartig breite Mitte-Links-Koalition unter Romano Prodi (PPI, füher DC), neben dem der PDS-Führer Massimo D'Alema und Außenminister Dini die stärksten Positionen innehatten. Die Regierung Prodi hat viel zur Sanierung der öffentlichen Finanzen getan und Italien wieder »europareif« gemacht. Aber Verfassungs- und Verwaltungsreformen kamen nur langsam voran. Prodi war auf die Stimmen der *Rifondazione Comunista* angewiesen; nachdem ihm diese wegen seines Haushaltsgesetzes für 1999 versagt worden waren, ist er im Oktober 1998 zurückgetreten. Nachfolger wurde zunächst D'Alema, sodann im Frühjahr 2000 erneut Giuliano Amato. Präsident der Republik ist seit dem Sommer 1999 der liberale Finanz- und Wirtschaftspolitiker Carlo Azeglio Ciampi, welcher nationales und europäisches Engagement verbindet.

Auf der politischen Ebene besteht inzwischen ein Bipolarismus, allerdings nicht mit zwei Parteien, sondern mit zwei jeweils heterogenen Koalitionen. Die rechtere hat ihre Schwerpunkte im produktiven Norden, die linkere im klientelistischen Süden. Im Norden fordern inzwischen die meisten politischen Kräfte die Föderalisierung des Landes. Auf die drängenden Fragen des Landes gibt die linkere Koalition, in der die traditionelle *Classe dirigente* weiterwirkt, mehr sozialdemokratische, die rechtere mehr liberale Antworten. Nach heftigem Wahlkampf hat am 13. Mai 2001 Berlusconis Koalition (nunmehr *Casa delle libertà*) einen deutlichen Sieg erzielt. Trotz innerer Spannungen und permanenter Kritik von links (nicht nur aus Italien!) besteht die Mitte-Rechts-Regierung inzwischen länger als ihre Vorgängerinnen.

Die Bewältigung direkter Kriegsfolgen und die Entstehung der Republik unter Führung De Gasperis (1945–1948)

1945	Juli–Dezember: Ministerpräsident Ferruccio Parri (*Partito d'Azione*), Allparteienregierung.
1945/46	Dezember 1945 – Juni 1946: Ministerpräsident Alcide De Gasperi (DC, 1. Mal).
1946	9. Mai: Abdankung Viktor Emanuels III.; sein Sohn als Umberto II. letzter König.
	2. Juni: Wahl zur Konstituante, Plebiszit über die Staatsform: Italien Republik.
	5. September: Abkommen De Gasperi–Gruber (österr. Außenminister): Für Südtirol werden begrenzte Autonomie und Gleichberechtigung der deutschen Sprache zugesagt.
1946/47	Juli 1946 – Januar 1947: Ministerpräsident Alcide De Gasperi (DC, 2. Mal).
1946	29. Juli: Beginn der Friedenskonferenz in Paris.
1947	Januar: Spaltung der Sozialistischen Partei, Giuseppe Saragats Gründung der Sozialdemokratischen Partei (PSLI, seit 1952 PSDI).
	Februar–Mai: Ministerpräsident Alcide De Gasperi (3. Mal).
	10. Februar: Unterzeichnung des Friedensvertrags, am 15. September 1947 in Kraft.
	Mai–Dezember: Ministerpräsident Alcide De Gasperi (4. Mal); Regierung aus DC, Liberalen und Fachministern (ohne die Linksparteien).
1947/48	Dezember 1947 – Mai 1948: Ministerpräsident Alcide De Gasperi (5. Mal); Erweiterung der Regierung um Republikaner und Sozialdemokraten (*Centrismo*).
1948	1. Januar: Die republikanische Verfassung tritt in Kraft.

Der Aufstand im April 1945 war der größte, zugleich der letzte Erfolg der CLN. Im Juni 1945 mußte der Generalstatthalter, Kronprinz Umberto, an Bonomis Stelle den

Partisanenführer Parri von der Aktionspartei als Ministerpräsidenten akzeptieren, und in dessen Regierung erhielten die Linksparteien viele wichtige Ressorts. Parri selbst war auch Innenminister, Togliatti Justizminister, Nenni einer der beiden Vizeministerpräsidenten. Immerhin blieb De Gasperi Außenminister. Aber Parri vermochte mit Sozialisierungsplänen und mit einer Mischung aus nationalem und revolutionärem Pathos das wirtschaftlich ruinierte Land nicht zu beruhigen, und die neu ernannten »revolutionären« Beamten wußten nicht zu verwalten. Infolgedessen begann bald eine Abschwächung der linken Positionen, die von De Gasperi mit voller Unterstützung der Alliierten umsichtig genutzt worden ist. Dabei half ihnen die Uneinigkeit der Linken: In der Frage der Grenze zu Jugoslawien akzeptierten die Kommunisten den sowjetischen Standpunkt und traten damit in Widerspruch zum demokratischen Nationalismus der *Resistenza*; andererseits bestanden nur die Sozialisten und Teile der Aktionspartei auf radikaler staatlicher Umgestaltung, während Togliatti weiter auf Kompromisse mit der DC hinlenkte. Jedenfalls konnte De Gasperi schon im Dezember 1945 Parri ablösen, freilich als Kompromiß-Kandidat aller Parteien, der auch die kommunistischen und sozialistischen Minister zu akzeptieren hatte. In der heterogenen Aktionspartei brachen zerstörerische Richtungskämpfe aus.

De Gasperi ist zunächst erhebliche Kompromisse eingegangen. Zwischen der Rechten, die in der Verfassungsfrage ein Plebiszit forderte, und der Linken, welche darüber die Konstituante entscheiden lassen wollte, fand er die Formel, nach der die Italiener gleichzeitig sowohl über die Staatsform wie über die Zusammensetzung der Konstituante abgestimmt haben. Obwohl selbst kein Gegner der Monarchie, war De Gasperi Realist genug, um ihren Fortbestand von einem Plebiszit abhängig zu machen. Um die monarchische Lösung noch durchzubringen, ist Viktor Emanuel III. zu spät, am 9. Mai 1946, zugunsten seines Sohnes

Umberto zurückgetreten und nach Ägypten ins Exil gegangen.

Als erprobter Antifaschist brauchte De Gasperi sich nicht auf Togliattis Umarmungstaktik einzulassen. Er wollte den möglichst raschen Aufbau eines westlich-demokratischen Staates. Darum wurde die traditionelle Bürokratie im wesentlichen wieder eingesetzt; Einaudi, von 1945–1947 Gouverneur der *Banca d'Italia*, leitete eine liberale Finanz- und Wirtschaftspolitik ein. Die Westalliierten unterstützten De Gasperis Kurs auch demonstrativ, indem sie im Frühjahr 1946 ihre Kontrollkommission auflösten.

Plebiszit und Wahl am 2. Juni 1946 fanden freilich in einer vielfach noch ungewissen Gesamtlage statt. Die direkten Erben der risorgimentalen Liberalen brachten nur mehr eine kleine Partei zustande. Aus den Bewegungen der Katholiken und der Arbeiter hatten sich zwei Blöcke gebildet, die schon bei den ersten Kommunalwahlen im Februar 1946 die Mehrheit der Stimmen auf sich gezogen hatten und nunmehr die Führung des Landes beanspruchten: einerseits die *Democrazia Cristiana*, andererseits Sozialisten und Kommunisten.

Das Programm der DC verband katholische Gesellschaftslehre und Bekenntnis zur parlamentarischen Demokratie; ihre einstweilen sichere Basis bildeten die *Italia cattolica* und die *Italia contadina*, das katholische und das ländliche Italien. Dabei verstand die Partei sich als eine in allen politischen Fragen von der Kirche unabhängige Partei; gerade De Gasperi hatte einen stark entwickelten, bis dahin bei Italiens Katholiken selten ausgeprägten Sinn für den Staat und dessen Institutionen. Der lokale Aufbau der DC wurde aber maßgeblich vom Klerus und von der Katholischen Aktion unterstützt. Neben die erste, meist aus früheren *Popolari* wie Giovanni Gronchi oder Mario Scelba oder aus Männern der *Azione Cattolica* bestehende Führungsgruppe um De Gasperi traten bald die jungen Exponenten der von Monsignore Montini (dem späteren Papst Paul VI.)

geschulten katholischen Akademikerschaft, so Aldo Moro, Giulio Andreotti und Emilio Colombo. Daneben wirkte eine aus Mailands Katholischer Universität kommende Gruppe um Giuseppe Dossetti und Amintore Fanfani, welche eine radikale Verchristlichung der Politik anstrebte; ihr näherte sich auch Moro. Doch die DC wurde zunächst eine mehr pragmatische Partei mit liberalen Zügen. Der Kreis um Dossetti (welcher selbst 1951 aus der Politik ausschied und Priester wurde) hat jedoch einer Linksverschiebung vorgearbeitet, welche in der zweiten Hälfte der fünfziger Jahre begonnen hat.

Die Kommunistische Partei war eine auf die Sowjetunion wie auf den Leninismus-Stalinismus verpflichtete Kaderpartei, welche aber weiterhin dialogbereit auftrat; der DC insofern vergleichbar, als auch sie von Anfang an eine numerisch starke (1947 2,25 Millionen Mitglieder) und bald klassenübergreifende Mitgliederpartei war. Die Berufung auf die *Resistenza* und vielfältige Aktivitäten in Verlagen und Zeitschriften hatten zur Folge, daß Schriftsteller, Publizisten und Künstler bald mehrheitlich zum PCI tendierten, während der DC die qualifizierteste Gefolgschaft aus Kirche, Bürgertum und Wirtschaft erwuchs. Togliatti versuchte, den Kommunismus als legitime Konsequenz der Aufklärungstradition zu präsentieren. Schnell war es dem PCI gelungen, die in der *Resistenza*-Stimmung geschaffene Einheitsgewerkschaft (CGIL) ganz in seine Abhängigkeit zu bringen; zu den Folgen gehörte die Abspaltung der christlichen Gewerkschaft (CISL) 1950. 1946 waren freilich die Kommunisten nicht die stärkste Kraft der Linken; noch waren die Sozialisten stärker, welche aber bald wieder ihrer Ambivalenz zwischen revolutionärer und reformistischer Haltung verfielen. 1943 hatte der neue PSIUP die 1934 im Exil vereinbarte Aktionseinheit mit dem PCI bekräftigt und auch die Führungsrolle der Sowjetunion anerkannt; ein Jahrzehnt lang spielte er nun die Rolle, welche Stalin allen sozialistischen Parteien zugedacht hatte. Der PSIUP wurde darüber eine Art ›Filiale‹ des PCI, so daß linke Wähler und vor allem Intellektuelle es vorzogen, diesen direkt zu wählen.

Andererseits fühlten sich Sozialdemokraten abgestoßen, was 1947 zur Gründung des PSLI durch Giuseppe Saragat führte. Sowohl dieser PSLI (seit 1952 PSDI) wie noch mehr die beiden anderen kleineren Parteien, PLI und PRI, beriefen sich auf das Risorgimento, die Liberalen auf Cavours Etatismus, die Republikaner auf Mazzini. Alle drei verkörperten zwischen Rot und Schwarz die *Italia laica* samt deren westeuropäischer Ausrichtung. Sie blieben freilich Parteien bürgerlicher Minderheiten, auch der PSDI, da sich die von Saragat erhoffte breite Zustimmung unter den Arbeitern nicht ergab, auch weil ihn die gesamte linke Publizistik als »Verräter der Arbeiterklasse« diffamierte.

Das Plebiszit hatte eine klare Mehrheit für die Republik erbracht, stärkste Bastionen der Monarchie waren die südlichen Regionen gewesen. De Gasperi hat sich um die Versöhnung von Monarchisten und Republikanern bemüht; auf seinen Vorschlag wurde Enrico De Nicola, ein angesehener liberaler Advokat aus Neapel, der 1943 zwischen der Krone und den CLN vermittelt hatte, provisorisches Staatsoberhaupt. In der Konstituante waren die DC mit 207, der PSIUP mit 115, der PCI mit 104, der PLI mit 41 und der PRI mit 23 Abgeordneten vertreten; 65 Mandate verteilten sich auf andere Gruppen, darunter nur noch sieben Abgeordnete der Aktionspartei. In den meisten Fraktionen saßen ausgezeichnete Staatsrechtler. Da es keine klare Mehrheit gab, waren Kompromisse erforderlich; und dabei sind die Kommunisten den Christdemokraten am weitesten entgegengekommen: Mit den Stimmen von DC und PCI wurden die Lateranverträge von 1929 in die Verfassung (Art. 7,2) eingefügt, auch das Konkordat, obwohl die darin der katholischen Kirche garantierte Monopolstellung den Verfassungsbestimmungen über die bürgerliche Gleichheit (Art. 3) und über die Gleichstellung der religiösen Bekenntnisse (Art. 8) widersprach.

Die am 1. Januar 1948 in Kraft getretene Verfassung hat sich insgesamt bewährt; nicht ihretwegen, sondern wegen des Mißbrauchs der Macht durch die Parteien sind die späteren Krisen der Republik ausgebrochen. Von großer und zukunftweisender Bedeutung waren die in den Artikeln 1–12 formulierten Grundprinzipien, sie bezeugen den antifaschistischen Grundkonsens und den Willen zu demokratischer und sozialstaatlicher Neugestaltung (Art. 1, 2, 4). Im Inneren wurden die Förderung von Selbstverwaltung und Dezentralisation (Art. 5), der sprachlichen Minderheiten (Art. 6) sowie von Kultur und Wissenschaft, von Natur und Kunstwerken (Art. 9) bestimmt, nach außen die Anpassung der Staatsordnung an die Regeln des Völkerrechts, die Verwerfung des Angriffskrieges und die Bereitschaft zu Souveränitätsbeschränkungen im Interesse einer internationalen Friedensordnung (Art. 10–12). Diese Selbstbescheidung und besonders die Bereitschaft zu internationaler Integration waren innovativ und zugleich realistisch, denn nur auf diesem Wege konnten die Besiegten von den Siegern die Wiederanerkennung ihrer Souveränität erlangen.

Leider sind in der Innenpolitik etliche dieser Grundprinzipien, welche im ersten Teil der Verfassung über die Rechte und Pflichten der Bürger (Art. 13–54) näher ausgeführt werden, in dem restaurativen Klima, das in den fünfziger Jahren heraufzog, nur zum Teil verwirklicht worden. So wurde z. B. die in Artikel 34 vorgesehene Pflicht-Mittelschule, welche die bis dahin nur fünfjährige Schulpflicht endlich auf acht Jahre verlängerte, erst 1962 eingeführt. Andererseits verhinderte die Linke, daß das in Artikel 60 vorgesehene Gesetz über das Streikrecht, das dieses geregelt und damit begrenzt hätte, zustande kam. Verschleppt worden ist auch die Regionalisierung Italiens, die in Reaktion auf den faschistischen Zentralismus in einem der ausführlichsten Abschnitte der Verfassung (Art. 114–133) bestimmt worden war. Verordnet wurde darin die Errichtung von fünf Regionen mit Sonderstatut, d. h. mit recht weiten

Kompetenzen, und von 15 Regionen mit Normalstatut. Errichtet wurden aber zwischen 1946 und 1948 nur die vier Regionen mit Sonderstatut, welche unumgänglich waren, um Separatismen aufzufangen oder internationale Verpflichtungen einzulösen: Sizilien, Sardinien, Aosta-Tal, Trentino/Südtirol. Die fünfte dieser Regionen, Friaul/Julisch-Venetien, entstand erst 1963. Die DC trat entsprechend der Tradition des politischen Katholizismus zunächst für die Regionalisierung ein; aber als sie 1948 bestimmende Regierungspartei wurde, hat sie zusammen mit der nun von ihr abhängigen Bürokratie jede Minderung der Regierungsmacht zu verhindern gesucht. Einen umgekehrten Wechsel vollzogen die traditionell eher zentralistischen Linksparteien. In Rom nicht zur Macht gelangt, setzten sie auf die Schaffung der Regionen, weil sie sich in etlichen davon Mehrheiten errechneten und bei den ersten Regionalwahlen 1970 im »roten Gürtel« (Emilia-Romagna, Toskana, Umbrien) auch erhielten. Erst die lange umstrittenen und besonders vom neofaschistischen MSI bekämpften Gesetze über die Wahl der Regionalräte (1968) und über die Finanzierung der Regionen (1970) hatten nämlich zur Errichtung der Normal-Regionen geführt, welche 1975 und 1977 schließlich alle ihnen von der Verfassung zugedachten gesetzgeberischen Befugnisse erhielten. Diese umfaßten Gemeinderecht und Ortspolizei, Wohlfahrts- und Gesundheitswesen, lokale Kultureinrichtungen, Städtebau und Fremdenverkehr, öffentliche Arbeiten von regionalem Interesse, dazu die Land- und Forstwirtschaft. Die zentralen Bereiche staatlicher Macht blieben weiterhin bei der römischen Bürokratie, die inzwischen extrem aufgebläht und politisiert war. Die Proteste gegen ihre Ineffizienz sind immer lauter und seit 1981 besonders polemisch von Bossis *Lega Lombarda* (seit 1989 *Lega Nord*) vorgebracht worden. Erst daraufhin erhielten die Regionen weitere Kompetenzen; zudem begann die Debatte über die Föderalisierung Italiens, die noch andauert.

Eine entschiedene Distanzierung vom Faschismus bedeuteten ebenso die Verfassungsbestimmungen über die absolute, auch die Staatsanwälte umfassende Unabhängigkeit der Richterschaft, für deren sämtliche Personalentscheidungen ein Korporativorgan, der *Consiglio superiore della Magistratura*, zuständig ist (Art. 104–110), sowie die Errichtung eines Verfassungsgerichtes (Art. 134–137). Die Unabhängigkeit der Staatsanwaltschaften ist anläßlich spektakulärer Prozesse in den 1990er Jahren viel diskutiert worden.

Die Konsolidierung der politischen Mitte und der Kampf um ihre Erweiterung (1948–1963)

1948	18. April: »Schicksalswahl«: DC 48,5% der Stimmen und damit absolute Mehrheit der Kammermandate; PLI, PRI und PSLI 13,4%; Volksfront aus PSIUP und PCI 31%.
	11. Mai 1948: Luigi Einaudi Präsident der Republik (bis 1955).
1948–1953	Mai 1948 – Juni 1953: Ministerpräsident Alcide De Gasperi (6., 7. und 8. Mal).
1949	4. April: Italien Gründungsmitglied der NATO.
1950	12. Mai: Gesetz über die Landreform.
	10. August: Gesetz über die *Cassa per il Mezzogiorno.*
1951	18. April: Italien Gründungsmitglied der Montan-Union.
1953	Juni: Wahlen zur Kammer: DC 40,1%, PCI 22,6%, PSI 12,8%, PLI 3%, PRI 1,6%, PSDI 4,5%, MSI 5,8%, Monarchisten 6,9%.
1953/54	August 1953 – Januar 1954: Ministerpräsident Giuseppe Pella; DC-Regierung.
1954/55	Februar 1954 – Juni 1955: Ministerpräsident Mario Scelba (DC); Koalition der DC mit PLI und PSDI.
1954	5. Oktober: Abkommen über Triest.

1955	11. Mai: Giovanni Gronchi (DC, linker Flügel) Präsident der Republik (bis 1962).
1955–1957	Juli 1955 – Mai 1957: Ministerpräsident Antonio Segni (DC, 1. Mal); Koalition der DC mit PLI und PSDI.
1957	25. März: Italien Gründungsmitglied der EWG und von EURATOM (»Römische Verträge«).
1957/58	Mai 1957 – Juni 1958: Ministerpräsident Adone Zoli; DC-Regierung.
1958	Juni: Wahlen zur Kammer: DC 42,4%, PCI 22,7%, PSI 14,2%, PLI 3,5%, PRI 1,4%, PSDI 4,5%, MSI 4,8%, Monarchisten 4,8%.
1958/59	Juli 1958 – Februar 1959: Ministerpräsident Amintore Fanfani; Koalition der DC mit dem PSDI.
1958–1963	Papst Johannes XXIII.
1959/60	Februar 1959 – Februar 1960: Ministerpräsident Antonio Segni (2. Mal); DC-Regierung.
1960	März–Juli: Ministerpräsident Fernando Tambroni; DC-Regierung.
1960–1962	Juli 1960 – Februar 1962: Ministerpräsident Amintore Fanfani (2. Mal); Koalition der DC mit PRI und PSDI; Programm der *apertura a sinistra.*
1962/63	Februar 1962 – Mai 1963: Ministerpräsident Amintore Fanfani (3. Mal); Koalition der DC mit dem PSDI, erstmals Unterstützung durch den PSI.
1962	11. Mai: Antonio Segni (DC) Präsident der Republik; Rücktritt nach Erkrankung 1964.
1962–1965	Zweites Vatikanisches Konzil.
1963	Mai: Bei den Wahlen zur Kammer deutliche Verluste der DC und Stimmenzuwachs des PCI.

Anfang 1947 war De Gasperi zum ersten Mal nach Washington gereist und hatte dort die Zusage umfangreicher Wirtschaftshilfe erhalten, die dann großenteils im Rahmen des Marshall-Plans gewährt worden ist. Sie hat es De Gasperi und Einaudi ermöglicht, schon 1947/48 die Staatsfinanzen zu sanieren, freilich mit einem rigorosen Sparkurs, der die Zahl der Arbeitslosen auf zwei Millionen ansteigen ließ.

Auch entsprechend dem Wunsch der USA, welche im Kalten Krieg jede Machtverfestigung der Kommunisten in Italien verhindern wollten, hatte De Gasperi im Mai 1947, die kurz zuvor erfolgte sozialistische Spaltung ausnutzend, die Linksparteien aus der Regierung gedrängt und die Koalition mit den kleinen Mittelparteien zustande gebracht. Unter den Ministern an seiner Seite sind hervorzuheben Carlo Graf Sforza (liberal, Äußeres, bis 1951) und Mario Scelba (DC, Inneres, bis 1953), beide erprobte Antifaschisten. Scelba baute moderne Polizeitruppen auf, um kommunistischen Umsturzversuchen vorzubeugen. Daß solche damals in Abstimmung mit der Sowjetunion tatsächlich geplant worden sind, erweisen die seit 1990 zugänglichen Moskauer Akten.

Im Frühjahr 1948 hat Italien einen äußerst dramatischen Wahlkampf erlebt. Die DC und ihre Verbündeten führten ihn nicht nur im Zeichen marktwirtschaftlichen Wiederaufbaus, sondern mehr noch als Entscheidungsschlacht zwischen Freiheit und Kommunismus, zwischen der Anlehnung an die USA und der Unterwerfung unter Sowjetrußland. Von Pius XII. und der katholischen Kirche insgesamt wurde die DC nachdrücklich unterstützt. Kommunisten und Sozialisten traten als Volksfront mit einer gemeinsamen Liste auf. Sie liefen Sturm gegen die »kapitalistische Restauration« und gegen Einaudis Kreditbeschränkungen, aber stärker als diese Propaganda wirkten einerseits der für die meisten Italiener bereits spürbare Aufschwung und andererseits der Schatten der sowjetischen Expansionspolitik, welche u. a. im Februar 1948 die Bolschewisierung der Tschechoslowakei erzwang. Das Wahlergebnis vom 18. April 1948, das erheblich zur Führungsrolle der christlichen Demokratie in Westeuropas Aufbauphase nach dem Zweiten Weltkrieg beigetragen hat, brachte der DC mit fast 50% der Stimmen und der absoluten Mehrheit der Mandate den Höhepunkt ihrer Macht. Damals und noch lange danach wurde die DC auch von vielen Bürgern gewählt, die ihrem Programm eher ferner standen, jedoch in ihrer Stärke die einzige Garantie gegen eine kommunistische Mehrheit erblickten.

Es hat noch Momente heftiger Spannung gegeben, so im Sommer 1948 nach einem Attentat auf Togliatti und wenig später während der parlamentarischen Auseinandersetzungen um den NATO-Beitritt. Aber insgesamt begann eine für die politischen Verhältnisse Italiens außergewöhnliche Phase der Stabilität, einerseits mit schnellem, zum *Miracolo italiano* der fünfziger Jahre hinführenden Wirtschaftsaufschwung, andererseits mit eindeutiger Westorientierung. Infolge der Liberalisierung erlebte Italiens Wirtschaft eine für das Land ganz ungewohnte Internationalisierung, die sich als unumkehrbar erwiesen hat; die Exporte nahmen seit 1955 jährlich im Durchschnitt um etwa 15% zu. Soziale Reformen wurden, gerade auch in Auseinandersetzung mit den Kommunisten, in Angriff genommen. So begann 1950 mit der *Cassa per il Mezzogiorno* die Entwicklungshilfe für den Süden; die gleichzeitige Landreform durch den Minister Antonio Segni sollte die Latifundien-Wirtschaft sowie veraltete agrarische Arbeitsverträge wie die *Mezzadria* (Halbpacht) aufheben und einen soliden Bauernstand begründen. Der Finanzminister Ezio Vanoni bereitete eine 1955 in Kraft getretene Steuerreform vor. Aber die Siege der DC beruhten eben auch auf Kompromissen mit den alten Eliten, welche sich der neuen Regierungspartei in ähnlicher Weise zu bedienen wußten wie 25 Jahre zuvor des Faschismus. Sie konnten in der DC und in deren Umfeld viele wichtige Stellungen einnehmen und darüber die sozialstaatliche Evolution behindern oder bremsen. In der Industrie wurde keine Mitbestimmung eingeführt, so daß die einzige Waffe der Arbeiterschaft der Streik blieb.

De Gasperis West- und Europapolitik ist weiterhin auf vehemente Opposition der Linken gestoßen, sein innenpolitischer Kurs der Mitte wurde von rechts wie von links bekämpft. Nationalismus, der durch die Diskussionen um Triest und um die Autonomie für Südtirol zusätzliche Nahrung erhielt, wirkte auf beiden Seiten weiter! Immerhin vergrößerte die Wiedergewinnung von Triest den außenpolitischen Handlungsraum, und 1955 wurde Italien zu den Vereinten Nationen zugelassen.

Auf dem noch starken rechten Flügel der DC wollten Männer wie Pella und Vanoni eine mehr liberale Wirtschaftspolitik. Die Parteilinke dagegen blieb beim radikalen Reformismus Dossettis; unter Führung Fanfanis und Moros schloß sie sich 1952 zur *Iniziativa democratia* zusammen, zur ersten *Corrente*, mit der die Parzellierung der Partei begonnen hat. Einer demgegenüber vielfach geforderten Rechtswendung seiner Partei hat De Gasperi sich jedoch auch dann widersetzt, als sie ihm aus der Umgebung Pius' XII. empfohlen wurde, der auf diese Weise die Kommunisten aus der römischen Stadtverwaltung heraushalten wollte. Doch um die bei der nächsten Wahl befürchteten Verluste auszugleichen, griff der Ministerpräsident zum fragwürdigen Mittel eines Wahlgesetzes, welches der Partei mit 50% der Stimmen 60% der Mandate zuwies; und damit erhielt die Linke, die dieses Gesetz als *legge truffa* angriff, eine wirksame Waffe.

Mit dem Rückgang der DC-Stimmen auf 40,1% im Juni 1953 ist die Ära De Gasperi zu Ende gegangen. Er brachte keine Regierung mehr zustande, ist aber bis kurz vor seinem Tode im August 1954 Parteisekretär geblieben. Daß ihm in diesem Amt zunächst Fanfani und 1959 Moro folgten, bezeugt ebenso wie die Wahl Gronchis zum Präsidenten der Republik im Jahre 1955 die zunehmende Stärke der Parteilinken. De Gasperi blieb Europäer und Atlantiker, die DC-Linke tendierte zu einer mittleren Position zwischen West und Ost. Aber die Ministerpräsidenten, die zwischen De Gasperis Abgang und der Durchsetzung des *Centro-sinistra* 1963 amtierten, gehörten mit Ausnahme von Fanfani und Adone Zoli sämtlich zu den rechteren Gruppen der DC. Giuseppe Pella, Mario Scelba und Antonio Segni setzten vor allem auf traditionelle Staatlichkeit und auf den an Beschleunigung zunehmenden Wirtschaftsaufschwung. Fernando Tambroni wollte sich 1960 sogar der Unterstützung des MSI bedienen, provozierte aber damit äußerst heftige Reaktionen der Linksparteien und der Gewerkschaften, welche Fanfani die Rückkehr an die Regierungsspitze und die Einleitung seines Reformprogramms erleichtert haben. Dennoch mußten in der DC immer wieder Gleichgewichte zwischen Links und Rechts gesucht werden, und so ist 1962 der rechtere Segni Präsident der Republik geworden.

Der wirtschaftliche Aufschwung blieb einseitig. Wenige Großkonzerne und staatlich subventionierte Finanzgruppen erwarben Monopolstellungen mit weiteren Schwerpunkten im Norden. 1953 wurde für die Erdöl- und petrochemische Industrie der Staatskonzern ENI (*Ente Nazionale Idrocarburi*) unter dem der DC-Linken nahestehenden Enrico Mattei gegründet, der die Erdölversorgung durch direkte Verträge mit Ländern wie Libyen und Iran sichern sollte und ein gutes Jahrzehnt später über eine Raffineriekapazität von 17,5 Millionen Tonnen Rohöl verfügte. Mattei starb 1962 bei einem Flugzeugunglück.

Zwischen 1951 und 1971 stieg die Zahl der Beschäftigten in der Industrie von 32,1% auf 44,3%, im Dienstleistungssektor von 25,7% auf 38,5%; in der Landwirtschaft sank sie von 42,2% auf 17,2%. Die größten Industriezweige waren oder wurden die Stahlindustrie (in und um Mailand, Turin und Genua, außerdem in Triest, Venedig-Marghera, Piombino, Neapel-Bagnoli und Tarent), die Autoindustrie (zu 90% in Turin), die Herstellung von Schreib- und Rechenmaschinen sowie von Motorrädern und Landmaschinen, die Elektronik- und die chemische Industrie, schließlich die Textilindustrie. Italien erlebte in den fünfziger Jahren Zuwachsraten des Bruttosozialprodukts von 6% und mehr, das Pro-Kopf-Einkommen stieg um 47%. Im Süden aber, dessen Anteil an der gesamtitalienischen Industrie 1971 noch ebenso bei 15% lag wie 1951, entstanden nur einige staatlich subventionierte Stahl- und Chemiewerke bei Neapel, Matera und Taranto, welche isoliert in ihrer Umgebung standen und deren familiale und potentiell mittelständische Struktur gerade nicht gefördert haben. Auch die Landreform hat ihre Ziele im Süden lange nicht erreicht, weil die dortigen Landarbeiter zumeist zu selbständigem Wirtschaften nicht imstande waren. Überhaupt wurde schon damals deutlich, daß die seit langem akkumulierten sozialen Hauptprobleme des Landes, die »Südfrage« als solche samt der (allmählich wieder stärker werdenden) Mafia sowie die auf Überbevölkerung beruhende Arbeitslosigkeit mit herkömmlichen wirtschaftspolitischen Instrumenten nicht zu lösen waren. Es bedurfte und bedarf einer nur durch langfristige Schul-, Bildungs- und Sozialpolitik erreichbaren Veränderung der vormodernen, in Jahrhunderten erwachsenen Mentalitäten. Erst seit den 1970er Jahren gibt es dazu stärkere Ansätze (z. B. Universitätsgründungen).

Der damalige industrielle Aufschwung hatte großenteils äußere Gründe wie die amerikanische Hilfe, die Beteiligung am neuen europäischen Markt und die günstige weltwirtschaftliche Konjunktur. Zudem beruhte er auf der Ausnutzung der noch reichlich vorhandenen billigen Arbeitskräfte, und die Diskrepanzen zwischen den verschiedenen wirtschaftlichen Sektoren und Regionen begründeten weiterhin ebenso gravierende Lohnunterschiede. Nur im Norden gab es viele gut bezahlte und sichere Arbeitsplätze. Zu den Folgen gehörten enorme Binnenwanderungen mit der Ausbreitung eines neuen Proletariats in und um Mailand und Turin, zudem in Rom. Die Großstädte insgesamt wuchsen viel zu schnell, ohne adäquate Erschließungen und Verkehrsmittel, ohne ausreichende Schulen und Sozialeinrichtungen; Neapel etwa wurde schon in den fünfziger Jahren als »sterbende Stadt« bezeichnet. Der von Fanfani initiierte Volkswohnbau erbrachte zu wenig. Die soziale und kulturelle Entwurzelung vieler Menschen schuf Vakuen, in welche am geschicktesten der PCI einzutreten verstand; die auch auf diesem

Felde mit ihm konkurrierende Kirche hingegen verlor an Masseneinfluß. So wurde die traditionelle Wählerbasis der DC dünner. Die größten Industriezentren, Mailand und Turin, sind seit den sechziger Jahren die Schauplätze der großen Arbeiterproteste und Unruhen geworden.

In der Regierungskoalition waren es vor allem Ugo La Malfa (PRI) und die Exponenten des linken Flügels der DC, die auf eine neue reformistischere Grundausrichtung hinarbeiteten und darum den *Centrismo* durch ein *Centrosinistra* ersetzen wollten; seit dem Pontifikatswechsel von Pius XII. zu Johannes XXIII. 1958 wurden sie dazu auch aus dem Vatikan ermutigt. Zuvor hatte sich gerade die für die DC so wichtige kirchliche Hierarchie jeder Linkswendung widersetzt, mit Ausnahme weniger Prälaten wie Giovanni Battista Montini in Mailand, des späteren Papstes Paul VI. Am linken Rand der DC wollte Giorgio La Pira (Oberbürgermeister von Florenz 1951–1957, 1961–1965) für die soziale Reform wie für den Frieden auch mit den Kommunisten zusammenarbeiten. Realistischer dachten und handelten Fanfani und Moro, die, wenngleich untereinander nicht selten uneinig, auf eine Koalition mit den Sozialisten hinarbeiteten. Vor allem Moro hat als Parteisekretär (1959–1963) einerseits die Mehrzahl der DC-Notabeln, darunter den der rechten Mitte der Partei und seit 1954 den meisten Regierungen angehörenden Giulio Andreotti, für diesen Kurs gewonnen, und andererseits die Mehrzahl der Sozialisten. Deren großer Führer Nenni hatte sich inzwischen von den Kommunisten distanziert, u. a. wegen der sowjetischen Niederwerfung der Aufstände in Ungarn und Polen (1956); aber es bedurfte langer Grundsatzdiskussionen, bis der PSI zum Eintritt in die Regierung eines Christdemokraten bereit war. Noch auf dem Parteikongreß des Jahres 1959 versprach Nenni den Delegierten den Verbleib in der Opposition.

Den Weg zur neuen, größeren Koalition ebneten dann die beiden Regierungen Fanfanis (1960–1962, 1962/63), welche das Programm der *Apertura a sinistra* formulierten. Zu den richtungweisenden Maßnahmen gehörten neben dem ersten *Piano verde* für die Landwirtschaft und der Einführung der achtjährigen Schulpflicht die Verstaatlichung der Elektrizitätswerke und die Besteuerung von Spekulationsgewinnen, dazu die Errichtung einer parlamentarischen Anti-Mafia-Kommission, welche dann vielfaches Material zusammengetragen hat, aber lange nicht erreichen konnte (oder wollte), daß daraus adäquate Konsequenzen gezogen wurden. Seit 1962 wurde die Regierung im Parlament vom PSI unterstützt.

Aber die Wahlen im Mai 1963, nach denen Fanfani zurücktrat und durch ein kurzlebiges DC-Minderheitskabinett abgelöst wurde, erwiesen die Unsicherheit unter den eigenen Wählern: Die DC fiel von 42,4% auf 38,3% zurück; der PLI, der als einziger bisheriger Koalitionär den neuen Kurs verwarf, verdoppelte seinen Anteil von 3,5% auf 7%. Doch PSI (13,8% statt 14,2%), PSDI (6,1% statt 4,5%) und PRI (erneut 1,4%) behaupteten ihre Positionen; und der Zuwachs des PCI (25,3% statt 22,7%), dem Fanfani und Moro damals wie später zuvorkommen wollten, erwies geradezu die Notwendigkeit der Reformpolitik.

Vom *Centro-sinistra* zu den Jahren des Terrorismus (1963–1979)

1963–1978	Papst Paul VI.
1963–1968	Dezember 1963 – Juni 1968: Ministerpräsident Aldo Moro (DC) in drei Koalitionsregierungen mit PSI, PSDI (seit 1966 vereint im PSU) und PRI.
1964	29. Dezember: Giuseppe Saragat (PSDI) Präsident der Republik (bis 1971).
1968	Mai: Wahlen zur Kammer: DC 39,1%, PCI 29,9%, PSU 14,5%, PLI 5,8%, MSI 4,5%, PSIUP 4,5%, PRI 2,0%.

1968	Juni–November: Ministerpräsident Giovanni Leone; DC-Regierung.
1968–1970	Dezember 1968 – Juli 1970: Ministerpräsident Mariano Rumor (DC) in drei Regierungen: bis 1969 und ab 1970 mit PSU (PSI) und PRI, dazwischen nur DC.
1969	Beginn der Studentenunruhen.
1970	15. Mai: Gesetz über die Finanzierung der Regionen; Beginn der Regionalisierung Italiens.
1970–1972	August 1970 – Januar 1972: Ministerpräsident Emilio Colombo (DC); Koalition der DC mit PSI, PSDI und PRI.
1970	Herbst: Massenstreiks.
	7./8. Dezember: Rechtsradikaler Putschversuch des Fürsten Valerio Borghese.
1971	27. Dezember: Giovanni Leone (DC) Präsident der Republik (bis 1978).
1972/73	Februar 1972 – Juni 1973: Ministerpräsident Giulio Andreotti (DC); Koalition der DC mit PSDI und PLI.
1972	März: Enrico Berlinguer Sekretär des PCI, Beginn der Politik des historischen Kompromisses.
	25. Juli: Zusammenschluß der drei großen Gewerkschaften zu einem Dachverband.
1973/74	Juli 1973 – Oktober 1974: Ministerpräsident Mariano Rumor in zwei Koalitionsregierungen mit PSI, PSDI und PRI.
1974	12. Mai: Plebiszit über die Einführung der Ehescheidung (59,1%).
1974–1976	November 1974 – Juni 1976: Ministerpräsident Aldo Moro; Koalition der DC mit dem PRI.
1975	1. Oktober: Vertrag von Osimo mit Jugoslawien: Beiderseitige Anerkennung der 1954 von den Alliierten gezogenen Grenze, Verabredung von Minderheitenschutz.
1976	Bettino Craxi Sekretär des PSI; sozialdemokratischer Kurs.
1976–1979	Juli 1976 – Januar 1979: Ministerpräsident Giulio Andreotti in zwei DC-Regierungen.
1978	16. März: Aldo Moro (seit Oktober 1976 Präsident des Nationalrats der DC) von den *Brigate Rosse* entführt und ermordet (9. Mai).

21. März: Beschluß von Notstandsmaßnahmen zur Bekämpfung des Terrors.
8. Juli: Sandro Pertini (PSI) Präsident der Republik (bis 1985).
26. August – 28. September: Papst Johannes Paul I.
seit 16. Oktober: Papst Johannes Paul II.

Die *Centro-sinistra*-Koalition unter fortwährender Führung der *Democrazia Cristiana* hat mit der ersten Regierung Moros (seit Dezember 1963), in der Nenni stellvertretender Ministerpräsident, Saragat Außenminister war, begonnen und insgesamt ein gutes Jahrzehnt gedauert. Von den zwölf Regierungen zwischen Dezember 1963 und Sommer 1974 waren neun Koalitionsregierungen, davon acht mit den Sozialisten. Daß deren linke Maximalisten sich 1964 als PSIUP abspalteten (seit 1974 im PCI), hat zunächst die Arbeit der neuen Koalition und konkret die inzwischen sowohl von Nenni wie von Saragat gewünschte Wiedervereinigung von PSI und PSDI gefördert. Ihr Zusammenschluß zum PSU (1966) erweckte auf der gesamten nichtkommunistischen Linken die größten Hoffnungen auf reformsozialistische Erneuerung (und zugleich auf Schwächung der DC). Aber bei den Wahlen von 1968 gewann der PSU nur 14,5% (gegenüber 13,8% für PSI und 6,1% für PSDI fünf Jahre zuvor), 4,5% gingen an den PSIUP. Seitdem und noch mehr infolge der fast gleichzeitig ausbrechenden politisch-sozialen Krise war die Koalition Spannungen ausgesetzt, deren erstes deutliches Symptom die erneute sozialistische Spaltung im Sommer 1969 war.

Die Verstaatlichung der Elektrizitätswerke und die Einführung der Kapitalsteuer durch die Regierung Fanfani hatten indirekt in den Jahren 1963/64 eine erste Krise verursacht, welche das Ende des »Wirtschaftswunders« bedeutete. Doch die Mitte-Links-Koalition ist beim Reformkurs geblieben und hat wichtige Gemeinschaftsaufgaben, dabei auch die Ausführung zentraler Verfassungsgebote, endlich in Angriff genommen. Der Schulreform folgten 1968 und 1970 die Gesetze über die Regionen. Zu den ersten tragfähigen Ergebnissen gehörten die neuen, echte Autonomie begründenden Statute für die Provinzen Bozen und Trient (1972). Die größten Verdienste um diese Autonomie, mit der in Südtirol u. a. die Stellenbesetzung nach dem Proporz der Sprachgruppen begonnen hat, erwarben sich einerseits Silvius Magnago und seine *Südtiroler Volkspartei* (SVP), andererseits Moro, Saragat und Andreotti. 1969 wurde jedem über 65 Jahre alten Bürger eine Mindestpension zuerkannt. 1971 erließ die Kammer ein Gesetz zur Ehescheidung, es konnte jedoch erst nach einem Referendum (1974) in Kraft treten.

Bereits unter dem Druck der großen Protestwelle wurde 1969 die *scala mobile*, d. h. die automatische Anpassung der Löhne an die Lebenshaltungskosten, eingeführt, welche wegen ihrer inflationstreibenden Wirkung auf Dauer mehr Schaden als Nutzen gebracht hat. Dasselbe gilt vom *Statuto dei Lavoratori*, welches weitestgehende Mitbestimmung einräumte und die geradezu unbeschränkte Ausübung des Streikrechts ermöglichte, Entlassungen dagegen so gut wie unmöglich machte. Die Reallöhne in der Industrie stiegen 1970–1973 um 12,2%, 1974–1977 um 5,5% und näherten sich dem mitteleuropäischen Niveau. Nicht wenige der Reformen, außer der Verstaatlichung der Elektrizitätswerke besonders die 1980 eingeführte *Riforma sanitaria* nach britischem Muster, erwiesen sich freilich als sehr kostspielig, andere, wie die Intensivierung des Volkswohnbaus oder die wirtschaftliche Programmierung, als wenig effizient. Viele Bereiche des sozialen Lebens wurden politisiert und neuen Gremien ausgeliefert, in denen der Parteienproporz wichtiger wurde als die Sachkenntnis. Vieles blieb in überstürzten Anfängen stecken oder wurde durch die Überschneidung von Interessen und Kompetenzen verschleppt, so im Bildungsbereich der Bau neuer, infolge der Reform von 1962 dringend notwendiger Schulen und der längst notwendige Ausbau der Hochschulkapazitäten.

Der gleichzeitige Entspannungskurs gegenüber dem Ostblock, an dem die auch auf diesem Gebiet mit Paul VI. und dessen Ostpolitik sympathisierende DC-Linke ebenso interessiert war wie ein beträchtlicher Teil der Sozialisten, brachte 1975 den von Moro forcierten Grenzanerkennungsvertrag mit Jugoslawien. Entsprechend einem Gesamttrend damaliger Ostpolitik wurde dabei jede Diskussion der 1945 von Tito angeordneten Vertreibungen und Massentötungen vermieden; sie wird erst seit der Abkehr des PCI von seiner stalinistischen Vergangenheit (1990) geführt. Die ostpolitischen Aktivitäten hatten zwei wichtige innenpolitische Aspekte: Sie milderten die Opposition der Kommunistischen Partei und nutzten der inzwischen stark exportorientierten Industrie.

Seit 1968/69 leitete auch in Italien der antiautoritäre Jugend- und Studentenprotest eine neuartige gesellschaftliche Mobilisierung ein. Die Arbeitskämpfe steigerten sich 1969 zum »heißen Herbst« mit etwa 38 Millionen verlorenen Arbeitstagen – dem Höhepunkt aller sozialpolitischen Auseinandersetzungen der gesamten Nachkriegszeit. Die Macht der Gewerkschaften, welche u. a. die erwähnten Lohnerhöhungen erkämpften, wurde erheblich gestärkt, erst recht, seitdem die drei Richtungsgewerkschaften CGIL, CISL und UIL 1972 unter dem langjährigen PCI-Abgeordneten Luciano Lama einen Dachverband bildeten, gegen den ein Jahrzehnt lang keine wichtige politische Entscheidung durchzusetzen war. Dabei führten die Produktions- und Steuerausfälle infolge der Streiks wie auch die Kosten der Reformen zu einer erheblichen Steigerung der Staatsverschuldung, welche bis zur Gegenwart anhält. 1974 betrug das Defizit in der Handelsbilanz über 3200 Milliarden Lire, die Inflationsrate 19,3%.

Die Hintergründe der großen Krise seit 1968 waren einerseits die Unfähigkeit der traditionellen Eliten zu rechtzeitigen Reformen, andererseits die immer aggressiver auftretende kulturelle Dominanz der Linken; hinzu kamen radikale Konsequenzen aus dem konziliären Erneuerungsprozeß in der katholischen Kirche. Viele, besonders jüngere Italiener wandten sich von ihrer weltanschaulichen Herkunft ab, nicht wenige suchten anstelle der katholischen eine marxistische »Kirche« mit scheinbar sicheren Zukunftsprognosen. Die direkten Ursachen waren Rezession, Arbeitslosigkeit und dazu Unruhen in den vielfach antiquierten, dabei überfüllten Universitäten. Die Reformen des *Centro-sinistra* wirkten insofern beschleunigend, als sie übertriebene Hoffnungen weckten. Man begnügte sich seitdem nicht mit immer heftigerer Kritik am Immobilismus der DC. Aus den Universitäten erstand eine radikalmarxistische Opposition, die, obwohl sie dem PCI nutzte und von ihm benutzt worden ist, letztlich links von der Partei stand und ihr Verbürgerlichung vorhielt; sie erzielte unerwartet breiten Konsens. So kam es im Kontext der damaligen europäischen Protestbewegung zu einer Staats-, Sinn- und Identitätskrise, welche die seit 1948 angestauten Enttäuschungen und deren linke Instrumentalisierung in ein Programm radikaler Veränderungen einbrachte. Progressive Publizisten gaben es, auch außerhalb Italiens, als zeitgemäßen Reformismus aus. Die rasch auf die höheren Schulen übergreifende Studentenrevolte erreichte überhastete Zugeständnisse im Sinne von Demokratisierung, auch Nivellierung der Leistungen; die nicht links stehenden Organisationen der Studenten brachen mit Ausnahme der neofaschistischen zusammen. Andere Protestbewegungen wie die der Feministinnen und des kleinen *Partito radicale* um Marco Panella erhielten Auftrieb.

Im Dezember 1969 begann mit einem Bombenattentat in Mailand (14 Tote, über 100 Verletzte) die heiße Phase des Terrorismus; im folgenden Jahrzehnt wurden insgesamt etwa 14000 Attentate begangen, deren schlimmstes die Explosion einer Bombe im Hauptbahnhof von Bologna im

August 1980 (85 Tote, 200 Verletzte) gewesen ist. Italiens Großstädte wurden in jenen *anni di piombo* von brutalsten Spannungsstrategien überzogen, deren Herkunft nie bis in alle Einzelheiten geklärt worden ist. Wie meist in solchen Krisensituationen versuchten rechtsradikale wie linksradikale Kräfte den demokratischen Staat vollends zu destabilisieren. Dabei verfügten erstere anfangs über Sympathien einiger staatlicher Stellen, so in den Geheimdiensten, welche eine autoritäre Regression wünschten; aber insgesamt war der ultralinke Terrorismus der um 1970 entstandenen *Brigate Rosse* und ähnlicher Gruppen wie *Nuclei armati proletari* (NAP), *Autonomia operaia* oder *Prima linea* stärker und leider sehr effizient. Aus der Politisierung der Gesellschaft wurde härteste Polarisierung, und die zunehmend von links bestimmte öffentliche Meinung war fast nur auf »faschistische« Gewalt fixiert. Der Mailänder Publizist Indro Montanelli etwa, der zu liberalen Prinzipien stand, wurde bei einem »leichteren« Attentat absichtsvoll verletzt; Renzo De Felice, der, am deutlichsten in seiner *Intervista sul fascismo* (1975), der Instrumentalisierung und Politisierung des Faschismusbegriffs widersprach, wurde von linken Kollegen und erst recht von der linken Presse diffamiert. Hinzu kam, daß die Mafia, um von ihren eigenen, zunehmenden Aktivitäten abzulenken, terroristische Gruppen infiltrierte und manches Attentat provozierte und finanzierte.

Die Regierungskoalition überstand, wie gesagt, das erste Jahrfünft nach 1969, vielfach lavierend und in öfter wechselnden Kabinetten. Insgesamt aber erwies auch sie sich als unfähig, mit den durch steigende Arbeitslosigkeit und anhaltende Rezession, außerdem eben durch die Kosten der Reformen verschärften Problemen des Landes fertig zu werden. Staatliche Institutionen und mobilisierte Gesellschaft wurden nicht genügend aufeinander abgestimmt. Die Hauptübel des Systems: schwerfällige Bürokratie, Klientelismus, »Filzokratie« und unberechtigte Begünstigungen breiteten sich weiter aus als zuvor, weil die Zahl derer, die davon profitierten, noch größer geworden war. Auch die Sozialistische Partei hat nämlich auf proportionaler Beteiligung an staatlicher und halbstaatlicher Macht bestanden. Ähnlich wie die DC hat sie darüber aber auch ihren Kredit bei vielen verloren, die eine konsequente Reformpolitik erwartet hatten; die Stimmenverluste bei den Wahlen von 1968 und 1972 waren deutliche Anzeichen. Die enttäuschten Hoffnungen schlugen in Ablehnung der ganzen Führungsschicht des parlamentarischen Staates um und wandten sich großenteils der Kommunistischen Partei zu, die mit großem Geschick als unverbrauchte und angeblich nicht korrumpierbare Alternative zum »System« aufgetreten ist. Auch haben die Sozialisten bis 1976, als der entschlossen reformistische Bettino Craxi ihre Führung übernahm, ihr Verhältnis zu den neuen Partnern wie zu den Kommunisten nie eindeutig geklärt. Unter Francesco De Martino, der 1972 Nennis Nachfolger geworden war, hatte die Partei wieder versucht, sowohl in der Regierung als auch in der Opposition zu stehen; nicht selten suchte sie die Kommunisten links zu überholen. Über der berechtigten Kritik an der DC wird vergessen, daß es oft die Sozialisten gewesen sind, welche klare Regierungsentscheidungen verhindert, Regierungskrisen (so 1975/76) provoziert und die DC dadurch geradezu gezwungen haben, Abstützung bei den Kommunisten zu suchen. Letztere verbündeten sich gleichzeitig auf kommunaler und regionaler Ebene immer öfter mit den Sozialisten. Die DC verlor die Rathäuser, selbst Rom erhielt 1976 einen kommunistischen Oberbürgermeister.

Die DC hat immerhin in den Wahlen des Jahrzehnts nach 1969 recht gut abgeschnitten. 1968 hatte sie 39,1% der Stimmen erhalten; 1972, 1976 und 1979 blieben ihr 38,7% bzw. 38,8%. Die Flügelkämpfe in der Partei wurden zunächst noch heftiger als vor dem *Centro-sinistra*, aber immer wieder kamen auch die für die Sammelpartei üblichen Kompromisse zustande. Die Wahlen von 1968, die ja auch die Koalition als solche trafen, hatten Moros Position geschwächt; aber schon auf dem Parteikongreß von 1969 konnte er sie erneut festigen, mußte freilich die Führung der Regierung bis 1974 Vertretern der Parteimitte überlassen, von denen neben Andreotti Mariano Rumor erfolgreich taktierte. Ende 1971 setzte der rechte Parteiflügel Giovanni Leone als Präsidenten der Republik durch; aber einen eigentlichen Rechtskurs versuchte nur der ursprünglich linkere Fanfani zu steuern (seit 1972 Parteisekretär). Doch die Partei insgesamt war besonders nach dem Ausgang des Ehescheidungs-Referendums von 1974 realistisch genug, sich einer autoritären Wende zu versagen; 1975 wurde Moros Anhänger Zaccagnini Sekretär der Partei. Es kam zu einer recht stabilen Zusammenarbeit zwischen dem stets pragmatisch handelnden Giulio Andreotti und Aldo Moro. 1976 wurde Andreotti Ministerpräsident und vertrat als solcher die Kontinuität gerade auch gegenüber den wegen der italienischen Zustände zunehmend besorgten Verbündeten, besonders den USA, während Moro, seit 1976 Präsident der Partei, den Reformkurs und den Dialog mit den Kommunisten weiterführte. Andreotti führte zudem einen konsequenten Spar- und Antiinflationskurs.

Der PSI erhielt 1972 nur noch 9,6% der Stimmen, die er erst 1979 geringfügig auf 9,8% verbesserte. Von den kleinen Mittelparteien hielten sich die Republikaner bei etwa 3%, PSDI und PLI fielen 1976 auf 3,4% und 1,3% zurück. Der MSI konnte unter der Führung von Giorgio Almirante vorübergehend profitieren: mit 8,7% im Jahre 1972, von denen er 1976 und 1979 nur 6,1% bzw. 5,3% hielt. Der PCI verbesserte sich zwischen 1968 und 1976 von 26,9% auf 34,4%; bei den Kommunal- und Regionalwahlen im Juni 1975 kam er mit 33,4% bis auf zwei Punkte an die DC (35,3%) heran. Zwar fiel er 1979 auf 30,4% zurück, war aber insgesamt die einzige Partei, der die Krise dauerhaft genutzt hat.

Die Jahre 1974–1978 brachten eine rapide, mit der ersten Ölkrise einsetzende Verschlechterung der wirtschaftlichen Lage und die gefährliche Zunahme des Terrors, letztere vor allem, seitdem die revolutionäre Linke bei den Wahlen 1976 erfolglos geblieben war und sich seitdem erst recht auf Gewalttaten verlegte. Da die verunsicherten Polizeikräfte mit deren Abwehr beschäftigt waren, konnten sich die gewöhnliche Kriminalität und noch mehr das Bandenwesen der Mafia und der Camorra immer besser organisieren und gefährlichere Formen annehmen (Überfälle, Entführungen, Erpressungen, Morde). Die Mafia war bis in die sechziger Jahre vornehmlich in Westsizilien tätig gewesen (Manipulation öffentlicher Aufträge, Bauindustrie). Seitdem breitete sie sich (mit einem Kern von vermutlich etwa 5000 Mitgliedern) nicht nur auf der ganzen Insel aus, sondern stieg mit wachsender Effizienz in den internationalen Drogenhandel und die damit verbundenen Schwarzgeld-Transaktionen ein. Dabei halfen ihr Beziehungen zu regionalen Politikern besonders in der DC, welche zur *corrente* Andreottis gehörten und für deren Gewicht in der Gesamtpartei unerläßlich waren. Ähnliches geschah auch im PSI. In manchen römischen Regierungszirkeln war man offenbar der resignativen Überzeugung, daß die Mafia unausrottbar wäre, daß man in Sizilien gegen sie nicht regieren könnte und daß man sich daher indirekt mit ihr arrangieren müßte, sofern sie nicht den Staat als solchen angriff. Jedenfalls wurde das staatliche Monopol der Gewaltanwendung geschwächt.

Viele Italiener sahen sich im alten Mißtrauen gegenüber dem Staat bestärkt und mehr denn je auf Selbsthilfe verwiesen. Sie nutzten die Lage so gut wie möglich aus, auch mittels der immens wachsenden, aber stillschweigend geduldeten, weil die Volkswirtschaft insgesamt stützenden Schwarzarbeit. Man zog sich in die alten nichtstaatlichen Strukturen zurück; in den Familienverbänden wurde nicht selten Arbeitslosigkeit, erst recht Teilarbeitslosigkeit, aufgefangen. Diese Selbsthilfen waren auch deswegen erforderlich, weil das Ausufern der Streiks die öffentliche Verwaltung, den Unterricht und die Versorgung schwer belastete und z. B. im Verkehrswesen und in den Krankenhäusern zu chaotischen Zuständen führte. Mentalität und Methoden des Arbeitskampfes wurden in die verschiedensten gesellschaftlichen Bereiche übertragen. In vielen Krankenhäusern stellte das gesamte nichtärztliche Personal die Arbeit ein, Arbeitslose und Wohnungssuchende besetzten Rathäuser und Bahnhöfe. Studenten und Schüler boykottierten über längere Zeiten den Lehrbetrieb, an dessen Stelle endlose Debatten über die Abschaffung des »bürgerlichen Klassenstaates« traten.

Das *Centro-sinistra* verfiel. Die DC blieb an der Regierung, konnte diese aber nicht allein führen, war vielmehr zunehmend auf Unterstützung durch den PCI angewiesen. Denn die Führung der gesamten politischen Linken war im Jahrzehnt der Krise an die seit 1969 und vollends seit 1972 von Enrico Berlinguer geführte und damit an der Spitze verjüngte Kommunistische Partei übergegangen, welche 1975 und 1976 ihre größten Wahlerfolge errang. Der PCI hat es unter Berlinguer, einem höchst intelligenten Schüler Togliattis, noch besser als zuvor verstanden, durch das erneut an die *Resistenza* anknüpfende Postulat radikalen Neubeginns einen großen Teil der Intellektuellen wie der Jugend an sich zu ziehen und zugleich durch weitgehenden Verzicht auf Klassenkampf-Parolen die Mittelschichten zu beruhigen. Einsatz für die Regionen, aktive Mitarbeit in Regionen, Provinzen und Gemeinden sowie im Parlament vergrößerten die Glaubwürdigkeit der Partei, die zugleich weiterhin ihre altbewährten Mittel der Massenmobilisierung einsetzte. Nachdem die Kommunisten lange nach Kräften mitgewirkt hatten, den traditionellen Staat zu schwächen, präsentierte die Partei sich nunmehr als diejenige Kraft, ohne die weder staatliche Ordnung noch soziale Stabilität wiederherzustellen wären; ihre Taktik war insofern der Mussolinis in den Jahren 1919–1922 nicht unähnlich. Berlinguer bezeichnete die Machtbeteiligung seiner Partei als unvermeidlich. Dabei trug er den Traditionen des Landes mehr Rechnung als die Sozialisten mit ihrem immer noch radikalen Laizismus. Denn der von ihm seit 1972 proklamierte historische Kompromiß forderte nicht die linke Alternative einer Volksfront wie in den Jahren 1943–1948, sondern die von ihm so genannte »demokratische Alternative«, nämlich ein Übereinkommen mit den Volkskräften katholischer Herkunft und darüber eine Koalition des PCI mit der DC.

Durch diese Strategie und durch sozialdemokratische Praktiken, mit denen man sich wohl nur der neuen Konkurrenz Craxis erwehren wollte, erweckte der PCI den Eindruck grundsätzlichen Wandels zum demokratischen Sozialismus, der als »Euro-Kommunismus« propagiert und gerade auch von linksliberalen und sozialdemokratischen Publizisten in der Bundesrepublik lebhaft begrüßt worden ist. Italien gewann damals bei der deutschen Linken ein ähnlich hohes Ansehen, wie es dies fünfzig Jahre zuvor bei der damaligen Rechten gefunden hatte! Erst nach der Anpassung des PCI an Moskaus Absage an den auf größere Eigenständigkeit bedachten spanischen KP-Führer Carillo 1977 fanden Skeptiker wieder breiteres Gehör. Dabei hatten sie stets darauf verweisen können, daß Berlinguers Partei streng hierarchisch blieb und keine Mitbestimmung der Basis zuließ, daß sie auf staatlicher Gesamtsteuerung der Wirtschaft bestand, den zahlreichen von ihr abhängigen Publikationsorganen strikte Anpassung an die Parteilinie auferlegte und daß sie in keiner zentralen Frage (bis zur Einführung des Kriegsrechts in Polen 1981/82) Moskau konsequent widersprochen hat.

Die DC ist Mitte der siebziger Jahre auf die kommunistischen Angebote ein gutes Stück eingegangen. Formell hat sie von 1976 bis 1979 allein regiert, aber nur, indem sie sich vor allen wichtigen Entscheidungen mit dem PCI absprach. Auf diese Weise konnte Ministerpräsident Andreotti mit seinem Austerity-Programm erste Verbesserungen der wirtschaftlichen Lage erreichen: Der Außenwert der Lira wurde stabilisiert, die Kapitalflucht unterdrückt, die Devisenreserve der *Banca d'Italia* erhöht. Gegenüber dem Terrorismus wurde Härte demonstriert; aber seit 1975 gab es eine »Kronzeugenregelung«, welche geständige Täter oder Mittäter mit erheblichen Strafminderungen, Hilfe zur Schaffung einer neuen Identität und auch Geldzahlungen belohnte. Mitte 1977 setzte die Regierung den Verzicht auf ein weiteres gigantisches Projekt der Staatsindustrie im Mezzogiorno durch, nach der Erdbebenkatastrophe in Friaul (1976) half sie schneller als ihre Vorgängerinnen in vergleichbaren Situationen.

Aber das Hauptproblem war das Verhältnis der Regierungspartei zur kommunistischen Konkurrenz. Über die Versuche zu seiner Lösung ist Aldo Moro ab etwa 1975 erneut zur Schlüsselfigur geworden, und aufgrund des Schicksals, welches linksrevolutionäre Fanatiker ihm 1978 bereitet haben, dann zur tragischen Figur der Italienischen Republik. Der tief religiöse, dabei oft pessimistisch erscheinende Moro war ein Meister der kleinen Schritte und der mehrdeutigen Formulierungen, ein »Genie der Kompromisse«; da er seine universitäre Vorlesungstätigkeit nie ganz aufgab, behielt er direkteren Kontakt zur Jugend als die meisten Politiker. Das von ihm im Sommer 1977 erreichte Abkommen der sechs Parteien des *Arco costituzionale*, d. h. des Kreises der Parteien, die 1946/47 die Verfassung erarbeitet hatten, beteiligte auch die Kommunisten an der Verantwortung, nahm sie aber nicht in die Regierung auf. Sie wurden ins System so weit einbezogen, daß ihnen die Oppositionsrolle erschwert wurde; aber diese Einbeziehung erfolgte nicht in dem von Berlinguer propagierten exklusiven Zweierbündnis, sondern gemeinsam mit den anderen Parteien. Gewiß wollte Moro, nun von Paul VI. ermutigt, erneut eine Erweiterung der Regierungsbasis, wie er sie erstmals 1962/63 herbeigeführt hatte; da sich die damalige Lösung als unzureichend erwiesen hatte, schien nun kein Weg ganz an den Kommunisten vorbeizuführen. Jedenfalls glaubte Moro an den Beginn »einer dritten schwierigen Phase der Italienischen Republik«. Es ist oft vermutet und von der linken Publizistik auch mit Zustimmung weitergegeben worden, daß er die Beteiligung der Kommunisten an der Regierung letztlich für unvermeidlich hielt. Mehr spricht jedoch dafür, daß er den PCI in einer neuen und durchaus riskanten Form des *trasformismo* abnutzen oder wenigstens die Entscheidung so weit wie möglich hinausschieben wollte.

Immerhin erreichten Moro und Andreotti so viel Stabilität, daß nicht nur die außerparlamentarische Linke, sondern auch die linken Parteien unruhig wurden. Der studentische Protest war schon im Frühjahr 1977 in Straßenschlachten ausgeartet und hatte sich auch direkt gegen den PCI als angeblichen Verbündeten der DC und des Kapitals gerichtet. Die Linksparteien provozierten darum im Winter 1977/78 eine neue Regierungskrise. Die Kommunisten befürchteten inzwischen, daß Andreotti und Moro nur die politische Mitte stärken, und die Sozialisten, daß die Zusammenarbeit der DC mit dem PCI sie ausbooten würde. Moros letztes Werk war die Meisterung dieser Krise durch die Neuauflage des Abkommens der sechs Parteien, bei der er den Kommunisten wieder etwas weiter entgegenkam, aber ihr eigentliches Ziel, die festgeschriebene Verteilung der Macht auf zwei Parteizentralen, erneut durchkreuzte. Andreotti wurde im März 1978 als Ministerpräsident einer DC-Regierung bestätigt. Noch im selben Jahr verabredeten zudem die drei konföderierten Gewerkschaften erstmals einen Verhaltenskodex für Streiks, um das Gesundheitswesen und die öffentliche Sicherheit zu schonen. Vorausgegangen waren wachsende Kritik am *compromesso storico* und an den in vielen Bereichen inzwischen unhaltbaren Zuständen im Lande, sodann die schwerste Erschütterung der

Republik durch die Entführung und Ermordung Moros (und seiner Begleiter) im Frühjahr 1978.

Der von vielen DC-Notabeln nur widerwillig hingenommenen Zusammenarbeit mit dem PCI war im bürgerlichen Lager zunächst nur eine Minderheit liberaler Publizisten entgegengetreten: an ihrer Spitze Indro Montanelli und seine mit ihm aus dem inzwischen auch nach links gerückten *Corriere della Sera* ausgeschiedenen Mitarbeiter im *Giornale nuovo* (Mailand, seit 1974), von den übrigen großen Tageszeitungen lediglich *La Nazione* (Florenz), *Il Tempo* (Rom), gelegentlich auch *La Stampa* (Turin). Seit 1975 kam eine von jüngeren Abgeordneten geführte Mailänder Gruppe der DC um Roberto Formigoni hinzu, außerdem die schon 1969 gegründete katholische Gruppierung *Comunione e Liberazione*. Sie hat sich unter Studenten und Schülern ausgebreitet und seit der Mitte der siebziger Jahre offensiv in die Politik zu wirken versucht, seit Ende 1978 mit offener Billigung des neuen Papstes Johannes Paul II. Aus der DC-Führung ist Andreotti ihr sehr nahe getreten. Moros Kritiker befürchteten, daß seine Politik die marxistische Durchdringung der Gesellschaft begünstigte und daß ihr Ergebnis eine »andere Republik« sein würde.

Vergleichbare, aber noch tiefere Gegensätze hatten sich über Berlinguers Annäherung an die DC auf der Linken entwickelt, zunächst zwischen PSI und PCI sowie zwischen Berlinguer und den in der Führung seiner Partei verbliebenen Stalinisten aus dem Umkreis seines Vorgängers Luigi Longo. Darüber hinaus aber fühlten sich radikale Außenseiter der 68er-Bewegung und kommunistische Dissidenten zunehmend vom PCI im Stich gelassen und intensivierten daher ihre Tätigkeit in den erwähnten terroristischen Organisationen. Am gefährlichsten wurden die *Brigate Rosse*; eines ihrer Kommandos hat Aldo Moro im März 1978 entführt, zwei Monate in einer römischen Wohnung versteckt gehalten und dann ermordet. In Moro, der inzwischen sicherer Anwärter für das Amt des Präsidenten der Republik war, wurde der Mann getroffen, der imstande schien, die Republik zu konsolidieren, die DC regierungsfähig zu halten und Berlinguers Partei in der einen oder anderen Weise zu integrieren. Mit dem DC-Präsidenten und mit dem im August 1978 verstorbenen Papst Paul VI., der vergeblich in einem dramatischen Appell an die Entführer für Moro eingetreten war, verlor die Politik der Einbindung der Kommunisten ihre beiden entscheidenden Vertreter im katholischen Lager.

Die Regierung hatte im Frühjahr 1978 nach Absprache mit den Parteiführern des »Verfassungskreises«, gerade auch mit Berlinguer, den Forderungen der Entführer Moros nicht nachgegeben; DC und PCI wollten beweisen, daß der Staat nicht erpreßbar war. Die Problematik solchen Handelns oder Nicht-Handelns ist aus der gleichzeitigen deutschen Zeitgeschichte bekannt. Moros Familie hat sich nach seinem Tode heftig darüber beklagt, daß zu wenig zu seiner Rettung geschehen sei. Es ist darüber zu einer weiteren Polarisierung der politischen Diskussion gekommen, denn linke Publizisten haben, gestützt auf Aussagen der inzwischen verurteilten, teils schon amnestierten Mörder, die Vermutung verbreitet, daß die eigentlich Verantwortlichen für Moros schlimmes Ende Gegner des *compromesso storico* aus dem rechten Flügel der DC oder aus dem Umkreis der amerikanischen Regierung gewesen seien. 20 Jahre nach Moros Entführung sind diese Vermutungen erneut diskutiert und u. a. von Ernesto Galli della Loggia überzeugend widerlegt worden.

Es ist 1978 nicht zu der von den ultralinken Fanatikern erhofften Destabilisierung gekommen. Die DC bewies ungewohnte Geschlossenheit, dazu Entschiedenheit, die von den anderen Parteien geteilt wurde; einer der konsequentesten Gegner des Terrorismus ist z. B. der Führer der Republikaner, Giovanni Spadolini, geworden. Das Parlament verschärfte noch im Mai 1978 die Anti-Terrorgesetze, nun auch mit den Stimmen des PCI. Zwar nahm die Zahl der Attentate bis 1980 noch zu, aber auch die der erfolgreichen Fahndungen und Verhaftungen; 1985 waren 1280 Terroristen in Haft, davon gehörten 1100 der Linken an. Zeitweise wurden Grundrechte eingeschränkt, Verdächtige konnten lange in Untersuchungshaft gehalten werden. Die Akzeptierung bereuender Terroristen (*pentiti*) als Kronzeugen erleichterte zwar die Infiltration und die Aufbrechung von radikalen Gruppen, schränkte aber die Rechtsgleichheit ein und gab den *pentiti* zu großen Einfluß auf die Justiz; auf die Dauer konnte die Kronzeugenregelung zudem ein gefährliches Mittel in der Hand der Staatsanwaltschaften werden. Aber im Jahrfünft nach 1978 hat Italien die Kraftprobe mit dem Terrorismus mit einer Mischung aus Elastizität und Härte bestanden. In der akuten Gefährdung erwies sich der Staat als wesentlich stärker, als es die Staatsferne vieler Italiener und die Krisen seit 1969 hatten erwarten lassen.

In weiten Kreisen begann ein Umdenkungsprozeß. Viele Italiener hatten anscheinend gemeint, sich mit den Kommunisten ähnlich arrangieren zu können wie ihre Urgroßväter mit dem Risorgimento und ihre Väter mit dem Faschismus. Erst nach Moros Ermordung und in Anbetracht weiterer tödlicher Attentate begann man die Gefährlichkeit der Revolutionsparolen einzusehen. Auch wurden die Konsequenzen daraus gezogen, daß die Roten Brigaden sich auf dieselbe Ideologie beriefen, welche ein beträchtlicher Teil der offiziellen Kommunisten immer noch für sich beanspruchte, und daß sie, wie Prozesse gegen Rotbrigadisten dann bewiesen, aus dem Ostblock und von Arafats PLO unterstützt worden waren.

In dieser Situation orientierte sich die DC wieder zur Mitte hin. Sie versagte dem PCI die inzwischen ultimativ geforderte Regierungsbeteiligung, worauf Berlinguer 1979 die Mitarbeit im *arco costituzionale* beendete. Ministerpräsident Andreotti, der im Dezember 1978 Italiens Beitritt zum Europäischen Währungssystem erreicht hatte, bemühte sich sogleich um die Wiederherstellung der linken Mitte, doch erst im August 1979 gelang seinem Parteifreund und Nachfolger Francesco Cossiga die Erweiterung der Regierung um Sozialdemokraten und Liberale. Im Juni 1978 war Staatspräsident Leone, der in Korruptionsaffären verwikkelt schien und deshalb in der Krise weder dem Staat noch seiner Partei nutzen konnte, zurückgetreten. Nachfolger wurde im Sinne der neuen Perspektive zum ersten Mal ein Sozialist: Sandro Pertini, der trotz hohen Alters (geb. 1896) jugendlich auftrat. Er war Partisanenführer gewesen und verband Patriotismus mit Sozialismus; mit seiner Spontaneität sprach er besonders die »kleinen Leute« an, mit der Zeit wirkte er freilich zu emotional und extrovertiert.

Konsolidierung und erneute Krise: Zerfall der traditionellen Parteien, Korruptionsskandale (1979–1994)

1979	Juli: Wahlen zur Kammer: DC 38,3%, PCI 30,4%, PSI 9,8%, MSI 5,3%, PSDI 3,8%, PRI 3,0%, PLI 1,9%.
1979/80	August 1979 – Oktober 1980: Ministerpräsident Francesco Cossiga (DC); Koalition der DC mit PSDI und PLI.
1980/81	Oktober 1980 – Mai 1981: Ministerpräsident Arnaldo Forlani (DC), Koalition der DC mit PSI, PSDI und PRI.
1981	Mai: Aufdeckung des »P 2-Skandals«: Mitgliedschaft führender Politiker und Beamter in der Freimaurerloge »Propaganda 2«.
1981/82	Juni 1981 – November 1982: Ministerpräsident Giovanni Spadolini (PRI) in der neuen Koalition des *Pentapartito:* DC, PSI, PSDI, PRI und PLI.
1982	Juni: Zusammenbruch des *Banco Ambrosiano.*
1982/83	Dezember 1982 – April 1983: Ministerpräsident Amin-

	tore Fanfani (DC); Koalition der DC mit PSI, PSDI und PLI.
1983	Juli: Wahlen zur Kammer: DC 32,9%, PCI 29,9%, PSI 11,4%, MSI 6,8%, PRI 5,1%, PSDI 4,1%, PLI 2,9%.
1983–1987	August 1983 – März 1987: Ministerpräsident Bettino Craxi (PSI) in zwei Regierungen des *Pentapartito.*
1984	18. Februar: Neues Konkordat mit dem Heiligen Stuhl.
	12. April: Gründung der *Lega Autonomista Lombarda* durch Umberto Bossi.
1985	24. Juni: Francesco Cossiga (DC) Präsident der Republik (bis 1992).
1987	April–Juni: Ministerpräsident Amintore Fanfani (DC); Minderheitskabinett.
	Juni: Wahlen zur Kammer: DC 33,8%, PCI 26,9%, PSI 14,2%, MSI 5,8%, kleine Mittelparteien nur noch 8,8%.
1987/88	Juli 1987 – April 1988: Ministerpräsident Giovanni Goria (DC); *Pentapartito.*
1988/89	April 1988 – Juli 1989: Ministerpräsident Ciriaco De Mita (DC); *Pentapartito.*
1989–1992	Juli 1989 – Juni 1992: Ministerpräsident Giulio Andreotti (DC) in zwei Koalitionsregierungen (bis April 1991 *Pentapartito*, seitdem ohne PRI).
1992	April: Wahlen zur Kammer: DC 29,7%, PDS 16,1%, PSI 13,6%, *Lega* 8,6%, *Rifondazione Comunista* (RC) 5,6%, MSI 5,4%, kleine Mittelparteien 10%.
	25. Mai: Oscar Luigi Scalfaro (DC) Präsident der Republik (bis 1999).
1992/93	Juli 1992 – April 1993: Ministerpräsident Giuliano Amato (PSI); Koalition wie zuvor.
1993/94	April 1993 – Januar 1994: Ministerpräsident Carlo Azeglio Ciampi, Kabinett aus Experten.

Neuwahlen setzten im Juli 1979 klare Zeichen. Die DC behauptete sich mit 38,3% sehr gut, der PCI fiel auf 30,4% zurück. Der PSI und die kleinen Mittelparteien konnten ihre Positionen behalten oder leicht verbessern, der MSI erreichte nur gut 5%. Wenig später bestätigten die Europa-wahlen, die wie oft in Italien eine den europäischen Durchschnitt weit übertreffende Beteiligung (dieses Mal 85,9%) erreichten, diese Trends.

Die im August 1979 von Cossiga zustandegebrachte Koalitionsregierung der Mitte trat nach einem guten Jahr zurück, nachdem ihr Programm wirtschaftlicher Sanierung im Parlament gescheitert war. Die folgende Regierung unter Arnaldo Forlani mußte schon im Mai 1981 wegen der überraschend aufgedeckten Mitgliedschaft vieler Politiker, Beamten und Militärs in der Freimaurerloge »Propaganda 2«, die anscheinend einen »Staat im Staate« gebildet hatte, aufgeben. Zwar wurden die genauen Hintergründe (wie so oft bei politischen Skandalen) nie geklärt, aber die politische Elite insgesamt schien diskreditiert und damit wie stets in solchen Situationen besonders die permanente Regierungspartei DC. Immerhin hatte diese den wiedergefundenen Kurs der Mitte auf ihrem 14. Kongreß im Februar 1980 bestätigt; der 1982 gewählte Parteisekretär Ciriaco De Mita schloß die Zusammenarbeit mit den Kommunisten aus und bestand auf der 1980 erneuerten Koalition mit den Sozialisten. Damit kam er Craxi entgegen, der gegen den linken Flügel seiner Partei die Regierungsbeteiligung durchgesetzt hatte und den PSI zum sozialdemokratischen dritten Zentrum der italienischen Politik zwischen DC und PCI machen wollte; Annäherungsversuche Berlinguers, der seit 1980 wieder eine gemeinsame »linke Alternative« vorschlug, wies er zurück. Aber die an sich positive Verständigung zwischen De Mita und Craxi verweist auch auf eine Konstellation, die sich ein knappes Jahrzehnt später als zerstörerisch erwiesen hat: In den Zentralen von DC und PSI wurde über die Macht im Staate und über die Verwendung seiner finanziellen Mittel entschieden.

Zunächst gewannen auch die kleinen Mittelparteien, deren Handlungsraum in der Zeit des *Compromesso storico* zusammengeschrumpft war, wieder an Boden. Zudem haben die emanzipatorischen Kräfte die in den siebziger Jahren errungenen Positionen behauptet und darüber die lange statisch gebliebenen Strukturen der italienischen Gesellschaft zu verändern begonnen. Auf dieser Grundlage trat eine zeitweilige Beruhigung ein, auch weil der ungewöhnlichen Politisierung der Zeit um 1968 eine Rückkehr vieler ins Private folgte. Die inzwischen immer umfangreicher gewordenen Subsidien förderten diese Beruhigung.

Im Sommer 1981 kam eine neuartig breite Koalition zustande: der *Pentapartito* aus DC, PSI, PSDI, PRI und PLI. In der durch den P 2-Skandal geschürten Stimmung verzichtete die DC erstmals auf das Amt des Regierungschefs, behielt freilich die Mehrzahl der Ministerposten. Ministerpräsident wurde der den risorgimentalen Linksliberalismus verkörpernde Sekretär des PRI, Giovanni Spadolini, der Historiker, politischer Publizist und Wissenschaftsorganisator war und sich in vielen Schriften und Reden als profunder Kenner der italienischen Gesellschaft und ihrer Probleme erwiesen hat. Spadolinis Partei war stets für rigorose Sparpolitik eingetreten, die den großen Parteien nicht paßte, gerade auch dem PCI nicht, welcher inzwischen in vielen parastaatlichen Sektoren starke Positionen besetzte. Spadolinis Regierung ist darüber nach einem Jahr in innere Zwistigkeiten geraten, die im November 1982 zu seinem Rücktritt führten. Die Regierung Spadolini hatte auch energischer gegen die Mafia vorgehen wollen und darum den gegen den politischen Terrorismus besonders erfolgreichen Carabinieri-General Alberto Dalla Chiesa als Präfekten mit besonderen Vollmachten nach Palermo geschickt, wo er am 3. September 1982 von der Mafia ermordet wurde.

Spadolinis Nachfolger wurde Bettino Craxi, der am *Pentapartito* festhalten konnte und vier Jahre, also für italienische Verhältnisse relativ lange, mit großer Energie und gegenüber dem Terrorismus wie gegenüber der Inflation mit durchaus beachtlichen Erfolgen regiert hat. Zunächst schien Craxi (wie schon Spadolini) eine von vielen erhoffte Erneuerung Italiens zu bringen: nunmehr im Sinne reformistischer Sozialdemokratie, welche an die Ideen von Bissolati und Turati anschloß und sich endlich ganz aus der Abhängigkeit vom PCI löste, darum von diesem scharf bekämpft worden ist (postkommunistische Publizisten und Staatsanwälte waren in den neunziger Jahren die unversöhnlichsten Ankläger Craxis). Auch pflegte Craxi die aus *Resistenza*-Zeiten bekannte Kombination von Risorgimento-Mythos und Patriotismus, aber vieles blieb bloße Rhetorik. Die Regierung Craxi, in der Spadolini Verteidigungs-, Andreotti Außenminister war, handelte innerhalb des vordergründig konsolidierten Systems kompromißfähig; aber gegen die wachsende Kritik an der Gesamtlage des Landes schottete sie sich ebenso ab wie ihre Nachfolgerinnen. Tatsächliche Erfolge wurden eher auf Nebengebieten erzielt. So wirkten die neuen Kirchenverträge seit 1984 (erstmals auch mit Waldensern, evangelischen Freikirchen und Juden) wie auch weitere Maßnahmen zugunsten sprachlicher Minderheiten im Sinne pluralistischer Modernisierung. Dabei wurde auch in diesen Bereichen nur realisiert, was die Verfassung schon 1947/48 postuliert hatte! Auch betonten Craxi, Spadolini und Andreotti (dieser ganz im Sinne seines »Lehrers« De Gasperi) die europäische wie die atlantische Ausrichtung; sie haben Italiens Gewicht in der EG momentan gesteigert und waren (wie viele italienische Bürger!) der wohl richtigen Überzeugung, daß nur weitere Europäisierung die inneren Probleme Italiens auf Dauer lösen könnte. 1981 hatte Außenminister Colombo zusammen mit Hans-Dietrich Genscher einen Plan zur Verfestigung und zur Demokratisierung der Gemeinschaft vorgelegt; auf dem Mailänder EG-Gipfel 1985 forderte Craxi gemeinsam mit Helmut Kohl die Schaffung des Europäischen Bundesstaates. Andreotti hat sich gleichzeitig um gute Beziehungen zu den arabischen Anrainerstaaten des Mittelmeeres bemüht, trotz amerikanischer Kritik auch zu Libyen.

Obwohl der neue Staatspräsident Cossiga (seit 1985) weitaus unparteilicher auftrat als sein Vorgänger, hat seine

Wahl die Mitte und darin besonders die DC bestärkt und sie ermutigt, auch das Amt des Regierungschefs wieder für sich zu fordern. Dem konnten sich die Sozialisten noch zwei Jahre lang erfolgreich widersetzen; aber in einem anderen und eher noch wichtigeren Punkt gab Craxi nur zu gerne nach. Die meisten der in den siebziger Jahren vom PSI geschlossenen regionalen und lokalen Bündnisse mit den Kommunisten wurden aufgekündigt, so daß die römische Fünfer-Koalition sich auch auf der Ebene der Regionen, Provinzen und Kommunen durchsetzen konnte. Mit der Kommunalwahl im Mai 1985 ist das Intervall der »Roten Rathäuser« in den meisten Regionen zu Ende gegangen. Seit dem Sommer 1987 hat dann die DC auch wieder die Ministerpräsidenten gestellt, nach Giovanni Goria und Ciriaco De Mita 1989 erneut Giulio Andreotti, den alle Methoden der Machterhaltung beherrschenden Meister der kleinen Schritte und der immer neuen Begünstigungen und Kompromisse, mit denen er *correnti* und Partei zusammenzuhalten verstand. Offenbar war er davon überzeugt, daß Italien die tieferen Schnitte, wie sie einerseits mit zunehmender Deutlichkeit Präsident Cossiga, andererseits neue Oppositionskräfte immer lauter forderten, nicht verkraften würde, oder aber, daß solche Schritte ihn und die traditionellen Regierungsparteien überhaupt um ihre Macht bringen müßten. Diese letztere Befürchtung, welche Craxi teilte, sollte sich bald als richtig erweisen.

Schon die zahlreichen Regierungswechsel demonstrierten jedoch, daß Italien nach wie vor nur partiell stabil war. Die Regierungen von Craxi bis Andreotti beharrten im wesentlichen auf dem zentralistischen Wohlfahrts- und Subventionsstaat der siebziger Jahre, welcher die Steuern der im Norden immens wachsenden produktiven Schichten des Volkes großenteils der römischen Bürokratie und den Parteien oder dem unproduktiv bleibenden Süden zuführten. Die Staatsverschuldung war seit den siebziger Jahren ständig gestiegen, zu Beginn der neunziger Jahre betrug sie rund 120% des Bruttoinlandsprodukts. Zu den höchsten Posten gehörten die Kosten für Kranken- und Altersversorgung. Hand in Hand mit der Staatsverschuldung ging eine kontinuierliche Meridionalisierung des Staates, verkörpert z. B. durch den DC-Chef und zeitweiligen Ministerpräsidenten De Mita. Zwar hatte der Staat über die *Cassa per il Mezzogiorno* und seit 1985 über deren Nachfolge-Organisation *Agend-Sud* Summen im Gesamtwert von rund 300 Milliarden DM in den Mezzogiorno investiert; aber dort hatten vor allem staatliche Holding-Gesellschaften gewirkt, die sich seit den siebziger Jahren als unproduktiv erwiesen. Ihr Abbau wurde durch immer weitere Subventionen ausgeglichen, an deren Verteilung sich nicht selten die organisierte Kriminalität beteiligen konnte. Letztlich waren im Süden nur die Landwirtschaft (die aber aufgrund der Gesamtentwicklung in der EG zunehmend an Bedeutung verlor) sowie die Infrastrukturen nachhaltig verbessert worden, die Produktivität blieb gering, und die Arbeitslosigkeit, besonders unter der Jugend, erreichte verheerende Dimensionen (1992 bereits 16,3%, 1998 22,8%). Der Abstand zum Norden, der seine Wachstumsstrategien allmählich auf weite Teile Mittelitaliens, so auf die Romagna und auf die Marken, ausdehnen konnte, wurde immer größer, die Solidarität der reichen Regionen mit dem zur Selbsthilfe offenbar unfähigen Süden immer geringer. Das Bruttoinlandsprodukt Piemonts, der Lombardei und von Teilen Venetiens lag in den achtziger Jahren um 20%, das Liguriens um 10% über dem europäischen Durchschnitt, aber das der Abruzzen und des Molise bis zu 40%, das Kalabriens, Siziliens und Sardiniens bis zu 60% darunter!

In diesem Zusammenhang gründete Umberto Bossi 1984 die *Lega Autonomista Lombarda* (seit 1989 *Lega Nord*): als Protestpartei gegen die politische Klasse und als Interessengemeinschaft einer wirtschaftlich aktiven, mittelständischen Bevölkerung, die sich durch die ineffektive römische Bürokratie und den durch sie genährten Klientelismus des Südens doppelt ausgebeutet fühlte und darauf mit einer in Jahrzehnten aufgestauten Erbitterung reagierte. Unter Bossi, den man nicht nur nach seinem verbalen Radikalismus und seinen oft bizarren Auftritten beurteilen sollte, ist sie schnell erstarkt und erhielt bei den Kommunalwahlen im Mai 1990 in der Lombardei gut 20% der Stimmen. Zur zweiten Protestbewegung wurden die Initiativen für Plebiszite gemäß Art. 71,2 und 75 der Verfassung, welche auf weitere Demokratisierung der Gesetzgebung zielten. Neben deren Initiator Marco Pannella, der inzwischen manche rot-grüne Unterstützung fand, trat dabei mehr und mehr Mario Segni (DC).

Zur Destabilisierung hat sodann erheblich beigetragen, daß der Staat weiterhin nicht mit der Mafia fertig wurde. Deren erschreckend angewachsene Brutalität, manifest geworden in der Ermordung nicht nur des Präfekten Dalla Chiesa, sondern mehrerer Politiker, Richter und Geschäftsleute (also nicht mehr »nur«, wie früher, interner Gegner), hatte in den achtziger Jahren eine Veränderung der öffentlichen Stimmung bewirkt, welche sich zunehmend gegen die früheren Verschleierungen wandte. Dank der Kronzeugenregelung gelangen erstmals größere Aufklärungserfolge, und von 1986 bis 1988 wurde in Palermo ein »Maxi-Prozeß« gegen mehr als 450 Mafiosi geführt. Doch die Mafia schlug zurück. Das Jahr 1992 brachte den Höhepunkt: Zunächst wurde der sizilianische DC-Politiker Salvo Lima, ein Freund Andreottis, ermordet, sodann die in der Mafia-Bekämpfung führend tätigen Richter Giovanni Falcone und Paolo Borsellino. 1993 folgten Attentate in Florenz, Mailand und Rom.

Die demokratisierenden Entwicklungen im Ostblock hatten in der zweiten Hälfte der achtziger Jahre eine Identitätskrise des PCI heraufgeführt, welche mit dem Zusammenbruch der Sowjetunion 1989/90 akut wurde. Die neue Parteiführung unter Achille Occhetto reagierte schnell, indem sie die Partei zur demokratischen Linkspartei (PDS, seit 1996 *Democratici di Sinistra*, DS) umformte, die als solche Regierungsfähigkeit beanspruchte. Dies betraf das ganze bisherige Regierungssystem, das auf der Ausschließung des PCI beruht hatte, und darin besonders die DC, welche diese Ausschließung garantiert hatte. Aber auch PSI und PSDI hatten ihre Existenzberechtigung neu zu definieren, und dies in einem Moment, in dem die Regierungsparteien immer lauter des Machtmißbrauchs beschuldigt wurden. Trotzdem haben sie die Wahlen im April 1992 recht gut bestanden; nur die DC verlor über 4%, der PSI 0,6%. Noch schien, ähnlich wie 1981, eine Konsolidierung innerhalb des Systems möglich. Nachfolger Cossigas als Staatspräsident wurde der ebenso integre, eher konservative Christdemokrat Oscar Luigi Scalfaro, und der sozialistische Rechtsprofessor Giuliano Amato bildete mit Andreottis Koalitionsparteien eine neue Regierung. Aber die Lega war mit 8,6% die viertstärkste Partei (im Norden die dritte!) geworden; und drei linke Protestparteien kamen immerhin zusammen auf fast 6%. Die neuen Parteien hatten offenbar nicht nur in der Mitte gewonnen, sondern auch auf der Linken, wo der PDS 16,1% und die am Kommunismus festhaltende *Rifondazione Comunista* 5,6% erhielten, also zusammen 5,4% weniger als fünf Jahre zuvor der PCI.

Noch 1992 verdichteten sich die Vorwürfe gegen die beiden größten Regierungsparteien zu der nun von der Justiz ermittelten Gewißheit, daß sie seit etwa einem Jahrzehnt ein außergewöhnlich breites und systematisches Korruptionssystem unterhielten: Für jeden öffentlichen Auftrag waren Parteispenden entrichtet worden. Mailand galt plötzlich als *Tangentopoli* (von *tangente* = Bestechungsquote). Die dortigen Staatsanwälte verbündeten sich mit der kritischen Presse. Während die Mafia hemmungsloser wütete als je zuvor, schien das politische System delegitimiert. Die konkretesten Vorwürfe wurden gegen Craxi selbst und zwei ihm nahestehende frühere Oberbürgermeister von

Mailand erhoben. Ein Versuch Amatos, die illegalen Parteienspenden als bloße Ordnungsverstöße einzustufen (März 1993), scheiterte an Präsident Scalfaro und an der öffentlichen Kritik; einen Monat später ist seine Regierung zurückgetreten. Zum Nachfolger ernannte Scalfaro mit schneller Zustimmung des Parlaments den Gouverneur der *Banca d'Italia*, Carlo Azeglio Ciampi.

Den Sturm der Entrüstung, der Italien ob der Enthüllungen und der schon 1993 beginnenden Prozesse gegen Politiker, Manager und Finanziers durchzog, konnten DC und PSI weder durch schnellen Führungswechsel (1992 Mino Martinazzoli anstatt Forlani, 1993 Giorgio Benvenuto anstatt Craxi) beruhigen noch durch den Versuch forcierter Rückkehr zu den Wurzeln. Die DC gründete sich 1993 neu als *Partito Popolare Italiano* (PPI, bald unter Gerardo Bianco) mit sozialkatholischem Programm, dem sich jedoch sowohl die Gruppe um Segni wie eine rechtere Gruppe um Pierferdinando Casini (seitdem *Centro Cristiano Democratico*, CCD) versagten. Bei den vorgezogenen Neuwahlen im März 1994 ging der PSI unter (nur noch 2,2%). Der PPI kam immerhin auf 11,1%, wurde aber wegen seiner Annäherung an die Linksparteien wenig später von einer weiteren Gruppe um Rocco Buttiglione verlassen. In der Mitte der italienischen Wählerschaft, welche die DC zusammengehalten hatte, entstand ein Vakuum und in dessen Folge schwer überschaubare Fraktionierung – Raum für neue Formationen und neue Koalitionen. Was Occhetto von links versucht hatte, unternahm daher von rechts Gianfranco Fini, seit 1991 Generalsekretär des MSI, indem er diesen 1993/94 zu einer demokratisch auftretenden Rechtspartei umformte: zur *Alleanza Nazionale* (AN), die im März 1994 13,5% der Wählerstimmen erhielt. Wie auf der Linken versagte sich eine an den alten Idealen festhaltende Minderheit, die aber in diesem Fall bedeutungslos blieb. Fast gleichzeitig vollzog der Mailänder Bau- und Medien-Großunternehmer Silvio Berlusconi, ein beispielhafter Exponent lombardischer Aufstiegs- und Durchhaltefähigkeit und Freund Craxis, seinen publizistisch bestens vorbereiteten Einstieg in die aktive Politik: Seine *Forza Italia* präsentierte sich als Sammlungsbewegung politisch moderater und wirtschaftlich liberaler Ausrichtung und erhielt dafür im März 1994 21,4% der Stimmen. Berlusconi verkörpert eine neuartige Personalisierung und Entideologisierung der italienischen Politik, auch sie eine Folge des schnellen Wegbrechens der traditionellen Parteistrukturen in der Mitte. Er verbündete sich mit Fini, Casini und zunächst (inzwischen wieder) mit Bossi. Darüber entstand der *Polo della libertà*, dem die linke Mitte und die Linke (unter der Führung des aus der linken DC kommenden Wirtschaftsprofessors Romano Prodi und des Occhetto-Nachfolgers D'Alema) 1995 das Wahlbündnis des *Ulivo* entgegenstellte. So kam es zu einem neuartigen politischen Bipolarismus.

Die Regierung Andreotti hatte 1991 erhebliche Senkungen des Haushaltsdefizits und der Inflation zugesagt und sich unter diesen Prämissen an den Verhandlungen um den europäischen Einigungsvertrag von Maastricht (7. Februar 1992) beteiligt. Aber dessen Kriterien sparsamen Haushaltens konnte Italien trotz der verstärkten Bemühungen der Regierungen Amato und Ciampi zunächst nicht einhalten, von 1992 bis 1996 mußte es dem Europäischen Währungssystem fernbleiben. Die neue Krise warf Italiens politische Klasse ganz auf die eigenen Probleme zurück.

Linke Mitte oder rechte Mitte (1994–2004)

1994	März–Dezember: Ministerpräsident Silvio Berlusconi; Mitte-Rechts-Koalition.
1995–1996	Ministerpräsident Lamberto Dini; Regierung aus nicht parteigebundenen Experten.

1996–1998	April 1996 – Oktober 1998: Ministerpräsident Romano Prodi; Mitte-Links-Koalition (*Ulivo*).
1998–2000	Oktober 1998 – April 2000: Ministerpräsident Massimo D'Alema (*Ulivo*) in zwei Regierungen, bis Oktober bzw. ab Dezember 1999.
1999	März: Carlo Azeglio Ciampi (parteilos) Präsident der Republik.
2000–2001	April 2000 – Mai 2001: Ministerpräsident Giuliano Amato (*Ulivo*).
2001	Mai: Wahlsieg der *Casa delle libertà* (Senat: 42,5%, Kammer 45,4%) über den *Ulivo* (Senat 39,2%, Kammer 43,7%); Bildung der zweiten Regierung Berlusconi.

Seit 1994/95 durchlebte Italien erneut eine politische Krise, die sich aber – entgegen manchen alarmistischen Kommentaren, besonders aus dem Ausland – nie zu einer Krise der Demokratie als solcher ausgeweitet hat. Es ging und geht vielmehr um Neuformierung des Parteiensystems sowie Neudefinierung des Verhältnisses von Staat und Gesellschaft sowie der Kohabitation verschiedener Gesellschaften: der dynamischen des Nordens (die sich partiell in die Mitte des Landes ausgeweitet hat) und der statischen des Südens. Grundlegend für das Verständnis der 1990er Jahre ist die soziale und wirtschaftliche Transformation des Nordens. An die Stelle einer Gesellschaft aus Großunternehmern und sehr vielen Arbeitern (welche fest zu den Linksparteien hielten) ist inzwischen eine Gesellschaft von sehr vielen, großenteils auf den europäischen Markt ausgerichteten mittleren und kleinen Unternehmern, dazu von Rentnern geworden, für die die früheren Rezepte nicht mehr taugen. Die Akkumulation der neuen mit alten Problemen (ähnlich wie 1968!) erweist, daß der zentralistische Staat der Umgestaltung bedarf: in dezentralisierende oder gar, wie zunächst nur Bossi und seine *Lega* forderten, in föderalistische Richtung.

Weil man das seit 1946 geltende Verhältniswahlrecht für die seitherige Zementierung politischer Macht verantwortlich machte, war 1993 über ein Referendum ein neues Wahlrecht eingeführt worden, zunächst nur für den Senat, dann (durch Gesetz) auch für die Kammer. Seitdem werden drei Viertel der Abgeordneten in Ein-Mann-Wahlkreisen direkt gewählt, das letzte Viertel wird unter den Parteien proportional verteilt. Damit werden die kleinen Parteien nicht ganz ausgeschlossen, doch wurde eine Vier-Prozent-Klausel eingeführt. Von weiteren kleineren Wahlrechtsänderungen (bis 1995) bestimmte eine die Direktwahl der Bürgermeister; in Rom wollte man diese auch (teils unter künstlichem Rekurs auf die Tradition der mittelalterlichen *comuni*), um lokale Gegengewichte gegen die erstarkenden regionalistischen Kräfte zu schaffen.

Schon mit dem neuen Wahlrecht hatte Berlusconis *Polo della libertà* im März 1994 eine Mehrheit erzielt. Aber seine erste Regierung bestand nur sieben Monate, weil der noch zwischen Sezessionismus und Föderalismus, zwischen populistischer Agitation und verantwortlichem Regierungshandeln schwankende Bossi wieder ausscherte. Das Regieren war Berlusconi zusätzlich erschwert worden, weil Staatsanwälte nun lauter als zuvor Vorwürfe wegen Korruption und Steuervergehen gegen ihn erhoben. Der *Ulivo* war demgegenüber zunächst fester gefügt: Prodi wirkte als Integrationsfigur von sozialem Katholizismus und reformistischem Sozialismus, zugleich garantierte er die Kontinuität der seit zwei Jahrzehnten formierten Führungselite aus früherer DC und früherem PCI; die lästige Konkurrenz aus Craxis PSI war ausgeschaltet. Die neue Mitte-Links-Formation konnte nach knappen Wahlergebnissen im April 1996 (DS 21,1%, PPI 6,8%, Grüne 2,5%) dank der Verbindung mit anderen Gruppierungen der linken Mitte und der Linken fünf Jahre regieren, verlor aber, weil aus heterogenen Kräften bestehend und auf die Hilfe der kommunistisch gebliebenen Parteien um Fausto Bertinotti bzw. Armando Cossuta angewiesen, seit etwa 1998 an gestalterischer Kraft; D'Alema bootete Prodi aus (der dann im März 1999 Präsident der Europäischen Kommission geworden ist) und trat an dessen Stelle.

Von den konkreten Problemen der ersten Jahre nach 1990 sind die ärgsten wie Korruption, marode öffentliche Finanzen und Inflation auf den Weg der Lösung gebracht worden. Endlich begannen Privatisierungen größeren Ausmaßes. Vor allem wurde Italien – unter großen, der Bevölkerung auferlegten Opfern – wieder europareif gemacht. Das war zweifellos das Werk der Regierungen Prodi, D'Alema und Amato (dem aber seine frühere Nähe zu Craxi vorgehalten wurde), doch ebenso Folge der Zwänge, die vom Maastrichter Europa-Vertrag (1993) ausgegangen sind.

Auf Grundprobleme wie Arbeitslosigkeit, Verhältnis Staat – Gesellschaft und Nord-Süd-Gegensatz jedoch hatten die Regierungen der linken Mitte nur die seit den siebziger Jahren eingeübten, sozialdemokratischen Antworten zu geben; auf die Umstrukturierung im Norden wurde nicht adäquat reagiert. Der Weg von einer klientelistischen »Ersten Republik« zu einer effizienteren »Zweiten Politik«, von der oft und laut geredet wurde, ist nicht konsequent beschritten worden. Eine für Verfassungsänderungen eingesetzte Kommission aus beiden Kammern (darum *Bicamerale*) brachte nichts zustande. Auf die Föderalisierungswünsche reagierte man zunächst nur mit einem umständlich formulierten, dem Zentralstaat alle wichtigen Kompetenzen erhaltenden Gesetz zur *Delega al Governo per il conferimento di funzioni e compiti alle regioni e enti local* (15. März 1997); allzu spät wurde im März 2001 eine nun den Gegnern nicht mehr genügende Verfassungsänderung nachgeschoben. Bereits vereinbarte Autonomien wurden jedoch strikt respektiert, so daß auch die Südtiroler Volkspartei die Regierung stützte. Weiterhin beanspruchte jedoch der Staat für sich die Kompetenz zur Umverteilung zwischen Nord und Süd (meist wieder durch fiskalische

Sondermaßnahmen), vermochte sie aber nicht zu leisten: Zwischen 1992 und 1998 wuchs das Sozialprodukt im Norden um weitere 10,2%, im Süden nur um 2,9%; im Jahr 2000 lebten im Süden 24% der Famlien unter der Armutsgrenze, im Norden nur 6%.

Die Verurteilung korrupter Politiker und Manager war allgemein begrüßt worden, aber die daraus resultierenden Übertreibungen von politischen Gegnern der früheren Regierungsparteien und von Staatsanwälten (unter letzteren Antonio Di Pietro, der nach den Prozessen eine schillernde politische Karriere einschlug) wirkten auf die Dauer ermüdend. Zwei lange Prozesse, in denen Giulio Andreotti (und in seiner Person die ganze DC oder die ganze »Erste Republik«) wegen Beteiligung an Mafia-Verbrechen verurteilt werden sollte, endeten 1999 und 2003 mit Freisprüchen; und als Bettino Craxi, der nach seiner Verurteilung wegen Bereicherung und Korruption nach Tunesien geflohen war, im Januar 2000 gestorben war, wurden auch seine früheren Verdienste erstmals wieder anerkannt.

Berlusconi ist es gelungen, seine Koalition als *Casa delle libertà* wieder zusammenzuführen und zusammenzuhalten. Über das Tabu der Zusammenarbeit mit den früheren Faschisten setzte er sich hinweg, doch erst, nachdem deren Führer Fini sich zur Demokratie und zu Europa bekannt hatte, und als frühere Kommunisten, die ja eine vergleichbare Konversion zu vollziehen hatten, bereits in der Regierung saßen. Der *Lega* wurde zugesagt, daß die Bürger in den Regionen über weitere föderale Rechte abstimmen sollen, unter der Bedingung, daß die Nation als politische und kulturelle Einheit anerkannt wird. Insgesamt entwickelte Berlusconi ein zwar nicht intellektuell vertieftes (und darum von den linken Intellektuellen und deren einflußreichen Claqueuren in ganz Europa heftig angegriffenes), aber machbar und dynamisch wirkendes Programm: Verschlankung des Staates mit Konzentration auf dringendste Aufgaben, darunter öffentliche Sicherheit und Begrenzung der

Zuwanderung, föderale Umgestaltung mit Hinführung der in Selbständigkeit zu entlassenden südlichen Regionen an die Effizienz der nördlichen, Förderung der individuellen Initiativen anstelle von Subventionen, ein wesentlich vereinfachtes Steuersystem. Die *Alleanza Nazionale* fordert dazu eine aktivere Außenpolitik, besonders im Mittelmeerraum. Mit diesem Programm, welches, soweit verfassungsrechtlich schon möglich, in der Lombardei vom Präsidenten der Region Roberto Formigoni (früher DC) und vom Mailänder Sindaco Gabriele Albertini vorgeprobt wurde, ließ sich der Konsens vieler *moderati* gewinnen; der Rekurs auf traditionelle Werte in Familien- und Schulpolitik sicherte mancherorts kirchliches Wohlwollen.

So suchte Berlusconi das Erbe der DC anzutreten, aber dieses Erbe ist zu groß für ihn. Auch als Regierungschef ist er ein Mann spontaner Einfälle und hochgesteckter Ziele geblieben, mehr Kommunikator als Gestalter; stets egozentrisch, nicht selten oberflächlich. Aber Antikommunismus und Atlantismus machen noch keinen zweiten De Gasperi! Fini und Bossi ordneten sich, um ihre Ziele wenigstens partiell realisieren zu können, ein, was sie (vor allem Bossi!) im Mai 2001 mit Verlusten zugunsten von *Forza Italia* zu bezahlen hatten, und ebenso Buttiglione und Casini mit ihren christlich-demokratischen Kleinparteien. Bei den Europa-Wahlen im Juni 1999 hatte Mitte-Rechts in der Wählergunst deutlich vor Mitte-Links gelegen, im außergewöhnlich heftigen Wahlkampf des Frühjahrs 2001 erreichte der Bipolarismus seinen bisherigen Höhepunkt. Versuche, zwischen den Polen ein integrierendes Zentrum im Sinne der früheren DC zu schaffen, bereits zuvor vom früheren Staatspräsidenten Cossiga und nun von Andreotti unternommen, blieben erfolglos. Aber innerhalb der rechten Mitte vereinigten sich 2002 CCD (Casini) und CDU (Buttiglione) zur *Unione del Centro* (Udc), mit Marco Follini als politischem Sekretär. Casini wurde Präsident der Kammer, Buttiglione Europa-Minister. Der *Ulivo* stellte 2001 nicht den angeblich zu professoral wirkenden Ministerpräsidenten Amato als Spitzenkandidaten auf, sondern den von den Grünen und den Radikalen her kommenden, telegenen und kommunikativen römischen Sindaco Francesco Rutelli. Die Wahl wurde zum Duell, welches Berlusconi gewonnen hat, allerdings – und das bezeugt die Equilibrien in Italien – nicht im Triumph.

Nun mußte sich zeigen, ob nach einem Jahrzehnt politischer *transizioni* Stabilität einkehrte und ob die *Casa delle libertà* mit ihren 177 Senatoren und 367 Abgeordneten (deutlich über den absoluten Mehrheiten von 158 bzw. 316 Abgeordneten) ihr Erneuerungsprogramm verwirklichen würde.

Berlusconis Mitte-Rechts-Koalition und ihr Wahlsieg im Mai 2001 sind vielfach kritisiert worden, im eigenen Lande mit am schärfsten von Indro Montanelli, der wenige Wochen nach diesem Sieg gestorben ist. Aber die Sorgen um Italiens Demokratie, die außerhalb des Landes und besonders aus linken Gruppierungen geäußert wurden, sind offenbar unbegründet. Italien bleibt pluralistisch; nach wie vor stehen katholische, liberale und sozialistische Kultur, jede mit etlichen Facetten, teils neben-, teils gegeneinander. Die Geschichte ist weitaus mehr präsent als in anderen Ländern. Das oft schwer erklärbare Ensemble aus Individualismus und Fragmentierungen, aus Pragmatismus und Kompromißfähigkeit, schafft hintergründige Stabilität, die nicht an den Maßstäben anderer Länder zu messen ist. Der Norden und zunehmend die Mitte Italiens gehören sozial und wirtschaftlich zu den modernsten Regionen des Kontinents, am europäischen Einigungsprozeß ist Italien seit dessen Anfängen aktiv beteiligt.

Die Regierung Berlusconi ist nicht so schlecht wie ihr Ruf. Der Sozialminister Maroni (*Lega*) und der Finanzminister Tremonti (*Forza Italia*) bemühten sich um Reformen des Sozialstaates, besonders der Renten, und um die Reduzierung staatlicher Ausgaben. Ansätze zur Schulreform und zur Begrenzung der Zuwanderung sind gelungen. Schritte zu weiterer Föderalisierung (Umwandlung des Senats in eine Kammer der Regionen; deren ausschließliche Kompetenz für Gesundheit, Schule und lokale Polizei) wurden eingeleitet. Aber die Staatsverschuldung stagniert bei ca. 105 % des Bruttoinlandsprodukts. Die laut angekündigten »Großen Werke«, darunter eine Brücke über die Meerenge bei Messina, kommen nicht voran. Man redet von weiteren Hochgeschwindigkeitsstrecken, aber auf den Inseln und selbst zwischen Verona und Bologna fährt die Eisenbahn immer noch auf einem Gleis. Auch die Steuerreform zugunsten des Mittelstandes, auf die Fini und Follini drängen, läßt auf sich warten; Berlusconi hat sie soeben (2004) wieder versprochen.

Unterstützt vom nationalistisch auftretenden Außenminister Frattini (*Forza Italia*) hat Berlusconi die Bindung an die USA verstärkt und 2003 ein Truppenkontingent zur Befriedung des Irak entsandt, und trotz der Proteste einer starken Friedensbewegung hat dieses riskante Engagement der Regierung insgesamt nicht geschadet. Denn die Mitte-Links-Opposition hat kein überzeugendes Gegenkonzept, kann es wohl auch nicht haben, weil sie auf die Postkommunisten um Bertinotti angewiesen ist. Insgesamt ist der scharfsinnige Piero Fassino, seit 2001 Sektretär der DS, mehr hervorgetreten; doch die forcierten Bemühungen Prodis, unter Vernachlässigung seines europäischen Spitzenamtes die italienische Opposition neu zusammenzufassen (*Uniti nell'Ulivo*), haben bisher nicht den prophezeiten Erfolg erbracht.

Bei der Europawahl im Juni 2004, welche in Italien wieder erheblich höhere Beteiligung als in den anderen Ländern erreichte, erwiesen sich Mitte-Rechts und Mitte-Links mit Einschluß der Postkommunisten als ungefähr gleich stark. Bei den gleichzeitigen Wahlen in etlichen Provinzen und Kommunen gewann die Linke hinzu.

Berlusconis *Forza Italia* ist auf 21 % der Stimmen (25,2 bei den Europa-Wahlen 1999) zurückgefallen. Aber seine Koalitionäre haben sich so gut gehalten, daß ihr Gewicht in der Regierung steigen muß: *Alleanza Nazionale* 11,5 % (10,3), *Udc* 5,9 % (4,8), *Lega Nord* 5 % (4,5), letztere zum ersten Mal ohne Bossi, der wegen schwerer Erkrankung ausgefallen ist. Das ergibt zusammen 43,4, mit zwei weiteren sympathisierenden Kleinparteien 46,1 %. Auf der anderen Seite erhielten die *Uniti nell'Ulivo* (*DS*, *Margherita* incl. des *PPI*) 31,1 % (32,5). *Rifondazione Comunista* erzielte 6,1 % (4,3); eine zweite kommunistische Gruppierung (Comunisti Italiani) 2,4 % (2), die ebenfalls weit links stehenden *Verdi* kamen auf 2,5 % (1,8). Weitere kleine Parteien, mit denen Prodi und Fassino sicher rechnen können (darunter die *Südtiroler Volkspartei*), erbrachten zusammen ca. 4 %.

So bleibt Italien bipolar, dazu wieder sehr fragmentiert; abgesehen von den Regionalparteien *SVP* und *Union valdôtaine* (Aosta-Tal), traten neun Parteien auf, welche nur zwischen 0,5 und 2,3 % der Stimmen erzielten. Mitte-Links ist insgesamt noch heterogener und damit weniger regierungsfähig als Mitte-Rechts. Aber die Regierung ist nach der Europawahl in Turbulenzen geraten, die Berlusconi einstweilen aufgefangen hat. Zwar mußte er auf Drängen Finis den wegen seiner Schroffheit unpopulär gewordenen Minister Tremonti entlassen, konnte ihn aber durch dessen engen Mitarbeiter Domenico Siniscalco ersetzen. Follini forderte Begrenzung des Föderalismus, worauf der kranke Bossi als Minister zurücktrat. Auf seine Empfehlung kam Roberto Calderoli ins Kabinett. Die beiden neuen Minister stehen für die Fortsetzung des bisherigen Kurses.

Literaturhinweise

Aga Rossi, Elena / Zaslavsky, Victor: Togliatti e Stalin. Bologna 1997.

Alberigo, Giuseppe (Hrsg.): Giuseppe Dossetti. Bologna 1998.

Alf, Sophie G.: Leitfaden Italien. Vom antifaschistischen Kampf zum Historischen Kompromiß. Berlin 1982.

Arlacchi, Pino: La mafia imprenditrice. Bologna 1993.

Beyme, Klaus von: Das politische System Italiens. Stuttgart 1977.

Bocca, Giorgio: L'inferno. Profondo sud, male oscuro. Mailand 1992.

Canavero, Alfredo: Alcide De Gasperi. Soveria Mannelli 2003.

Chabod, Federico: Die Entstehung des modernen Italien. Von der Diktatur zur Republik. Hamburg 1965.

De Rosa, Gabriele: Da Luigi Sturzo a Aldo Moro. Brescia 1988.

Di Nolfo, Ennio: Von Mussolini zu De Gasperi. Italien zwischen Angst und Hoffnung 1943–1953. Paderborn 1993.

Fassino, Piero: Per passione [»Autobiographie« der italienischen Linken]. Bergamo 2003.

Ferraris, Luigi V. / Trautmann, Günter / Ulrich, Hartmut (Hrsg.): Italien auf dem Weg zur »zweiten Republik«? Frankfurt a. M. [u. a.] 1995.

Ginsborg, Paul: Storia d'Italia dal dopoguerra a oggi. 2 Bde. Turin 1989–98.

Hausmann, Friederike: Kleine Geschichte Italiens seit 1943. Berlin ^{2}1994.

Hess, Heiner: Mafia, Ursprung, Macht und Mythos. Freiburg ^{3}1993.

Juso, Pasquale / Pepe, Adolfo (Hrsg.): La fondazione della Repubblica 1946–1996. Teramo 1999.

Lanaro, Silvio: Storia dell'Italia Repubblicana. Dalla fine della guerra agli anni novanta. Venedig ^{2}1997.

Lill, Johannes: Völkerfreundschaft im Kalten Krieg? Die politischen, kulturellen und ökonomischen Beziehungen der DDR zu Italien 1949–1973. Frankfurt a. M. 2001.

Lill, Rudolf: Die Bundesrepublik Deutschland und Italien. Menaggio (Villa Vigoni) ^{2}1995.

– Südtirol im Zeitalter des Nationalismus. Konstanz 2002.

– / Wegener, Stephan: Die Democrazia Cristiana Italiens (DC) und die Südtiroler Volkspartei (SVP). In: Hans-Joachim Veen (Hrsg.):

Christlich-demokratische Parteien in Westeuropa. Bd. 3. Paderborn [u. a.] 1991. S. 17–203.
Magagnoli, Rolf: Italien und die Europäische Verteidigungsgemeinschaft. Zwischen europäischem Credo und nationaler Machtpolitik. Frankfurt a. M. [u. a.] 1999.
Oliva, Gianni: Umberto II. L'ultimo re. Mailand 2000.
Pastorelli, Pietro: La politica estera italiana del dopoguerra. Bologna 1987.
Romano, Sergio: Guida alla politica estera italiana. Dal crollo del fascismo al crollo del comunismo. Mailand 1993.
– L'Italia negli anni della guerra fredda. Rom/Mailand 2000.
Rosenbaum, Petra: Neofaschismus in Italien. Frankfurt a. M. 1975.
Rossi, Gianni S.: La Destra e gli Ebrei. Una storia italiana. Mailand 2003.
Rusconi, Gian Enrico: Germania, Italia, Europa. Turin 2003.
Schinzinger, Francesca: Die Mezzogiorno-Politik. Berlin 1970.
Tassinari, Ugo M.: Fascisteria. I protagonisti, i movimenti e i misteri dell'eversione nera in Italia (1965–2000). Rom 2001.
Valiani, Leo: L'Italia di De Gasperi. Florenz 1982.
Vedovato, Giuseppe: Italienische Außenpolitik. Bonn 1984.
Vöchting, Friedrich: Die italienische Südfrage. Berlin 1951.
Wieser, Theodor / Spotts, Frederic: Der Fall Italien. Dauerkrise einer schwierigen Demokratie. Frankfurt a. M. 1983.
Wiskemann, Elisabeth: Italy since 1945. London 1971.

Verzeichnis der Karten

Die Karten wurden, wenn nicht anders vermerkt, nach Angaben des Herausgeber oder der Autoren von Theodor Schwarz, Urbach, gezeichnet.

Namenregister

Das Register enthält sämtliche Personennamen (abgesehen von den Stammtafeln, Staatenübersichten und Literaturhinweisen), von den Ortsnamen jedoch nur diejenigen, die mit einem besonderen Ereignis verknüpft sind.